心理学名著译丛

郭本禹 主编

心理学大纲

〔美〕威廉·麦独孤 著

查抒佚 蒋 柯 等译

2020年·北京

William MacDougall
AN OUTLINE OF PSYCHOLOGY
Chinese（Simplified Characters）Trade paperback copyright © 2014 by The Commercial Press.
All Rights Reserved
本书根据 METHUEN & CO. LTD. 1928 年英文版译出

心理学名著译丛
总　　序

　　西方心理学历经近一个半世纪的发展，名家辈出，名作粲然。这些名家名作或系统总结时代学术思想，或开拓创新学科领域，或探索思考人性主题，勾勒出心理学发展的历史图景，凝聚了承流接响的思想价值。

　　我国古代有丰富的心理学思想，却没有真正科学意义上的心理学。如同许多其他学科一样，心理学在我国属于"舶来品"，最初以译介国外心理学著述为肇基。清季蒙西学东渐运动之启赐，有识之士开始迻译西方心理学著述。19世纪80年代末曾任圣约翰书院院长颜永京开国人之先，翻译了约瑟·海文《心灵学》一书。20世纪初又有如翻译名家樊炳清译久保田贞则《心理教育学》、国学大师王国维译海甫定《心理学概论》等一批译作问世，这些译著成为当时师范学校开设心理学课程的主要教本。是类工作和其他西学译介一起承当"开启民智、昌明教育"之作用。

　　20世纪二三十年代一批学习心理学的留学生回国，相继翻译了当时大批最新心理学著作，直接推动我国心理学学科制度的建立和发展。据《民国时期总书目》，民国时期出版的心理学译著占心理学总出版物三分之一强。我国民国时期心理学与西方心理学的差距远小于今日,当时多个研究领域与国际心理学研究几近同步发展,其中译介工作功不可没。

新中国成立以后,由于众所周知的原因,中国心理学借鉴苏联心理学的研究成果,主要译介苏联心理学著述,而视西方心理学为资产阶级心理学,新译或重版的西方心理学著作寥若晨星,阻隔了中国心理学与西方心理学的联系。"文革"十年,中国心理学遭到灭顶之灾的批判直至被彻底取消,心理学的译介工作也完全中断。改革开放之后,中国心理学逐步恢复和发展,西方心理学著述的译介工作又开始重新起步,但相关译著为数不多。20世纪90年代尤其进入21世纪以来,出于心理学发展和心理学知识普及之需要,我国对西方心理学译介主要侧重教科书和科普读物。

以史为鉴可知兴替。回眸中国心理学发展的百年历程,对国外心理学著述之译介始终为其要务。时下,国内对国外心理学名著的需求远胜过往。其一,从学科的长远发展来说,尽管我国心理学目前初见繁荣,但仍面临着发展中的困境,与国外特别是欧美心理学的发展水平还存在较大差距。我们需要从国外心理学名著中汲取思想智慧,冷静省思和前瞻中国心理学健康发展之路。其二,从现实的迫切需要而言,随着我国经济社会快速发展、竞争压力日益加大,生活节奏不断加快,导致国民心理健康问题愈来愈凸显。心理学名著素来深刻关切人的精神世界,正可为国人提供精神生活的镜鉴和启迪。

有鉴于此,我们精心设计了这套"心理学名著译丛"。所选书目或是各家各派原创性的开山之作,或是代表性的扛鼎之作,均为心理学史上已有定评、经久不衰的经典范本。我们企盼这套"译丛"能够为推动我国心理学的学科发展和增进国人的心理福祉尽微薄之力。

郭本禹

2014 年 8 月 20 日

于南京师范大学

目　　录

初版前言 ·· i

第四版前言 ·· ix

第一章　导论 ·· 1

心理学的临时性定义—心理学基于三种类型的观察：(1)内省；(2)对经验的条件的观察和描述；(3)行为的观察和描述—通俗和文学心理学—科学心理学的分歧—心理学的应用要重回正轨—假设是必须的—假设源自历史—纯粹经验的心理学—关于灵魂心理学和官能心理学—观念心理学—作为意识科学的心理学—原子论心理学或马赛克心理学—原子论心理学和观念心理学的融合—生理学对心理学的影响—机械反射理论—记忆和反射理论——机械反射理论的影响—机械反射不是心理学的基石—反射理论的假设—可接受的假说—关于心智的假说—心理学的定义与边界—主体是不可或缺的假设—心理结构和心理功能

第二章　低等动物的行为 ·· 48

行为的标志—行为是有目的的—目的性的程度等级—意图即远见—随意性活动和反射活动的比较—条件反射—行为的第七项标志—人类和动物心智的关系—趋向运动的特征—趋向运动是一个有效的法则但不总是有效的—原生动物的行为—蚯蚓的行为—昆虫和本能行为—有目的行动理论

第三章　昆虫的行为 ·· 84

纯粹的本能性行为—返巢行为中本能和理智的联合作用—趋向理论不能解释返巢行为—理智作用于本能活动的其他例子—本能和理智不可分离

第四章　脊椎动物的行为 ························· 106

鱼—鸟—鸟对同类、异性以及个体的识别—鸽子的繁殖周期—本能行为的某些一般法则—作为能源的本能—本能的生命历史—本能的专门化程度—本能与运动机制—如果没有行为表达将如何界定本能？

第五章　哺乳动物和人类的本能 ··················· 137

常识将本能或情绪视为动物行为的活力之源—动机与意图—常识与动机—本能与情绪—进化论所证实的常识线索—抚养或保护的本能—抚养本能的实现方式—战斗本能—好奇心本能—觅食本能—厌恶本能—逃避本能—群居本能—原始的被动同理心—自尊和自卑的本能—求偶本能—占有本能—建筑本能—求助本能—其他次要本能—笑的理论—游戏不是"游戏本能"的表达—模仿不是出于"模仿本能"

第六章　动物的习惯与智力 ························ 206

习惯被过多地用作解释原则—心智的习惯与身体的习惯—习惯不是动机的来源—激发新对象的附属物—知觉习惯—试误的方法—动物的想象—心理的进化

第七章　原始人的行为 ····························· 242

剥离了传统的自然—莫沃格力（Mowgli）拥有更强大的想象力—愿望—愿望与想象—基本情感—策动理论与其他行为理论的对比—行为和性格的特性—策动理论中的幸福与痛苦

第八章　知觉性思维 ······························· 261

近端客体与远端客体—视知觉—感觉属性是对象信号—单一化的世界—识别有赖于三种感觉模式—属性模式—时间模式—空间模式—感觉属性的多样性—时间知觉—空间知觉—稳定客体的知觉—表象—"表象"中包含"意义"吗？—简单结构与复杂结构的心灵

第九章　注意与兴趣 ······························· 315

心理活动的周期—努力受情感激发，或者情感是努力的次生物？—感觉印象的强度与突然性本身不是注意的决定因素—什么是兴趣—兴趣是意志的—

意志单元—注意稳定性与注意的转移—注意的分配

第十章　想象—预期—回忆 ········· 339

名称的运用—前知觉是最原始的想象—语言是激发想象的刺激—夸张在思维活动中的作用—预期和再造想象—有关记忆的实验—练习能提高保持力吗？—记忆和习惯具有同样的功能吗？—"意义"在回忆中的作用—在严格意义上的记忆或回忆—我们如何把我们记忆"置于"过去？—再认的本质—记忆和意志—愿望与想象

第十一章　情绪 ················· 375

情绪体验的性质差异—"情绪"一词的两种含义—作为经验模式的意志—情绪兴奋中的意志性体验—情绪、冲动和身体调节—原始情绪—兰格—詹姆斯情绪理论—混合的或派生的情绪

第十二章　派生性情绪 ············· 407

愿望的预期性情绪—愿望的回顾性情绪—愉快是一种派生情绪—惊讶—原始情绪与派生情绪的区分—"感情"一词的用法—感情的多样性—愉快和痛苦的混合—感情与情绪的分离

第十三章　脾气、性情、气质和心境 ······ 422

脾气—性情—气质—内分泌腺—内向型与外向型—心境

第十四章　信念与怀疑 ············· 434

信念不是"不可分割的联想"—信念是一种派生情绪—意动与信念—简单理解与信念—审美的态度—信念

第十五章　心理结构的成长:认知结构或智力结构的发展 ··· 452

理智与智力—联想主义者对于心理成长的完全不正确的解释—一般表象—智力成长的三个基础过程—辨别—统觉或统觉综合—外显的和内隐的统觉或直觉—由联想导致的心智结构的发展—多种水平的联想—同化

第十六章 推理和信念系统……………………476
由知觉、交流和推理所决定的判断—个别推理—归纳推理—演绎推理—信念系统

第十七章 心理结构的成长（续）：情感与性格结构的发展 … 498
情感的性质—憎恨的情感—爱的情感—轻蔑和尊敬的情感—友谊的情感—爱情—自尊的情感—自尊的外延—情感和情结—道德情操—性格—意志—决心—自由意志—心理进化的主要阶段—一些未尽问题

索引……………………………………………………536
译后记…………………………………………………549

初版前言

现在已经不是某个人都可以写一本全面的心理学教科书的时候了。眼下的这门科学有如此多的分支，研究方法繁多，涉及太多的适用领域，报告了不计其数的观察数据，因此没有任何一个人能够熟知所有这一切。但是，即使学识渊博、才华横溢的作者灿若星海，他们已经为将来写好了心理学的教科书，我们的学生仍然需要这样一本教材，它能够向他们解释这一门学科，能够为他们勾勒出这门学科的轮廓，指导他们掌握可行的研究方法，让他们适应心理学的思维方式，并且还要尽可能避免术语学的错误。本书正是应这些需求而作。

心理学对这样一本教材的需要远远甚于其他门类的科学。比如生理学，学生只需要训练自己从事观察和推理的方法使之精益求精，他学习这些方法是为了应对与自身相关的生理学问题，并且通过它们将所有的事件都看作是一个机械的因果链。很多学生在刚刚接触心理学的时候，也将这种方式当作科学研究理所当然的并且是唯一的方法。而许多心理学课本也刻意地加强学生的这种信念。我自己初学心理学时也曾经陷入这样的套路中，经过一个漫长而痛苦的挣扎过程，我终于使自己从中脱离出来，并确立了对我而言更恰当的对待心理学问题的看法，因此我认识到，将两种选择明确地告知学生可以让他的成长道路更加顺利；也就是说，无论他最终选择哪一种看法，他都应该明确自己的选择，并且能够了解自己选择的对立面。这两个只能二选一的观念是：(一)机械主义的科学，它将所有的过程都解释为一连串机械性的因果序列；(二)关于心智的科学，它以意向性为基础概念，在它看来，意向性是以一个与机械化序列截然不同的过程。所以，本书的目的就在于向学生介绍关于心理学的第二种观念；在书中，我一开始就提出来并且将贯穿始终的一个问题是：这两种观念中哪一种相比较而言更有价值一些；这是呈现在当代心理学家面前最重要的议题，也是将他们区分为(不同群体)的最基本指标。

毋庸置疑，机械化的心理学会采取原子主义的、或"马赛克"式的理论来描述精神过程。在这样的理论看来，被称为思想的东西应该是由若干意识内容的元素、单元、粒子或所谓原子丛结合而构成的"意识之流"，这些意识内容的原子也就是通常所说的"感觉"或"感受性的单元"。当需要对这些"元素"的聚类和次序进行解释时，就会引发这样的想象：每一个元素在大脑中执行某种基本加工；进而为了在纯粹机械化的模式下解释这些基本的脑加工的联合与序列，便需要援引生理学和化学的规则。

这种机械主义的心理学在当前占有决定性的优势；而我的书的主要任务就是要批判这种观念，为意向心理学获得认可而展开辩论。因为我确信，歪曲或贬损(意向心理学)这个议题不会有任何益处，它必须坚决地直面挑战而不是和当下流行的机械主义心理学在基本预设的层面上相互妥协或达成共识。

有两位非常著名的学者已经证明了这个议题成立的事实及其

重要性，而我在某种意义上很荣幸地成为他们在哈佛学院的继承者。雨果·闵斯特伯格（Hugo Münsterberg）一开始是机械主义的马赛克心理学最强有力、最雄辩和最武断的辩护者。但是，随着他在心理学的实践应用方面兴趣的增长，他逐渐转向了支持意向心理学。可以说在其后期著作中，他已经表现为一个自律的意向心理学皈依者了。

威廉·詹姆斯（William James）也有类似的成长经历，但是不那么清晰，因为他的严格意义上的心理学著作都发表于他的发展阶段，期间，他依然努力在两个相互对立的预设之间寻找平衡点。在他的名著《心理学原理》中，几乎每一章都显示出对对立的双方的衷心支持。当我要批判机械主义的马赛克心理学的时候，通常会选用詹姆斯的著作来作为示范，因为它的内容锋芒毕露而且富有才华。这可能会（给读者）造成这样一种印象：我非常反对詹姆斯，事实并没有这么严重。实际上存在两个詹姆斯——一个是作为生理学家或感觉主义的心理学家的詹姆斯，而另一个则是意向心理学的作者的詹姆斯，并以此为基础建立了他的实用主义哲学。我只是在很多方面和前一个詹姆斯有分歧，只有前一个詹姆斯才是我批判的对象。

尽管存在分歧，我依然将《心理学原理》视为最优秀的心理学教科书，对于那些希望认真学习心理学的初学者而言，它能够激发起他们的求知欲。我会对这样的学生说："去吧，就像我当初一样，读着詹姆斯的《心理学原理》亦步亦趋，看看这本书能不能够帮助你厘清思路，让你去解释詹姆斯在关键处留下的谜题。"

和詹姆斯的著作相比，拙作只阐述了一种观点，那就是意向心理学的观点。但是本书并不试图掩盖心理学研究的多视角和复杂性。过去,关于精神生活的两种解释与描述方式往往都被心理学家们的单一的自然主义倾向曲解了。这种简单化倾向实际上就是机械主义的马赛克心理学产生的根源,即将心理过程描述为一系列静止的元素,如"感觉单元"、"原子化的感觉"、"心理元素的部分"以及"中性实体"等等,诸如此类。这种心理学的模式现在依然作为主流理论与我们相伴。它的最新近的代言人,伯特兰·罗素阁下(在他的《心的分析》一书中)将这种机械主义的心理学还原到了极简单的水平。最近,这种观念又与生理学结合生出一个丑陋的畸形儿,叫作"行为主义",目前,这个畸形儿正在这个国家肆意横行。所幸的是,心理学的天空昭示出了更好未来的信号。

英国的亨利·海德以及法国的皮埃尔·马里耶和柏格森等人的著作相继对马赛克理论将精神疾病解释为脑损伤的观点提出了质疑,不久以前,这种解释还被看作是马赛克理论的无所争议的优质证据。精神分析运动也许将被证实是一个伟大的错误,但是历史将永远铭记它的功绩,因为它将精神生活从机械化的马赛克理论的笼罩下解放出来,让我们意识到精神世界上演着一出意向与力量的戏剧,而不是所谓心理原子流的机械集合。在德国,无论马赛克心理学是从哪里被引入这个国家的,看起来它在这里已经开始受到冷落了。学院派的心理学家当中,特别是以心理学研究所(*Psychologische Forschung*)为代表的研究群体已经找到了更好的出路。1922年在马堡召开的年会上,亨宁博士提交的报告中这样写道:"世纪之交,人们相信可以通过测量和数字来解读心智。这正是冯特学院的努力方向;但是在这次年会中几乎没有这一类的论文发表；因为自 1900 年以来，一种质性研究的心理学发展起来了，它更关注的是对各种体验的质性分析而不是数字。我们现在认识到，经验的复杂性和结构不能分解为单一性质的元素，也不能通过元素的简单叠加来获得。"在美洲，同样不乏回归完整心智的倡导者。例如，R. M. 奥格登教授在最近的一篇文章（"究竟有没有感觉？"《美国心理学报》，1922 年）中表达了"对感觉元素假设的怀疑"，还提出我们应该停止努力"将精神生活设想为由马赛克式的感觉碎片叠加而成的特定数量的意识实体"。一些顶尖的心理学家，如莫顿·普林斯博士以及 M. W. 卡金斯教授虽然也曾经妥协过，承认"心理元素"是构成"意识"的单元，但他们从来没有完全放弃过意向性的取向。

我斗胆将自己的书定位为：以自己的逻辑推论拒斥"马赛克心理学"，这项工作早已经成为詹姆斯·沃德、F. H. 布拉德利、道斯·希克斯以及 G. F. 斯托特诸君著作中的主要议题。我的观点与其中最后一位最接近，并有较多借鉴与引用。尽管我在斯托特教授透彻明晰的著作面前感到自惭形秽，但是依然有信心在某些方面能够更加彻底和更坚决地摆脱"马赛克"传统的阴霾。

一本心理学教科书如果基于机械主义的马赛克式理论立场，一定是从对神经系统的结构和功能讨论开始，然后转入"感觉"的章节，对各种感觉进行冗长的论述。我对这种模式并不感兴趣，因为对这部分内容稍作展开就会大大增加书的厚度，而以己之愚见，它们断不能算作重要的内容而应该被置于全书之首。

我们关于神经系统的功能的认识是非常初级的，同样，我们对于这些认识会对心理学产生什么样的帮助其实一无所知。在我看来，在一两章的篇幅内对这些内容作简略的概述不会有什么价值，反而可能对读者产生严重的误导。

在感觉的生理心理学研究这个领域已经产生了大量观察数据，这个领域的研究在我看来也是很有吸引力的。但是，我并不认为去学习关于这些事实和理论的概略又枯燥的叙述对于年轻的心理学专业的学生来说是头等重要的事。以这种方式开始学习心理学的初学者，必然被引导向机械化原子主义的思维方式这条道路上，这正是我努力阻止的结果。

从感觉研究开始进入心理学，的确是一个不小的诱惑，因为这是一条简化心理学的途径，并会让初学者感到他正在把握住一些实在的内容。但是稚嫩的学生可能并不能了解到，这种简化的代价是与真实体验的疏离。我会让学生从认识动物的心智开始，进而上升到认识人类的复杂心智。这样，我们只能通过观察行为以获得精神生活的证据，我们所应对的只是具体的现实而不是抽象的人造实体，譬如所谓的"感觉"。

我并没有打算直接引用关于异常精神生活的研究数据，尽管这类研究已经形成了庞大的知识体系，并且还在急速地发展着。因为这些知识对于一个初学者来说不是最重要的；在我看来，在一本导论性的教科书中插入一小段精神病理学的内容并没有多少实际意义。我希望随后另行出版一个关于异常行为的册子，其中，我将努力向读者展示本书中的一般性原理也可以有效地解释异常行为。虽然这两本书是相互独立的，但它们也将自然而然地相互印证；由于篇幅的原因，我只有几页内容涉及这本计划中的可称为第二辑的书。

我会用小一号的字体突出一些特别的段落，在其中所讨论的是一些特殊的或次重要的议题。本书的主体部分用大一号的字体编排，便于阅读的连续性；因而初学者在第一次阅读时完全可以忽略掉那些小一号字体的内容以及脚注。采用这样的编写方式是为了让本书既能适合于初学者又能够适应更高阶学生的需求。我还要提醒初学者注意，本书的导言部分很难理解，因此，如果在第一次阅读时你发现自己不能理解其中的内容，完全不必气馁。你可以在读完全书以后再回过头来重新审视它。

　　读过我的《社会心理学》的读者会发现，在某些方面我修正了自己对本能的观点。我希望现在的观点不是大概地、而是更清楚地接近真实。第五章中关于笑的理论阐述已经在《斯克莱布纳杂志》(Scribnar's Magazine)发表过，在此要感谢出版商允许在这里引用这部分内容。

　　我还要感谢亚瑟·托马森教授以及《科学大纲》的发行人，还有 F. W. 莫特爵士及其《言语和歌唱中的人类声音》的出版人，本书获他们授权复制了两个图版（图 1 和图 2），还要感谢 L. H. 霍顿先生，他读过我的手稿并提出极有价值的改进意见。

W. 麦独孤
于哈佛学院
1922 年 9 月

第四版前言

这一版只在一些细节的地方作了调整和改进。我想利用这个机会建议读者关注有关个性的一些新近研究;因为我认为自己在心理学研究中做得最好、最有原创性的工作当属有关个性的研究;在本书中由于篇幅的限制,我不得不将关于这个极其重要的议题的讨论高度浓缩。《个性的结构》一书中的一章已经编入我的另一本书《社会心理学》(第 21 版);在这一章里,给个性下了一个简短的描述性定义:一个有组织的、综合性的情感(sentiments)体系。在另一本新书《个性与生命行为》中,我用惯常的思路,通过实际案例讨论了个性形成的影响因素;在我的《异常心理学导论》(可以看作本书的姊妹篇)中,我展示了在《社会心理学》中初次建构的个性理论如何适用于解释各种各样的统合失败的病例,例如,癔症性人格分裂、精神分裂症以及躁狂—抑郁神经症等,在这样的分析中,个性理论得到了进一步的印证。

我还想要指出当前德国的格式塔学派或者称为完形心理学的强大影响引起了一场心理学观念的变革,这正是我长期以来所倡导的,我在本书中介绍了他们的理论,特别是在知觉以及心理结构的成长等章节中做了比较集中的介绍。因为他们对原子主义的批判态度而使我很长一段时间以来都被划归格式塔学派。我发现自己与他们的学说在三个问题上有分歧,我姑且认为他们的解释有失当之处。第一,在我看来,他们的学说太过于依赖心理—神经平行论假设,在"突现论和创造进化论"盛行的今天,这种观点显得有些过时了。第二,他们没有充分认识到我在本书中所做的区分,即心理结构和心理功能或行为之间的区分;这表现在他们忽略了那些极重要的富于建设性的意象,运用这些意象,我们能够刺探心理构造的深层次内容,通过考察个体心理成长以及对比心理生活和它的外显表达,经过不断修正与精致化,最终可以建立我们关于心理结构,关于它的根、它的干、它的众多分支以及彼此之间功能性关系的概念等的较完整的认识。第三,我发现这一学派很多学者都倾向于忽略心理过程的意志特征。关于知觉的实验研究是心理学领域中能够脱离我们心理生活中的意志基础而走得最远的一部分。然而事实上这一学派的诸多研究都和人类和动物的目的性或目的导向性特征紧密联系在一起。这种批评对这一学派中的一个人是不适用的,他就是库尔特·莱宁博士;他非常重视实验研究,并正在对意志过程进行考察,我非常赞成他书中的观点。他的著作很可能将影响那些最有可能加入当代格式塔心理学派的人,并且通过这种影响最终使得德国心理学和不列颠心理学走向融合。但是德国心理学还有另外一个有趣的聚焦点。有一批有影响力的当代德国学者,他们似乎可以被称为全息心理学(*Geisteswissenschaftliche Psychologie*)的代言人;这一学派(以爱德·斯普兰格教授为代表)的显著特点就是对机械化原子主义心理学的批判,他们近来已经在各大学中占据了主要的话语权,他们非常坦率地表达了这样一种观点:任何一种心理学,如果它对于社会科学有所贡献,对我们理解和把握人类本质有所帮助,就必须在每一点上考察全部心理过程的意向特征。另外两个德国心理学流派也持有同样的看法,它们分别是人格特征主义(*personalisttische*)和理解主义(*verstechende*)(分别以威廉·斯特恩博士以及Fr.埃里斯曼博士为代表)。最近汉斯·德雷斯教授正在意向心理学领域发挥着他的巨大影响力,而精神分析学派在这个领域中的影响还在继续,尽管他们可能并没有给那些全心全意的追随者更多的安全保障,但似乎自19世纪以来,原子主义的机械化心理学正在很快地丧失它的领地,而这种丧失正是从它自己的策源地开始的。

令人欣喜的是,在奥地利,比勒教授及其夫人比勒博士正在领导着一场同样议题的心理学理论变革。在美国则相反,并没多少好消息传来;尽管受到格式塔心理学流派的激励,但大学依然在坚持着他们上个世纪从德国引进的机械化感觉主义以及他们本土孕育的机械化行为主义。

W.麦独孤

于杜克大学

1928年1月

首先是有了驱力,然后有了人类的所有自发性活动,这就是保证个体生命、延续种族以及构成社会的必要条件,这一切看起来都是纯粹的本能,和所有动物的活动一样……只有通过考察人的生理学的知识及其自然属性,认识到在所有层面上,特别是在本能层面上,行为受到驱力的激发而无需意识的指令自动地发生,甚至可以置人的意志而不顾……只有在这样有关自我的广泛的认识领域内,人才能真正整合自身的力量去掌控生命活动的方向,那就是他所选择的目标。

> P. A. 查德伯恩,《洛厄尔演讲录》,
> 收录在《人和动物的本能》,1871

第一章 导论

心理学是或者正立志成为一门科学,一个有着系统组织并不断发展的知识体。基于关于科学研究的习惯认识,我们自然会期待得到关于这个学科的一个清晰的回答:这个学科研究的事件或过程是什么;我们能够从这个学科的研究中获得什么样的知识、能够从中获得什么样的认识的增进。

以上问题最理想的回答应该是,心理学能够帮助我们更好地理解人的本质。心理学的目标是让我们对人的本质的认识更加准确、更加系统化,进而让我们能够在更广泛的领域内更加有效地控制我们自己以及周围的人。也许没有一个心理学家会不认可以上的陈述。但是,作为一个科学门类的定义,它有两个方面的缺陷。这个定义应该明确指示所有属于这个学科的内容以及排斥所有不属于这个学科的内容。在这两个方面,以上陈述中都不完善。心理学的一个分支研究动物,准确地说是研究动物的行为。还有一门学科人类学,顾名思义,人类学实际上也是研究人类的科学;但是在通常意义上,它并不属于心理学这个门类。我们不应该对上述这个并不完善的定义寄予太多期望;当我们希望简洁地定义其他科学或科学分支的时候,也会遭遇同样的困难。这是一个不可避免的情况;因为即便学科之间本来存在截然的区分,我们也不可能准确地知道这样的分界在哪里,也不能够在学科之间画出精确的界线来。学科之间的重叠实际上是有益的,因为这使得不同学科的研究者能够相互接触并能够合作工作。

心理学家能够并且应该研究动物的行为,正因如此,他涉足了动物学家的领域,因而需要动物学家的帮助,同时他也能够回赠某些帮助。他对动物的研究会启发他在自己的课题中的认识,这就是关于人的本质的问题。心理学与动物学的关系和动物学与地理学的关系并没有不同。动物学或生物学都需要一些地理学的知识,也都能够给地理学家回馈同样的帮助;在他们之间存在广阔的交叉领域,比如,研究化石或远古遗迹的科学,即古生物学,它的发展依赖于上述两方的支持以及两者的互补。类似地,关于动物行为的科学也存在于动物学和心理学之间,作为一个交叉领域,它有赖于两者的支持,通过这种交叉,动物学和心理学也建立了有益的相互关系。

我们关于心理学的定义的另一个缺陷是,它所宣称的研究似乎过多地侵占了人类学的领地,这个问题并不严重。广义的人类学所思考的、所关注的是作为一个动物物种的人类的问题。在这个广泛的学科领域内并存着好几种不同的人类学学科,诸如文化人类学、人类形态学和生理学等,很难明确地判断哪一种比另一种更接近科学。心理学就是人类学学科群中的一员;可以这么说,心理学和广义的人类学的区别在于它不是考察人作为一个动物物种和其他物种的差异,而是关注人作为个体与人类的其他个体之间的差异。现在,所有人都知道,人和动物的首要区别在于人所具有的心智能力。那么,为什么不把心理学定义为心智科学(如早些时候的一些学者那样），即研究作为人类独特性标志的心智的科学？这样的定义也有几个缺陷。首先，"心智"是一个模糊的概念，它本身尚需定义。这个词不能通过一一枚举的方式来定义，比如说："这个、这个、还有这个……就是我所言的'心智'。"尽管"心智"和"心理"这些词都是日常用语，我们要清晰地界定"心智"（mind）或"心"（a mind）这样的概念仍然需要经历冗长赘述。其次，在心理学之前已经有了其他关于心智的学科，比如逻辑学、数学、认识论以及神学，所有这些学科都在探讨心智（mind）或心（minds）的问题。

那些愿意将心理学定义为心智科学的人绝大多数都持身心二元论的观点，即人本质上是两种不相容的存在，或两种法则的结合。身心二元论假设是一个遭到了很多非议的观点。除了非议之外，许多哲学家以及现代科学的领军人物都坚决地拒绝了这一假设。即使我们支持这样的观点，我们也会发现很难在以下两方面之间作出清晰的划分：在身体和心智之间以及在身体的活动和处于身体内的心智通过身体所表现出来的活动之间。

心理学基于三种类型的观察

内　　省

我们每个人除了自己以外不可能获得关于他人心智的直接的、即时的认识，这是一个极大的难题。每个人都在体验着自己的七情六欲、喜怒哀乐。通常我们都认为这些体验是人的心智或心理能力的体现。为了反思这些体验，个体需要关注他自己的心智的所做以及所能做的事。通过和其他人的比较，他发现其他人在同样的情景下会产生同样的体验，这说明其他人的心智和他自己的心智没有差异。这种针对自己的各种体验的观察被称为"内省"（introspection）。任何一个心智健全的人都能够关注并且具有相当程度的关注并回忆自己体验的能力；只有极少数的人在有的情况下不能够用言语描述自己的体验，不能对自己的体验进行反思，也不能和周围的人讨论自己的体验。对自身体验进行内省、反思以及将体验和关于体验的反思表述出来和他人交流，如果这些活动被规范为系统的操作程序，就成了心理学研究的一项重要手段。长久以来，内省一直是得到了广泛应用的研究方法；甚至被认为是心理学研究唯一具有实践性的方法，是探索心智奥秘的唯一合法、有效的方法。在本世纪的后半叶，系统化的实验手段的介入使得这种方法被修订得越加精准；也就是说，当内省者希望关注并报告自己的特定体验的某些特征时，他并不是在自然状态下守株待兔似地等待这种体验发生时才进行报告；他要主动去设置可能引发这种特定体验的条件，诱发出体验并对其进行观察，然后尽可能详尽地报告它。借助实验室条件的辅助，诸如各种精巧的记录仪器、熟练的实验助手等等，内省可以受到严格控制，其报告结果可以被精确地记录；这些工作虽然不是所谓"实验心理学"的全部，但也占其中很大的一部分。当然，实验性内省也有明显的局限性。很多性命攸关的以及强烈的体验，诸如悲痛、喜悦、恐惧以及道德冲突等体验不能故意地被诱发出来的，或者，可能只能被诱发出很微弱的体验。再者，在绝大多数条件下，通过内省而获得明晰而精确的体验几乎是不可能的，因为如果仅仅作为一个观察者，我们首先是习惯于关注我们置身其中的外部世界中所发生的事件。而这时特别的内省则会在一定程度上影响我们希望观察并描述的那些体验本身;因此,在内省时我们实际上破坏了我们的本来意图。

当我们和别人交流我们自己的内省结果时还会遭遇另一个重大困难;比如,我们用来向别人描述自己体验的语言总是模糊不清、词不达意,简直令人沮丧。曾经有这样一种观点认为,语言仅仅是用来对客观事件或物体进行描述的,这是不对的;事实是,语言的本质首先是用于描述和表达我们自己体验的手段,所以,尽管语言已经发展出了其他功能,但这始终是语言最重要的功能。尽管文学家和心理学家作出了各种各样的努力想要使它更加精确、更有效,但是作为语言的这种功能,它依然不是一种完备的工具。关于物质世界中的物体或事件的描述与讨论,语言的表现算得上是称职的;因为我们都拥有,或可能拥有关于那些事件或物体的共同认识;同时,在这个目标上语言的功效又为人们获得共同知识或达成共识提供了强有力的一般性保证。

但是在描述人的经验这个方面,语言则很难达到统一的效果;因为每个人都有关于自己经验的直接认识,而关于别人的经验则只能够间接地了解。① 这里再一次表明了这样一个事实,我们通过语言的描述确实让另一个人在一定程度上了解了我们自己的体

---

① 这种陈述方式有时会引起争议。有一些非常强硬的证据支持这样的观点:一个人 A,可能会知道另一个人 B 的思想或感受,或者受到这些东西的影响,A 对 B 的了解可能是直接发生的,而不是通过 B 的身体的或言语的表达以及 A 的感官的接受间接地获得的。这种神秘的沟通通常被称为"心灵感应";但是它的真实性还没有得到完全的确定。

验,由此我们发现每个人的体验并不是和别人完全不同的,而是有很多的共同点。描述经验的众多案例和描述客观事实的例子相比较,可以发现语言的功效几乎没有减小。比如我说:"我刚才看见月亮从山冈上升起,"你完全能够理解我所表达的意义,几乎和我说"我刚才看见月亮从山冈上升起"的时候的体验一样。在前一个例子中,我的词汇描述了一个关于我的经验的事实,而你只能够通过我的描述间接了解我的经验;而后一个例子中,你也可以通过和我一样的方式获得词汇所描述的那个客观事件的观念,还能够通过其他方式予以验证。再比如,我说:"我很难过;"(如果我说的是实话)那么,我描述了一个你不可能像我一样直接了解的观念;但是你依然能够很准确地了解我所表达的意义,进而你能够据此调节自己的行为。如果我不用"难过"而是用其他若干可以选择的任何一个词汇,诸如"我觉得,或我感到,疲倦、愤怒、焦虑、害怕……等等",你也会同样确定地了解我所表达的含义。这种确定性是由我们能够通过这种语言产生相互影响来证明的。

对经验的条件的观察与描述

尽管内省的方法实施起来并不容易而且很受限制,但它依然被采用是因为它能够对各种经验进行一般化的描述。通过这种描述,它能够并且确实搭建了一个属于科学心理学的研究平台,这是一个描述性的分类平台,是作为一门科学得以发展的最初的生长点。要建立这样一个平台,只能通过记录那些我们可以在其中尽情体验自己经验的条件来实现,而这些经验并不总是能够通过言语来描述的。只有大多数人彼此都意识到并认可这样一种条件,我们才能达成一个公共的意义空间,在其中正确地使用和理解词语,而这些词语正是我们用来描述自己经验的工具。例如,我们能够用"热"这个词正确地描述当我们靠火很近时候的体验,用"痛"描述我们身体任何一部分受到伤害时的体验,用"疲倦"描述我们经过长时间剧烈劳动之后的体验,用"快乐"来描述得到所追求目标时的体验,诸如此类。这些条件有的是外部世界的事实,而另一些则是经验事实;系统性地记录各种经验发生的场合或条件,就能够建立一定数量的经验法则,它们上升为一个解释性平台,即一种仅仅通过内省就可以实现的纯粹的描述性心理学。这些工作已经取得了很好的效果。

行为的观察和描述

第三种观察类型能够让我们更深层地理解我们的经验,同时引出更多的议题。这就是对我们自身或他人的行为动作的观察。我们可以用"人的行为动作"这个短语来指示任何可能表达了施动者某种经验的身体运动以及可观察的身体状态的变化。通过考察我们自己的行为,我们可以认识到身体部位的变化,如肢体、脸颊、喉部、胸部以及其他的身体变化,诸如出汗、落泪等,都是与特定类型的经验相伴随的,它们之间的对应多多少少遵循某些规律和法则。而对他人的观察与他们关于自身经验的陈述相结合,我们就能够形成一些一般性法则,用以陈述某种类型的经验和特定的身体表现和行为之间的对应或关联。常识性的观察已经在公共语言中植入了一系列关于经验模式和行为模式之间对应关系的务实性法则;运用这些法则,每个人都可以进行自我观察,并且不需要特殊的训练或特别的技巧就可以将行为解释为经验的表达。

通俗和文学心理学

这三种观察——分别是:(1)内省,即对自己经验的关注,(2)对经验发生条件和场合的观察,(3)对经验表达的观察——对所有人而言都曾经在一定程度上成功地实践过;公共语言所传递许多一般性的命题都是建立在这三种观察基础之上的。这些命题构成了通俗心理学,而我们在学习使用语言的过程中不可避免地习得了这些观念。当我们开始学习科学心理学的时候,也不自觉地启用这样一些语汇并且也几乎不加批判地接受了它们或外显或内隐地传达的各种命题。大多数公共语言传递的内隐信息在某种程度上都是正确的;因为它们是经过时间检验的智慧的结晶。但是大多数通俗心理学的语汇都是模糊的,没有清晰的界定,因而很难用这样的词语来表述明确的命题和传递清晰的意义。文学艺术主要使用通俗心理学的词汇和短语作为传递同样意义的工具,但是它对这些词汇的使用较普通人在公共交流中的使用而言显得更有效。文学涵养和文字技巧将公共语言中的心理学大大精致化了,当我们说一个人非常文学化的时候,通常意指他懂得辨别并能够正确使用非常微妙而有效的文学心理学(词汇)。如果一个人所受的教育主要是文学化的,他就学会了精确地辨别文学心理学(词汇)以及运用它们的技巧,这样的人倾向于认为文学化的描述就是心理学的唯一正确和有价值的方法,而那些用科学的方法来对待事实和经验,即科学心理学的方法反而是错误、没有意义的。事实上这种反科学观点的预设是错误的;在科学心理学和文学心理学之间不必、也不应该存在对抗。在以下的篇幅中,"心理学"和"心理学家"这些词汇的使用将被我限制在科学心理学的领域内;同时需要指出,这并不代表我对诗人、传记作家以及小说家在心理学领域内所取得的成绩有任何不敬。明智的心理学家都会把文学看作一个记录人类经验的巨大宝库,并一定会竭尽所能地从中汲取他所需的营养。

科学心理学的分歧

长久以来,在看待人的本性和人类经验的问题上,文学的和科学的视角虽然各存己见,但也只是略有差异;只因受到了其他科学的示范影响和激励,心理学也将自己纳入系统研究的范畴,并在叛逆冲动的推动下远离了通俗和文学化的传统。这个趋势看来是不可避免的;心理学家希望创造一套专门化的术语以区别于公共语言,赋予它们清晰的意义,努力建立关于经验的一般化的精确解释,提出假说或理论,和所有其他自然科学的作为一样;如此一来,他们关于经验的陈述,甚至对观察结果的陈述就被篡改或扭曲得契合于他们的理论了;这样的理论在最好的意义上只是真实的近似反映,而在更糟糕的意义上就是曲解。心理学与常识和文学传统的分离的势头在19世纪末达到了顶峰,当时心理学的不真实的造作表现得如此强烈,以至于这时期一些代表人物的文章看起来和人的本性或经验没有任何关系,也不指向现实生活。在一些心理学家看来,这些现象表明这门科学研究还不够成熟,不具备解决现实问题的条件;在他们看来,心理学正处于逐渐发展的进程中,它所追求的目标是提升我们对人类经验和行为的理解,并学会如何去控制行为。另一些人则竭力驳斥关于心理学只是没有实际用处的象牙塔里的游戏的指责。他们反驳道,心理学无须成为别的什么;它虽然可以,却没有必要热衷于了解现实生活的意义;它仅仅是一个游戏,和其他所有的游戏一样,按照约定俗成的规则进行;以及从游戏中获得的快乐以及游戏可能导致的心智能力的提升是它唯一的价值,也就是它的存在的目的和理由(raison d'être)。

心理学的应用要重回正轨

这种申辩并不会持续太久。曾经有一位大名鼎鼎的"最严格意义上的科学的"心理学家为了履行他的学说并为他所创造的无用的心理学进行辩护,武断地提出这个著名的论断。之后不久,他却出版了一系列关于心理学于生活中应用的鸿篇巨制;这些书的意义是,它们作为一个强有力的例证表明了这种学说的错误。从一个错误理论开始却走向应用的终点,这个矛盾的心理学家示范了当时心理学的发展状况和所处的境况。平心而论,所谓的科学已经被描绘为这样一个形象:首先是通过前面我们提到的三种观察技术进行大量的观察;然后是一系列令人眼花缭乱的理论将观察进行扭曲地综合。

即使是对经验丰富的人来说,这样的科学常常表现得如一锅粥,让人不知所云,因为不同作者都在使用各种各样相互矛盾的理论来进行各自的事实表述,而很多表述已经算不上是科学了;尽管如此,它依然为生活实践提供了某些有价值的信息。心理学家们还在继续努力,收集观察数据,改善他们的研究方法,钻研他们的理论,所有这一切努力都是因为他们相信终有一天,他们的丑小鸭一般的理论会被广泛应用,会得到公众的喝彩。世事难预料。心理学付诸实践取得的最初成功就将很多学生吸引到了这个领域,让很多人转向了对实际问题的研究(例如,从事应用心理学的研究),同时还激发了公众对这个新兴科学的关注热情。即使文学界的人士也开始关注它并希望从中学习如何理解人类经验和行为。于是,心理学赢得了自己的地位;心理学家不再是曾经的那个荒野上孤独的耕耘者,追求着一个虚无缥缈的目标:致力于建立一门严肃的科学,因为对人类贡献而在将来的某一天终于得到社会的认可;相反,这时的心理学家发现自己正在为这样一些事情所困扰:各种职业的人都来寻求他的帮助,人们希望他在各种各样的实际问题中给他们提供明确的诊断和安妥的指导。

公众对心理学的态度的转变,从完全漠不关心到过于热衷的信任,并期盼从中获得实践性的指导,实际上给这门科学造成了严重的倒退,并干扰它作为科学的有序发展。从长远看,心理学终将趋向进步。我们现在可以充满信心地说心理学正在趋向前进,对其所负载的实践性问题正在作出全面的回应,并逐步将自己建设成为言说人的行为的精确科学;作为一门科学,心理学将成为所有社会科学研究的基础,缺少了心理学的支持它们将无所作为。

假设是必须的

我曾经说过,心理学家的理论已经沾染了他们的描述,并且常常使得他们所做的观察发生偏见。那么,我们应该以什么态度来看待心理学的理论或假设呢?我们应该丢弃它们而建立一个没有假设的科学吗？即使我们满足于心理学仅仅停留在纯粹描述的层面上，没有假设的心理学也是根本不可能的。因为，为了进行描述，我们必须要使用一般性的和抽象的词语；而每一个这样的词语都隐含了一个理论或假设。描述还需要进行像这个或是像那个的分类，任何一个被用来指示思维的对象像什么的分类的词语都包含了一个假设，即这些对象都拥有某些共同的特征而使得我们认为它们是同类——也就是说我们的观点已经首先具有了特别的目的。像这样的分类假设对每一种科学而言都是必须的；并且事实证明它们也是管用的。没有它们，不但科学，就连所有理智的对话都无法进行，也无论谈论的是关于人类的本性还是别的什么话题。关于经验以及经验的发生条件和经验的表达等议题的讨论都要使用这样的类别假设。但是问题依然存在——我们能够将假设的使用限制到尽可能低的程度吗？或者，能不能专门设计一种假设，它不依赖描述，更具有自明性，专门适用于解释我们所描述的事实，使用这样的假设是否更好呢？在这些问题上的意见分歧非常大。一些作者表示出对假设的极大厌恶，并以此为据而将它们拒在所有科学之外。这只能说这种做法是无知和虚伪的作秀。我们已经看到，在一般性词语的使用过程中假设的卷入是不可避免的；随着研究的越深入，专门设计的假设就越多，这些假设并不是属于另一个不同的世界，但它们和解释是有区别的；因为描述和解释并不是两个分离的过程；解释不过是比简单描述在更加一般化、更抽象的水平上的描述。在提出这样的假设并使用假设的过程中，最重要的是要认识到我们所做的假设是什么，以及必要的时候要对它作出修正或者彻底放弃它。如果我们保持这种态度，假设将极大地支持我们的发现,并且一旦它们被提出来,能够简化我们的描述和解释。

假设源自历史

当心理学开始从通俗的和文学的传统中分离出来立志成为一门科学的时候,它使用假设的记录并不是一张白纸。一方面,心理学曾经最大限度地促进了公共语言中分类假设的运用与修订;另一方面,它发现虽然这些传统的延展性的或解释性的假设相对于科学的标准来说过于含糊且不完善,但是它们却非常根深蒂固,要摆脱它们的影响是非常困难的。科学的盛名热情地拥抱了这种假设;因为它意味着这个科学被界定为对心灵或灵魂(psyche)的研究,这些内容长久以来被看作是寄居在人的身体里的某种活力,它激发身体的活动并且以某种方式成为个人经验的基础。大多数类似的假设都是由著名作家创造或由哲学家所发明的。因为他们的权威,这些假设在常识的和文学的传统中得以确立。几乎所有心理学家采用的假设在一定程度上都有这样的历史渊源。其中的问题是对它们中哪一种更好并没有形成共识;更糟糕的是,一些人将某种假设绝对化,用它们来约束所有的心理学理论,并以此排斥、讥讽基于其他假设的不同类型的心理学。因为[不同心理学家所]接受的假设差异很大,并且这些假设又不是专门为心理学设计,所以分歧很大。在物理科学中,有些人接受以太[假说];而有人不接受;接受的人相信空间和时间的绝对性,而不接受的人[拒绝时空的绝对性];接受以太假说的人用这个假说来解释因果性、能量和力,而不接受的人则把它抛在一边置之不理。心理学中也存在类似的分歧,但心理学并没有因此而受到质疑,也没有被置于不利或无望的境地。

我们将简要介绍由于采取了不同假设的视角而产生的不同类型的心理学理论。

纯粹经验的心理学

那些将假设的运用严格限制在经验的限度内描述和解释经验的心理学家与哲学家中纯粹的唯心主义者是同盟。因为唯心主义者将独立的经验看作实在,而所有的存在,即实在就是经验。他们倾向于将心理学界定为一门关于个体经验或关于纯粹经验的科学。和形而上学所蕴含的无法逾越的困难不同,很显然,这种类型的心理学通过自我否定而让自己陷入绝境。

关于灵魂的心理学和官能心理学

古代的心理学承认灵魂的存在,并且热衷于区分灵魂的不同功能以及认为这些功能旅居于身体的不同部位。到了现代,这种心理学发展成为通常所说的"官能心理学"。经验被看作是灵魂或灵魂的某一部分的功能或行为,这种灵魂的局部被称为心智;而有时"心智"(the mind)则被当作"灵魂"(soul)的同义词来使用。每一种主要的经验类型,诸如记忆、愿望、判断以及比较等,都被当作心智或灵魂的相应功能的活动;而每一种功能都是一个次级假设。官能心理学具有相当显赫的家谱;它在19世纪从颅相学中变身而出;颅相学将每一种功能对应于特定的大脑区域。长期以来,无论旧式的还是新式的官能主义都受到诋毁。我们承认并不能完全放弃关于包含某些最基本能力的灵魂或心智的观念；但是，我们依然会认识到这种假设本身能够给我们提供的支持很有限；还会认识到，为了提升某种功能，通过练习这种功能来获得各种经验的做法是不会有结果的。

观念心理学

官能理论的最大的竞争对手是观念理论（*theory of ideas*）。这种理论在哲学和心理学领域都已经产生了很多变式并形成了有力的影响；虽然至今没有人能够将它整合成一个统一清晰的理论，它的影响依然在继续。它已经深深地植根于流行的文学以及心理学的传统中，"观念"这个词也许已经成为使用最频繁的心理学术语，几乎没有心理学家可以避免使用这个词，即使是那些并不接受它的观点的心理学家也不例外。在柏拉图关于观念的理论中，"观念"是一类事物的超自然原型；而"观念"存在于某个遥远并难以企及的地方①。后来，"观念"被引入心智并赋予了不同的特征。约翰·洛克第一个在现代心理学中建立了"观念的新方法"。他首先将"观念"定义为人思考的任何东西。② 洛克接受了关于物理世界的常识性观念，即物质对象的存在是独立于我们的心智之外的，这个定义似乎将物质对象和"观念"视作同样。但是洛克随后的讨论又似乎将"观念"置于心智之中并作为心智的一部分。一个头脑敏捷的爱尔兰人贝克莱主教，发觉了这个呆板的英国人的矛盾，他指

---

① 源自柏拉图语录的传统翻译版本，但是近年来这种理解受到了严厉的质疑。
② "当人思考时任何被理解的对象。"

出,如果我们能够思考的所有事物都是"观念",并且"观念"存在于心智中,是心智的一部分,那么,我们能够思考的所有事物都存在于心智中,并且是心智的一部分;于是,我们所能拥有、了解和思考的对象都只能是心理对象。通过这种思辨,他掀起了一场风暴并最终演化为浩瀚澎湃的现代唯心主义的思辨之海。大卫·休谟也将"观念"纳入心智;但是为了实现这个目的,他把观念代替了心智本身。洛克是在这种极端的立场和官能心理学之间折中的意义上使用"观念"理论;即在"观念的新路线"和官能的老路线之间的折中。因为他依然继续使用具有功能的心智的假设,将心智描述为关于它的"观念"或在"观念"之上的功能。但是休谟说道,我们认识的全部都是"观念"之流(对他而言,"印象"和"观念"没有本质的区分),我们所言之心智或灵魂仅仅是一个空舞台,这个舞台场景的存在只是一个并不必要的假定,而"观念"则在上面演出戏剧。在此之前,"观念"已经在心理学中上演一幕华彩的戏剧。① 经验变成了一股"观念"之流,而经验的发生原因被解释为"观念"间的相继作用。关于任何对象的思考被描述为"拥有了一个关于它的观念";而关于它的第二次或第三次思考则被描述为"再次获得了同样的观念"。于是问题就产生了——在我第一次和第二次思考同一个对象的间隔期间,那个"观念"在哪里?当前有两种流行的回答,但常常混淆在一起。一种回答认为,"观念"可能存在于两种条件下,意识条件和无意识的条件;当我思考一个对象,我的关于它的"观念"正处于意识中;当我中断了对它的思考,"观念"就沉入

---

① 一个更加现代的词语"表征"几乎是"观念"的同义词,还可以用来表达"感知觉"。

无意识中。一些作者认为,"观念"和人所思考的其他任何对象一样,本质上是经验的片段或局部,他们力求避免"无意识观念"这种表述所造成的矛盾,他们解释道,在中断期间,"观念"实际上持续存在,它并没有沉入无意识,只不过处于下意识或很低的意识水平。这一学派不再将心智看作"观念"的舞台或场景;而是看作"观念"的组合或聚集,大多数时候它们处于无意识或下意识状态,有条件时轮流进入意识状态。

另一种回答认为心智是"观念"上演戏剧的舞台,同时也是一个储藏室;储藏室在舞台下面,舞台被光明照耀着,而储藏室则是一个存放"观念"的黑屋子。这其中,"观念"依次被激发并升起到被照亮的舞台上;然后,又再次沉入这个黑屋子。对这种理论而言,心智由两个房间构成,一个是明亮的,一个是黑暗的;明亮的是"意识",它像光一样照耀"观念",将它们从黑暗中显现出来;显现的平面就如同登上舞台的活动门,被称为"意识的阈限";据称"观念"就在这个阈限上下起起落落,在光明和黑暗之间的穿越会逐渐变得愈加频繁或稀少。这种对经验的描述方式陷入了矛盾和含混的泥潭。它虽然在过去,例如,在赫尔巴特的心理学中,可能曾经扮演了重要角色,但是现在并没有充分的理由继续使用它。我的观点是,所有这些混淆以及一些似是而非的虚构概念(诸如"观念"、心智的黑屋子和亮屋子、"意识的阈限"以及"意识"像光一样照亮"观念"等),反过来被由它们本身造成的思想的混乱的和随意的大量解读大大加强了。应该严厉地将它们从心理学的殿堂驱逐出去。但是它们现在依然大行其道;比如我们可以看到,它们在近年来显得非常繁荣的弗洛伊德主义的心理学中以及其他一些学派的大量著作中,均有被采用。

作为意识科学的心理学

另一种观点将心理学定义为意识的科学;这种定义和将心理学定义为个体经验的科学并没有太多的不同。因为在通常情况下,"意识",如果不是完全,至少几乎是被当作"经验"的同义词;如我们所见,这个词实际上并没有其他用途。"意识"(conscious)其实是一个十分糟糕的词;这个词的滥用给心理学带来的是巨大灾难。如果它被当作"经验"(experience)的同义词,必须承认"经验"是一个更好的词;因为即使经验被当作名词使用,它依然保留了起初的动词特征,于是,我们自然会记住经验所暗示的产生经验的经验者以及经验者所经验到的对象等内容。然而,"意识"作为一个名词则不能体现动词的意味,它让我们忽略了这样一些事实:一定有某个东西被意识到以及它所暗示的那个意识到某个东西的主体。尽管这个词的语源有助于避免这样的错误,但是许多作者仍然因为用这个词使自己陷入这个错误之中。因为"意识"来源于拉丁语 *conscire*,即"所知事物的集合";所以,用这个词应该意指"认知和思考事物的动作"。对于心理学研究而言,另一个词"良心"(conscience)比"意识"更好,只要对它的使用不局限于伦理学家给它限定的特别意义。法语比英语更好地保留了"良心"的本来意义。

原子论心理学或马赛克心理学

"意识"这个词在心理学中造成的巨大破坏,主要是因为我们具有如此强烈的将我们所思考或谈论的对象(一个事物或一个素材)具体化的倾向,特别是当我们用一个名词来指代所说所思对象时。由于这种倾向,很多心理学家陷入一个误区,像谈论某种物质一样谈论意识(也就是,对事物进行思考的动作)。然而在考量这种物质时,却发现它显然不是一个均质的简单物质,而是极端复杂和多变的;更像是一幅马赛克的图案或一条织锦,而不是一张白纸。甚且,它还在不停地变化着,就像一条无止境的织锦从我们眼前拉过。因而接下来对这种物质的分析让心理学家相信:意识就像马赛克图案,由许多小块的素材组成;接下来,他们开始致力于去寻找这种物质的最小构成粒子,即不能再分割的单元或原子。

接下来的问题是,是否被假设为构成"意识"的所有粒子都属于同一类;一些人认为,它们有好几个或许多个不同种类,而主流的观点则认为根本上只有一种粒子,这就是"感觉",或称为"感觉元素"。一些形而上学的思辨进一步论证道,这种粒子并不是真正的终极元素;就像原子之于过去的化学家一样,今天人们通常会说原子也是由电子或其他带电粒子或某种特别的物质构成,因此,感觉元素或感觉原子实际上也是由更微小的"意识"粒子构成,他们习惯于称之为"心智要素"或"心智微粒"。一些形而上学家走得更远,他们假设不单我们自己或我们的心智,宇宙间所有事物都是由这种心智微粒构成,它们联结组合而成不同的结构。为了确立这种似是而非的幻想,即大海山川、星辰树木等所有事物都是由这种元素构成,他们又回头重新拾起诸如"下意识"、"意识的阈限"以及"意识之光照亮了心智这个房间和所有在这个房间中的内容"等表述,并再次努力为他们的学说的合理性进行论证,论证他们称之为"意识"的物质存在两种形式:"能意识到的意识"和"不能意识到的意识"。

原子论心理学和观念心理学的融合

关于经验的这种观点很愿意并入"观念之路"。因为当"观念"被看成实体,它同样也成了那个将任何我们所想之物具体化倾向的产物。"意识心理学家"将"观念"当作实体而接受下来,就像他将"意识"当作物质一样自然,当他扪心自问——这种被称为"观念"的东西是由什么材料构成的? 这个问题的答案并不难找。显然,"观念"是由"感觉元素"构成;于是一种充斥着"感觉主义"或感觉学家的心理学应运而生了。这样的心理学通常由这种学说的代言人执掌,这种学说最大的优点在于它解决了或者说消除了心智和物质之关系这个复杂问题;既然他们认为物质与"意识"或"观念"是由同样的材料构成,那么,他们就可以顺理成章地将这种学说命名为"观念主义"(idealism)。① 任何一个有能力站在独立精神的立场审视心理学历史的人都倾向于认为,这样的"意识"不只是一种物料,而且它毫无意义。一些"感觉主义"的代言人更是将这种学说发挥到了极致,他们自己也认识到了这个结果。因为,在某一个瞬间转而审视自己的学说时,他们也曾经问——我们称之为"意识"的这种东西真的存在吗? 意识存在吗? 他们不得不回答——不,它不存在;它只是一个幻觉,一个传说。

---

① "观念主义"这个词具有两个完全不同的含义,经常被有意无意地混淆。一个意思是指假设整个世界是由心理、心智或精神活动所构成的那些学说。另一层意思则是基于那种致力于追求"理想"的道德的态度——努力使一个真正或实际的事件达到比现实更好的状态。

因为杜撰了一个纯粹虚构的"意识心理学",一些更加激进的思想家就从它的谬误中进一步推演出一种新的哲学,他们称之为"新实在主义"(neo-realism)。进而衍生出来一种非常时尚的唯物主义,它并不同于老式的唯物主义,老式的唯物主义将意识看作脑的分泌物,新式的唯物主义并不在意识或经验与被认识、被经验的对象之间做区分,他们认为这样的区分是虚幻和辜妄的,"观念"和"知觉"以及所有其他事物都是由"意识"的碎片组成,实际上它们和物理世界中的对象是统一的。于是,我们转了一圈又回来了,我们被带回到洛克最初的出发点——再一次地,"观念"就是人所思考的东西;也就是说,它们和所有"地上的物件"是一样的,而"天堂里的唱诗班"以及所有类似的内容如心智、灵魂、自我或精神等,和它们所有的活动模式以及经验一道,在宇宙的图景中都被抹去了。

大多数"意识"和"感觉主义"的信徒并没有走完这个循环的最后一部分。为了理解他们的立场,我们必须考察现代心理学中最重要的一股影响势力,这也许是当今拥趸最多的一种观点,但目前我还未涉及,这就是来自生理学的影响。

生理学对心理学的影响

古代哲学家对脑的功能一无所知。但是到了近现代,人脑的各项功能逐渐被认识:它们非常重要,并以某种未知的方式牵连着我们的认知、情绪以及意志等,简而言之,它关系到我们的经验。于是,一种强烈的研究热情被点燃了,[研究者]希望通过研究脑而揭开经验的秘密。不计其数并还在不断增长的人力被投入这项极其困难的研究中,并取得了众多成果。结果是用脑的功能和结构或者神经系统的术语来解释全部人类经验和行为,这样的学派的追随者和影响力在不断地增长。在18世纪,这个学派的纲领就被概略地陈述为一句著名而滑稽的格言:脑产生思想就像肝脏分泌胆汁一样。为了使他们所选择的心理学学说能够与他们的科学研究结果相协调,心理学家做了很多详细的阐述。

19世纪早期,以弗兰西斯·加尔为代表的颅相学将肤浅的脑—生理学和"官能心理学"结合起来。在更早的时候"观念心理学"就已经被引导(David Hartley,1749)实现了生理学转向,这种转向似乎大大加强了心理学的合法性,并且进一步影响了"观念心理学"被赋予了"联结心理学"的名称。"联结心理学"在英国具有悠久的传统,洛克和休谟是它的创始人,哈特利、两位密尔以及贝恩等人是这个阵营的领军人物,它将经验解释为"观念"的序列;这些"观念"据说是被连接或联合在一起的,并且它们通过相互之间的意义连接或自动的联合而彼此牵连着进入意识。现在,尽管"观念"似乎已经成为一个事实、或一个真实的事物,但它依然很难支持连接或联合的设想;哈特利作为最早的联结主义者之一,显然也饱受这个困惑的折磨,为了消解这种苦恼,他将大脑比喻为活塞动作,不断做抽出和推进的往复动作,而全部动作的意义就在于使得"观念"被吸入或被排除,从而在"意识"中进进出出。大脑被研究得越多,就越显得支持了这样的解释。

大脑功能的定位学说已经被证明是靠不住的了,其中最拙劣的代表就是加尔的颅相学,该学说在19世纪后期被当作确定的知识快速成长。这时,大脑逐渐展现出了无数的神经元像丛林一样通过网络状的神经纤维相互连接,每一个神经元在特定的层面上

第一章　导论

都显示出不可或缺的重要性。一旦每一种"观念"都可以定位于一个神经元,"观念心理学"就立刻被转换成了生理学的术语,而"观念"大多数时候安静地蛰伏在黑暗中;偶尔,当一个神经冲动到达这个神经元,蜗居其中的"观念"即被启发并成为"意识",或者说被凸显到"意识"之中。① 有这样一种设想,一旦一个细胞的兴奋紧接着另一个细胞的兴奋发生,两个细胞就会被一条低阻抗的通路连通;以后兴奋就能够很容易地在两者间传递,它们之间的通路会一直保持通畅。通过这种方式,所有的经验都被解释为一个生理过程:按照神经活动的一贯规律,"观念"相继地从它们蜗居的孔洞或细胞内钻出来。于是,"感觉主义"将"观念"分解并把它们表述为"感觉元素"或"感觉"的合成物,每一个元素或原子就被分配给一个相应的神经细胞;"观念"或"感觉丛"与神经层面上与之对应的细胞组群一起构成了一个功能性单元。这种单元可以通过吸收更多的神经细胞而生长,就像"观念"通过吸收更多"感觉元素"而变得越来越复杂一样;一个神经细胞的组群可以和其他组群连接,从而形成组群的群落,它们的活动既可以是同时性的,也可以是继时性的。

对于接受这个框架的人而言,确乎不再有必要使用"心智"、"心灵"、"经验主体"、"自我"等概念了;作为思想、愿望、记忆、期待或其他任何一种经验的主体的经验者或思想者,都是不必要的;或者,如果为了方便偶尔使用这类术语,那也顶多是说,是"观念"在某一时刻产生了思想,或者是过去曾经出现过的思想在思考,而这

---

① T. H. 乔恩《生理心理学大纲》是这一观点在当代的最佳代言人。

个过去的思想才是真正、唯一的思想者。① 在主流的理论中,描述经验的主语模式不再流行;思维的规律变成了脑的机械原理。按照这种观点,"意识"退隐并成为一个被动的观众。即便这样,关于(意识)这一角色处境的描述依然言过其实了;即使作为一个观众也有主动性的观察。更准确地说,"意识"只是一个"跑龙套"的角色了。

机械反射理论

将心理学转换为脑—机制术语的努力要想获得足够的支持,必须在以下几个方面成为共识:有更多证据能够表明每一种"感觉"以及其他可辨别的"意识"元素在脑内都有对应的机制;并且还要按照这种思路建构一个似是而非的框架,通过这个框架所有的脑—元素能够相互支持运作;以及生理学同时也正在创造这样一个框架,这个框架在理论上可以用神经机制的术语解释全部的人类行为。这个框架就是反射活动(reflexaction)法则的升级版本,在现代化的萌芽时期,著名哲学家笛卡尔首先对这个反射法则作了详尽的阐述。笛卡尔认为,这个法则有能力描述动物的全部身体动作;但是,他自己以及更多的心理学家同时还认为,在人身上用以表达经验的动作在一定程度上还受诸如思想、情绪、愿望、记忆、认知等因素的影响。

笛卡尔对反射动作的阐述只不过灵光一闪;但是后继的心理

---

① 这种结论是詹姆斯的首选托词,他在他的名著《心理学原理》中立下雄心壮志,要继续写作后续著作《感觉主义》。

学发现却让这个假说得以巩固与充实。研究发现,无论人还是动物,即使在大脑完全处于休眠状态甚至完全被破坏的情况下,都能够被激发起某些看似目的性的行为,尽管这时个体不能意识到这个行为过程。比如,如果个体的脚被针扎了一下,大多数人和动物都会表现出这只脚的快速收回动作。常识的观点认为:"他的脚快速收回是为了躲避疼痛刺激。"然而,心理学家发现,当脊索和脑的联系被切断后,这种收回动作一样会发生。如果是一个人处于这种情况,他会看到自己的脚受到针刺时的动作,但是他并不会感觉到针刺或自己的动作;如果他闭上眼睛就不会知道所发生的这一切。心理学家已经发现,针刺激发了脚上的神经兴奋,如同物理变化中的波动一样,兴奋传递到了脊髓(就如同电话线中的电子流动)并从感觉神经元跳跃到运动神经元(就像两个电极之间电火花的跳动一样),兴奋会沿着运动神经传递到腿上的肌肉,引起肌肉收缩并最终导致脚的回缩动作。这就是笛卡尔所构想的反射活动,当代心理学家正在致力于这方面的研究。后者的研究显示,动物或人的机体所产生的很多简单运动或分泌活动都可能以这样一个相对简单的途径来实现;而全部行为和反应都不过是一系列动作的序列,这些动作似乎在理论上可以用生理学和化学的术语予以充分言说;尽管实际上我们现在离这种充分言说还有相当的距离。

心理学家已经揭示出脊髓(中枢神经系统的一部分,位于脊椎骨腔内,所有的感觉神经从这里接入,同时所有运动和腺体控制神经从这里发出)实际上是由无数实现反射活动的装置组成;每一个这样的装置因为相关联的感觉和运动神经多寡不等,其复杂程度也有不同。在这样的装置中，来自感觉神经的神经兴奋被传导向运动或腺体控制神经群。心理学家进而发现，有充分的理由相信整个神经系统，包括脑在内，都是由这种反射机制，即感觉—运动神经弧所构成，这种神经弧连通了感觉器官和执行器官，即肌肉和腺体。事实上，大脑也是由各种各样的神经通道和神经弧构成，它们和脊髓中的神经结构的区别仅仅在于它们更长、更复杂以及彼此间拥有更多的联系。这些神奇的"神经细胞"，即设想中"观念"的居所，只不过是细长的原形质的膨大末端，细长的原形质就是神经纤维。那些在大脑的表面即皮质（即著名的灰质）中的神经结构实质上和脊髓中最简单的反射弧并没有区别；它们的主要功能是管理神经细胞的神经纤维部分的生长并为其提供营养。

于是，人的所有行为看起来都可以分解为各种类型的反射活动，不过是神经传导中往来的神经冲动而已，这些冲动开始于感觉器官接受物理世界的刺激并在神经系统的丛林中自我繁殖地传播，传播遵循纯粹的生理学法则而实现阻抗最小的路径。人的全部行为都是反射活动，或者如一个更加通俗的表述所言，每一个人的行为都是对刺激的机械化反应。

记忆和反射理论

我的读者，如果你是初次接触这样的思想，你可能会说：这真是不错的理论，但是它如何解释记忆呢？很多时候，我的行为不是由感觉印象激发的，而是受记忆的引导，受记忆中的过去经验所激发！心理学家对这个问题也有他的回答。神经系统包含一些先天预成的反射路径；它们的发展便是将感觉刺激自动导向对应的肌肉；就像血管发展成为一个自动化的机制能够将血液输送到需要的地方。但是，和循环系统网不同的是，神经网络有很大的可塑性。每一个反射弧都和若干其他反射弧相连；因此，在最极端的条件下（例如，如果用大剂量的番木鳖碱*使得所有的神经通路都处于开放状态），从任何一个感觉神经元开始的兴奋，会像雪崩一样通过各个神经通路迅速传遍全身，让身体每一块肌肉都产生强烈的抽搐。在正常情况下，神经回路被抑制，而只有相对少数的通路能够将兴奋传导到肌肉。因此，实际上每一条感觉神经路径总是密切地和特定的运动神经相联系，而不是任意地相连；这种神经或神经元（这里所称的神经元指神经细胞体和纤维共同构成一个复杂单元结构）之间的联结有交叉，也有平行，它们组成了异常精巧的结构。每一个神经联结对于从这里通过的神经能量来说都会形成特定的阻抗。但是这种阻抗并不是固定不变的；它会因为各种关联因素的影响而时时发生变化。因此，各种无法预知的、多变的反应活动依然保持了最简单反射的特征。在各种影响联结阻抗的因素中，最重要的是神经冲动在神经与神经之间的实际传导；因为这显示了这个联结的当前阻抗比它之前的表现更低，或者它对神经传导的阻力减低了。为了说明这种情形，让我们假设你的鼻子接收到一种新异的气味刺激；这个"刺激"通过完美组织的反射弧激发起了抽吸的反应。同样的对象还可以刺激你的嘴或舌头，并以类似的方式激发起另外的反应，比如呕吐（按照通常的说法，

---

* 亦称马钱子碱，一种极毒的白色晶体碱，分子式为 $C_{21}H_{22}O_2N_2$，来自于马钱子和相关植物，用于毒杀啮齿类动物和其他害虫，在医学上主要作为中枢神经系统的兴奋剂使用。——译者

就是这个东西闻起来香吃起来难吃）。现在假设同样的对象第二次再接触到你的鼻子。很有可能这一次你不再会抽吸而是（至少是一开始）想要回避这种气味。常识的说法是你对它的坏口味的记忆掩盖了你对它的气味的欣赏，于是，它的气味对你来说也变成了一个不愉快的刺激了；或者，这个气味现在不再是激发起你的食欲，而是败坏了你的胃口。但是心理学家的解释是，第一次尝试时，两个相继的刺激很靠近，两种反射都被激活，相应神经联结之间的阻抗降低了，因此在两条反射路径之间建立起了一种非常密切的联结；于是，当第二次尝试时，由气味激活的神经通路不再是导向引起抽吸的肌肉，而是直接导向了第二套引发呕吐动作的肌肉。这就是，在特定神经联结中的阻抗变化塑造了一个新的反射路径。通过这种方式被塑造的或习得的反射被称为"条件反射"。过去所有来源于经验的或智能的习得性行为，或者获得性习惯等等，简而言之，即所有过去被分类在"记忆"和"习惯"条目下的活动现在都被看作在本质上是一个"条件反射"的建立。今天，心理学专业的年轻学生很自然地都中了"条件反射"的邪，将"条件反射"看作是揭开宇宙中的最主要谜题的关键，或者，至少是打开人类命运之门的钥匙。他会这样想，并且在很多场合他的这种想法还受到鼓励：既然已经把握了这个核心的法则，那么就不需要再费脑子去思考心理学中的那些传统难题了。对他来说，诸如爱、荣耀、责任、信仰、希望，还有慈悲、理性、意志和道德等等，这些活动的不同仅仅是名称上的区别，我们可以把它们都看作是"条件反射"的不同变式，在本质上，它们和狗的后腿的抓挠反射没有区别。他简单地认为，好狗是温暖的窝和大块的骨头塑造的"条件反射"的结果。

他同样也简单地认为,一个好人也是由系统化的奖励和惩罚塑造的条件反射的结果;聪明的人则是他的条件反射在引导他趋利避害。"这就是通向光荣的道路。"(*Sic itur ad astra*)

机械反射理论的影响

到这里,在追求关于人的本质的解释道路上到达了一个三岔路口,有两条敞开的道路摆在雄心勃勃的学生面前;他可能同时接受两个学派的观点。如果他具有心智实体性倾向,他将会聆听"行为主义者"的教诲。这个风头正劲的学派的正宗代表人会告诫他不要再为经验或"意识"的问题而苦恼;不要问像这样令人厌恶的问题:意识存在吗?意识能做这些事或那些事吗?它和脑的反射过程有什么关联?他将被告知,任何人的举动和行为只不过是这个人的条件反射的总和;这就是我们所知道的全部,也是我们需要知道的全部。不过,一旦接受了这种观点,他就多了一个选择。他可以选择加入 J.B.华生博士①的拥趸行列并对博士说:"那些被称为经验或意识的东西之所以存在或发生是因为我认识到或我关注了它们。但是我对它们不感兴趣。我只关心如何解释人的行为。我知道,所有的行为都是由反射过程机械地决定了的;让我开始'条件反射'的研究吧。"

或者,如果他觉得需要为自己的立场增加一些形而上学的理由,他可以追寻尘封已久的 E. B. 霍尔特博士,②一个最彻底的新

---

① 《一个行为主义者眼中的心理学》。
② 《意识的概念》。

理念主义者,霍尔特博士的滔滔雄辩将会告诉他,他习惯于称为经验或意识的那些内容,诸如喜悦或痛苦、欲望、努力、认识、记忆等等,所有这一切事实上都是他周围世界中的粒子运动或能量流动;霍尔特还会向他解释,从理性的蒙昧开始直到19世纪末,整个人类是如何以及为什么会遭受思想和物质分离的幻觉所害,这种幻觉将思想和物质看作两种不同的存在,而实际上它们是同一事物按照不同序列的呈现。

  但是,已经接受了条件反射法则作为全部充分理由的学生将很难认同霍尔特博士的极端立场;当然,他有可能拒绝华生博士粗暴拒斥经验的态度。因为他感到自己的经验是如此真实,很难相信它只是一个幻觉;他也许争辩道:"即使行为不过是由一连串反射活动序列机械性地叠加而成,我们依然不能以此为理由来批判内省观察。"因为,他可能会这样想,我们关于这些反射过程的认识还是非常粗浅和概略的;如果"感觉"或"感觉元素"忠实地参与了大脑的工作,由一系列"条件反射"联系起来就像追随主人在战车侧畔的奴隶,在经过更多的研究以后,我们希望能够将作为人类本质的主宰因子的"条件反射"看得更清楚,这是一个理论上似乎很清楚而在实践层面上却很含糊的概念。如果他选择这条路线,那么他会发现,在这条路线上有众多优秀的心理学家相伴。不是所有这些人都将自己的信条限定于最严格的狭义的条件反射学说;但是对他们所有人(这个群体可能包括了当今学院派心理学家的大部分成员)而言,人类行为完全地和严格地决定于身体器官的机械动作,即由神经系统所控制;也就是说,是由神经或其他组织中发生的生化过程所激发,这种生化过程完全吻合于空间中的运动法则,并遵循或等同于无机过程的运行法则或运动方程式。对他们来说,神经系统已经足以取代心灵、心智或自我等概念,即所有经验的主题;大脑,或者最多包括"所思考的已经逝去的思维",是唯一的思想者,而思维是脑的机械动作或者是它的"派生现象"。相当大一部分认同这种观点的心理学家(虽然他们在其他方面可能有很大的分歧)并不像后来的雨果·闵斯特伯格那样傲慢地断言:"感觉"或其他构成"意识"的元素都是人为的抽象概念,所以,关于这些内容的心理学并不能解释人类的生活,也没有现实的意义;他们也不会像华生博士那样,终止他们的理智对于自己的内省以及其他类似观察所发现的关注。他们正确地认识到,即使这样的心理学假设为真,仍然不过体现了对脑功能研究的事实,并在很大程度上得益于内省观察;虽然他们也预言研究脑机制的生理学可能最终完全取代心理学,但是他们依然坚信这种进展必须依赖于进一步的、更加精确的经验研究。铁钦纳教授也许就是心理学的这种类型和立场的最旗帜鲜明的代表。①

机械反射不是心理学的基石

现在让我们回过头来考虑,当学生学习了神经系统以后所受到的影响。他被告知自己的经验不过是一些感觉元素的碎片,这些碎片的存在,或出现于"意识"中,皆是因为大脑中的生化过程使然;而他所坚信的自己所拥有的决策能力、分析能力、意志努力以及"追逐利益"等等,一言以蔽之,即所有的有意行为都不过是一个

---

① 《心理学课本》。

错觉；如同早些时候的决定论者所说，那些对他而言所谓最艰难的选择其实并不是出于他自己的强烈意愿，实际上完全不受欲望或其他任何属于天性的内容的影响；即使诸如快乐、痛苦，这些因素长久以来广泛地被当作人的所有行动的原动力，也并不会影响它。

我们已经看到，在遭遇这种结论时，特别是这个结论背后有一支由众多权威组成的支持队伍，学生会如何折服于这个结论之下，并最终选择如前我已经勾勒出来的理论路线中的某一条，他们不能对这些观察和推论做出任何批评（要能够对它们做出恰当的评价需要数年专门的心理学训练，而极少有心理学家愿意在这上面浪费时间）。

但是也有部分学生感到犹豫不决（我希望这本书可以增加这类人的数量），他们会回忆起那些鲜活的并可能是破坏性的欲望冲突，有些是道德的努力所无法遏制的，而有些却引起强烈的痛苦，有的是诱惑的结果，而有的却是被深刻的同情、柔情爱意、愤怒或恐惧所激发。他们扪心自问：这一套思想体系告诉我们这样的经验在世界上毫无价值，它会不会在根本上就已经错了呢？这种论证最终导致了不可思议的结论，难道它就没有缺陷，或者是基于某种错误的前提或假设？它的结论和各个时代的道德领袖们所信奉的宗旨刚好相反；它将人和低等动物甚至试管里的晶体等同起来，否认人的创造性与自主决定性；在它看来，诸如《圣经》以及莎士比亚、贝多芬、牛顿等人的作品都不过是偶然的原子集合的产物，是这些原子通过自然选择的机械过程在空间中形成特定排列的结果，本质上和在沙滩上拾到一枚精美的鹅卵石没有区别，难道真是这样吗？

有人说这是犹豫者的迷失。但是有时却恰恰是犹豫者获救了,特别是当面临的是那些世风日下、道义沦丧的问题时。如果那些心理学的开拓者犹豫不决地站在唯物主义和极端决定论的悬崖边,以批判的眼光环顾四周,鸟瞰大地。当他往悬崖下看,他也许会看到 T. H. 赫胥黎强健的身影,虽然年迈却依然据理力争,为的是那个赫胥黎本人坚信不疑并协助创造的幽灵;①他还可能发现赫伯特·斯宾塞已经远去的身影,这个曾经的机械论者中的王者,现在被人们记住则是因为那本不知所云的《彩色哲学》。如果他转身向上看,他会看见一些静穆的身影,诸如,查尔斯·达尔文、牛顿和法拉第,还有赫尔曼·洛策、莱布尼茨、柏拉图以及华兹华斯,还有所有伟大的诗人,比如八月诗社,这是一群不愿意"让理智躺在昏庸的枕头上"的激情诗人,他们的声音依然在世纪中回响,坚信人能够掌握自己的命运而不是被动的机器。

反射理论的假设

在经历了这些警告和鼓励之后,学生可能已经做好了准备给予以下的思索适当的权重。在众多心理学分支中,那些偏爱机械主义的流派很自然地被划归为一个类别,即机械主义心理学,②它们用一个假设取代了另一个假设,即用脑或某一个身体器官在严格机械的或生理学的法则下的活动来取代心智、心灵、自我、主题、经验者等(包括行为主义、感觉主义、联结主义和表象主义)。所有

---

① 《进化论与伦理学》。
② 这些心理学不一定都是机械主义。它们都包含了针对意向行动本体性的共同观念。但是它们的共同点是都将这种观念导向了否认意向行为本体性的方向;另一个事实是它们通常形成攻守同盟。特别是行为主义,似乎正是从机械主义教义中衍生出来的,却惴惴不安地躺在形而上学的温床上。

这些学说都基于特定的假说,而每一个假说都有自己存在的理由,但都没有被充满信心地使用它们的人们哪怕是在最理想的条件下予以证实。简言之,这些假说是:(1)机械主义心理学在未来一定能够完成这个艰巨的任务,即通过机械化的物理学和化学法则,彻底描述和解释有机体的生理过程(包括人的机体活动);(2)用机械主义心理学的术语对经验事实和行为事实之间的关系做出明确的解释,这样的工作是可能的。

让我们简要地检验一下这两个假说。基于机械主义心理学的假说是另一个更广泛的双重假说的一部分,即机械主义生物学;也就是说,用机械化法则描述有机体在理论上是可行的,有机体是通过自然选择从无机物中进化而来的,这个过程仅仅是无机世界的运行环节,不需要其他任何外力或外在的影响施加其上。尽管这个假说已经得到广泛的接受并频繁使用,但是和上一辈人相比,对它的合法性提出质疑的人渐渐多起来了。主流生理学家也开始形成共识,达尔文的自然选择学说并不足以解释有机体的进化,也不能解释有机体为什么产生了对于环境的有目的的适应性,正是这种适应性从整个生命领域凸现出来,吸引了我们的注意。我们关于生命的了解越多,关于生命及其如何进化的问题和机械化学说的抵触就越多,而不是越少。最近的一百年来,研究者为我们提供了关于身体内在的物理学和化学的大量知识;但是每一次认识的进步都带来了有关调节和适应性的更多疑问,而不是回答了这些问题。另一些更加富于哲学思辨性的哲学研究领域的领头人物则告诫我们,我们似乎正在远离而不是接近机械论的目标。① 同样,

---

① J.S.霍尔丹博士:《生命、机械和人格》第八版。

第一章　导论

关于神经系统这样生理学的特别领域,我们的认识的缺陷也令人惊讶,我们曾经充满信心地认为生理神经科学继续发展必将取代心理学。我们把在神经纤维上发生的能够自身繁殖的那种自然变化称为神经冲动,但是我们对它并不了解,而且对于这种变化实际上是只有一种或者应该是两种或许多种也有不同的看法。我们对抑制过程几乎一无所知,而它对神经活动的协作非常重要。我们还对最重要的神经联结的特别构造和过程一无所知。"感觉神经的特殊能量"及其若干后继变式,曾经像划破黑暗的光明,而现在只是得到那些没有找到更好的替代学说的人的过度追捧。关于大脑皮层的功能定位的学说大约始于本世纪初*,看起来似乎已经得到确立了,特别是在描述基本感觉和激发功能方面,但它也开始不安地动摇起来,看起来这个理论需要一场彻底的重构,但如何重构却不得而知。[①] 这个领域和生物学的其他领域一样,在打破了机体的藩篱以后,回归功能研究,这种态度依然和机械论解释势不两立。[②]

　　再来看他们的第二个重要假说,机械主义心理学对它的解释也一样蹩脚。行为主义者主张"直接从脸上和外显表达来看这个问题",这个主张并不能被没有完全丧失科学好奇心的人所接受;因为,即使经验仅仅是大脑中跳动的磷光,对我们来说,没有它生命将失去价值和意义。而新实在论者如果把他们的观点表达到极

---

　　* 指20世纪。——译者
　　① 参见.S.I.弗兰,美国心理学会就职演说,《心理学评论》,1921。
　　② 同前(参见.S.I.弗兰,美国心理学会就职演说,《心理学评论》,1921)。还可见于汉斯·德里施(Driesch)的"有机物的科学与哲学",有关于它们的顺序的讨论。

端的话,应该主张排除这个问题;但是只有一个作者拥有这种道义上的勇气去尝试这个近乎可笑的极端。"感觉主义者"则在面对两种观点时发生了分裂,或者说在两者之间犹豫不决,一种是副现象论(*epiphenomenalism*)(它将"感觉"看作是一种在皮层中的神经联结之间跳动的磷火);另一种是心智-材料论,在这种观念看来,"感觉"如同构成世界的原始材料一样,是一种以自己的方式存在的事物。这两种观点都不能明确地对在什么条件下"感觉"可以形成"意识"给出一个合理的解释,而我们仅仅通过内省就能够察觉这一点,也不能解释那些有意识的关于某个对象的知觉、想象、记忆以及思维活动等。① 它们也没有能够实现这个计划,这个计划越简约越显示出机械论立场的强大,即用一系列物理学的概念或术语就可以描述或解释整个自然界。因为,如果大脑的物质能够产生出"感觉",那么,这种物质就不是、或不仅仅是物理科学所描述的那种物质或生理过程;同样,如果所有的物质都是"感觉",或者和"感觉"具有同样的性质,能够联合建构各种各样的经验,那么,物理科学关于物质的描述就是误导,这门科学所使用的概念,无论多么有用,都已经偏离事实很远了。

实际上,基于当前的物理科学的境况,指望用它的概念来诊断所有描述和解释的合法性是很滑稽的。因为这些东西总是在变换之中。在唯物主义鼎盛的时代,人们武断地认为宇宙是由物质原

---

① C. A. 斯特朗教授("意识的起源")对"心智-材料"议题作出了透彻和持久的贡献;最后却发现自己受到一开始对宇宙的"被给予本质"界定的约束,它是"逻辑的实体或存在……既不是生理的也不是心理的",并且它似乎和一般性原理相冲突,因此等于承认了不可能建立一个统一的"心智-材料"。

子构成,能量都来自这些原子的动量,原子之间通过弹性碰撞传递和转换它们的动量。当然,这个"弹球宇宙"的日子已经一去不复返了,而一些反应迟缓的生物学家从旧式的教科书里捡起一些物理科学的观念,担当起了拯救这种想象的使命。物理科学中的所有概念,诸如物质、能量、运动、动量、质量以及空间和时间,它们本身都是经不起推敲的;没有人可以确定它们中的任何一个概念能够从现代物理科学躁动混乱的思绪中脱颖而出。①

　　这种对事件的陈述方式很不成熟,简而言之,它假设人的本质以及人的行为能够被物理科学的术语予以充分的解释。和通常的生物学家一样,心理学家唯一明智之举是大胆地将他的科学和他选择和使用概念的权力分离开来,他选择了最适合于他的目标的概念来实现对人的本性的理解和控制。这在未来给他留下一系列难以协调的困难,物理科学和生物学的结论相互冲突,他必须以开放的心态和批判的态度来面对这个方向上的所有探索。

---

① 让学生思考下面这段话的意义,它来自当今顶尖物理学家(剑桥大学天文学教授 A. S. 艾丁顿)的近著《空间、时间和引力》的结论部分:"相对论对物理学中的主体——物质问题作了令人满意的答复。它将一系列重要的法则整合起来,这些法则由于计算精确以及运用恰当而在人类知识体系中赢得了显耀的地位,这正是今天的物理学所拥有的。在看待事物的本质属性时,这个理论则显示出它的空虚,它只是一个空壳——一个象征的形式。它是关于结构形式的知识,而不是关于内容的知识。在整个物理世界中运行着我们所未知的内容,它们一定是我们意识的素材。这里隐含了关于物理世界的深层内容的信息,但并未被物理学的方法所认可。我们发现,在科学所能够触及的关于自然的最远端,心智已经在那里了,因为心智本身就置身于自然之中。我们在未曾探索过的沙滩上发现了一些奇怪的脚印。我们为此发明了各种高明的理论来解释脚印的来源,理论一个接一个。而最终我们成功地发现了创造这些脚印的生物。噢,那就是我们自己。"

可接受的假说

在本书中，我将努力向读者展示我们描述人类本质和经验的方法，这是一种可能的解释（也就是说，是科学的解释而不是形而上学的解释），它并非来源于某种终极假说，而是基于当前有用的假设。这些假设是由描述的方法决定的，而描述的语言已经暗含了这些假说。

在前面，我批判了这样的假设：将"观念"、"意识"当作由"感觉"或其他元素，或者某种合成单元所组成的原材料，并用机械反射作为行为的单元；我将尽力避免所使用的语言暗示了这些假设。这是一个很困难的任务，因为像"观念"、"感觉"这样的语言对于大多数心理学的、文学的以及常识的传统来说都已经成为共识；如果我在某些地方不慎滑入这个方便、广为人知却是错误的语言模式中，我只能请[读者]谅解。

我需要简要说明我最能够接受的假说的概要以及那些我们将频繁使用的术语。首先——我们应该如何对待生理学的知识，特别是那些关于神经系统结构和功能的知识？我们看到，今天许多心理学家已经完全放弃了诸如"心智"、"心灵"和"主体"等术语。我们需要认识到，心智不宜被视为一些功能群的组合，也不应该被视为在"意识"中进进出出的持久存在的"观念"丛；还要认识到他们用这样的方式将心智直接替换为了神经系统或脑；这样做的结果我们已经探讨过了。现在，如果我们拒绝这些时髦的惯例，就必须回到最起点，和古老的谈论"心智"的理论相结合。对古老的心理学而言，"心智"意味着某种东西（*something*），它通过两种途径表达自己的本质、能力和功能:(1)个体的经验模式;(2)身体的动作模式,它们的总和构成了个体的行为。机械论心理学认为,这种东西表达自身属性的两个途径实际上都是大脑,如同机械论心理学已经向我们描述过的一样。如果我们同意,这种关于这个东西的假设中将不会有任何疑问;然而,如果我们不满足于仅仅将它看作是脑的机械动作的产物,我们就必须对它重新命名,必须认识到它具有非常复杂的属性,或者是非常复杂的组织;在新生婴儿的相对简单的行为中,它第一次证实了自己的存在;然后它逐渐成长得愈加复杂和明确,一部分表现为它具有的先天的或遗传倾向的品质,另一部分表现为来自身体内部或外部施于其上的影响以及它对这些影响作出反应的动作模式等内容。

关于心智的假说

我不认为我们能够找到一个比旧式的"心"更好的词来描述这个东西。那就是心智,个体有机体的心智是通过自己的经验和自身的行为对自己的表达;我们必须建立我们自己的关于人类心智的描述方式:通过收集汇总关于人类经验和行为的所有可能事实,以此来推断心智的属性和结构。我说的是属性和结构;因为在它们之间作区分可能是有用的。看起来心智都具有同样的属性,无论任何时间以及它出现在哪里,无论它以什么方式表达自己,无论是人类、动物还是超人类生命的心智,也无论它属于新生婴儿还是傻瓜、智者。另一方面,心智结构似乎对于每一个个体而言都是特殊的;不仅因为它在不同的动物物种中的表现(如果它们都有心智)和人类的心智表现有差异;还因为任意一个人的心智结构和另外任何一个人的也有区别；并且，一个人在特定生命阶段的心智表现也是独特的，和其他阶段的表现不同，因为如我们所说，心智在成长的岁月中会发展或进化得越来越复杂和明确，而在更晚的阶段，比如特别衰老的时期，它又会出现还原和倒退。

　　机械主义的心理学家可能会说：你所谓"心智"就是我所说的"大脑"。如你已经承认的，这是一个看不见摸不着的东西，将来也不可能有机会看到它或触摸到它；但是任何时候你都可以这样把握大脑，它就像一块奶酪一样具体、真实。我们可以很确定地知道，它和所有的经验和行为相关，成千上万的研究者的辛勤劳动已经揭示出关于它的无数知识；既然这样，还有什么必要按照你的思路去建构那个抽象的、神秘莫测的并且纯粹是臆想出来的心智呢？我的回答是：我从未低估这些心理学研究和相关知识的价值；但是我主张，在当前科学的状态下，用大脑代替心智并不是最好的选择。这样做的结果是不恰当地限制了思维的自由；它让我们屈尊于单一化的解释，将我们导向一个滑稽的结论（我们前面已经讨论过了），并且，最糟糕的是，它使我们面对观察事实时变得盲目，而对其他事实的解释存有偏见。

　　另一方面，我对某些心理学纯化论者也没有好感。他们会将所有的生理学事实和理论从心理学中驱逐，其依据是心理学和生理学是两个截然不同的科学，来自两个方面的事实和概念放在一起共同使用就不可能不发生混淆。我会说：让心理学家尽可能地运用来自生理学的帮助吧；他应该致力于把自己学科中的事实与描述和生理学协调并联合起来。但是，他不应该不经过慎重检验就放弃自己的学科而屈尊于机械主义生理学。我们终将找到谐调两门学科的办法,远比当前我们所能够做的要令人满意。让我们把神经结构和功能语境下的解释推演到极致吧;但是,我们也要注意不应该把这种解释当作终极解释或完全真理。①

心理学的定义与边界

在定义了我们将要接触到的"心智"概念以后,我们将回过头来对心理学做一个大众化的或是最有用的定义。我们曾经给心理学作了一个临时性的定义:心理学研究人的天性。我也承认这并不是一个令人满意的定义,因为这个定义看起来将关于人的生理学知识也全部包含在心理学之中了;显然,当前能够符合这两种科学需求的选择是能够将两者清晰地区分开来,最好将两者的关联排除,并且在两种科学路线之间画出更清楚的界线。心理学显然是关注人的天性中的精神内容,而生理学则关注其中身体的部分。目前,许多对其中一种科学很重要的事实在另一门科学中则被忽略了。如果有反对意见认为这种划分体现了古老的心灵和物质、灵魂和身体区分的极端二元论观念,我们认为没有必要、也不应该做这样的类比;因为二元论的疑问是形而上学的问题,而科学并不

---

① 我自己也很认同这种策略,并做了大量生理学方面的思索。对于那些立志毕生从事心理学研究的学生,无论是希望投身于科学心理学还是其他类型的心理学,我想说的是,尽可能多学习一些生理学的知识,尤其是关于神经系统的部分。当你还年轻的时候,花几年工夫来学习生理学是值得的。值得注意的是,一些最杰出的心理学家都是这种策略的支持者,他们不仅仅学习生理学,而是通晓医学研究的所有领域。我能举出名字的有约翰·洛克、R. H. 洛策、威廉·詹姆斯。如果具有从事医学工作的实际经验对心理学家而言会有更大的帮助。除此之外,他没有别的途径获得这样的经验:如此深入了解他人的身体并对他们进行全方位的研究。

会直接涉及它们,科学应该在其中保持中立,事实上科学也能够做到这一点;既然科学不能给出一个确定的答案,那么,它就不应该将自己限制在这个或那个教条化甚至临时性的答案之上。

基于这种认识,心理学也许可以被定义为关于人类心智的科学;如果我们在这个定义中加入"实证的"(positive)或"经验的"(empirical)等词语,可能会使得它更准确;"经验的"表明这样一个事实,心理学极大地依赖于自然科学的通用研究方法,即对具体对象的观察并从这些具体特例中归纳出一般性法则,而不是从先验(a prioi)的法则中演绎出结论;"实证的"则表明心理学作为心智的科学,是实际存在并具有可操作性的,它和基础科学的区别在于所关注的对象是关于思想和行为的观念、常模、标准或法则。①

---

① 自 1905 年起,我就提议将心理学定义为关于行为和活动的实证科学(参见我的《生理心理学导论》),在后来的著作中,我继续使用这个定义并为之辩护。在当前的各种定义中,我更青睐这个定义,原因有二:(1)它清晰地区分了心理学和其他科学的研究领域,并且包含了适合于心理学的全部内容;而其他的定义则很含糊,包含了逻辑上的或其他方面的矛盾;(2)它强调客观的可观察的事实的重要性,这些事实包括外显行为或身体动作,是精神活动的外显表达;因为另一类心智的表达,即那些通过内省观察得来的事实更受青睐,它们通常不恰当地受到了忽视。我始终认为这是一个好的定义,在逻辑上也许是最好的。但是从我提出这个定义开始,它就被行为主义者接受并把它推向极端。行为主义者极端排斥对内省素材的考察,仅仅强调行为研究的方法使他们陷入了一个难以自圆其说的境地,这在前面已经论述过。因此我会说:"如果你要使用这样极端的方法,我不会与你们为伍。"这点问题对于心理学的定义来说是微不足道的。我们在科学之间画出的所有分界线都是暂时的,它们会随着知识的发展而作出调整。我们不应该执着于追求逻辑上完美的定义,只有已经完成的科学才可能有这样的定义,而我们应该致力于在具体的科学研究中用定义用语陈述实践性目标。接受了这个原则,我们可以把生理学,如今天它的存在一样,定义为让我们能够更好地认识并控制身体各种器官中的生化过程的科学;而心理学是致力于让我们更好地认识并控制有机体整体行为的科学。这就是我在《心理学,行为研究》中提出来的区分,霍姆大学图书馆,1912。

于是，心理学家对人类和动物行为进行观察，通过内省对自己的经验进行观察，以及通过他人的描述和报告对他们的经验进行观察，并从这些观察中作出推论，以此来建立他对人类心智的描述。

作为心理学中的基本类别，普通心理学则是以所有更加专门化的心理学研究为前提，例如关于个人或种族的精神素质的特质的研究，研究群体或集团活动的心理学，关于异常或病态心智的研究等等。有时，这种或那种研究方法的名称被当作心理学的前缀，指代一些专门化的心理学分支，诸如，实验、生理、比较或遗传以及内省；这是一种方便的划分方式，由特定的研究领域所决定，但它们不是这门科学的符合逻辑的分支体系；学生不应该受到这种划分思路的误导。真正的学科分支应该是在解决普通心理学的问题中能够体现出它们自身的独特价值的研究；并且它们更应该被看作是一种研究方法，而不是这门科学的特殊支系。

主体是不可或缺的假设

总体上，我们的心智已经被卷入了认识和掌控我们的物理环境的所有努力中。在全部现实的层面上，我们的这些努力取得了巨大成功，我们将物理世界看作是由许多稳定的事物构成，它们也在发生变化，相互之间发生作用，也作用于我们自己。因此，当我们要描述自己的经验时，我们也倾向于将它看作类似的形式，因为它正是由构成世界的各种事物所引起的。当我们对自身经验的某个阶段进行思考时，我们便建构了这种思考的对象；而我们还倾向于认为，我们思考的所有对象都是一个事物。但是经验不是由事物构成的,经验只是一个过程,或者是一连串的行为的序列。①

我们能够认识,或者说能够乐享于其中的经验基于两个最普遍、最基本的事实。第一,经验(experience)或经历(experiencing)永远是关于某物的经历,它总是针对某个对象的思考。在心理分析过程中,那个对象本身也是一种经历或思维。第二,所有的经历或思维都是某个体(some one)的经历或思维,它是主体,可以是一个人或者一个有机体。我们可以断言的是,这个某个体(some one),即主体一定是一个物质实在的有机体,或者具体来说,就是它必须存在于实在的有机体中,或者通过有机体这个媒介向我们证明它的存在。简而言之,我们所认识的经验一定是某个主体的思维,并一定指向某个客体。所以,我打算使用动词"思考"作为描述经验的一般用词。这里的用法要比通常的用法更宽泛一些;这种用法是有先例可循的,在笛卡尔著名的格言 *Cogito, ergo sum* [我思故我在]中——*cogito*,即我思,就是最一般意义上的经验。如果我们使用这个词,我们就更能够避免犯将我们的心理过程具体化的错误;因为它总是在提醒我们,无论我们所指的经验是什么,我们总是在说某人(someone)在思考某物(something)。

让学生自问,他也许曾经发现过一块鹅卵石、一颗星星、一块

---

① 柏格森教授对于将我们所思考的对象具体化的倾向做了很多论述;他认为,人类智力的本性就是以一种不恰当的方式来对待生活和经验,这是人不能避免的理智弱点。他认识到一种心理活动的模式,他称之为"直觉",并认为直觉和理智或智力有本质的不同;他断言,仅仅这一项能力就足以应付心理学所关注的那些问题。我几乎不能理解他所称的这种能力的特性,我也不赞成他否认理智能力的论证。但是我的确认为,在这个领域我们需要更加谨慎地控制我们的理智过程,以及需要以一种接下来要介绍的方式选择我们的语言,将这种具体化的伪趋势限定在尽可能小的范围内。

第一章 导论

骨头或者其他任何自然的东西,但是他是否曾经发现过世界上有独立存在的"知觉"、"概念"、"观念"或"感觉"? 他会认识到他自己从没有做过类似的尝试,也不打算这样做。同样,他不会试图去寻找与下落或运动的物体相分离的"下落"或"运动",也不会发现与知觉或记忆的主体相分离而独立存在的"知觉"或"记忆"。他会说:"我在思考 X,"或"我知觉到了 X,"这是比"我有一个关于 X 的观念"或"我有一个关于 X 的知觉"更直接、也更准确的陈述,也比"一个关于 X 的观念或知觉进入我的心理,或进入我的意识更准确"。前者是对一个事实的简单明了的陈述,后两种表述方式则复杂婉转,并暗示了一些存有争议的理论,正如我们在本章前面部分已经叙述过的。即使我们同意使用这些不准确的传统陈述方式,当问题提出来的时候,我们也必须承认这些"观念"、"知觉"、"概念"以及"意识"在世界中来来往往的时候,一定属于某个个体、某个人或其他有机体,①通常我们会用一个名词来指代一个所有者,或者用一个代词,诸如我、你、他、她或它。所有的经验都是某个主体的经验。所有的经验是否表现为对一个对象的思考,则无定论。可以明确的是,所有的人通过内省观察报告的经验一定是关于某个对象的思考,而有时我们纯粹被动的、只有痛苦或愉快的体验则未必具有清晰的对象;在这个方向上更进一步,我们就有理

---

① 一些现代哲学家和逻辑学家将我们的思维活动叙述为"观念"、"概念"、"具体一般性"以及"中性实体",诸如此类,他们使自己误入歧途,错误地相信这些实体是存在的,这种信念导致了更加难以置信的荒谬结论,那就是我们所能想象的所有内容都拥有或占据着一个真实的实在;所有这些都不过是"观念"理论的自然衍生,进一步是随意地使用词语的后果。

由假设存在一种纯粹被动的经验。这种假设的纯粹被动的经验不能视为关于某个对象的思考，它也许可以被称为"受动性经验"（anoëtic experience）。

心理结构和心理功能

借助未经过加工的自然形式的语言，我们还能够确保另外一个重要的好处，可以清晰地区分心理活动的事实和心理结构的事实。心理结构是一个持续增长的心智的框架，我们是根据可观察的心智经验和行为去推测它的存在；而一旦这种框架发展起来了，它就会持续地成长，甚至独立于心智之外，我们完全可以用实语名词来描述它或它的局部，当然我们需要对这些名词概念进行悉心的挑选并予以详细说明。心理结构和心理过程或心理功能的区分可以类比于机械、或者某种身体器官，比如肌肉的结构和功能的区分。心理学家当然不可能找到一个真正可以进行类比的或平行的系统来准确地说明心智的结构；但是下面的一些简单例证却有助于对它形成清晰的认识。让我们想象一个机械玩具，由一组复杂的机械装置驱动，能够对不同的情况作出相应的反应；如果研究者想要弄清楚它体内机器的性质，他只能观察玩具在不同情况下的移动以及听到机器工作时发出来的各种声响。依据这两方面的材料，研究者能够推论机器内部的某些结构特征。"观念论"的一个吸引力所在就是"观念"可以任意地被当作功能或结构的一部分，这是一个很方便的转换，却会带来无穷的混乱。还有很多类似的词汇也被以这样含混不清的方式使用，这正是我们要力图避免的。

当言及心理结构以及如前文所述将它类比于机械结构的时

候,我们需要避免受到"结构"这个词语的误导,它容易让我们去想象物质的结构或者结构要占据一定空间。通常,当我们说一首诗或一首交响乐的结构时,意指每一个部分按照某种功能性的次序彼此结合成一个整体;虽然心智的结构和这种结构的次序并不相同,但是和物质化的结构相比,这种结构为心智结构提供了相对贴切的比喻。有些学生喜欢用图形、形象或图表形式来表征他们所思考的内容,这样的学生同样可以用空间性的术语来描述心智结构,使之形象化,只要他们谨记关于心智意义的警告就不会有误解的危险。再者,为了和前文中有关神经系统知识在心理学中的运用等内容相一致,我们同意用神经结构的示意图来代表心智结构的特征,这并不会造成太大的问题,只要我们牢记这样的原则:心智以及心智过程不能在字面上被转化为关于神经系统的结构和功能的机械化描述,这种描述不可能充分地表征心智结构,更不应该用它来取代心智结构。心智的结构是一个概念系统,我们通过两种次序的数据来建构,一种是行为事实的次序,另一种是内省事实的次序。

第二章 低等动物的行为

迄今为止,我一直在使用"行为"这个词,它并不需要特别的定义;实际上,我们能够理解这个词的含义并对恰当地使用它形成共识。我们所有人从小就开始学习辨别关于我们的世界的两种最主要的分类,有生命的事物和无生命的事物,即生命体和非生命体。原始人也做类似的分类;但是他们不像我们一样在两者之间画出精确的界线。他们很容易将无生命事物的不同寻常的表现或事件看作是它们有生命的证据;这就是所谓的万物有灵论或神人同形同性论。科学知识的传播使我们能够很果断地做出正确的区分。

行为的标志

所谓"行为",我们通常所指的是某种生命体的动作或活动。虽然我们有可能会这样描述一艘船或一辆车:"她今天的行为真是糟透了。"事实上,我们在这种场合使用拟人化的代词,说明我们或多或少是用开玩笑的口吻将船或车人格化了。如果船或车的"行为"实在太坏,我们甚至还会"失去耐心"狠狠地咒骂它——这也是人格化倾向的更进一步表现。因此,行为是生命体的专利。一个动物死了,它的尸体就不会再"行动"了;它不再有生气,那种能够

第二章 低等动物的行为

驱使它运动的活力消失了。① 行为的标志之一是特定的自发性运动(certain spontaneity of movement)。动物做出行为时,它并不是简单地受到了外力的推拉;但是如果它主动地去抵制这种推拉的力,那么,这就是行为。动物的行为通常表现为对某种感官印象的反应,如声音、触摸或光线等等。一些机械论者武断地规定所有的运动都是对某种类似印象的回应,他们称之为"刺激反射活动";在很多情况下,运动并不能够追溯到某个外在的印象,他们就假设存在某种内在的刺激,即来自身体内部感觉神经的印象,从而将这种明显的例外也纳入他们的"法则"规范之下。我们现在还不能断言这种假设是否拥有坚实的基础。即便它是正确的,每一个具体的行为都是由"刺激"所发动,行为一旦被发动起来,行为连续运动即行为链就会独立于激发刺激而连续地进行下去。一个突发声音,比如一个小树枝折断发出的脆响可能会使得兔子跑回它的洞穴,使得鸟儿成群结队地飞走,或者让一头警觉的小鹿惊恐地来回张望;而从帽钩上拿下我的帽子,或说出一个单词则有可能激发起我的狗强烈并持续地兴奋跃动,这种激动表现将会持续很长时间,并能够反复若干次。这就是行为的第二个标志:活动的持续性独立于激发印象的持续性(persistence of activity independently of the continuance of the impression which may have initiated it)。

在某些时候,一个无生命的物体也能够在一个方向上持续运

---

① 对于植物我们会有一些疑惑。当一棵树在风中摇曳,我们并不会说它的运动是行为;但是当一朵花转向太阳,或开合花瓣,或者一种攀援性植物伸展去附着一个支撑物,我们会倾向于说这是它的行为。科学也不能告诉我们这样的语言是否准确。而一些顶尖的植物学家的观点认为这种描述是对的。

动,只要没有外力阻挠或改变它的运动方向,它将一直持续这样的运动直到摩擦力让它停下来,或撞上另外一个更大的物体让它停下来。它的运动和变化都遵循物理法则,因而是能够被预测的。如果这个物体安装了诸如火箭、鱼雷助推器、汽车引擎之类的提供动力的装置,它的运动就能够克服摩擦力或其他阻力,通过一些复杂的计算,我们一样能够精确地预测它的速度、距离以及线路。但是如果一个动物受了感觉印象的激发而发生运动,我们则无法预测其运动的细节。如果我们对同一种类动物的行为很了解,那么,我们可能会有信心预计它的活动的一般特征、最终的结果以及它在特定环境下的运动方式。例如,野兔是一种胆小的动物,通常会躲藏在自己的地下洞穴里。于是我们可以预计,如果野兔受到一个突然的声响刺激,它会不停地奔跑直到逃回自己的避难所,并且,如果它迷路了没有找到自己的避难所,那么,它会东躲西藏直到找到避难所。所以,持续运动方向的多样性(*variation of direction of persistent movements*)是行为的第三个标志。

虽然伴随或多或少的方向改变,动物的移动通常是持续的,直到它们的状态发生了某种改变,如我们前面所言,状态的这种改变在关于这个物种的一般知识中是可以预见的;一旦进入一种新的状态,原来的活动链通常就会终止,取而代之的是另一种完全不同的活动。在这种情况下,我们一般会说这种行为结束了。一旦动物的状态发生了某种具体改变,它原来的运动就会停止(*coming to an end of the animal's movements as soon as they brought about a particular kind of change in its situation*),这是行为的第四个标志。

第二章 低等动物的行为

我们还会看到，当动物的活动还在持续时，它们似乎已经显示出了对新的状态的准备或预期，这种新的状态会使得它现有的活动停止并启动另一个新的活动链。如果一条被关在屋里的狗听到了屋外主人的声音，它可能会先冲向窗户然后又折回到门边，有可能只是紧盯着门或在门上抓挠。当一条陌生的狗或一个陌生人接近这所房子，看门狗就会做出龇牙咧嘴、怒发冲冠状，全身的肌肉也紧绷起来做好了攻击或战斗的准备。而一只猫听到隔板后面老鼠的吱吱声则会潜行到洞口边，埋伏在那里等待捕食的最佳时机。总是为新状态下行为将会产生的结果做好了准备（*preparation for the new situation toward the production of which the action contributes*），这是行为的第五个标志。

只用纯粹的观察术语而不借助指示动物特定经验模式的词语，几乎不可能描述满足行为的所有这五个标志的行动，特别是其中的第三、第四和第五个。通常我们说动物在追求一种预期的新状态，这种状态是它的行为的自然目标或结果，并且它将自己的行动导向这个目标。

如果我们观察到满足上述全部五个特征的运动，我们会毫不犹豫地将它们看作是心智或心理活动的表现。无生命物体的运动不可能体现出这五个特质；而植物的运动在这些特征上的表现比较含糊，因此我们吃不准植物到底有没有心智。

行为的第六个标志更不容易观察，却已经被广泛视为心理生活的最真实的指标；这就是：当动物在相似的环境中重复一个行为时，行为效率会有一定程度的提升。当特定的状态重复出现时，动物再次受到同样情景的激发，它的表现会有进步。这体现为，为了实现同样的结果,行为表现得更快捷、更直接、更从容,以及经历更少的步骤和减少了似乎多余的随机运动。于是,我们说这是得益于它先前的经验。显然,当这样的进步体现出来时,它就给我们的评判提供了最确凿的证据;但是,即使没有这第六个标志,我们仍然可以通过其他五个标志来识别心理活动。需要注意的是,第六个标志暗示了其他五个;如果运动系列没有体现出前五个特征,我们并不能仅仅从第六个就推论心灵的活动。如同驾驶过新车的人都会有的体会一样,很多机器经过反复运行后都会有效率的提升,因为机器各个部分之间接触面的磨合降低了摩擦力,从而使运行更顺畅。

行为是有目的的

如果一个人的活动表现出行为标志的前五个,我们不会怀疑它们是有目的的;这就是说这些活动之所以产生是为了达成其目的,并且这个目的或多或少是可以被清楚地预期的。对我们每一个人而言,当他以这种方式行动并且反思自己的行为,他可能会内省地观察到自己很模糊地预见到他的行为所指向的那种目标。在典型的目的性行为中,我们渴望或决意要实现那个目的;我们也能够预计并刻意地使用多步骤的行动来达成我们所渴望或决意要实现的目的。这一连串行动所指向的那个可以预计的、被渴望的、有意选择或故意趋向的最终目的最好被称为我们行为或努力的目标。目标的达成就是我们行为或努力的意图。①

---

① 在前页定义的意义上,形容词"有目的的"可以清晰地、不含糊地用于动作或身体运动,但是要明确地使用名词"目的"却是非常困难的。

我们必须认识到，在很多情况下，我们对目标以及达成目标的步骤的预判是非常模糊和概略的，只有在行动和实现目标的过程中，它们在我们的心智中才逐渐变得清晰起来。我们并不会觉得把这样的行动描述为有目的的有什么不妥。如我们所言，人可以不中断地做出一个动作或一连串动作；这时可能没有时间进行慎思和内省。如果人反思连续的动作，在动作过程中他将不可能清楚地描述自己的经验。也许有人会报告说：我突然看到一个小孩在路中间时一辆车疾驶而来，我还没有来得及想，就发现自己一把把孩子抓了过来。在这种情形下，人全神贯注于自己的动作。要回顾考察个人的经验是困难的，但这并不妨碍我们恰当地把这种行为认定为有目的的。

目的性的程度等级

48

在反思过各种各样的行动之后，我们可能会意识到，我们的行动可以分成若干等级；最高端的等级对应于具有最精确目的性的行动，在行动实施之前，行动的目标和意义都已经被精心谋划过，通过想象，各种可能的选择也被一一慎夺。较低等级的行动是指那些其目标和步骤都被我们考虑过，或许清晰但没有反复思量和定夺的行动。更低级的则是那些仅有模糊的和概略的关于目标和意义的计划的行动，甚至有时行动之前只有一个目标。在最底端的层次就是无目的行动，它是一种冲动性动作，就像在千钧一发之际将小孩抓过来一样。当论及这最后一种行动时，虽然我们没法回忆当时的体验，但当中应当包含了对行动目标的预计，这我们可以从行动本身来推断，如果我们的动作稍微慢一点或稍加留意就能够预知行动的目标或意图以及行动的实际实施步骤。我们就能够准确察觉我们不是像机器一样动作,我们的行动是有意图的,而正是通过这种行动意图使得人的特征得以展现;我们可以充满信心地推断这种目的是能够预判的,尽管在行动的当时它很模糊并且不完整。在目的性的程度上没有一个明显的下限;并且我们能够推断其他人在冲动性行动中如同我们自己一样是没有清晰的预判的。以及,以下这个推论可能是有争议的,那就是我们还可以推断符合前五个标志的动物行为,其目标同样是难以预料的。

意图即远见

目的性行为似乎受预计的结果的掌控和指引,预计指向未来还没有发生的事件,而这些事件的发生正是行动本身的结果。在这种观念里,目的性是心理活动的本质;因为具有行为标志的所有行动无论在多低或模糊的水平上都具有目的性,我们认为这些行为正是心智活动的特征。

我们还不能提供充分的证据来作出这样的结论:所有动物的行动都具有目的性,是心理活动的结果。一些机械主义者一定会轻蔑地批判我们将动物行为视作目的性的观点;他们会将这种观点曲解为神人同形同性论;这个词代表了他们对异己者最严厉的责备。在逻辑上,他们还应该同样责备那些认为自己同伴具有目的性的人,还应该批评那些不对自己的目的性行动进行内省解释的人;他们中间有些人很坚决地将对人类行动的这种解释批判为"神人同性同形论"。即使他们接受"目的性"这个词,他们也是在非心理学的意义上定义它,将目的性描述为对动物个体或种群生

第二章　低等动物的行为

存有价值的行动。运用这种客观的、非心理学的准则，他们认为简单的反射动作，例如，脚碰到尖锐物体的回缩动作、狗后腿的抓挠反射等都是有用的，因而是有目的的。我们可以观察到，一只动物的大脑被破坏后遭遇某种刺激依然能够发生这样的反射活动；而一个人的脊索和脑的联结被阻断了，反射活动依然能够发生，而他根本不会意识到这个过程。他们对这些事实的解释是：这些有用的反射仅仅看起来是有目的的；同时它们也没有经验的参与，而只是一个纯粹的机械过程，这个过程的步骤序列还可以被表示为神经和肌肉中的生化活动。因此，当我们观察到相当复杂的行动链，我们坚信大脑的系列活动在其中扮演了重要角色，但它们都不过是如上所述的机械化模式的更复杂的序列组织罢了。如果在这样的行动中，行动者告诉我们他预先计划了行动的目标并期待它的发生，是这种期待指引他的行动努力去实现目标。这种描述也不会有什么本质的区别。因为大脑作为一个机器，其中存在众多复杂的神经联结，它们可以产生出有用的行动链，体现为这个人的四肢安全有效的运动，即使他没有预计或期待最后的目标也是一样。①

只有机械主义者举出一个非生命物的运动表现出了所有前述行为标志，那么，他的反驳才是有力的。我们有一种被强迫接受他

---

① 这是机械主义心理学家（包括行为主义者、副现象论者以及平行论者）的普遍立场。精神一元论者则唾弃它，但是出于实用的目的，也就是说，在实用过程中，因而也就是事实上，只要他依据了生理科学的法则或概念来对心灵的基本的或终极的合法性和现实性进行论证，那么，他的立场并没有本质上的区别。有关这种观点的定义和讨论以及所涉及观点的相应论证等内容，读者可以参阅最后一章的第二节。

们观点的感受,被迫承认人和动物的行为可以被还原为机械反射,并被迫自下而上地理解行为。在经验和这种动作之间留下了一段神秘的空白,就像平行论者的论调一样,经验和大脑活动具有共时性却是平行的,就像两束平行的光线射向太空,它们平行地射向远方,却不会相互影响,也不会交汇。

但是不可能找到满足上述行为条件的无生命物;正因为如此,我们可以理直气壮地声称,至少在现阶段科学水平下,自然界有两种存在:无生命物和生命;有两种运动方式:机械运动和随意运动,这是区分两种存在的标志。

有一种东西居于这两个类别之间,它就是机器。机器能够实现某种意图,它的运动在某种层面上可以说是随意的。但是它所表现出来的或已经实现的意图并不属于机器本身,而是属于人,是人设计或制造了机器,或者是人发动了机器,将机器置于待发动的准备状态,使得它的某个部分一旦被接触,它就会运动起来。因为复杂的、设计精巧的机器的存在为机械主义者关于人和动物行为的观点提供了似是而非的证据。如果这种机器存在于自然界,并且没有与生命发生过互动,那么,它们的存在将给机械主义者的观点更强烈的支持。即使没有这样强有力的证据,但是假如人设计并制造了一个表现出全部行为特征的机器,这种观点依然可以获得证据。且不说目前我们还无法制造出这样的机器。即使制造出了这样的机器,它也不过是用来实现我们人类随意行动的简单工具而已。如果我向我的敌人头上掷去一块石头将他击倒,可以说那块石头实现了我的某种意图;它的运动受到我的意图的指导,或者说它的运动体现了我的意图。同样,如果我制造了一个极其精妙的暗杀机器,将它置于敌人的床下,它可以按照设计在特定的时间爆炸,或者一旦我的敌人躺上床它就爆炸,这个机器同样实现了我的意图。即使它可能被设计得更加智能化,只有我的敌人接近它时才会爆炸,而不会伤害其他人,尽管如此,它依然只不过是将石头掷向敌人头这类行动的更加复杂的体现例证罢了。

在第一章里,我论证了心理学家需要有属于自己的基础概念来建构这一门科学,如果他希望趋向于自己的目标,那么最好能够理解并控制人的本性和行为。随意性行动是心理学的最基本概念;就像物体依照牛顿运动定律的机械法则的运动长久以来作为物理学的基础性概念一样。行为总是随意性行动,或者是随意性行动的序列或行动链。

随意性活动和反射活动的比较

让我们更细致地考察随意性活动(*purposive action*)和反射活动(*reflexaction*)的区别,机械主义者尝试着用之前我们曾经提到过的另一种解释来替代反射活动;这就是,"感觉"或"观念"被当作一些神秘的实体,它们被大脑的机械反射活动拖拽着在另一个神秘实体即"意识"中进进出出。我并没有想要断言生理学所考察的反射过程不会在人类机体中发生;人和其他高等动物一样都会表现出机械化反射类型的反应。比如让一个读者放松地坐在椅子上,右腿架在左腿上,快速轻击他右腿膝盖下方的肌腱,他的右脚就会由于大腿前侧大肌肉的收缩而踢起来。这就是一个非常简单的反射动作。还有许多和膝跳反射类似的反射动作可以通过类似的方式激发起来;神经科医生尤其看重对这类现象的观察,因为通过它们可以了解神经系统的健康状况。通过轻轻抓挠皮肤的某些位置则可以激发起另一些反射活动;例如,"腹部反射"就是由抓挠腰侧窝而引起的腹壁肌的快速收缩;轻触眼球附近的皮肤则会引起眼帘闭合。还有众多的反射类型,表现为诸如心脏、血管、呼吸器官以及消化器官等内脏器官的肌肉收缩,或者表现为泪液、唾液、胃液或其他体液的分泌活动,这些反射活动都可能是由于感官的神经受到相应刺激而引起。对这类反射活动进行精细研究主要是在大脑被破坏了的动物身上进行。① 结果发现,简单反射在多数情况下功能性地联结成一个激发另一个的自动序列,形成或简单或复杂的有实用意义的动作链,第一个动作作为刺激激发第二个动作,第二个动作激发第三个动作,依此类推。例如,大脑被破坏的狗的脚底受到刺激会激发腿和走路时一样的一系列动作。② 这种序列反射动作通常被称为链式反射;它被设想为一连串神经通路的排列组合,这些神经通路的组合促成了链式反射的自身繁殖最终变成非常复杂的动作,机械主义者正是试图用这种机械法则来解释人类的所有行为。最近有研究发现,当人的脊索因为受伤而和大脑失去联系以后会产生比原来更多的这一类复杂机械

---

① 没有人比查尔斯·谢林顿爵士教授做得更彻底,作为伦敦皇家协会的主席,他关于反射活动的研究(《神经系统的综合活动》)非常卓越,每一个心理学专业的学生都应该熟读之。

② 在这种情况下动物并不能行走;因为行走不仅仅是腿的动作,还包括维持身体平衡。

反射。①

尽管这样的反射活动是有用的,在某种程度上它们看起来和有机体在正常的行为过程中所做的动作非常相似(例如无脑狗的腿的反射性脚部动作)。但是,如果我们仔细考察,就会发现它们并没有表现出行为的标志性特征,即目的性的客观标准。

这种反射缺少(1)行为的自发性:无脑狗的腿只有在特定的刺激条件下才会产生出行走反射;正常的狗睡在黑暗安静的地方,一醒来就能够四处行走,并不需要特别的刺激来激发它的这种行为。这种反射还缺乏(2)行为的持续性:这就是说,只有当刺激作用于相应的感官时反射才能够延续。链式反射也不例外,虽然不经意的旁观者可能将它看作是持续的;因为每一个运动都顺序地成为激发下一个反射的刺激;就好比在"弹药堆"里一颗炮弹爆炸了就会引起一连串的爆炸。(3)这种反射是刻板的或固定的,运动的发生总是这样:在大致相同的条件下,相同的刺激作用于同样的感觉神经;而随意性活动则具有多种不确定的变化。如果我们看见一条狗直直地走在平坦的路上,我们可能会疑惑它的行走是否仅仅是纯粹的反射活动;这种运动持续越久,我们的怀疑就越重;因为它的运动缺乏恒久的多样性,而这正是行为的主要特征。相反,当我们看见一条狗听到主人口哨的召唤,激动地往来于房门和窗户之间,表现出数不清的行动变化,这时,我们会很清楚地判断这是行为。

(4)反射性运动不会像通常的行为一样表现出对一个目标有

---

① 特别是亨利·海德博士的研究,参见《神经病学研究》,伦敦,1920。

所追求，行为的中心特征就是一直会持续到，并且只会持续到目标实现。当然，设法终止引起反射的刺激也可以被类比于行为所追求的目标；例如，脚踏到尖锐物时的回缩动作，以及狗的后腿抓挠受了刺激的腰窝等。但是行为（也就是随意性动作）的自然目标不仅仅是停止刺激；它所追求的目标吸引着活动的趋向，在整体环境中，目标还包含了一些积极的新内容。于是，如果我们看见一条躺在阳光下的狗站起来四处溜达，我们可能认为，这仅仅是阳光的热量激发了它的反射性行走；但是，当我们看见它走到一处树荫下躺下继续它的午睡，那么我们就有充分的理由说这是一个行为，是一个随意性行动在追求它的自然目标。

（5）反射性动作不会表现出应对未来情况的准备（这些未来情况是行动本身的结果），而行为则预期了那些未来的情况。假如我们将狗设想成为一个反射机械，它的行动就是成捆的反射，我们可以想象这个机器被一个突然的声音所激发，比如听到它主人的声音就从睡梦中惊醒，站了起来并四下徘徊。但是，我们所有关于反射活动的认识都不会让我们有这样的设想，简单反射过程会让它像一只真正的狗那样，在受到这种感官刺激时表现出准备迎接主人的欢快雀跃。

（6）反射过程不会因为重复而改良，而行为则会。同样的刺激在同样的条件下一次又一次地反复激发起同样的动作或动作链。重复可能使得一个反射动作更加稳定或更加容易被激发；但是在我看来，即使这种假设也还没有得到证实。迄今几乎没有证据表明，任何反射过程会因为重复而变得更加精致化或更有效能。无脑狗的后腿的抓挠反射尽管表面上很像随意行动，但是和正常狗的抓挠相比，它总是不能准确地抓挠被刺激的那个地方。没有证据表明若干次重复刺激无脑狗皮肤上的同一个点，会让它腿的抓挠趋于准确指向那个点。

　　机械论者会拿出"条件反射"来说事——这就是反射过程有"学习"或"从经验中获利"的证据。但正是在这里，机械论观点的弱点清楚地暴露出来了。经典的"条件反射"的例子是狗的唾液分泌反射，而条件反射学说的建立主要依据了这个例子。巴甫洛夫教授的研究显示，当一小块美味的食物呈现于狗的鼻子前面会激发它的唾液分泌；如果在食物呈现的同时呈现一个铃声，如此重复，（在刺激联结重复了若干次之后）铃声就能够让狗垂涎三尺。这种表现既反映了经验导致效果的提升，也体现出对即将来临情况的准备。但是，断言这种反应是反射活动而整个过程是纯粹的机械过程，机械论者在这里犯了一个很有争议的错误。

　　如果有证据表明这种"条件反射"可以在无脑狗身上建立，或者建立在被氯仿或乙醚深度麻醉的狗或其他动物身上，那么机械论者对于这类事实的解释将得到强有力的支持，而他们的观点也会更加稳固。但是没有证据表明这是可能的。想要证明这一点应该成为行为主义者全神贯注的任务。可我并没有听说过有这方面的尝试；而我们关于神经系统功能的认识倾向于表明这样的尝试是不可能成功的。我们所知道的是狗（或其他动物）缺损了部分大脑，并没有失去整个大脑，仅失去了部分大脑皮层，这时狗就丧失了学习、从经验中获得提升以及建立"条件反射"的能力。这样的狗保留了完整的小脑以及大脑的基本神经中枢结构,它的表现要比整个脑被切除的狗更像一只正常的动物。它会漫无目的地四处游走,有进食和其他一些维持生命的最基本的活动;它会被情绪表达(特别是愤怒的情绪)所激发。尽管它表现出一些符合行为标志的特征,但绝不会有学习和从经验中获得提升。虽然总是同一个饲养员给它喂食,数月以后它依然不会认识这个人,也不会认识到这个人的出现和食物的联系,即不会建立如机械论者所说的"条件反射"那样的预期性行动。

　　机械论者也会质疑我关于反射过程没有多样性特征以及没有方向性的陈述。他可能会举出那个著名的无脑青蛙的例子,将一小片浸了醋的吸水纸贴在它的腹部一侧,它总是会用同一侧的后腿将纸片拭去,如果同侧的腿被固定住了,它会用另一侧的腿将纸片拭去。对于这个例子(或者类似的其他例子),我们必须承认,我们还不能充分地解释这类事实。但是有两个可供选择的解释,两者都和我提出的反射活动和随意性行为有区别的观点相一致。第一种解释,这可能确实是反射动作,可以用机械化法则予以解释;也就是说,受到刺激首先会做出反应的那条腿的活动受到限制,这会产生出额外的刺激去激发另一条腿的运动,或者是使得神经兴奋从刺激点传递到了另一条腿。如果这是对这种运动的有效解释,它可以作为复杂反射活动的一个有趣的例子。第二种解释,这也许是一种低水平的随意性动作。当我们在考察像青蛙这样的低等动物时,我们很难准确地依据它们的解剖结构去讨论其功能。青蛙的脑处于很低的发展水平;而在稍微更低的水平上，我们看到本身没有脑的动物也表现出行为特征，正像我们在这个例子中所看到的一样。存在这样的可能，对青蛙这样的有机体而言，脑并不是随意性动作的策源地，和发展水平更高的其他动物不一样。

行为的第七项标志

为了比较反射活动和随意性活动或行为，我们必须注意到另外一个重要的区分，这也许应该被列为行为的第七项标志；这就是，反射活动总是局部的反应，而随意性活动是有机体的整体性反应。让我们进一步对这个区分特征进行检验。假如你的狗正懒洋洋地躺在你旁边，昏昏欲睡，偶尔拍打一下苍蝇，而你通过轻扯它的腹部的毛发或其他方式反复地让它做出抓挠反射，这样做并不会打扰它小睡；它会拍打着苍蝇，时不时睁开眼睛看看有趣的东西，看起来它完全没有意识到你对它的刺激以及它自己的腿的机械运动——这是一个很戏剧性的场景。同样，多个反射活动可以同时由不同的刺激引起；就像它们分别作用于不同的有机体一样，它们并不会彼此影响；每一个反应都严格地定位于动物的一个局部（或少数几个局部）。① 在我们自己身上亦然，多个反射可能同时而彼此独立地存在；瞳孔应对光线明暗的变化，而脚则在做膝跳反射，呼吸系统或心脏的血管也在对相应的刺激做出

---

① 只有少数极复杂的反射运动会牵涉多个部分，例如，狗的腿的行走运动；其中包含了同一肢体的全部相647反射，比如关节的伸展和弯曲，返回抑制法则在这里发挥了作用；这就是说，更强的反射兴奋抑制了相对较弱的相反的反射。

反应。

　　随意性活动则是另外一种表现，它会将整个有机体都卷入其中；其过程中的所有局部都服从于整体、并通过调节而使得整体行动更好地达成其自然目标。如果正当你反复挑逗狗的抓挠反射作为娱乐的时候，某种声音突然激发了它的行为，尽管这个行为不过是眼睛和耳朵警觉地朝向打扰它的对象，而你对它腹部的刺激就不再有效了；同时，它也不再关心拍打苍蝇了，甚至你的声音，对它的指令也不再能获得有效的回应。如果声音之后即出现了一个陌生的闯入者（一条狗或一个人），你的狗会立刻翻身站起来，身上每一块肌肉和器官立刻做好了攻击的准备；在这种状态持续的过程中，它的所有反射都服从于当前这个随意性活动了；在它休息时能够产生多种反射活动的那些刺激此时都没有效果了，而可能激发它的其他行为的刺激也被忽视了。这就是典型的整体反应。整个有机体的生命活力都集中到当前的任务上了。①

人类和动物心智的关系

　　我们已经讨论过了可客观观察的随意性活动的特征，然后简要回顾不同发展水平的动物的活动。对动物行为的研究对心理学而言具有四个方面的重要意义：(1)它清楚地揭示了随意性活动的本质，以及在整个动物界中的演化趋势；(2)通过考察相对简单的动物的行为模式（即所谓的本能活动），可以揭示人类的最自然的

---

　　① 关于反射活动和本能活动的区别的更进一步的讨论，我推荐有一定基础的学生参考我的文章《本能在社会心理学中的用途与误用》，载《异常和社会心理学杂志》，1922。

第二章 低等动物的行为

本性,动物的行为模式能够显现人类行为的基本原理,但是在人类生命中,因为高度发展的理智力量的介入,人类行为变得如此复杂和难以把握,因而只有通过对简单动物行为模式的考察才能够揭示人类行为的真正意义;(3)它让我们对于相对简单的动物心智的结构有所了解,为我们认识人类心智结构提供有参考价值的线索;(4)它揭示了从微生物到人类的心智所经历的漫长的进化历程必定要经过的那些特定阶段。

我们必须认识到,人类心智和动物心智之间并没有本质的区别,应该遵循这样的基本原则,即动物心智,特别是那些在生物分类树上和人类很接近的动物物种的心智和人类心智在本质上是一样的。我们必须寻找证据来支持动物心智结构和功能的延续性,记住这样一个法则,低等的心智结构总是被进化了的心智结构所覆盖,新进的、进化了的心智结构的活动使得低等心智的功能被伪装过而更加复杂。

这种关于人类和动物心智关系的观点得到来自脊椎动物神经系统比较研究结论的强有力支持。如果我们的考察超出了脊椎动物这个范围以外,我们会发现,神经系统的解剖特征差异是如此之大,以至于要将无脊椎动物神经系统的某一个部分严格对应于脊椎动物神经系统是非常困难的。但是在脊椎动物范围内,我们可以很容易地发现这种一致性(相同功能的局部构造也是一致的);于是我们几乎可以选择一些神经系统类型排列出一个进化序列表,通过这个进化序列表,我们可以大致了解从最简单的脊椎动物到人类的神经系统的进化历程以及代表性的阶段。

完成了这个进化序列表以后,通过比较其中的各个成员,我们发现最简单的脊椎动物的神经系统的特征贯穿了整个进化历程，进化就是持续地将新的结构叠加到老的结构上。老的结构的基本功能并没有被遗弃，也没有被新的内容完全替代，它们依旧保持着其最基础的重要性，后来的更高进化水平的结构不过是使它们变得更加复杂、具有更多的限定和修正。① 现在，即使我们不承认神

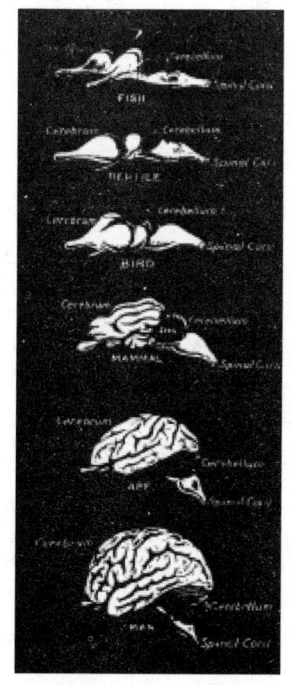

引自《科学大纲》，得到G.P.帕特兰之子允许。

图1　这个图显示了从鱼到人的脑的进化。

---

①　每一个心理学专业的学生应该对神经系统的结构和功能具有一般性的了解。学生应该研习诸如赫里克的《神经学入门》这一类书中的图表；想要学好心理学的学生都应该通读并掌握此书，此类参考书还有谢林顿的《神经系统的综合反应》。

经系统和心智可以统一，并且我们认为心智具有自己独特的属性、结构和功能，不能用神经结构和功能的术语来对它进行描述、表征或解释，但我们至少要承认，神经系统是实现心智的直接手段或基础，正是通过神经系统作为中介，心智和有机体的其他身体组织产生了联系，同时也和物理世界发生了联系，进而与居于其他有机体内的心智发生了联系。依据这部神经系统的进化史诗，我们能够在对现有类型的比较研究基础上进行推论，尽管这些推论都是间接的，尚存争议，但它们是有关心理进化的历程的有价值的证据。

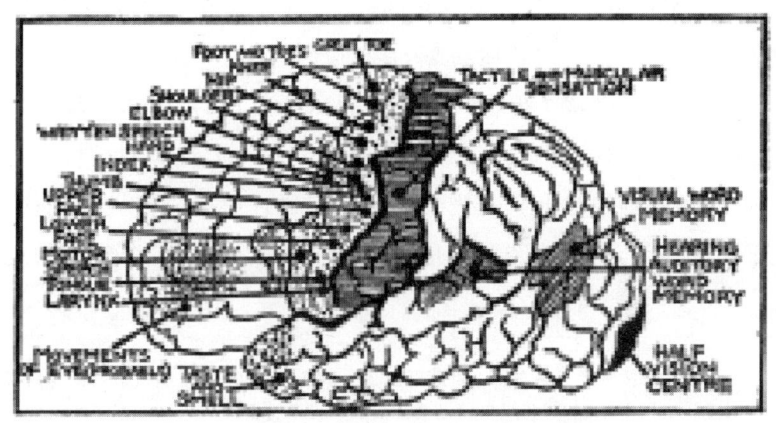

引自《在说话和唱歌中的脑和嗓音》，F. W. 莫特爵士。

图 2 这幅人脑示意图（从左侧观察）显示了大脑皮层围绕着感觉和运动功能区，并与其紧密相连的广大区域。其中，"联合区"是最高级功能区，而猿的大脑的联合区要小很多，很接近狗的大脑的联合区。

趋向运动的特征

把行为看作仅仅是一连串机械反射的联结,这种理论最显著的困难之一是,反射是神经系统已经高度发达的动物的专利。对于那些没有如此发达神经系统的动物的行为,机械主义者只好发明反射之外的其他解释。我们将分析低等动物活动的随意性特征,以此来说明机械主义者的解释是不充分的。

趋向运动原理为所有亚-反射形式的行为提供了一个充足的解释理由。[①] 这条趋向运动原理可以通过一个想象的生物来予以说明,这个想象生物是一个简单的、能自由游动、双侧对称的机体,它通过身体两侧的桨肢划动产生运动,如图3。

我们还假设这个生物长着一对原始的眼点,是由感光物质聚集成的点,能够感受光的刺激并对光线强弱产生对应的反应。我们假设每一侧的眼点和同侧桨肢的肌肉通过原生质传导线相连,这是一种未分化的神经。于是我们进一步假设,每一个桨肢的运

[①] 没有人比雅克·洛布博士对此更加坚信不疑,他的实验性观察结果让我们可以安心地接受这个原理,这些成果的光芒让很多不善于将推理应用于观察事实的学生感到炫目。参见《生命的机械论观念》(芝加哥,1912)。洛布试图将本能还原为"趋向运动"而不是反射。他写道:"我们在生-化基础上解释动物本能和意志的简单示例已经是可能的了,这样的事实证明,对我们自己的生命活动进行生-化解释也是可能的;而这些简单示例就是动物的趋向运动……现象。"以及"我们的期待、希望、失望和痛苦都具有其本能的根源,和趋光性动物的向光本能类似。为食物而竞争的需要、性本能驱动下的浪漫诗情以及一连串的后果、母性本能以及源于此的各种幸福和痛苦体验、手工艺制作本能以及其他本能,是我们内在生命发展的根源。对其中一些本能来说,我们完全可以期待对它们进行基于化学原理的分析,在机械论观点看来,这仅仅是时间问题。"第26页和第30页。

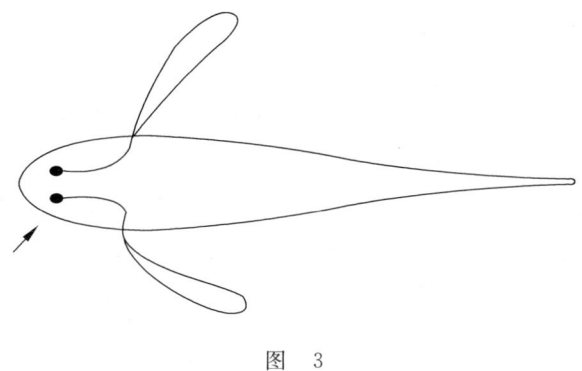

图 3

动强度与照射到同侧眼点的光线强度成比例。如果一束光线从箭头所示的方向透过水照射过来,它会对左侧眼点产生比对右侧眼点更强的刺激;于是左边桨肢的划动比右边更强烈。这使得这个生物的游动转向右边;这种游动会一直持续,使得这个生物沿着与光线平行的方向离开光源。这个游动方向将会保持稳定;因为任何一点偏转都会使得两个眼点所受光照不均等,进而使得运动回到与光线平行的方向上。相应地,如果有若干这种生物在一个置于黑暗中的大鱼缸中自由游动,它们会朝着各个方向游动并不规律地分布于水中。但是,如果有一束光线从鱼缸的一端照射到另一端,则所有的个体都会转向远离光源;最终它们都撞上远离光源端的鱼缸壁;或者,如果鱼缸中有一个阴影地带,所有或大部分生物最终会游到这个阴影中。普通人在思考这个光线对动物的作用时,总是倾向于做出万物有灵式的解释,即说这些动物有厌光或惧光倾向,这使得它们逃离光线躲到阴影中去。而机械论者则会微笑着充满同情地说:"不,喜欢、或不喜欢、惧怕、不舒服、满足、痛苦和愉快,这些内容在这个小小的舞台上并没有位置,同样,它们在人类的生命舞台上也没有任何位置。这些动物在空间中的重新分布完全可以用生理和化学的术语来解释。这些动物离开光线只是一种趋向运动;这就是负向光性。"

现在,再来想象一个有类似结构的动物,唯一的区别是它的每一个眼点和对侧的桨肢相连。于是,可以观察到这种动物将转而游向光而不是远离光;因此,如果一束光射过鱼缸,全部这种动物会游向光源方向,聚集在受光照射的那一侧鱼缸壁边上。如果鱼缸中有一块阴影,它们则会离开阴影而追逐光线。这种动物即表现出正向光性。

所有动物都会受到化学的和物理的因素影响,其中很多内容还直接导致了诸如向光性之类的活动;特别是在应对各种形式的辐射性能量时,这种影响尤其显著,诸如热、电以及那个我们称为重力的神秘能量。化学物质会在空气或水中扩散,扩散的方式导致了这种物质溶解在空气或水中的浓度级差,从而导致化学性-趋向运动。机械论者倾向于认为所有低等动物的行为都是各种类似的趋向运动;他们也毫不犹豫地将这个法则用于解释神经系统已经高度发展了的动物的行为。例如,莱氏棕尾蛾(Porthesia chrysorrhae)的幼虫在树上孵化出来,就会爬上树枝顶端去寻找嫩芽。据说这就是受正向趋光性所驱使;光照指引着它们向上。当它们爬到树枝顶端吃掉了所有树叶,它们就转过头来向下,继续寻找更多的食物。这对于机械论者来说并不难解释。它们吃了树叶之后就丧失了原来的正向趋光性，因此它们转身向下。① 这个例子很温和地检验了趋向运动法则的解释范围。它的最极端的支持者相信这个法则适用于所有的行为，包括人类的行为；他们甚至为高等动物拥有神经系统以及反射活动而感到懊恼；因为这些事实局限了他们最喜爱的法则的适用领域，限制了他们在运用这一法则时的任意程度，或者，至少在这个领域带来了一个强劲的竞争者。

趋向运动是一个有效的法则但不总是有效的

让我们假设，有一个来自外星球的巨大访客，通过一个高倍放大镜研究人类群落的行为，他可能会得出这样的结论，人的行为即使不完全是、也主要是趋向反应。因为他会观察到，当人们经过一天的劳作而疲乏的时候会表现出负向光性，他们会找一个黑暗的地方安静地躺下；而在另一个时间段，他们的趋向性运动特征又会颠倒过来，于是他们变成了正趋光性的，并积极追求光明。他还会

---

① 洛布教授写道："这时它们需要（can）向下爬行了，大量的虫子涌动着向下爬行，当它们遇到新的的树叶，味觉的或者触觉的刺激让它们停下机械的爬行动作，并重新激活它们进食的活动"（同前，第 48 页）。他在脚注中补充道："是什么生-化作用引发这种'涌动'至今尚不清楚，但这种现象可以见于很多昆虫和甲壳类动物。"这暗示，如果以及当引起这种涌动的化学条件被揭示出来，那么这种行为链就完全可以用生-化术语来解释了。但这并不是事实。虫子为什么转向下？为什么不是前后左右随机地分散开？如果把幼虫的这种进食方式归因于负向光性，这种理论将遭遇的困难是，如果上面有更多的树叶，幼虫就不会向下。这个简单的例子说明趋向运动理论在许多情况下虽然能够指出行为的影响因素，但并不能完全解释所有的序列性行为。洛布书里接下来揭示了趋向理论的缺陷以及机械论者的推论的不充分性，接下来，他列举了蚂蚁和蜜蜂的例子，它们在求偶飞行的时候似乎表现出正趋光性。他说道："给我印象很深刻的是这种求偶飞行只不过是受高度发展的趋光易感性所驱使。"这里最显著的词是"只不过"。作者忽视了求偶飞行中的许多重要事实，即这是完全不同于朝向太阳的飞行，所以他得出了一个非常特别的结论："于是，根据观察，蜜蜂在求偶飞行时是做机械的正趋光性运动。"

看到,在寒冷的季节这群奇怪的生物变成了正趋热性的,他们聚集在火炉边;当他们饥饿的时候,他们就是正物质趋向性的,趋向于那种从厨房门里扩散出来的化学物质。他也许还会观察到,男性通常会聚集在年轻女性周围;如果他是一个洛布学派的机械主义者,他将肯定是年轻女性散发出某种未知辐射能量,使得男性产生了积极的趋向性运动。①

这个观察者用来支持其解释的证据和我们把趋向运动法则用于微生物的效果是一样的。在某些特定例子中,我并不会说这个法则是无效的或不成立的。例如,当飞蛾扑向火焰,诗人会告诉我们,它为了追求不朽的辉煌而走向了毁灭,或者被热烈的快感所迷惑,但是一个客观的旁观者会说,我也是这样想,即正是正趋光性决定了这种运动。而在其他一些例子中,趋向运动会部分地决定动物的行为。但是并不可能用这个法则解释所有动物的全部行为。即使是一些对这个法则似是而非的应用也包含着许多低级的错误,正如我们在关于棕尾蛾幼虫的讨论例子中所见。这就是说趋向运动只能够让我们将假设建立在另一个假设之上。更重要的是,纯粹由趋向运动引导的动物活动不会符合行为标志的任何一项;而即使是最简单的动物也会表现出这些特征。趋向运动预示了自发运动和持续运动两个特征,即我们所言之行为的最初两个标志。因为,如果动物并没有产生运动,这说明趋向运动没有发挥它的引导功能。

而且,由趋向运动所引导的动物运动如果没有立刻就实现其

---

① 参见贝特的"关于蜜蜂'返家行为'的解释",第81页。

自然目标,也不会表现出行动方向的多样性特征,这正是行为的第三个标志。而几乎所有动物运动都会表现出这一特征。即使飞蛾也不是径直向火焰扑过去;它们通常是围绕着火焰乱飞,既趋向又躲避,除非不小心才撞了进去。

如此看来,趋向运动似乎只有在单细胞动物身上才可能宣称自己的掌控力。仿佛可以这样说,将心智属性中的所有内容都归属到营养液中的那些小斑点是很可笑的,在高倍显微镜下,它们看起来几乎没有结构可言。但是,我们还必须记住,我们每一个人,即使是具有最睿智才华的人,他的生命形式都是从营养液中那个小黑点开始的。我们所知道的区别仅仅在于,一些小黑点始终是一个小黑点,而另一些则变成了很多相同的小黑点,这种变化最终形成了一个人,乃至一个哲学家。

原生动物的行为

这类动物中最原始、最简单的代表是变形虫(Amoeba)。接下来是有关两个这种生命个体的活动的简要介绍。① 这种单细胞的原生动物在清水中的固体表面上爬行。一个较大一些的个体,C 接触到了一个较小的个体 B。于是 C 改变了它的运动方向并伸出两条伪足去围绕 B,而 B 则继续沿着自己的路线前行。直到 C 将 B 和一部分水完全环抱住。这时 C 停下来并再次改变它的运动方向,被包裹着的 B 则处于静止状态。经过一个短暂的停顿,安静的 B 开始活跃起来试图逃出 C 的包围,它伸出伪足穿过 C 的

---

① H. C. 詹林斯,《低等有机体的行为》,第 17 页

包围圈还未完全合拢的一个小缝隙。而 C 则再次调整运动方向将 B 彻底包围住,被包裹着的 B 开始向相反方向移动。B 则再一次通过稍微快速一些的移动从猎食者 C 的"后面"逃脱,完全从 C 的包围中摆脱出来并和 C 拉开了一段距离。C 再一次调转方向,赶上 B 把它吞噬掉,然后开始向新的方向移动。B 似乎认命了;它的形体在 C 的体内收缩成为一个球体,蛰伏了大约 5 分钟。但是过了这个时期,B 再次活跃起来,努力冲破了 C 的物质外壁,最终逃脱。

显然这一系列运动更像是行为,是一连串有意图的活动,远远不止是一系列的趋向运动。无论在何种水平上,趋向运动理论都不能对以上所述活动做出充分的解释。

再来看看草履虫(*Paramoecium*)的运动。这是一种外形像鞋的动物。尽管它依然是一个单独的细胞,但已经有了较为分化的组织,比如鞭毛,它们像鞭子一样舞动,以驱动它朝着钝头一端的方向运动,鞭毛的舞动还能够将食物微粒送进嘴里。它的运动由几乎一刻也不停止的鞭毛的运动产生。同样,它也明白无误地表现出行为的诸项特征。特别是它表现出自发的持续性活动,在经过一个短暂的静止后能够重新活动起来。通常,在碰到固体物体时,它会倒转鞭毛的运动,向后移动,偏转一个小角度,然后继续向前游动。有时它会在这个固体表面停下来,保持静止,然后在上面改变位置,再次保持静止,然后游开。"所有这些活动都没有伴随明显的外在条件的最微小的改变。如[我们]所看到的那样,草履虫先表现出对那个实体的回避反应,然后是积极的接触反应,接下来是持续的接触反应,所有这些反应的变化都没有伴随外在条件的变化。因此,诱导草履虫的反应变化的因素一定来自这个动物

内部。"(詹林斯,同前)

对行为或随意性活动更有启发性的例子是接下来要讨论的喇叭虫的反应,这是一种体形像花瓶的细小生物。它由一个单细胞构成,但是具有与其他原生动物完全不同的结构。它的身体呈圆锥形,顶端通常附着在其他实体的表面;椎体的下端有一圈纤毛,纤毛的运动让水流进一个柔软井口一样的凹陷,这就是它的嘴。詹林斯用一股夹杂着不能食用杂质的水流喷射这个生物,它则表现出如下描述的一系列反应:(1)有一小会儿,喇叭虫将杂质扫进"嘴"里;(2)它弯曲身体转向一边,每隔一小会儿就重复这个动作,做了好几次;(3)它的纤毛做相反的运动,将"嘴"里的杂质驱逐出来;(4)这个动作重复了两三次以后,它朝着身体的固定点收缩整个身体;(5)如果尝试了几次这种退缩以后,喇叭虫还继续受到水流杂质的冲击,它会更剧烈地收缩身体,使得它从附着的地方脱离开;然后,它游开,选择一个新的地点重新安顿自己。这一系列应对不变刺激的反应显然以一种原始的方式表现了行为的全部标志性特征。机械主义者可能会说是持续的水流冲击颠倒了喇叭虫趋向刺激的趋向运动,但是在这个例子中不是这样。显然事实是,暴露在同样的刺激下,这种动物尝试了数次反复运动以后,终于做出一个完全不同但更有效的运动,使得自己离开这种有害的影响。这至少是面对持续刺激做出多种运动的典型例子;所有的相继运动都是适应性反应。也许这应该被看作是学习或从经验中获得改善的最简单的例子。

H. S. 詹林斯教授和 S. J. 霍姆斯教授对这种微生物的行为做了充分的研究,他们也恪守公允的立场而赞同这样的观点:我们不能把这种最简单动物的活动解释为趋向运动或反射,我们有理由

（至少暂时地）将这些活动看作是完整的行为，也就是说，是非常简单并且很低等的随意性活动的例子。①

---

① 詹林斯教授接下来这样描述变形虫："变形虫的行为能否被分解成简单反射的元素呢，即以固定的方式应对同样刺激的直接反应？对大多数行为而言……刺激都可以被看成是环境中的化学或物理条件的简单改变。对于一些动作链而言，将它们分解为针对简单刺激的反应是行不通的。特别是一些觅食活动。在所观察到的一个变形虫推动一个食物球情形中，我们似乎可以看出，这个动物正动用各种不同的方法以确保食物不会丢失。而在一个变形虫追赶另一个时，我们也很难分辨出哪一个阶段是完全由所呈现的简单刺激决定的。例如[前面描述过的追捕行为]，变形虫 B 逃脱了变形虫 C 的包围并快速逃离时，后者改变了原来的运动路线重新捕捉 B。在这里是什么决定了 C 的行为？……任何观察到这个行为的人都不会认为此时的这个行为是由于之前 C 掌控 B 的情形发生改变而引起的，因此，这种行为不是简单的反射。"（《低等有机体的行为》，第 24 页）他还写道："我们可以将刺激引起的行为的各种变式分成三种主要的类型，可以称之为积极反应、消极反应和觅食反应。……这种类型不是固定的；每一种类型在不同条件下都可能衍生出多种变化。这些反应中的运动显然都不是应对诱因的简单生理反应。更高级的动物，以及变形虫，类似的反应都是间接的……因此，我们不可能从生理上的物质属性的变化而预言有机体的活动，而是什么因素引起了生理变化本身也是有疑问的。"（同前，第 23 页）

詹林斯还写道："因此，我们发现单细胞动物的行为很少能够用趋向运动理论的动作定向来解释。后者不能说明它们直接反应中行为的基本特征。这些行为首先是基于引起各种运动的刺激下的表现，以及在作为结果的条件中所作的选择。……流行的趋向运动的行动定位理论对低等动物行为的一般性解释恰恰说明对这种行为的认识不完全以及分析不充分。"进一步他还说："理智通常表现为能够根据经验来调节行为……我们甚至在原生动物的行为中也可以很明显地观察到这种适应性的发端……即使在原生动物身上也清晰地存在这种[理智适应性]的基础；显然，它与生命有共同的域界。在低等生物规律性的行为和高等动物的理智行为之间画一条清晰的分界线即使不是不可能的，也是非常困难的；它们彼此渗透……我们不禁要问，在低等动物身上观察到的现象是否和人的行为有类似之处。我们常常被迫对这个问题做出不公允的回答。正如客观证据所显示的那样，两者之间并没有类的差异，而体现出在低等生物和高等生物之间的联系性。"然后他讨论了这个问题——低等生物的行为"是否说明对于观察者而言它们具有意识"？他的观点是"草履虫……给人形成这样一种印象，使得观察者不自觉地将它看成是一个小的主观性个体，具有和我们人类类似的行为方式。更有甚者，变形虫觅食的活动也会给观察者同样的印象……经过长期对这种生物行为的研究，这位作者坚信，如果变形虫是一种大型动物，和人类朝夕相处，那么它的行为立刻会被看作是和它的诸状态，如快乐、痛苦、饥饿、渴望以及爱好有关，就像我们以这样的方式来看待狗的行为一样……我们认为狗有意识，因为这个判断是有用的；这个判断能够让我们理解、预见以及控制狗的行动，相反没有它我们则很难达成这些目的……我相信，当我们需要预见和控制变形虫的行为时，我们会类似地将某种意识状态也赋予它。变形虫是一个捕食者，其行为表现看起来和一个高等捕食者一样受同样的驱力控制。"

第二章 低等动物的行为

蚯蚓的行为

在考察简单动物的行为时，我们可以很容易地找到上百个例子。但是在这里，我只想引用在生命等级中相当低端的一种，我们大家都很熟悉的蚯蚓的行为。长久以来这已经成为一个常识，即蚯蚓如果要将一片树叶拖进自己的洞穴，它会拖住树叶较窄的一端。蚯蚓的感觉器官和神经系统都非常简单，但是用各种形状纸片所做的实验表明，当它想要将呈现给它的纸片拖进自己的洞穴时，总是会拖住纸片最恰当的角度。因此，如果纸片是三角形的，其中一个角比另外两个更尖锐一些，蚯蚓如果想要拖住纸片进入它狭窄的洞穴，它总是会拖住这个更尖的角，显然这也是任何一个有理智的生物会做出的选择。①

我承认这种行为表现令人惊讶。这当然不能用趋向运动或条件反射来解释。一种观点认为，这是因为这个动物不断依据纸片的形状做出尝试，最终选择了一个锐角；另一种观点认为，它经过比较不同的角度，最终选择了能够实现其目的的方式。行为似乎

---

① 查尔斯·达尔文应该是第一个在自己的书中发表了这个关于蚯蚓的科学观察结果。他的观察得到了证实。G. 卡夫卡教授写道（在他的非常激进并充满批判性的书《等级心理学》中，莱比锡，1914）："从 Hanels 的研究结果表明，的确存在有形式刺激，以确定动物的反应［蚯蚓］。在研究中，用三角形、四方形的纸堵住它们的管道，这些动物会重新选择紧邻的最清晰的角度，即使在一个等边三角形中，两条边的比例基本只有9∶10"（卷一，第 494 页）。我并不指望卡夫卡先生绝对科学的公正，但是我要让学生注意到他的用词"Formreiz"，字面意义是"形状刺激"。这是一个机械主义者的一般性观念的恰当例子。他们将所有的行为都归结为"刺激-反应公式"，将各种情形都简化为"刺激"，包括天地间万事万物，从一个闪光到宗教、政治等信念系统，以及公共机构，比如罗马教会、不列颠王国等。

正好暗示并表现出某种比较性决策,就像我选择一双合脚的鞋子一样。我们会看到,在生物序列中,更高级一些的动物的行为在很多方面暗示了存在这种决策。

昆虫和本能行为

我们现在来看昆虫。昆虫的令人着迷的行为吸引了很多研究者浓厚的研究兴趣,这种动物与大多数野生动物相比也更加适合进行精确的观察。困难仅在于在大量的对象中选择合适的个体。昆虫具有相对简单的神经系统,是由若干神经节(一小丛神经细胞)构成一个链;相邻的神经节之间通过神经纤维束相连;每一个神经节都有与感觉器官相连的传入神经纤维以及与肢体关节处肌肉相连的传出神经纤维。每一个神经节似乎都是一个小型的经典反射机制。

还有,昆虫具有完美的双侧对称性,这使得它能够很好地适应趋向运动法则的解释。和在其他地方一样,在这里我们也希望诸如联合反射、条件反射以及趋向运动等理论能够产生出一个公允的充分解释来说明那些从表面上看来像是行为的活动。

一些机械主义者看到了这里是充分演示他们理论的理想舞台,于是大胆地抛出了对万物有灵论者的挑战。[①]

昆虫的行为特别有趣,因为昆虫完全表现了极其丰富又极其纯粹的"本能"活动。关于"本能"的问题尤为重要。在我看来,本能的活动是理解人类行为的关键,其意义比反射活动更重要,持这种看

---

① 参见随后章节中 A.贝特的有关言论。

法的其他心理学家也不在少数。这本书的观点就是,人类行为基于一些固定的倾向,这些固定倾向和动物的本能倾向是非常相似的。

另一些人,这里特别要提及柏格森教授,认为心智中的本能和理智是两种不同的发展方向,它们之间毫无共同之处。他们假设,在进化历程中,心智遇到了一个岔路口,进化之路在这里分成两条路线,本能和理智;昆虫走上了前面一条路,本能得到高度发展而心智则几乎停滞,脊椎动物和哺乳动物则走上了另一条路,充分发展了它们的理智,并最终达到顶点从而出现了人的理智;在这条路线上,残留的本能相对处于蛰伏状态,直到柏格森教授凭着他的哲学直觉重新发现了本能,他认识到本能和基础性功能相关。

机械主义的第三种形式认为本能就是反射活动的联合,常见的形式是链式反射,有时还包含了趋向运动的控制或调节。

在我们研究昆虫行为的过程中,将随时关注这三种反对意见;并且我们要揭示出它们其中之一或全部观点的立论基础是什么。

关于本能和理智的界定与划分是近年来一个颇有争议的话题;大家关于这两个词的准确使用方式也还没有达成共识,只有在大家对观察事实所代表的本质含义有了共同的看法之后,才有可能形成统一的看法。但是各方都会同意这样的看法,我们所称的"本能的"那些动物活动都是随意性的(也就是说,表现出行为的标志),并且在所有动物身上皆表现出在相同条件下与先前经验的分离。关于这种与先前分离的确切证据来源于这样一些表现:刚从卵里钻出来时,或者环境或生活模式发生根本改变时,动物立刻就会采取某些动作;除此以外,在生命经历了这些变化之后的其他很多例子中,我们均不能确切地断言,动物从来没有接触过和那些能激发起它们本能反应的对象或情景相类似的其他对象或情景。一些作者在定义本能性行为时增加了一条:本能性行为或本能性倾向是一个物种所有个体共同的特征。毫无疑问,这一条确实是成立的,但似乎没有必要将它专门独立出来。

另一方面,理智性行为通常被定义为这样的表现,生物个体从相似情形的先前经验中获得改善,即它记住了既有经验并用来指导当前的行动。本能(当作一个独立的抽象概念时)是指自然的与生俱来的产生随意性动作的能力;理智是指在自然倾向性的基础上,通过过去经验而提升的能力。

有目的行动理论

到这里必须说说"目的论的"(teleological)这个词的含义了。我坚持认为所有的心理活动都是随意性的,即明确地趋向一个目标,无论在进行思考时这个目标是多么含糊。"目的论的"这个词指向某个目标,通常被用于动物行为,或者一般的生命领域,它暗示了机体过程会主动调节以适应特定结果的实现,这个结果正是按照造物主的意愿来设计的。在这种世界观里,机体过程都是目的论的设计,这种观点实际上和将所有动物都看成机器或机械过程的观点是一致的。在同样的观点中,人造机器的过程是目的性的:因为机器是为了实现机器设计者或制造者的目的。只有在本章所定义的范围内,我们方可以用"目的性的"这个词代替"随意性的"。两者的意义区别是非常重要的。当用于机体的整个进化过程时,"目的论的"这个词就意味着这个过程明确地指向一个目的,这个目的哪怕最微小的细节都体现了造物主的意志和构思。另一方面,如果像在本章所定义的那样,把它作为"随意性"的同义词来使用,它意指在机体的进化过程中,随着进化向更高级的发展、随着心智筹划未来的能力日渐增强,并具有了在多种可能性中进行选择的可能,那么,在进化过程中,目标会趋于越来越多并越来越清晰。

所有的动物和人的行为都是随意性的,无论其目标是多么模糊,意识水平是多么低下,随意性是生物活动与机械活动的基本区别,这种观点可以简称为有目的行动理论(hormic theory)。"有目的行动"(hormic)一词源于希腊语"horme",意指行动的最关键的驱动力或诱因。叔本华的"生命意志"(will-to-live),柏格森教授的"自由意志"(elan vital)以及 C. G. 荣格博士的"力比多"(libido)等概念都从不同的角度表述了这样一种观点:随意性的或有目的的驱动力已经被证明存在于动物或人类行为中。为了采用这个词,我采纳了 T. P. 纳恩教授在他那本很棒的小册子《教育,有关的数据与第一原则》中所提出的建议。他对这一理论的陈述精彩绝伦,我禁不住要引用他的句子:

"既然我们的身体是'物质',我们是否应该寻求整个生命的生理学解释呢;或者,既然我们的身体是有活力的,我们是否应该用众所周知代表生命的最高也是最清晰的形式,即所谓有意识的生命或心智来解释生命活动呢?""当然,动物的生命(包括人的生理结构)中充满着各种化学的和生理的因子;但是正如一首诗,尽管也浸润了语法,但绝不仅仅是文法规则的汇集,行为也是一样,即使是原生动物的行为,也绝不局限于生-化机制的概念所能描述。简而言之,哪怕最简单的生物都是自治的。""生命形式之间的巨大差异,如原生动物和那些仅仅比天使稍低一等的生灵之间的差异,就像乡村教堂和主教教堂的差异一样,但是这种差异都不是本质特征的明显区别,而是某些细节方面的丰富性、多样性和精细化程度的差异,正是这些内容的差异构成了一个统一的进化水平列表。"

"基于这样的立场,即使最简单的动物都不只是生理的和化学的构成,它[即有目的的行动理论]将生命的历程看作一个指向个性的努力过程,而个性在人的意识天性中表现得最清晰、最丰富,于是,它发现所有生物在趋向这个目标的过程中,印证了它的早先成果所做出的真正解释。"

"我们需要一个名称来描述构成生命组织的那些不间断调节和尝试中所表达出来的基本属性。我们立刻察觉到,我们意识活动的特征正是'驱力'、'需求'或者趋向于目的的感觉的要素。心理学家称之为意志(conation),并且用意志过程来指称所有由驱力掌控的意识活动的序列。……例如,读者努力理解当前这些句子就是一个意志过程,其中包含了相对复杂的系统化的心理活动,活动指向了一个清晰水平可高可低的意向目标。……当读者的心智正在关注这些印刷字迹的时候,他的神经-肌肉机制正在支撑着他肩上的头颅,他的消化腺正在处理他最近吃下去的食物。这些都不是随意过程,不能称之为意志活动,因为它们处于意识水平之下,低于意识水平太多;假如有一个超人,他能够像我们观察物理事件一样直接观察我们的心理活动,他将看到所有心理活动都是类似的,彼此大同小异。也就是说,他会看到它们都和纯粹的机械过程相区别,因为心理活动表现出一种内在的'驱力'……由于有了驱力或需求这个元素,无论它出现在人和其他高等动物的意识活动中,还是出现在它们身体的无意识活动中,以及(根据推测)出现在低等动物的无意识活动中,我们都给予它一个统一的名称——有目的行动(horme)。根据这样的定义,有机体的所有随意性过程都是有目的过程,意志过程是其中一个亚类,它的成员具有一个显著的特征,即被意识察觉。"他还写道:"根据我们的定义,有目的行动是区分生命活动和无生命物活动的基础。"进一步,这些有目的行动过程还要受到"发展的影响,发展使得它们组织成为更广泛、更复杂的有目的行动系统。从一开始作为在母体内的一个细胞,他[每一个人]只是她肉体的一部分,是母体的'寄生虫',靠着母亲血液的滋养、分享母亲的养分过活,这时他已经有了属于自己的生命和宿数。当他依然躺在母亲的子宫里的时候,各种有目的的行动过程,既包括那些保守性的也包括富于创造性的,在生命的进行式中,它们依然还是无意识的,虽然,当他的神经系统分化了,感官形成了,他的'生命意志'还只是一些模糊的意志,即意识的元素。一旦他离开母体,降生到这个世界上,开始了自己漫长的探索生活迷宫的历程,意志元素获得了新的意义,它们的发展就成为观察者新的兴趣中心。意志从蒙昧或半蒙昧状态中苏醒过来,张开了欲望的眼睛,最终实现从追求当下的满足发展到追求远期目标或者是观念的目标的水平。这期间,推动这种发展的动力来自有目的行动的特征,在它的组织中还有一个与之平行的发展线索——这个发展首先体现在他的生理组织中,以及体现在和生理组织相关联的功能中,出生以后,它就表现在和感觉运动能力的调和而形成日益复杂和更有效能的系统的过程中,然后,表现在逐渐建立的庞大的意志等级中,这个意志等级最终决定了人的个性以及成为人生成就的衡量标准。"

第三章 昆虫的行为

很多伟大的博物学家将他们毕生的大部分时间用来考察蚂蚁、蜜蜂和黄蜂等小虫子；这些昆虫的行为让心理学家很着迷，因为它在很多例子中表现出理智和本能的混合，而且是非常清晰的理智与最典型本能的混合。但是，在正式讨论之前，让我们先来看一个可以称为纯粹本能性行为的例子。我将描述一系列的动作，每一个动作在昆虫身上都只会出现一次，因此我们不能将动作的精巧和准确归因于个体从先前经验中获得了改进。这类动作的例子在昆虫世界中非常普遍。下面将要描述的例子和许多其他类似动作的唯一区别是它更加复杂。

纯粹的本能性行为

丝兰蛾"破茧而出的时候正好是丝兰花开的时节，丝兰花每晚只开一朵黄白色的、钟形的大花。雌丝兰蛾先从另外一朵丝兰花中采集金色的花粉，加入黏合的物质将它们揉成小球，然后它用它巨大坚硬的须肢将花粉球固定在自己的头下面。这样，它载着这个花粉球飞着去寻找另一朵丝兰花。找到以后，它用柳叶刀一样的产卵器刺破花的雌蕊的外壁，将卵产在胚珠里，然后来到花柱的顶端,将花粉球塞入花柱喇叭状的开口中。"①通过这一系列的动作,雌丝兰蛾将它的卵产到一个能够保证它们发育的地方,前提是这朵花的胚珠能够发育;这朵花的胚珠能够发育需要另一朵花的花粉进入它的花柱开口。自然塑造了丝兰蛾如此精妙准确的一系列动作,根本目的是让这个物种得以延续,这些动作发生在雌蛾从茧子里出来没多久的时候,它不太可能通过经验获得关于这种花、它的幼虫以及它们的需求等的相关知识。

这是一个链式本能(chain-instinct)的极好例子。为什么我们不愿意将它称为链式反射呢?在这个动作链中,每一个动作都会将雌蛾带入一个新的情景中,其中会向她呈现新的感官刺激。我们为什么不像机械主义者那样,把每一个步骤看作是新刺激引起的反射型反应?仅仅依据这一段描述我们很难确定这个动作链是否表现出了所有的行为标志。我们的清单中前三项——自发性、持续性、多样性——都没有被描述到;有可能更精确的并且重复的观察可以发现这些特征。对未来情形做出预备这一项是很明显的。指向一个目标这一项也应该成立;但是可能并不明确,因为这一项是在前三项标志中表现出来的,而它们在这个例子中没有得到描述。也没有证据表明雌蛾的动作因为重复而得到了改进,因为没有可观察的重复表现。但是每一个步骤确实很像是一个完整的反应。这个过程可以观察到另一个特征,它一旦出现,就可以清楚地将本能性行为与反射性活动或趋向运动区分开,尽管这个特征不是行为的基本标志之一(因为这个特征并不常在低级行为的

---

① 我引用了劳埃德·摩根教授在《习惯和本能》中的叙述。

例子中出现,也不总是出现在本能性活动中)。反射性活动是对刺激的应答;而大多数情况下本能性活动是对对象的反应。在主观上,针对一个刺激的反应和针对对象的反应的区别是很明显的,尽管未必有一条明确的界线。例如,如果有一丁点胡椒粉进入我的鼻孔,会让我打喷嚏,尽管我可能并没有察觉到胡椒粉的气味或辛辣刺激;喷嚏就是一个反射活动,是针对刺激的反应。但是,如果我察觉到了胡椒的气味和辛辣并呼气清理鼻腔,这就是一个由知觉引发的行为,是针对一个对象的随意性反应。

为了将这种区分应用于动物行为研究,我们必须依赖一些客观标准;因此,当我们观察到的反应都是针对一些简单的感觉印象,如,气味、一个单音、触碰或一束光等等,我们将很难作出判断。但是,如果仅仅一些复杂的联结或者一系列感觉印象激发了非常精巧的适应性反应,那么我们可以推断,这时动物的综合活动将一个复杂的感官刺激联合成了一个对象。①

这种类型的综合活动就是知觉的本质。因此,当蚯蚓通过连续的接触慢慢考察了一片树叶或一张纸片的轮廓后,抓住树叶或纸片的锐角拖进自己的洞穴,我们可以推论这是基于它的知觉活动;当看见一个盲人通过触摸认出一个孩子或者拼出一个单词,我们会同样有信心地推断[这是基于他的知觉];一个闭着眼睛的人通过触摸认出放在他手上的一个奇特物品也是同样的。因为蚯蚓的行为不是仅仅对一个刺激做出反应;它的活动基于对这个对象轮廓的评价,而这种评价来源于一系列的感官印象。这种评价远

---

① 更严格来说——对复杂连接或一系列感觉印象的主观反应是有对象觉知的。

第三章 昆虫的行为

远不止是刺激的简单叠加。如果一个刺激很弱，那么它可能不会激发起反射性活动；但是如果这个刺激快速地重复若干次，它可能就能奏效了。这就是所谓"刺激的叠加"。但是那条蚯蚓为了找到树叶的锐角，它必须考察树叶的整个轮廓，必须要将连续的刺激或者通过接触得来的感觉印象，联合成一个复杂的有序的整体；这种联合性的综合活动就是知觉的本质。这种综合性联合活动在我们自己身上最突出的表现是视觉的和听觉印象的联合；这就是为什么我们将这两种感觉称为最敏感的感觉。在动物身上，视觉和听觉也是以同样的方式而显得特别敏锐；但是有些动物，比如蚂蚁的行为在触觉和嗅觉的综合方面的表现比一般的正常人更敏感也更快捷。

我们再来看丝兰蛾，它的这一连串行为表面上看起来是很机械的。我们来考察这个行为中的一个单独步骤，在世界上选择一个最有可能让卵孵化的地方，这就是花的胚珠。即使我们假设是胚珠散发出来的独特气味诱发了丝兰蛾的趋向活动，但这显然不是它将卵产在特定地方的充分解释。这种行为只能够在多种同时性和继时性的感觉刺激的引导下产生；而这些刺激一定不是简单地叠加在一起，而是综合联系形成关于花的外形以及其他相关特征的整体评价。也就是说，蛾对丝兰花的反应是知觉反应，而不仅仅是对刺激的反应。①

---

① 这是值得关注的问题所在，不加批判地支持机械主义者的行为理论倾向于让理论家对事实熟视无睹。将所有的行为都看作是刺激的反应，从这个公式出发，理论家往往完全忽视了"刺激"和"对象"之间如此重要的区别。当"刺激"这个词的误用被推演到极端时，机械主义者会用刺激-反应公式来描述人的政治和宗教活动，他们会把个人的政治或宗教信仰看作是内在的制度化刺激。

返巢行为中本能和理智的联合作用

独居的黄蜂是膜翅目昆虫,它非常有趣地表现出了这种联合。因为社会性物种的行为和单一个体的行为有很大差异,在这种情况下,它会表现出很多超出我们所能理解的特征。M.亨利·法布尔,这位资深的昆虫学家致力于独居黄蜂的研究并发表了许多优美的研究报告。① 佩卡姆夫妇在他们令人着迷的著作中给我们提供了更为详尽的关于独居黄蜂的研究。② 这种独居黄蜂有很多个亚种,所有的亚种都过着几乎同样的生活,但是每一种的行为都有其自身的显著特点。

只要一个种群中的所有个体都具有同样的行为,特别是这种行为只属于这个种群,那么我们可以非常肯定地说这是本能性行为。黄蜂的独居生活方式为研究它们的行为提供了极大的便利。当我们观察群居动物或生活在家庭群体中由父母养育个体的行为时,往往很难区分哪些是它的本能行为而哪些是受了它的同伴或父母行为模式的影响。研究独居黄蜂就不那么复杂。我们要考察的这些种类中的每一个个体都一样,雌黄蜂一旦从幼虫蜕变成熟,立刻就开始了它的独居生活。没有助手也没有同伴的榜样,她必须独立地完成传宗接代的任务。这项任务的达成有赖于包含几个步骤的行为循环:它建造、或寻找一个适合产卵的巢穴,在里面产下一粒或很多卵,在它们边上储存成堆的依然活着的食物,这是它

---

① 《昆虫记》。
② 《群居和独居的黄蜂》。

若干次通过各种方式猎获的猎物。幼虫从卵中孵化出来以后就吃堆在旁边的猎物长大;直到它成长为一只成熟的黄蜂,已经做好了准备进入下一个同样的行为循环。和丝兰蛾以及其他一些昆虫不同的是,每一只黄蜂会或可能会将产卵的循环演练好几遍。在安顿好它的卵以及喂养幼虫的食物后,它就离开巢穴(通常它先要小心地将洞口封闭)一去不回;它会继续寻找或建造一个新的巢穴重复这个循环。因此,似乎很清楚,黄蜂从来没有通过个体经验而学习到它工作的重点,即生育像它自己一样的后代。我们似乎还可以很有把握地推论,它并不知道自己不知疲倦地工作的目的,更没有预见这个目的。它的养育孩子的举动当然不是出于理智地预见了孩子可能得到的恩惠;当然也不是出于和孩子交流而带来的幸福感,或者在凝视自己后代时油然而生的自豪感,或者当它年迈以后关心和挂念孩子而产生的安宁感。可以肯定,在黄蜂身上实行公共养老金制度不会影响它们的出生率。

活动者对自己行动的最终目标无所知,这种表现常常被定义为本能活动;但这只是一个外在的、非本质的特征。不过,有充分的迹象表明,无论在人还是动物身上,它都代表了本能的某种基本成分。

各种各样的洞穴都被独居黄蜂用作巢穴,但是每一个亚种只会用一种洞穴,或者只用少数几种比较相似的。一些在地上掘洞;不同种类掘出的洞形式也不同。有的选择木料上的洞,或者麦秆上的洞,诸如此类。黄蜂用作饲养幼虫储备的猎物同样也是多种多样;但是每一种都有自己独特的选择。有一种用毛虫,另一种用蜘蛛,第三种捕获蚱蜢,如此等等。这里就显示出它们理智的严重局限了;因为每一种的幼虫都可能通过食用不同的猎物而长大。而每一种黄蜂都如此局限地选择自己的猎物种类,如果每一种的猎物突然遭遇瘟疫几乎绝迹,那么这种黄蜂也可能会跟随着绝迹。

小黄蜂从巢穴里破壳而出的时候已经完成变形了,接下来的几天或几周内它们就在附近飞舞,寻找适合的食物,确认与周围邻居的领地界线。这在某种意义上是否表明这些动物是有灵性的呢?在机械论者看来,所有动物的行为都是对"刺激"的反应,黄蜂的行为也是如此。但是,我认为这个陈述完全是有理由的;因为整个本能性行为循环的成功实现有赖于认识周围环境中的每一个细节。来看以下事实:一只黄蜂在地面上挖掘了一个形状适合的洞穴,然后离开去捕获猎物来填满洞穴。它在一个特定的空间中自由地往来穿梭,这个范围大约方圆数百码。它可能在这个领地内的任何地方捕到猎物,当它准备将猎物带回巢穴的时候,它不会到处误打误撞找不到回家的路,回不到巢穴;而黄蜂也会因为拖住猎物做徒劳的飞行而精疲力竭。也许可以做这样的猜想,自然首先赋予了黄蜂获取猎物的本能,然后是就近选择巢穴或筑巢的本能。但是,不!自然是通过心智而不仅仅是机械化的反射来工作的,因此自然实际上已经赋予了黄蜂一种本能倾向,这种本能倾向需要它成功地与理智联合,理智并不是简单的序列;理智和"条件反射"系统完全不一样。因为,黄蜂为了能够准确返回巢穴,它能够认识这片区域内的地标,并在往来飞行中对它们做出恰当反应,仅仅有这些是不够的。为了能够认识地标,需要更多的能力,需要更多的理智,需要较高水平的理智。即是说,那些能够指引黄蜂返巢的地标必定不能仅仅被识别为一个个互相分离的对象,而应该是以不

第三章 昆虫的行为

同方式明确或隐晦地和其他对象形成了某种空间关系。

依我看，我们不得不使自己相信，黄蜂建立并携带着一个关于地点的地形图或平面图，因为它的行为表明它是将这个范围内的对象以及自己的巢穴当作一个地理整体的局部来认识和识别的。

任何一个极端的行为主义者读到上述内容，我知道他将会忍不住嘲笑这种观点。但是，这恰恰是因为他在考虑这个问题时视野过于狭隘，缺乏对事实的全面考察。这里有一些必须要考虑的证据。可以观察到这种黄蜂的很多个体都有这样的行为，当它们离开巢穴去猎食的时候，会围绕巢穴一圈圈地做不规则的环绕飞行，这种环绕渐渐扩大。佩卡姆将这种飞行称为方位学习；毫无疑问，这个名称非常贴切。这个行为应该没有其他的目的；如果黄蜂不是为了辨认自己的巢穴位置以及周边环境的话，这种行为就是无意义的闲逛。① 我们还知道其他一些动物——例如信鸽——从远方返家的行为也是类似的。它们在选择地址筑巢之前，会数天甚至数周在这个区域徘徊，除了熟悉这片地域有利于识路返巢之外，似乎没有其他更多的生物学意义或其他功能。当黄蜂离开巢穴去捕猎的时候，如果它巢穴附近的物体被移动过或发生了改变，黄蜂回来时在刚开始的一小段时间里会犹豫不决，而不是像以往一样直奔目标。

我们假设黄蜂是按照整个区域内所有物体的相互关系来识别地标的，除此之外，似乎找不到关于黄蜂返巢能力的更好的解释。

---

① 有些黄蜂在返巢途中有时会暂时放下猎物（显然是为了查看地形），短暂离开一会儿然后再返回来。在它们离开猎物时也会像离开巢穴时一样做"方位学习"活动。

请读者想象他自己正置身于乡村山丘的树林里。① 他有一间森林小屋，每次外出收集食物之后都要设法找路返回小屋。他的做法将和黄蜂一样；为了对小屋周围的环境进行方位辨识，他需要四处徘徊，考察的范围越来越大，标记更多的地标，直到他对整个地域充分熟悉了。如果他想要回到小屋，仅仅依靠找到地标，把它看作之前曾经看到过的一个物体是不够的。一个独立的地标本身并不会对他有所帮助。他必须记住这个地标和其他地标或和他的小屋之间的关系。

趋向理论不能解释返巢行为

趋向运动理论能否对此做出一个更简单的解释呢？一位机械论的代表人物曾经大胆地尝试用这种法则来解释蜜蜂返回蜂房的行为，而不是单个的黄蜂的返巢。"返巢"行为是如此重要，因此需要对这种解释进行检验；②如果这个解释能够适用于蜜蜂，那么毫无疑问，它也应该适用于黄蜂。贝特的有关讨论和结论可以简要地概括如下：认为蜜蜂会像人一样认识回家的路是不可能的，人能够理智地分辨熟悉的物体和方位；当然，如果认为蜜蜂返回蜂房是一连串机械反射活动的结果也是不可行的；因此，蜜蜂一定只能靠"趋向运动"的指引返回蜂房；既然找不到其他可能的解释，于是我们只能相信一定是蜂房释放出某种我们未知的能量引导着蜜蜂的返回。我们只能做这样的假设，当蜜蜂还没有采集足够的花蜜或

---

① 参见佩克姆关于黄蜂步行穿过一片玉米地返回巢穴的描述。同上，第18页。
② "我们是否可以把蚂蚁和蜜蜂归因于心理素质"，A.贝特，《生理学历史文档》，1898年第70卷。

第三章 昆虫的行为

花粉时，它对这种神秘的 X 射线做出负向趋向运动；一旦它采集饱满，就变成正向趋向运动了；于是这种辐射能量引导着它的返巢飞行。

贝特征引了什么证据来支持自己的假设呢？他的证据表明，如果蜂房被一片纸盖住或树叶遮蔽，蜜蜂的返巢将会遇到一点点麻烦；如果蜂房被移走了，蜜蜂会在原来蜂房入口处盘旋。在贝特的讨论中，这些事实以及其他一些同类型的事实都表明，蜜蜂不是通过视觉来导向的，和人通过视觉来寻找返家的路不同。贝特草率地下结论说，蜜蜂不是靠视觉导向的。这似乎也可以表明蜜蜂同样不是靠嗅觉导向的。于是贝特说，我们必须相信存在一种未知的辐射能量在引导蜜蜂返巢。

是否有事实可以证明这个假设是不必要的，也是不可能的呢？

1. 如我们目前所见，蜜蜂和黄蜂的其他形式的行为已经暗示了它们可能存在相当高水平的理智；而虽然返巢行为也许要比其他行为依赖于更高水平的理智，正是其他许多相互协调一致的事项表明了这种能力（一种特殊的理智形式，获得并使用有关方位的知识或方位熟悉度的能力）在最必须的程度上被这种昆虫掌握了，而这实际上是它们生命的基本任务的最重要成就。

2. 如果当蜜蜂外出采集食物时，蜂房被挪动了一小段距离，返回时它们会回到蜂房原来所在的位置，在它们以往习惯的着陆地点盘旋。贝特对这种现象的解释是，他假设的那种 X 射线不是从蜂房发射出来的，而是从蜂房原来所在的位置发散出来的——于是，一个极端虚无的可能性被建立在另一个不可能之上了。这个事实也否定了趋向运动理论稍微切合实际一些的假设,这种假设说蜜蜂是受女蜂王的气味,或者是蜂房的气味引导返回蜂房的。

3. 还有一个广为人知的现象,尤其在对单个个体的观察或实验中可以看到,蜜蜂通常不会离开蜂房超过两英里的距离,如果它们被带到这个距离以外的地方,大多数蜜蜂将不能顺利返回。

4. 如果蜜蜂在黄昏前没有返回蜂房,哪怕离开蜂房只有很短的距离,它们也不能够返回了。

5. 下面的观察事实还可以得出更多的结论:如果蜜蜂居住的蜂房处于一片贫瘠的区域和一片富庶的地域之间,它们只会到富庶的地域上觅食而几乎不会飞到贫瘠的地块上去。有研究者发现,如果蜜蜂在富庶的地域内被带到两英里之内的任何地方,它都能够顺利返回,而在没有探索过的贫瘠区域那一边,被带到同样距离的蜜蜂则多数不能够返回。[①] 贝特一定会用趋向运动理论来为之辩护:因为在贫瘠区域内没有足够的花粉或花蜜来促使蜜蜂的趋向运动发生翻转。很遗憾,在贫瘠区域内放飞的蜜蜂没有事先被喂饱,否则这将是一个完美的、无可辩驳的实验。

6. 在新英格兰,对野外的蜜蜂进行跟踪是备受专家推崇的一种研究方法,他们采用的蜂房定位的方法对当前的讨论

[①] 参见:范·巴特尔·里朋,一个重量级的权威人物,他批判并拒绝了贝特的假设,认为那绝对不可能成立。"那么这些蜜蜂是反射性机器吗?"莱比锡,1900。

很有帮助。① 研究者捕获蜜蜂,在它身上留下斑点记号,并将它装进一个小盒子,用糖浆喂养它。当蜜蜂吃饱了以后将它释放,它(和黄蜂一样)会在附近盘旋一小会,②然后消失在远处;研究者则坐在一边满怀信心地等待蜜蜂归来。他通常不会失望。最理想的状况是,蜜蜂(身上有斑点记号)和它的同伴一起返回来;它们都采集了糖浆然后离开返回蜂房,它们一遍又一遍地往返直到糖浆被采完。通过跟踪蜜蜂飞行路线,研究者找到了蜂房。于是,这里又出现了趋向运动理论的一个新困难。这个理论也许会假设糖浆会释放出某种未知的能量,在蜜蜂没有收获的时候引起它们的正向趋向运动。③

7. 每个蜂房应该有自己特别的辐射能量形式,让蜜蜂产生特定的趋向运动,它们能够区分不同蜂房的 X 射线的差异;因为蜜蜂通常会忠于自己的蜂房。

8. 卢伯克的实验以及关于蜜蜂的其他一些研究(我已经通过群居黄蜂得到了同样的结果)清楚地表明,蜜蜂是视觉导向的;因为,当蜂房周围的事物的形象或颜色发生变化,返回

---

① 文章见:波士顿《黄昏抄本》1921 年 6 月 4 日,"蜜蜂跟踪技术",作者是 E.K.沃恩先生,一位经验丰富的专家。

② 蜜蜂在蜂房和糖盒子之间往返几次以后,它就省略了这种"方位学习"的盘旋。

③ 贝特自己也描述了类似的事实,这些事实本身就足以反驳他的假设。他描述了,蜜蜂被装在一个盒子里带离蜂房一段距离后释放出来,在附近飞舞一阵以后,蜜蜂又会返回盒子;如果盒子被移动了,蜜蜂会返回它被释放时盒子的位置,尽管这个位置在地面之上 6 英尺的地方。蜜蜂被释放的地点离蜂房越远,它返回被释放位置的可能性就越大。于是,贝特顺理成章地继续假设这种未知能量不仅仅可以从蜂房原来的位置辐射出来,还可以从释放蜜蜂的盒子暂时占据的那个位置辐射出来。但是他愿意相信这个荒谬的假设,也不愿意相信蜜蜂拥有和我们一样机敏的理智。

的蜜蜂就不会像往常一样准确了。①

9. 趋向运动理论解释独居黄蜂返巢例子遭遇的困难让人相信,这使得即使最极端的行为主义者都可能会停下了想一想。这个理论会假设(1)每一只黄蜂在自己的巢穴里安置了一种只针对它自己的特殊辐射能量源(因为常常有数百只黄蜂在一个很小的范围内筑巢,它们都在同一区域内四处飞舞);(2)当黄蜂没有捕到猎物时,它对巢穴做负趋向运动;(3)捕获猎物会使得它的趋向运动发生颠倒;(4)它将猎物运回巢穴放在卵旁边以后又会再次引起趋向运动的颠倒。的确,行为主义者的行为让他们的理论增色不少;可以这么说,关于昆虫"返巢"的"趋向"理论已经沦为一场语言机制的表演,而不是思维的产品。

因此,趋向运动理论是不能解释蜜蜂返巢行为的;将它用于说明独居黄蜂的返巢也是荒谬的。我们必须试图将关于智力的认识和动物明白无误表现出来的一些事实调和起来,很多动物(即使像

---

① 考虑这样一些事实,包括贝特引用的那些,在他的解释中对于视觉映像只字未提,要注意,蜜蜂的复眼和我们的眼睛有很大的不同,复眼没有一个确定的中央凹视野,因此蜜蜂的视觉导向有可能来自非常广泛的视野,而不是其中很小的一个清晰域。昆虫究竟在多大程度上依赖于颜色或形状(特别是在识别花的时候),关于这个问题的争论已经有些时间了,围绕这个问题有过很仔细的观察。布维尔教授(《昆虫的心智》)对这些结果作了总结:"关于颜色和形状的视觉映像在食花昆虫趋向花的活动中扮演了最重要的角色。"他还写道:"它们懂得如何从获得性经验中获益。据研究,如果它们碰巧或依据感觉降落到一朵花上,这朵花有甜美的花蜜让它们饱餐一顿,或者这是一朵假花[也就是没有花蜜的花],它们会通过关于地点的记忆表现出有规律地反复光顾前者,而回避后者。"以及:"显然,飞行中的昆虫拥有惊人的地形记忆,这无疑得益于它们的复眼所形成的马赛克式的视觉映像。"

帽贝这样低等的动物)都具有从一定距离返回巢穴的能力,这主要依赖于它们对周围区域的认识,和人能够认识回家的路一样。①

"回家"的能力是机械论者必须应对,而且是首要应对的问题。我们已经看到,贝特的无望的努力最终失败了。就我所知,这是机

---

① L. B. 阿里和 W. J. 克罗泽两位先生曾经仔细地考察了石蟌的"返巢"行为,这是一种比帽贝更低级的软体动物,和帽贝一样,它总是定居在潮汐的最高水位和最低水位之间的岩石上,潮水退却时把它居住的岩石暴露出来了,它便会在岩石上四处游荡。他们报告:"每一只石蟌都会返回自己的巢,尽管在高度侵蚀的岩石上它们彼此的巢都挨得很近,请不要忽视这样的事实,当它们四处游荡时,在直径一米的范围内……每一个个体留下的足迹常常互相重叠。"还有:"一个个体从它的巢穴旁边被抓起来,放到岩石的另一边,大约一米的距离甚至更远一些,有时它会稍有迟疑,更多的时候是毫不犹豫地径直向自己的巢穴的方向移动。"在考虑了对这个现象所有可能的解释之后,甚至包括趋向运动原理,他们认为:"我们不得不暂时认同这样的观点,石蟌返回自己的巢穴依靠的是某种内在条件,这类似于它在周围徘徊时形成的关于位置的记忆。"……返巢行为"似乎主要依赖于某种内在条件,这种内在条件非常类似于关于特定位置的记忆"(*Proc. Nat. Acad. Of Sciences*, 1918)。H. 皮埃龙博士对帽贝做了同样的返巢研究,结果发现,在潮水淹没岩石时,帽贝会在岩石表面四处探索,它熟悉岩石的每一个坡面以及不规则的表面,因此,每一只帽贝都能够返回自己在岩石上的固定位置(C. r. Soc. De Biol., 1919)。这些考察驳倒了贝特以及其他机械论者武断的解释,他们认为帽贝以及其他类似的生物是由它们居所的气味或其他感觉映像的引导而返回的。恐怕我简要描述的有关昆虫返巢行为的事实难免有偏差,那么让我引用 S. J. 霍姆斯的研究,他和我一样,不仅仅是一个心理学家,还是一个很专业的博物学家。他写道:"诸如卢伯克·巴特尔·里朋、佩卡姆、瓦格纳等人,他们的实验以及关于这些昆虫的个体经验的其他研究,都相当清楚地表明蜜蜂和黄蜂所表现出来的是一种返巢的能力。昆虫的返巢行为本质上和信鸽的返回是一样的,都需要通过事先的考察熟悉(返回点)的位置。"(《动物的智力》,P193)

所有动物的"返回"例子的疑问都没有得到很好的解释。鸽子的返回问题依然处于实验研讨阶段。马、狗以及猫等动物通常都有类似的事例记录,它们似乎是以某种未知的能力从很遥远的陌生地区返回家乡。当然,这些例子也仅仅是更多迷途流浪者中间少数几个幸运者而已。但是鸟类的迁徙依然是一个未解之谜。如果通常的申明不错的话,一个种类中年轻的鸟会先于年长的鸟启程开始迁徙,除非假设存在所谓种族记忆或遗传记忆,否则没有一种理论能够充分地解释这个事实。金色珩鸟往返于美洲大陆的最南端和最北端,而它们每一次的飞行都会选择完全不同的路线。这看起来像是种族记忆在起作用。另一方面,一些鸟每一次迁徙都会返回一个固定的定居点;这显然表明了个体记忆的存在。

械主义在这个问题上的唯一尝试。独居黄蜂能够顺利返回它的洞穴只能归因于它对周围环境的熟知，而这得益于黄蜂在周围环境中的游弋。这在很大程度上体现了过去经验对当前活动的指导作用；这正是"理智的"或"理智"这些词在最一般的意义上所描述的理智行为的含义。我并不是说，当黄蜂离开自己的巢时会提醒自己："我必须先在周围绕上几圈，好记住洞口的位置，以便当我捉到喂养幼虫的毛虫时能够顺利返回。"返回巢穴是一个高度理智化的行为；当然这种理智受它的水平和程度的严格局限；理智是受制于本能的。在这种情况下，理智服务于本能，并且理智的参与是关键；没有理智本能将不能实现。我们将要证明，这就是本能之于理智以及理智之于本能的普遍关系。那些有争议的例子，看起来像是非常机械的本能活动（丝兰蛾的产卵行为就是一个典型的例子），我们总是能够从中发现本能和理智的密切联系；无论哪一方离开了对方都不能有效果。如果接下来的考察支持了这个命题，那么我们将不得不放弃柏格森教授关于它们关系的陈述，因为这些陈述有严重的偏差和误导。

我愿意相信，黄蜂离开巢穴之前在附近盘旋是一种本能；它是由一系列复杂的本能活动的链构成的一个阶段性活动，而每一个阶段都是下一个阶段的前提。但是，它记录巢穴周围环境的特征却是一个心理活动，是将相继获取的各种细节信息整合为一个整体印象的综合过程；这种经验过程在黄蜂的心理结构中体现为某种变化或发展，这种变化是长久持续的，并且在黄蜂的返巢行为中扮演了指引者的角色。而事先对整个区域的探索也是同样的，不过这个过程更加全面、更丰富，考察了更多详细的特征。

理智作用于本能活动的其他例子

现在我们来简要考察一下黄蜂的其他活动。主要得益于法布尔对它的行为的精彩描述，还有柏格森教授的完美解释。在所有独居黄蜂中，沙蜂是最引人瞩目的一种。

法布尔描述了这种黄蜂的捕猎过程，它的猎物是毛虫，它捕猎时非常精准地将自己的毒针刺入毛虫的中枢神经的首端，从而使毛虫麻痹瘫痪却不至于死亡；然后它将毛虫拖回自己的巢穴并将卵产在毛虫体内，这样它的幼虫从卵中孵化出来以后就有新鲜的肉食了（因为毛虫依然活着）。这两位声名显赫的作者都暗示了，如果毛虫被杀死而不仅仅被麻痹，那么它对黄蜂的幼虫而言就失去营养价值了，于是整个本能活动的循环就背离它的自然目标了。

法布尔告诉我们这种行为是受了上帝的指引。[①] 柏格森把黄蜂所表现出来的技能比作外科医生，是生理学家的洞见和解剖学家知识的结合体；他把这种精确的行为归因于黄蜂的攻击性本能教它从毛虫身上最容易受攻击的部位下手。

在我看来，这两位杰出的研究者都惊叹于黄蜂的这种行为，却忽略了从毛虫的角度来考虑这个问题。然而，更进一步的研究表明，无论法布尔的描述还是柏格森的注解都有欠严谨；前者因为神学而生偏见，后者则因哲学而有失公允。佩卡姆夫妇对沙蜂行为做了非常细致的观察和令人钦佩的公允记录。[②] 他们的描述清楚地显示，(1)黄蜂并不总是准确地刺中猎物的神经中枢，实际上，它

[①] 他的语言对我来说强烈地暗示了这个信息。
[②] 《独居的和群居的黄蜂》，第 25 页。

立于猎物之上,用毒针刺入毛虫两节身体之间的联结部位,这里的皮肤最薄弱,(如果黄蜂所站的位置是在猎物的上方,)那么在它的下部,毒针很自然地接触到毛虫的身体;并且它会无规律地在不同的位置反复地刺数次;(2)有时毛虫并不是瘫痪了,而是死了;还有的时候毛虫并没被杀死,也没有被麻痹,无论哪种情况黄蜂的幼虫都会吃掉毛虫的肉,不管毛虫已经腐败或者还在痛苦地翻滚。

佩卡姆夫妇的考察很有意义,驳倒了链式反射理论。如果法布尔的描述在任何情况下都是准确的,如果黄蜂总是精确地用同样的方式刺入毛虫,总是做出同样的系列动作,那么,这才有可能被解释为是一个链式序列反射活动。但是如果(如佩卡姆所描述的那样),不同的黄蜂个体以及同一只黄蜂在一系列捕获毛虫的动作中,每一次都要调整动作序列和方向,那么链式反射理论看起来就站不住脚了;因为这个理论预示了机器一样精准、规范和稳定的动作,正像法布尔的描述一样。①

再来看另一个例子,其中佩卡姆夫妇也对法布尔的描述做了补充,对这个例子的观察让法布尔深感不安,同样感到不安的还有 M. 柏格森,以及那些持链式反射理论的理论家。

法布尔观察到一种特别的黄蜂,当它带着猎物回到事先准备好的巢穴洞口附近的地面时,总是现将猎物放在洞口附近,自己独自钻进洞去,一小会儿以后它又出来抓住猎物,将它拖进洞去。有一次法布尔做了一个小小的试验:每当黄蜂把猎物放在洞口边上,

---

① 佩卡姆夫妇写道:"我们发现,这种黄蜂,和我们所考察过的每一种黄蜂一样,在不同个体之间具有非常有趣的多样性,而不只是用一种方法,体现出了个性和理智的特征。"同前,第 22 页。

第三章 昆虫的行为

自己进入它的洞穴,他就把它的猎物移开一段距离。黄蜂返回来时,找到自己的猎物,再一次将它拖到洞口边上,然后再一次钻进洞去,把猎物留给这位好心的观察者。于是,他再一次把它移开一小段距离。黄蜂再次返回来,又一次寻找自己的猎物,找到后将它拖到洞口边上,然后她继续表演"空手"入巢的本能性仪式。这被重复了若干次;直到法布尔先生耗尽了自己的耐心,而黄蜂依然乐此不疲。啊哈,多么令人难以置信的本能啊!我们应该像法布尔那样,把它看作是受上帝的指引;或者像机械论者那样,把它看作是链式反射原理的典范?或者像柏格森那样,将它看作是昆虫界的本能和理智彻底分离的例证?请稍等,因为这些都不是事实。

佩卡姆夫妇用同一种黄蜂重复了同样的实验。观察者一而再、再而三地重复;在这种喜剧性的动作重复很多次以后,黄蜂最终放弃了这个"仪式性"的动作,直接将猎物拖进洞里,而不再将它放在一边。噢,这是理智和本能多么绝妙的组合啊。非理智性的本能程序重复了很多次以后,理智的火花终于灵光一闪,划破本能的黑暗,在本能总是遭遇失败的时候出手相助。是因为这两个美国观察者更有耐心吗?还是在新大陆的黄蜂比它们在旧大陆的亲戚更少受这种"仪式"的限制呢?或者这仅仅是先天的个体差异,或仅仅是一种偶然?究竟是什么原因呢?无论如何,这个证据对很多研究报告来说都是沉重的打击,因为观察结果显示,典型链式本能规定的序列行为并不是绝对固定不变的,即和"链式反射"理论的规定并不一样。在这个例子以及其他一些例子中,这个动物显示出它自己能够跳过一个阶段,重复或返回前一个阶段,或者能够调整行为序列使之适应特殊的环境要求;黄蜂的理智使得它能够解决由人类无休止的好奇心给它设置的重重障碍。①

在多数观察事实中，可能只有极少关于理智的例子，但是不能被忽略。一种特殊的黄蜂选择麦积上突出的稻草管做巢。它们选择的稻草管的直径并不总是一样的。这种黄蜂（根据佩卡姆夫妇的报告）一旦选择了特定直径的稻草管，它们总是在各种尺寸的昆虫中选择大小适合的猎物，以便猎物不会因为尺寸太大而不能拖进限制严格的洞口。这不就暗示了它能够准确判断尺寸吗？孩子不在身边却要为孩子选鞋子的父母，就会非常佩服黄蜂的表现了。

另一种黄蜂以蜘蛛作为猎物，总是咬住蜘蛛，通过步行返回巢穴。这种黄蜂先咬住蜘蛛的腹部，但是蜘蛛伸展的足妨碍了它将蜘蛛拖进巢里。它费了很大的劲反复尝试，但都是徒劳。最后，它放下蜘蛛，换了一个新的方式来运输它，这一次她咬住蜘蛛的背部，就很容易地进入洞里，蜘蛛的足像雨伞一样收起来了。

沙蜂还有更多令人钦佩的精彩表演。这种黄蜂在地面上掘一个倾斜的地洞，把巢筑在洞的底部。当它把卵产在巢里并放置了足够的毛虫（有活着的也有已经死了的，有的被麻痹了，也有的还在挣扎），它接下来将洞壁上的松土推倒，并用周围地面上经过挑选的土块将洞口堵上。当土被填塞到与地面齐平时，它会将地面弄平，使得洞口位置看上去既不会陷下去，也不会凸出来，而是一

---

① 黄蜂的本能性行为并不受到严格的规范、限制，也没有有高度一致性，另一个证据来自那些寄生于同族的特殊种类，它们自己不去捕猎，而是将卵产在其他同族的猎物上。它们通常会通过激烈的战斗将捕猎者从猎物那里赶走。最有趣的现象是，这个种类的成员（按照法布尔的描述）有时是自己捕猎，而有时则去抢夺同族的猎物（参见布维耶的《昆虫的心理》，第 162 页）。

片平整的土地。又一次，佩卡姆夫妇观察到了以下的行为：当沙蜂填塞好洞口，这项活动几乎已经接近尾声，只剩下最后一个环节。它用双颌夹起一块小石子捶打洞口表面的松土，它会重复这个动作若干次。噢，多么神奇的沙蜂啊！法布尔、柏格森以及机械主义者将会怎样看待这种极端的非常规行为呢，它给这些人的理论带来不少麻烦——却支持了关于本能和理智紧密联系的常识理论，黄蜂具有大量的本能，同时它也具有一些理智。这是沙蜂使用工具的例子！这是一种行为模式，通常被认为只有人才具有的特征，也常常被用来作为人类的界定标志。

如果佩卡姆夫妇的描述只是一个单独的特例，那么它可能被认为只是一个玩笑、一个捉弄人的故事，或者仅仅是观察或记忆的错误。但是，对神学、哲学以及机械论者来说，很不幸的是，这并不是少数特例。来自美洲之外另一个独立的观察者也报告了同一个黄蜂种类的类似行为。我们是否可以说这两只黄蜂都是天才的创造者(bahnbrechende)，是这个物种学习使用工具的引领者呢？类似地，当某一个人或猿偶然拿起一块石头敲开一个坚果，这是否预示了他拥有了内史密斯的天才？我看不出这个事实还有其他合理的解释。①

---

① E. L. 布维耶教授是一位客观而见多识广的专家，他写道："趋向性、节律、微妙的感受性的适应性变化等，所有一切，都具有将习惯转变成自动化的能力，昆虫本质上是一种本能动物，它们的行为建立在所有自动化动作的基础上，而自动化动作受脑的能力控制。有人可能不会将这些自动化动作仅仅看作'反射机制'，因为这些动作能够根据环境的变化来调节自身反应，诸如：如何形成一个新的习惯，如何学习以及保持，如何鉴别观察；有人可能会说，这些昆虫就像梦游者，它们的行为具有觉醒的心智，当有必要时会有它们理智的表现，这些特征使它们远离了以贝特为代表的机械主义"（《昆虫的心理》，1918）。

我必须提到蜜蜂以及蚂蚁等社会性昆虫的神奇行为,关于它们评论很少;如前所述,也没有足够的分析来支持我们当下的讨论。我将只列举那些对它们做了充分的研究,却不属于机械论者行列的研究者。卢伯克、法布尔、福雷尔、惠勒、沃斯曼——这些研究者毕生致力于研究这些昆虫的行为;虽然他们的解释彼此差异很大,但一个共同的特征是他们都反对极端的机械论观点。

本能和理智不可分离

当学生开始考察昆虫的行为时,我首先会教他们不要将本能和理智分离成为两个不同的原理,它们对行为的指导意义没有区别。在外在特征上,本能行为和理智行为是没有区别的。这是事实,当对这个动物而言适宜条件再次发生,或类似的环境再次出现,本能性行为也会反复地有规律地发生,这使得它表现出了机械化的味道。理智性行为也是同样的。如果我们发现一个应对特定任务的最佳方式,只要我们是有理智的,当这个任务再次出现时,我们会重复同样的一套动作来应对;就像我们将一支香烟或一支笔夹在耳朵上一样。在不同场合做出这样的事情并不足以证明我们是有理智的。只有当环境条件使得动物的本能性行为不能够立刻达成目标时,我们会观察到它们修正行动模式和行动序列,达到同样的效果。独居黄蜂的行为正好表现出,当目标的达成遭遇困难或失败的时候,会尝试使用多种不同的行为模式;例如,依据黄蜂个体差异、猎物的外形尺寸的差异以及其他影响当前任务的环境条件的不同,黄蜂在拖拽、咬以及针刺猎物时会采取不同的方式。有时候,这类变化的例子让我们惊讶于它们的效能;比如,改为咬住蜘蛛的背部，忽略"仪式性"的动作，用小石子做锤子。作为一个单独的动作，它们都很难理解，但不可否认的是，它们都具有理智特征。

更重要的是，这种理智行为在同一种群中每一个个体身上都有表现，即个体的过去经验被准确无误地用来指导当前的行动。返巢的动作是这类行为的最明确有力的例证。在筑巢之前的数天里先考察周边地域的倾向；对巢穴临近周边进行仔细考察的倾向；这些物种的返巢活动暗示了，它们都有高度的特别能力将这些经验系统地组织成关于一片地域的整体认识，所有这些倾向和能力对这些物种来说都是先天的。

那么我们应该如何区分本能行为和理智行为呢？我们也许可以说黄蜂的定位是本能性的，黄蜂寻找返回巢穴的路线时所依赖的知识的获得是理智的。即使这样的区分也是武断的；因为，在把猎物带回巢穴的过程中，黄蜂是受先天倾向的驱动，这种倾向只有猎物在手时才会被激活，这是一种本能的驱动力，黄蜂对其所指向的目标是没有预见的；同时，这种先天的本能驱力也需要有获得性方位认知的帮助和指导才能达到最终的目标。到了这里，问题就很清楚了，本能需要并暗示了和理智的联合，没有理智的帮助，生物体或物种将不可能实现有价值的行为。而理智只有在、也总是在本能性行为被激发起来时发生作用。这就是发生在昆虫身上的理智和本能的关联，昆虫的行为通常被认为是最纯粹、最典型的本能性行为。我们接下来将考察脊椎动物门——包括人类在内的类似关联。

第四章　脊椎动物的行为

在脊椎动物的序列中,鱼是最低等的。它们的行为主要是本能性的;因此,在许多情况下它们的行为看起来是半机械化的、非理智的,例如,一条鱼刚刚从渔夫的鱼钩上逃脱,过一会儿它又会去咬同一个钩上的同样的诱饵。另外,每个渔夫都知道在鱼群众多的河流中,鲑鱼是多么的狡黠;它们似乎从来不会犯下这样的错误。下面的例子显示这种鱼具有"学习"的能力,它们能够学会听到铃声就聚集过来等待喂食。有些鱼在一定程度上具有返回固定地点的能力,类似我们已经考察过的黄蜂所具有的那种高度专门化的能力;这种鱼会将卵聚集在一个很简陋的巢穴里,然后在周边游荡守护鱼卵;这些种类的鱼还有更加令人惊奇和不解的本领,据说它们经过长途迁徙到达海洋以后,还能准确返回原来的那条支流,即使这条支流汇入一个离海很远的湖泊,并且是汇入这个湖泊的多条支流之一。

两栖类和爬行类在进化序列中仅高于鱼类,再往上就是鸟类和哺乳类。在心理发展序列上,它们似乎比鱼类略有提升。

鸟类的本能表现尤为卓著。它们的迁徙、筑巢、求偶、歌唱以及它们的进食方式,捕猎或觅食方式等,所有这些行为模式对每一个种类来说都是独一无二的;而同一种类中不同个体的行为模式又高度相似；这些迹象说明，这些行为具有强大的本能基础。另一些惊人的例证则显示，所有这些本能的行为模式都可能在经验的作用下发生较大的改变。在某些条件下，特殊鸣叫方式就是最好的改变的例子；鹦鹉和其他一些鸟能够通过学习发出人类的语音。

海鸥学会了跟在犁或轮船后面觅食；1894年以来的好几个冬天，它们学会聚集在伦敦桥下等待过往的游人喂食——这是一个习得性行为，却成为它们的传统。

信鸽也如是，通过一次又一次在离家更远的地方放飞，它能够学会从很远的地方返回家。在反复提供给它新颖但适合的材料的情况下，一些鸟能够学会使用这些新材料取代那些自然提供的常用材料来筑巢。几乎所有的鸟都能认识它们筑巢的地方，在外翱翔一阵后，无论远近，它们总是能够返回巢穴，有时经过超长距离的长途飞行后，它们依然能够返回原地；也就是说，它们具有"返巢"能力。如我们前面所见，在黄蜂身上，这种能力表现为高度发达的本能和理智的紧密结合，是物种中普遍存在的先天的或本能的驱力和个体特定获得性知识的结合。M. 柏格森没有告诉我们，鸟到底是遵循了他所猜想的两条进化历程中的哪一条；用这个问题诘问他，就能驳倒他的理论。

鸟对同类、异性以及个体的识别

关于鸟类行为的问题有无数。我只想让学生们注意一个非常有趣的问题。鸟如何识别和自己同类的其他个体？有很多种鸟一生忠于自己的配偶，那么它们是如何选择配偶的？我们如果精简一下，第二个问题实际上包含了前一个问题。声音、体形以及颜色的特征是识别种类、性别和个体的主要标志。在这方面声音和羽毛特征多多少少是互补的；当一个特征非常特殊时，另一个特征往往会很普通。

　　来看夜莺的例子，这是一种褐色的小鸟，看起来非常普通，但是一旦它施展歌喉，悦耳的声音婉转流淌，足以让每一个诗人为之沉醉。毫无疑问，对于雄性夜莺来说，这种鸣叫的生物学功能是用来吸引异性的。每年春天，雄鸟从遥远的南方它们越冬的地方来到英格兰南部。每一只雄鸟占据一处茂密的灌木丛，然后在那里日夜歌唱。① 几天或者几个星期以后，雌鸟来了。来看看一只年轻雌鸟的行为吧。也许它从未听过雄鸟的鸣叫；或者，它还是一只幼鸟的时候曾经听过，但那时它并不会关心这种鸣叫。现在，当它听到这种声音，就会受到它的吸引，这是其他任何声音所不能的。如果她是受到雄鸟气味的吸引，那么我们似乎可以说，这是一种"趋向性行为"。如果它是受某种单调重复的特殊音节的吸引，我们可以试图用连续的反射活动来解释它的趋向性；如果它过去曾经听过这种鸣叫声，我们可以用"条件反射"来解释。但是它做出反应的特定目标，即这种歌唱，不是单一的刺激；它是一系列的声音（或者说是振动），这些声音因为在节奏和音韵上的相互关联，形成了一种特殊的复合刺激。这种应对一系列复合印象的特定反应和黄蜂针对复杂空间关系的视觉印象做出返巢反应一样，都显示出针对系列合成刺激的应对能力。这是知觉的综合过程，其结果——而不是任何一种单一的感觉刺激——引导着雌鸟趋向雄鸟

---

　　① 认为夜莺只在夜晚唱歌是一个流行的错误。

的本能性行为。如果有任何迹象表明，过去听到这种鸣叫的经验对当前行为产生了一定的影响，那么这只能再一次说明，理智和本能的紧密联合。

许多种类的鸟的雌雄个体在毛色或身体某些特征上有明显的区分，比如头冠或簇毛，抑或是尾巴；或者每个部位都不同，就像孔雀。如此看来，孔雀和夜莺的目的是一样，它们的性别辨别标志已经成为炫耀美丽来吸引雌性的手段，它们的整体特征显然要比某一种单一的信号，如颜色特征更有效。虽然在孔雀的这个例子中，证据要比夜莺的例子更含糊一些，但是，关于这一点是很少有疑问的：是自然赋予雌孔雀欣赏雄孔雀魅力并为之着迷的能力。这再一次说明，无论它的智力水平多么有限，它至少具有这种复杂知觉的能力。因为孔雀的尾巴显然不是一个简单"刺激"。

在我看来，将这样的复合目标物说成是生理学感官意义上的"刺激"是一个严重的误导；雄性动物在雌性面前表现出求偶姿态，雌性受到激发而活跃起来，如果将这些行为响应说成是反射活动，进而和膝跳反射相提并论，将是一个误导。它们对雌性的影响更加类似于青春期男孩被漂亮女孩"电倒"的体验。夜莺歌唱的生物学功能能够更准确、更深切地被那些经历过这种奇妙体验的男孩所理解，而从未有过这种体验的男孩就很难领会。

有些种类的鸟，特别是鸽子，雄鸟和雌鸟之间不存在我们的感官容易察觉的区别标志；即使是鸽子饲养人也难以辨认它们的性别。① 最有经验的养鸽专家也只能依据它们的行为特征来区分，

---

① 这个有趣的事实表明，鸟不是依靠某一种特殊感觉印象来识别性别的，比如气味，这可能是人的感官不能察觉的信息，而趋向主义者和反射论者则青睐这样的假设。

而他也时常会认错。这些鸟自己也会犯同样的错误。① 如果两只未交配的鸽子被关在同一个笼子里,中间用丝网隔开,我们就可以观察到它们的试探性地、渐进地、有步骤地辨认对方性别的过程;有时,一只雌性鸽子会假装成雄性的,完全骗过了所有的观察者,无论是人还是鸟。

对这种鸟而言,雄鸟主要通过三种感官印象来博得雌鸟的欢心,从而激发起它的一系列本能行为,最终实现交配受孕;一是嗓音,二是翅膀,三是身体的奇怪动作。所有的情况下,这些表演都是雄性这方面表现出活跃性;很多物种,特别是鸽子,雄性会表演所有这三种形式:他昂头屈身,并尽量展开他的尾巴;同时他鼓起胸部使自己看起来更加伟岸,并且不时发出"咕咕"的声音。

雌性自然受到雄性这种奇特表演的影响;它们通常被激发起表现出顺从的姿态和行为,这是它们在交配过程中的本能表现;并不意味着被迫和屈服;它的回应和所有的举动一样,并不类似于膝跳反射或狗的后腿的抓挠反射;它表现出最高层次行为的特征。雄性的求偶行为表达数小时甚至是数天以后,雌性才会最终委身于它。孔雀的尾巴或夜莺的歌唱对于雌性的交配本能来说也许可以被看作"刺激";但是,如果我们这样来描述它们,我们所使用的

---

① 在我长期的鸽子饲养经历中,这样的困惑一而再再而三地发生。但是我参考了华莱士·克雷格教授关于鸽子研究的论文("对本能的趋向性和回避性的修正",《布尔生物学杂志》,1918年2月,同时我还参阅了《动物行为学报》上的一系列文章),文章记载了关于这一类以及其他本能行为的大量观察。喂养各种驯化的动物应该是心理学家的专业训练中的必须构成部分。

这个词的含义和心理学家通常使用的意义是不同的；例如，我们可以说一个人遭遇到来自一个重大事件的刺激，来自一种观念、一个赞扬或来自竞争。

　　这种特定目标物，即能够激发起本能反应的任何目标物，应该被更恰当地比作开门的钥匙。钥匙和锁彼此不同，但是它们刚好能够契合；一方暗示了另一方的存在，并且没有对方自己就失去了意义。倘若雌鸟的交配本能是自然赋予的锁，那么这把锁只能被一种特别的行为模式开启：即自然赋予雄鸟的钥匙。这把钥匙并不是神秘的咒语，不仅仅是一个"刺激"，只要它呈现出来，门就会为它开启。雄鸟必须熟练并坚持使用它的钥匙，让自己的行为适合于求偶过程中的不同阶段的要求。门的开启也不像反射活动那样是一个简单的程序；门的开启会释放出源源不断的能量，它驱动雌鸟产生出多阶段的链式活动，雄鸟在每一个阶段都作出积极的配合。①

　　在鸽子的例子中，我们可以看到雄鸟使用钥匙的模式是多么复杂，它包括了一些滑稽的动作，舞动羽毛，发出声音，以此去激发雌鸟的耳朵和眼睛。雌鸟交配本能这把锁也不简单；它完全可以和我们在银行中看到过的最复杂的锁媲美，要想打开它不仅需要钥匙，更需要有在一系列程序中如何使用它的知识。

　　这些例子表明了一个非常简单的事实，这一事实却被许多研究本能的作者忽略。本能活动通常是由复杂程度不等的知觉活动所激发；这种活动能力是动物的先天特质所赋予的，并且是全部本

---

① 参见：克雷格，如前。

能性秉性（或本能）的基本构成部分，它们作为身体序列活动的执行能力而为我们所察觉。雌性的本能性应答的首要前提是能够察觉或欣赏这个钥匙的模式。如果自然没有赠予它对应这把钥匙模式的"锁"，那么，无论雄鸟在它面前的身体舞动是多么完美，也无论它有多么强烈的应答这些舞动的潜在驱力，它都将对雄鸟视而不见。只因为能量和活动都被储存并锁住，只有遇到适合的钥匙，那些能量和活动才会在适当的条件下释放出来，形成序列；这就是，这把钥匙有足够的技巧并适合这个锁。

在独居黄蜂那里，这种本能性行为的特征体现得很清晰。在那个背景下我并不执着于它，因为鸟类将它表现得更明白。每一种黄蜂只捕猎一种虫子作为食物——蜘蛛、蚱蜢、毛虫或者其他什么虫子——这显然是一个本能性的活动链，包括捕获猎物，控制住它，并将它拖回巢穴等步骤。这个活动链只受到特定目标物的激发，即对每一种黄蜂来说适合的猎物。我们不能确定在这里是什么感官印象起着主导作用；但是可以推断，视觉印象是最重要的，也就是说，这种本能的钥匙是黄蜂的视觉对特定猎物的身体形态和运动特征等内容的敏感性。

回过头来看鸽子，本能的求偶活动成功之后几天，鸽子开始交配（通常会反复好几次），其结果就是让雌鸟受孕。接下来，活动进入一个新的阶段，这就是筑巢。这项活动又可以分成两个小的阶段，选择一个适合的地点建筑巢穴。当这项工作完成几天后，雌鸟把蛋产在巢里。于是，第三个阶段开始了，开始孵化，这个过程持续大约三周，直到幼雏破壳而出。接下来是第四个主要阶段，抚养幼雏的任务开始了，这要持续数周。这是一个完整的周期；经过一个短暂的间隙，下一轮求偶活动又开始了，于是整个周期的四个主要阶段和若干小步骤又再一次重复。在这个过程中，两只鸟完全地合作。例如，在孵化阶段，每天晌午雄鸟来到巢穴，雌鸟小心翼翼地将孵化任务交给雄鸟，它的工作是从前一天下午晚些时候开始的。它起身来，踱着步子，伸展身体，进食喝水，在接下来的大约六个小时里，它将孵化工作完全交给它那忠实的伴侣，自己去享受自由。

鸽子的伴侣关系格外浪漫，令人感动。通常它们的关系会持续数年之久，至死方休；这是一个恒久的循环，充满文雅、温柔、优美的动作，直接导向彼此的体恤和抚养后代。平静的生活也有波澜，当有入侵者的时候，雄鸟和雌鸟都会奋起反击，或者当另外的雄鸟觊觎自己的伴侣时，雄鸟也会拼死决斗。但是，我们并不想考察这种行为的美学或伦理学意义。我只想说，除非天使对人类格外宽容，否则，快乐地居住在天堂里的忠诚的鸽子夫妇将比卑劣冷酷的人类多得多。

需要是本能行为中的一个因素

克雷格教授曾经敏锐地注意到鸽子本能行为中的有关需要证据。我们知道，当我们感到饥渴或性冲动时，就会有需要的体验。但是现在我们需要寻找欲望的客观证据，了解它的条件。当"需要"这个词使用于动物时，和"本能"的含义很接近，表示其行为的一般性依据；即，即使有最适合于激发它的专门"钥匙"，某种特别的本能行为也并不总是会发生。一个小孩子就可以将马牵到水边，但是最有经验的驯马者也不能让马喝水——或者之所以能够让马喝水,只不过是先通过推测马处于某种特定状态之下时可能有喝水的需要,然后设法让马去喝水。

饥和渴是典型的需要,因此也是这个词最通常所指的含义。但是,所有的本能活动可能在一定程度上都依赖于需要。野兽捕猎是因为它饥饿。一只饱食的猫可以容许老鼠在它尾巴边上玩耍。除了强烈的酒瘾发作之外,酒精成瘾者也可能对酒精并没有特别的兴趣。类似地,鸽子的生殖活动的每个主要阶段看起来也是依赖于相应的需要。在春天,它们有了交配的需要,到夏天当繁殖周期完全结束后,交配需要又会重新出现。在其他时候,雌鸟不会为雄鸟的追求所动;而雄鸟通常也不会去追求雌鸟。当交配结束后,一种新的需要占据主导地位;庇护所、小树枝以及稻草等这些东西在第一个阶段不会激发起鸽子的兴趣,但是在第二个阶段却是激发它们活动的关键。巢穴和卵是第三阶段的"钥匙";在这个场景中,占主导的需要就是"孵化"。幼雏孵化出来以后,另一种需要取而代之,这就是在幼雏的纠缠中设法"哺乳"它们。如果这个周期内的任何一个阶段,因为疾病、年龄、寒冷的气候,或者其他环境障碍使得需要被中断,那么这个周期就会陷入迷乱并不能达成其目的。

我们如何判断需要的存在呢?它的外显的或客观的标志是什么?第一,事实表明,只有在适当的时刻,特定的目标物(开启锁的钥匙)才能够激发起本能的回应;反应的机制是存在的,但是没有驱动力,没有钥匙的转动,能量就不会驱动轮子转动。

第二,当没有钥匙的时候,没有那个特定的激发物时,需要就是隐晦的;一次没有预设目标的随意漫步,多少具有一些随机性特征，但实际上它的目的比较隐晦，它也指向了一个不那么明显且没有预期的目标。因为有活跃能量的驱动、促发或维持，本能活动每一个阶段中的链式行为总是从动机机制中喷涌而出，使得活动具有了随机的活跃性，直到动物遭遇到一个特别的激发目标物；这个目标物本身可以将能量导向恰当的路径以保证本能目标的实现，它打开了阀门，让剩余的能量从适当的渠道释放。

需要即本能能量的喷涌，它无疑受到身体新陈代谢以及各种外在和内在因素的极大影响，诸如，温度、食物、化学物质，特别是那些复杂的体内分泌物，称为荷尔蒙或内分泌。同样，当知觉到本能的目标物时，本能之门被开启，本能活动被激活，需要也变得急迫。

需要在一些本能行为中体现得非常突出，例如觅食活动。而在另一些本能行为中它则表现得较为隐蔽，并常常被忽视；例如好斗的本能，有些物种似乎随时准备战斗，而另一些物种的攻击性行为很显然是服从于需要，至少是在特定季节要比其他季节更多地表现出好斗的特征。①

一些本能性活动的一般规则

至此，我们已经回顾了许多本能性行为，希望以此表明本能行为的一些一般规则。

---

① 一些作者，例如，教授《人的本能》，试图将需要和本能进行分离，分离为两种独立的先天组织。而我上面已经说过，要做这德雷福样的分离是不可能的。参见W. 克雷格，同前。

首先让我们想想是否所有获得性的东西都是"本能"表达的结果；以及，应该如何使用或理解这个词。① 在前一页我曾经使用了"求偶本能"这个词。并且我也努力阐述"本能"的本质特征。我将"本能"看作具体化的心理结构，主要是依据行为和经验作出的推论。现在，当我们还在考察动物行为的时候，有关经验的事实也是这种推论的结果；但是，如我将要说明的那样，我们有充分的理由通过类比人类的经验来进行这种推论。我一再强调在心理结构的事实和机能或活动事实之间作出区分的重要性。"本能"以及类似"鸽子的求偶本能"等这些词的使用能够让我们清楚地认识到这种区别。那些批评这个用法的评论家会质疑——你又能从中获得什么呢？你说鸽子在交配季节表现的行为都是因为鸽子拥有的"本能"而引起的行为；但是这里的"本能"这个词正是表达了可观察的行为事实；因此，对这个词的使用并没有向我们更清楚地阐述什么是行为，没有增添新的信息。

　　我的回答是：(1)本能并不会在每一项活动或每一个行为链中表达它的全部特征。我们用"本能"来描述同一种动物在各种情景中表现出来的全部可观察行为。这些观察事实为"本能"这种表达方式提供了具体的例证。但是，(2)一只特定

---

① 这是与通常的用法一致的，对心理学家而言，这种做法有很多不错的先例。例如，威廉·詹姆斯就是采用这种用法的人之一。在我的《社会心理学导论》中，我曾经使用了这种表达方式，并尝试着给它一个清晰的定义。这种用法后来受到了严厉的批评，例如，J.R.坎特教授《心理学综述》，1920年1月)，以及对我而言较可以接受的来自 G.C. 菲尔德《本能心理学与机能心理学》的评论。他的批评的要点是将一个活动归因于"本能"，这并不比将它描述为"机能"更加清晰。

鸽子的"这种本能"仅仅是众多类似具体活动中的一个单独的例子,每一项彼此类似的本能都居于一个统一的结构中,这个结构被同一性别或同一种类的所有鸽子共同拥有。我们通过研究许多其他鸽子的类似的本能性行为提升了对"个别鸽子的个别本能"的描述和理解;正如我们通过研究同一种类的花的标本从而认识一朵特定的花的结构一样。(3)将鸽子与其他鸟类或其他动物的求偶行为进行对比研究,或者和人类的求偶行为进行比较,我们可以获得关于"本能"的更多认识;人类可以从自己的求偶行为中总结经验获得改进,也可以直接或间接地通过小说、浪漫故事或诗歌从别人的经验中获益。(4)将本能行为与多种不同经验相比较,我们也可以获得关于"本能"的更多认识。这样的研究能够使我们建立关于本能的一般性经验法则或规律,我们可以将这些法则应用于特定的本能,以这样的观点去检验它是否符合这些法则;同样,我们也能够用这些一般性法则作为假设来指导我们关于"本能"的观察和实验。(5)通过关于本能的纯粹生物学研究,特别是对遗传的研究,我们能够获得关于"本能"的更多认识;例如,研究表明,一些简单的本能似乎是按照孟德尔法则遗传的;随着这类研究的深入,我们极有可能发现是每一个单独的"本能"作为孟德尔因子构成了个体的本能结构。如果这种可能性得到了普遍性的支持,那么,它自己将会产生出对"本能"这个词的需要,并能证明使用这个词的合理性。(6)最后,比较同一物种内的"张力"可以使我们获得对作为单元因子的"本能"的更多认识。例如,我们发现家禽在某种张力下是一个好的"产蛋者";而在另一种张力下则是好的"孵化者",孵化者和产蛋者的不同之处在于,它们会很快进入"伏窝孵化"状态并执着于此。另一种张力使得它们做一个称职的母亲;如果只有好的"产蛋者"和"孵化者"的张力而缺乏抚育张力,那么它们孵化出来的宝宝难免危险和灾难。家禽本能活动的这三个阶段,产蛋、孵化和抚育,在不同物种间表现出相互独立的多样性;这个现象进一步向我们显示,它们应该归因于三个截然不同的"本能";如果每一个阶段都被发现是作为一个孟德尔单元而遗传的,那么即使最严格的批评都很难再质疑"本能"这个概念了。(7)"本能"是动物个体构造中的一种持久性的特征,而每一个动物个体都具有自己独特的生活史。个体只有在一般发展序列上达到特定的阶段时,才会表现出外显的活动(或者是做好了行动的准备,只等待适当的环境条件,内在或外在的与当前需要相结合的激发条件);它在其功能所确定的路线上,继续发展和变化,最终形成与其他心理结构的特征相关的固定功能,并且,无论它表达出来还是蛰伏隐止,它实际上(至少在一些例证中)不断衰退,或者说趋于萎缩,也就是说,在最适合的条件下它也不能表现出行为。(8)生理学家也要告诉我们一些关于本能的事情。他们有充分的理由相信,每一物种的各种本能性活动都受制于特定神经系统的正常发展与联合。例如,已经发现,哺乳动物的本能性活动主要依赖于大脑的基础中枢系统(特别是视丘脑);还有充分的证据表明,每一种程序化的本能活动都专门地对应于基础神经系统中的一小群神经组织。生理学家还向我们表明,特定的本能活动受内分泌或者荷尔蒙的支持；而且看起来每一种本能会受到一种或多种荷尔蒙的影响，而这些荷尔蒙对其他本能行为却没有特殊影响。(9)因此，当我说"这只鸽子的这种本能"的时候，我并不是把我观察到的行为事实表述为静态的术语；而是暗示了一个建立在多个不同领域的观察与实验事实之上的庞大知识体系。(10)其结果是，当我说到一只动物的某些行为，说"这是它求偶的本能、争斗的本能或者其他的任何一种本能的表达"——不是像一些评论家所说的那样，这是对"这是本能的行为"或"这些本能是理所当然的"的委婉表达。因为我的判断表达了更多的内容，让每一个考察本能的读者能够从中获得比其他判断更多的意义。另一方面，事实表面，我的判断提供了关于行为未来发展趋向的更强的预测力，虽然和所有的科学预见一样，有可能被证明是不准确的，但是它使我们有更大的概率获得关于一般性本能以及特定物种的特定本能的准确认识，而且进一步的观察和推理还能够继续提升这个概率。我增加了"推理"这个词，因为一些针对"本能"的批评家可能已经形成了一种误解，那就是行为科学仅仅是关于行为的具体观察事实的客观报告的累积。

本能是活跃的能量

我们完全可以说，诸如求偶本能这样的特定本能是动物先天心理结构所体现出来的属性。因而，即使我们不知道动物的种类和性别，也可以很有信心地推断它的本能；就像植物学家遇到不认识的花，也一样能够告诉我们一些关于它的未知部分的结构和排列特征，并且能够有效地预测它的某些生长发育规律。每一种动物都具有某些本能，就像每一朵花都具有这个物种所特有的某些器官和组织一样。

"本能"是一个具体的心理结构，因而我们需要一些一般性术语来描述这些心理结构的各种属性。我们已经放弃了诸如"观念"、"感觉"之类的术语，因为它们在描述结构事实和描述功能事实之间含糊不清。目前的最好选择应该是"先天倾向性"（disposition），虽然它看起来有些粗糙。我在下面将列举一些很好的例子，说明这个词作为最一般化的术语如何描述了心理结构的所有功能单元，而且它在心理学中的专门用法并没有和它在日常使用中的意义相背离。为了建构心理学的术语体系，这正是我们对日常语言和文学传统的术语使用所提出的要求。

因此，"本能"就是心理倾向，通过它所规定的行为和经验模式，我们可以洞见以及推断它的本质。我们应该可以很有信心地推断，典型的本能是一种复合的倾向，我们至少可以将它分辨为两个主要部分。其中一个部分执掌针对特定对象（激发本能的钥匙）的感知可能；这部分内容和钥匙的适配器相关联。其次，另一部分规定了能量在体内组织中的流向从而决定了本能行为的发生。

我们还能分辨出第三个部分吗？这是一个很难回答的问题。我们已经见识过，动物的本能一旦被激活，它将在相应的行为中付出极大的能量并可能持续很久；在极端的例子中甚至有动物因此衰竭而死。① 任何动物,只要它的感官进入到任何能够激活它的本能的特定目标物的作用范围内,一般典型的结果就是它会表现出能量的宣泄以及积极的行动的迸发,最起码这个目标物也会将它维持在一种警觉状态。通常,在方向明确的专门化动作之外,往往或多或少还有一些释放剩余能量的随机动作;诸如:黄蜂兴奋地在猎物或巢的附近嗡嗡振翅;猎犬在追寻兔子踪迹以及单身的雄孔雀在雌孔雀面前表演时也一样。毫无疑问,这些多余的动作会带来某种收益,通过多种途径的试错,它们最终可能导致行为效率的提升。如果条件适合于这种特殊的指向性行为,我们会看到有机体会全力以赴地投入这个行为。这个生物看起来完全被当下的任务所吸引,执着地追求本能的目标,持之以恒直到目标实现,或者直到精疲力竭,再或因为另外的更强烈的本能追求被激活而转移了目标。我们应该如何看待这种能量的输出呢?它策源于哪里?又如何被释放?

本能行为的本质可以被视为能量的释放与导向,而我们最好把这种能量称作身-心能量。我们很自然地将这种能量假设为以化学能形式储存在机体中的势能,它能够适当地转换成自由运动形式的动能、电能抑或其他形式的能量;而这种假设极有可能是正确的。沿着这个思路,我们可以进一步使用纯粹的生理学术语来推测这种能量源于何处,如何储存以及如何被释放,以及它释放为

---

① 有很多可以引证的例子。我记得我自己曾经养过的一只漂亮的成年凸胸鸽,在刚刚孵化出一对幼雏时,它的伴侣意外地死亡了,于是,它勇敢地担当起抚养幼雏的艰巨任务。尽管我设法帮助它,但这个责任对它来说显然过于沉重,耗尽了它的全部精力,在幼雏能够独立生活之前,它就累成了皮包骨头,终于耗竭而死。

动能的导向模式等等。① 但是，我们一直忽略了对神经系统的深层奥秘的探索，其实它的阐述方式与描述术语与我们已知的事实高度吻合，同时对于我们的心理学目标而言也最有用。有两种可选择的观点。第一，我们可以将每一种本能视为储存着的势能，当本能被激发起来，势能就被释放并导向恰当的渠道，它的释放引起了一种不平衡状态，这就是我们所说的需要。第二，我们还可以认为，一个动物的若干本能都来源于同一种蓄积的能量。有更多的证据支持第二种观点；同时，即使我们接受第二种观点，我们也必须认识到，虽然多种本能可以源于同样的能量储存，但是不同本能释放能量的易感性和自由度各不相同。因为，某些形式的本能行为似乎牵涉了大量的甚至是最大限度的能量输出；而另一些在这个方面则显得相对微弱，以至于不能兴奋到引起大量能量输出的程度。在多数物种身上，这种较弱的本能就是"好奇心"；而对绝大多数物种而言，求偶本能、攻击本能以及逃跑本能则能够引起极强烈的能量输出。② 还存在一些融合这两种观点的假设，或者是两者之间的联合媒介。我们最好将我们正在探讨的这个事实表述

---

① 之前我曾经提出过描述类似过程中神经状况的假说（"身心能量的来源与导向"，《美国精神病杂志》，1913）。我假设每一种本能都如同一个水闸，其中蓄积的能量由传入神经系统予以释放；传入神经系统刺激本能，是开启本能之锁的钥匙，于是水闸开放了本能的传出通道，即"最后的普遍通路"，所有有效能量自由释放了。这种水闸主要位于脑干的视丘脑。在众多假说中这对我而言是最可接受的；但是，和所有其他的观点一样，它也只是一种推测。

② W. H. R. 里弗斯博士假设：每一种本能都遵循"全或无"的法则，也就是说，本能一旦被激发就会表达出它的最大兴奋度。在我看来，这个假设明显不正确。（参见《不列颠心理学报》1919 上关于"本能与无意识"的讨论。）在他的近作《本能与无意识》中，里弗斯修正了自己的假设；他提出，一些本能遵循"全或无"的法则，而另一些则不是。

为:"本能"的兴奋唤起了行动的"驱力";根据它的兴奋条件(内在的和外在的)不同,这个驱力对每一种本能的作用力强度是不同的;并且,所有动物身上,作用于不同本能的驱力的最大强度也是不同的。因为我们可以观察到,当几种本能同时兴奋时,一种本能可能超越其他的本能。①

我们可以将每一种本能看作一个独立的能量储存;或者也可以认为动物的所有本能都源于一个共同的能量储存,只在能量释放和转化时才表现出差异;无论作何观点,当本能体现为行动时,我们都可以这样说:那是本能的能量或者由本能衍生出来的能量的结果;并且我们还可以认为,关于行动驱力强度的感受在一定程度上来自于对这种能量释放强度的估量。②

那些青睐机械化类比的人也许会在下面的例子中找到支援。我们通常会将单个有机体的本能布局特征隐喻为一系列机械化序列:每一个都被表述为:(1)封闭在一个小室中的化学发酵过程,这种化学过程不断释放出气体,气体的聚集逐渐提高了小室内的压力。各个小室之间有纤细的管子相连,当两个小室中的气压不平衡时,气体可以通过联结小室的通道发生转移,但是同时需要克服其中的摩擦力。(2)每一个小室

---

① 关于数种本能的相对强度,关于这个事实的另一种表述是"倾向";但是"驱力"似乎是一个更好的词;行动的驱力是在我们自己的经验中体验到的某种东西,同样也可以在对别人的行为观察中发现它;它指示了行为的本质;而"趋向性"是不容易观察到的,所以心理学家对其格外钟爱,他们可以用它来表述结构性事实,也可以用来表述功能性事实。

② 虽然我们并没有信心保证驱力的强度感受与能量的流动是紧密相连的,但我们的经验向我们表明,两者有显著的正相关。

都有一个出口,经过一个复杂的管道系统将气压导向机体的执行机构(联结肌肉和腺体的神经)。(3)这些出口处都有一个门或阀门,各有属于自己的形式独特、复杂程度不一的锁(在一些场合,不止有一把锁,而是一系列的锁)。这些阀门的气密性并不好;气体会慢慢泄漏,实际上当小室中的气压越高,泄漏量就越大(需要和冲动就是这些泄漏的表达)。当钥匙转动,阀门打开,气体奔涌而出,沿着管道网络通向各种机器,驱动它们付诸行动;与此同时,气体释放使得小室中气压降低,这加速了其中气体的产生和释放,同时也吸引其他小室中的气体向此处聚集。这把钥匙就是本能的特定目标物(例如,夜莺的歌唱,鸽子的尾巴等)所引起的感觉印象。察觉到目标物就等于转动钥匙的动作。这种关于身心秉性的机械化隐喻的模式在很多方面都是有纰漏的。它还可以更形象地用一个弹性活塞来代替锁或阀门的隐喻,这个弹性活塞联结着一根杠杆的短臂,在杠杆的另一端,长臂的端头有一个强力的弹簧来平衡来自活塞的压力。在机器停止时,有一系列的阻抗与这个压力对应,于是,每一个杠杆都可以像键盘上被敲击的按键一样回复地工作(就像钢琴键盘上的按键一样)。杠杆的完全抑制或活塞的全部开放只有在多个键被共同敲击的情况下才会发生;敲击一些相关的按键能够部分地解除杠杆的抑制。键盘就是感觉器官的集合;敲击来自各种自然的目标物,它们能激发出最恰当的琴键组合。为了使这个隐喻更加完善,我们还必须假设,在理想的条件下,由释放气体所驱动的机械化行动将会作用于敲击琴键的那些刺激,使它们发生改变，从而使得另一组琴键的组合被奏响；新的琴键组合会释放杠杆，使得活塞恢复关闭位置，同时还有可能驱动另一些杠杆，从而开启另一些活塞（比如链式反应），进而驱动另一些机械化活动。

这个粗浅的隐喻将有机体比作一架风琴，而自然就是演奏它的乐师，我再次强调这是一个令人沮丧的荒谬比喻；和那个将本能行为比作简单反射活动或趋向运动的类比相比，它高明不了多少。

当一种本能的驱力被释放或被激活，有机体就会全心全意地投入实现本能目标的活动；它对兴奋对象的反应就是全部的反应；它的能量都集中于当前的任务，各种组织的机能都趋于协调，服从于最主要的行为系统。我们通常将发生在我们自己身上的这种将有机体吸引到特定任务或特定行为模式中的倾向称为"注意"；而我们在动物身上可以观察到，当它们的本能被强烈地激发起来时所表现出来的那种一般性兴奋，通常被称为"情绪"。我们可以将"本能"定义为一种先天的倾向性，它决定了有机体觉察到（即注意到）什么样的目标，以及以什么样的情绪状态体验这个目标的出现，并引起什么样的行为驱力，这种驱力将表达出某种针对目标的特定的行为模式。①

---

① 我们还可以通过在"先天倾向性"这个词前面加上一些形容词前缀，诸如"心理的"、"生理的"、"神经的"或者"身心的"等等，以丰富这个定义的内涵。其中最后一个前缀或许较其他限定更准确，因为它清晰地指示了先天倾向性在身体动作和经验过程两方面的决定性意义。如果我们用"生理的"或"神经的"这些形容词，那么，我们需要清晰地表明，它并没有暗示任何机械论者所说的本能行为的含义。

只有当我们极大地拓宽"目标"这个概念,上述表达方式才具有较好的一般性意义,也就是说,"目标"不仅仅指某种物质或有机体,还包括生物的各种生存环境,各种内在和外在条件的联合:我们不要忘记,还有大量来自有机体内在的感觉刺激作用于相应的感觉器官;在全部感觉刺激中,这部分感觉构成了极重要并且富于流变的部分。

接下来,我将用大量的篇幅来论证关于"本能"的这个定义。通常,将一个特别的活动或一个行为链识别为一个本能的表达总是很困难的。这种困难并不是理论上的困难,而是实际操作的困难。在理论上作出以下的努力都是可取的,如:提出这样的问题:即这个物种有多少本能?以及,努力界定各种能够激发起本能的目标或情景条件;界定受本能决定的行为种类,界定各种能够满足驱力或导致行为链停止的目标(或者情景的改变)。

111 **本能的生命史**

每一种本能都会在有机体内渐进地发展,在它发展完全之前会部分地或以不完全的形式表达自己。这个过程很少发生在昆虫身上,因为它们从蛹中蜕变出来时已经发育完全了(或者接近发育完全了)。换句话说,昆虫的青年期很短暂,青年期就是指本能尚未完全成熟以前需要通过学习获得知识和技能的发展阶段。当然,并不是所有的昆虫都完全没有这个青年期。我们曾经观察到,独居黄蜂在开始它们的正式生活任务之前,即,当它们还没有开始选择适合的地点产卵之前,它们会享受一个自由自在的漫游期。这就是它们的青年期;在这个时期,决定产卵周期活动的几个主要阶段的本能还没有成熟，或者正在形成。我们可以看到，这些周期性活动在刚开始的时候，不会因环境的变化而有所调整，而是决定于尚未完全成熟的本能。在这个阶段，年轻的黄蜂主要受自足的本能的驱使；它捕食小动物以喂饱自己，而以后它将用这些猎物来喂养自己的幼虫；在这个时期，它获得了辨别方位的能力，这为它的繁殖本能成熟起来以后的一系列活动提供了实质性的帮助。

在一些罕见的例子中，如果本能不能在正常的时间内发育成熟并发挥其功能，那么它会逐渐消退，并最终完全丧失活动能力。为数不多的此类例子导致了"暂时本能法则"的表述方式，据说对所有本能都是适用的。詹姆斯的学说认为，所有本能都是暂时性的；即本能只能存在很短的时间，在此期间，它可能促使有机体形成行为"习惯"；在此之后，即使本能凋零了，习惯取代了它的作用；但是如果没有形成习惯，那么，本能消失以后就不会留下任何痕迹。假如这个理论也适用于人类的本能，那么，它将会使教育实践的规则也建立在它的基础之上。

除了少数几个动物在生命过程中逐渐消退本能的例子之外，比如让小羊羔紧紧跟随妈妈的本能，这种理论似乎并没有多少支持性证据。詹姆斯的学说显然从根本上误解了人整个生命过程中习惯的功能和本质。有很多本能显然不支持这条暂时法则。例如，如果把野生的鸟抓来囚禁在笼子里，笼子很狭小，以至于在整个幼年时期它们都不曾飞行，一旦被释放出来，鸟就会表现出其种群的几乎所有本能性行为。① 如果詹姆斯的一般性理论对人类的所有本能都适用的话，它将产生非常巨大的实践意义。但是自他的著作发表以来，所有心理治疗领域的重大进展所取得的成就都不断表明，詹姆斯的理论错了。这个理论正确的部分是，它指出了重复性的经验可以使得一种本能变得更易于被激发，并且能够对行为产生更强烈的驱动力。

泛泛而言，所有动物在正常的限度内经常地练习本能，都能够使它们充满活力、利于健康，这种说法极有可能是正确的。如果缺乏激活本能的条件，或者不给本能活动足够的空间，那么，有机体的健康和发展一定会受到损害；我们可以肯定，如果有可能完全禁止对本能的练习，那么，幼年个体将不能发展，而成年个体也无法生存。这就是一些野生动物被关在笼子里以后就无法存活或不会长大的原因。我们必须认识到，本能对所有的动物来说，是最基本、最重要的核心，它的所有身体器官、功能都不过是本能的仆人。一个物种的全部特征都是屈从于本能，被本能决定，它的秉性、颜色、结构、机能以及习惯，莫不如此。

这是在有关生物进化的讨论中常常被忽略的一个事实。动物界的进化主要是本能的区分和专门化的过程；当我们反

---

① 根据我自己对野鸭子的观察，孵化出来以后就把它们圈养在禽舍里，剪短了羽毛，(即使这样，它们还是)表现出对任何一小块水洼的强烈兴趣；尽管它们前半生已经习惯了在禽舍的生活方式，但是只要这些野鸭子足够成熟，翅膀上的羽毛足够丰满，它们就会飞走，消失得无影无踪。一些家养的动物尽管从来没有遭遇过一只狮子，但是当它们闻到狮子的气味、或者听到狮子的声音时，依然表现出惊恐并力图逃避。很多物种的求偶本能都很坚韧，并不会因为条件不利就消失。众所周知，许多家养动物都保持着成为野兽的"撒野"的愿望，它们回归自然的生命本能并没有因为驯养而消失。

思如下事实时，这个被严重忽略的真相就显现出来了：牛或鹿打架不是因为它们有犄角；这些物种进化出这种武器是为了战斗之用。食肉动物捕食其他动物也不是因为它们有尖利的獠牙；因为猎食本能的特殊需要，它们才进化出了尖牙利爪。海豹生活在水中不是因为它们的腿演变成了鱼鳍的样子，它们的身体是流线型的，而是因为它们追逐鱼的觅食本能需要有这种特别的特征和构造。还有数以千计的例子也遵循同样的解释，诸如身体形态、样式、颜色以及生理结构和功能，甚至那些最微小的细节等等。动物界的进化的核心本质最好被理解为一种最原初的未分化的冲动能力分化为不同本能倾向的过程。这种分化的冲动能力就是原始能量，M. 柏格森称之为生命势能(*l'élan vital*)，另一些人(其中最著名的是 C. G. 荣格博士)则把它叫作力比多(*libido*)，而最恰当的命名也许应该是生命能量(*vital energy*)。我们将本能看作是通过各种不同的渠道注入有机体的生命能量。

两种(或更多)本能可能同时存在。如果它们的趋向并没有冲突，行为就会表现出两种本能混合的特征，每一种本能都因为另一种本能的出现而发生了改变。如果两种本能的趋向是对立的，我们将会看到[机体]在两种非此即彼的对立运动之间挣扎，直到其中一种趋向占据了上风。或者，当其中一种本能正在活动时，对立本能的兴奋(尽管在动物安静的时候这种本能是不容易兴奋的)会或多或少地影响另外一种行为模式，这种影响可能很突然或者是完全的抑制；在这种情况下，我们可以假定第二种驱力比前者更强。①

本能的专门化程度

本能的专门化程度在感知接受方面以及执行运作方面存在极大的差异。明白这一点至关重要,而缺乏这种认识则是关于本能的主要误解。只有当本能是高度专门化的,或者在上述两个方面都是专门结构化的,本能性活动才会以最有效的形式表现出来,因为这时的行动是机械化的和非理智的。在很多昆虫身上,这种专门化已经发展到相当高的水平;正是因为这个原因,它们常常被当作本能行为的杰出典范。其中一个例子就是丝兰蛾的链式本能,它表现一个极其精密的序列性产卵行为,并只有在其所要求的条件(那种花的特定特征)出现的时候才会表现出来。显然这就是:在这两个方面,本能的专门化程度越高,理智所起的作用就越小。如果本能的感知方面高度专门化,那么它就只能被一种特别的对象激活;而对象的任何变异都会导致本能行为流产。同样,行动执行方面的专门化程度高,那么适合的条件发生改变时,动物的本能行为链就不能达成其自然目标;例如,法布尔的科学好奇心驱使他一再将黄蜂的猎物从它的巢穴洞口移开。②

另一方面,本能的专门化程度越低,理智支持的机会也越多,而对其需要也越大。在这方面,独居黄蜂则介于那些具有高度专门化本能的昆虫(例如丝兰蛾)和更高级的脊椎动物之间。后者的

---

① 《性格的功能》。
② 第88页。

本能专门化程度很低,以至于不仔细分辨就可能误认为这些动物没有本能;理智发挥了很大的作用以修正本能行为。

鸟的本能比黄蜂的本能更少专门性;因此它们的行为更受理智的修正。在哺乳动物中可以更多地考察理智修正本能行为的模式。

本能和动机

这一节将涉及本能活动的另一个特征,也是一个极难理解的内容。幼鸟羽翼丰满,就会展翅飞翔,栖息在某个适当的位置,所有这一切都表现得令人难以置信的准确。通常,幼鸟的第一次飞翔不会表现得非常完美,但是稍加练习它的表现就非常出色了。正是得益于首次飞行,鸟天生的飞行能力才能得以完善。然后,如果在数天内禁止它飞行,它再次飞行时所表现出来的技能也不会比熟练飞行的成年鸟更差。同样,刚孵化出来的小鸡一两个小时后就能到处乱跑,很有效地运用两条腿保持身体平衡;同时,它们开始在地面上啄食,准确地选择谷粒。刚孵化出来的小鸭子或水禽就会下水游泳或潜水,其行为完全不是依靠练习得来的。那些孵化出来就只能待在安全的巢里的幼鸟在最初的日子里是非常无助的;但是它们也会在听到父母返回鸟巢的声音时尽量伸直颈项,张开鸟嘴发出鸣叫,甚至听到鸟类观察者模仿成鸟返巢的类似声音时也会如此。所有这些活动都包含了大量肌肉收缩的复杂的协调与联合。机械论证自然会倾向于把这些活动看作典型的本能活动,他们只关注这类活动而忽视其他。因为这类活动最容易被看作复杂的反射。这些行为是否仅仅是反射,还是应该被看作本能性活动,这两种情况下,我们必须考虑的问题是——它们和形式更加复杂的本能行为有什么关系,这些身体动作,诸如行走、飞行、游泳以及潜水,都是更复杂本能行为的构成部分吗？因为,诸如鸽子的求偶、战斗以及黄蜂捕获猎物的活动,在诸如此类的本能性活动中,都需要这个物种的各种形式的身体运动方式的适当组合;这个阶段的本能活动中可能包含了大量其他阶段本能活动中的类似身体动作的组合。如果我们将这种独立的先天性运动的协调看作一种协调本能的结果,那么,我们必须承认,这个高级的本能在一定程度上操作着众多初级本能。

一些作者,比如 A. F. 尚德[①]先生曾经采取过这样的策略,将每一种不需要练习或很少需要练习就能够获得的身体协调运动都看作"本能"的表现。尚德的理论还有更深层次的特点,那就是他将"本能"界定为先天性组织化的动机倾向,并且称之为"情绪倾向",而这些正是我所描述的主要本能和典型本能。尚德主要观察了人类和哺乳动物的行为;我想,如果他将注意力转向鸟类和昆虫,就会发现自己的理论是不可靠的。劳埃德·摩马根教授也采取了类似的立场来应对这个问题。[②] 他建议至少在三个层面上认识本能。他所说的"低层

---

① 《本能倾向》,《科学》,1920 年 10 月。
② 这些运动机制由神经元组成,它们绝大多数位于小脑;我们所有的证据都表明,小脑与即时性的冲动性活动及经验没有联系。实际上,小脑主要与复杂运动机制的联合和协调相关,动物通常是通过这种联合和协调来实现调节身体的平衡,特别是在飞行或游泳的时候;因此,在空中捕捉虫子的飞鸟以及在水中游弋的海豚的小脑格外发达。

面本能"指所有先天的神经组织结构,是产生身体协调运动的关键,而我则认为,应该在本能和单纯的运动机制之间作出区分。第二,我界定为本能的所有内容都被他看作"中间层面的本能"。第三个层面是他所说的高级本能,在这个类别中,他只提到了两种,"个体生存本能"和"种族保存本能"。我做了一个很大胆的设想,这些所谓"高级本能"都是虚构的;每一种实际上都是一组本能,而每一组都不是真正意义上的功能性单元。那些被纳入每一组的本能仅仅是因为它们对个体生存或种族保存有贡献。显然,诸如觅食、避险这样的活动对个体生存都是有贡献的。我看不出有什么必要将它们合起来组成一个单独的"高级本能"。而它们同时也对种族保持有贡献;同样对种族保持有贡献的还有诸如亲代为子代喂食,保护它们的安全等。

在我看来,这种陈述事实的方式是不正确的。我认为没有必要将复杂的协调运动看作许多不同本能的表达。它们本质上就是运动机制的表现;每一个运动的实现都暗示了神经系统中存在对应的联合运动机制,譬如,无脑狗所表现出来的腿的"程序性"运动,当适合刺激作用于它的皮肤的某个特定位置,它的后腿就会有抓挠反射。也许这样的运动机制连接着感觉神经元以及感觉器官,受到来自它们的刺激就有可能产生活动(诸如机械性的抓挠反射);尽管在这方面我们所拥有的事实证据还很少,但这些例证却非常强有力。

我们不能把这些运动机制当作本能,而应该当作本能的工具。每一个都是心理学家所说的"终极共同通道",是为各种本能释放能量的通道。无疑，每一种本能都可能更青睐某些运动机制而忽略其他；但是只要条件适合，也同样可以启用别的运动机制。比如，鸽子的攻击性本能最初通过以进攻性姿态步步逼近对手这样的运动机制表达出来，当它进入作战范围以后则改用啄、翅膀击打等动作。如果对手起飞逃走，愤怒的攻击者也会起飞追赶，并在新的落脚点再次发起攻击。同样，当鸽子在地面上受了惊吓会立刻振翅飞走；但是如果它在栖息地或巢穴附近受了惊吓，则只会做出警戒的姿态并发出低声的警告信号；只有在这个惊吓物非常突然并特别强大时，它才会飞走。这就是一个很好的例子，说明同一个本能在不同的环境下会采用不同的运动机制；通常所有的本能行为都是如此。

各种运动机制都有被幼兽第一次启用的情况，我认为，对这些情况的观察刚好表明了这样一种观点，运动机制和本能不是一回事，而它们的执行却需要本能驱力的驱动。也就是说，它们不会自己产生活动的机制，要等待某种刺激，如来自某种本能的能量流的"驱动"；就像电动机本身不会产生运动，它需要外在的能量输入来驱动（用手转动机器的飞轮，整个机器有可能也会动起来——这可以比喻为抓挠反射的反射性兴奋）。

如果你观察一只羽翼快要齐备的雏鸽，就可能看到它的第一次飞行尝试，也就是第一次启动飞行的运动机制，这其实并不是起源于它自己的要求，而是因为它需要竭力赶上它的父母；也就是，为了适应觅食的刺激；或者，它需要逃脱其他不怀好意的雄鸟的攻击。同样，刚孵化出来的幼鸟的啄食动作也不仅仅是由关于细小谷粒的视觉刺激引起的反射，而更应该是觅食本能驱动了特定运

第四章 脊椎动物的行为

动机制而表现出来的动作；这种驱力有可能通过其他运动机制来表现；例如它四处跑来跑去，或者，当它的妈妈刨开地面并发出特殊的信号召唤它的时候，它快速地跑回到妈妈的身边。

根据当时的环境要求，任何一种本能驱力都可能激发多种不同的运动机制，对这条法则的理解不应该有异议，也很容易用机械论假说的术语来表述，比如，用机械论的反射术语来描述；无论如何，这条法则看起来是不争的事实，除非我们充分认识到它，并将它用于我们的理论，否则我们在力图解释本能行为的时候会遭遇无法逾越的困难。

如果不用动机表现如何定义一个本能？

到了现在这一步，我们依然面临很多难题。如果本能并不总是通过同样的身体动作来表达，而是随当下环境的变化先后采用不同的运动机制，那么我们如何识别本能的目标，如何定义这个本能并将它与其他本能区分开来？显然，如果每一项本能总是通过自己专有的、同样的运动机制来表达，那么区分多种本能就很容易了；同时，"机械主义者"脚下的道路也会变得相对平坦一些，因为没有了本能和反射活动之间的一个重要区分。实际上，在机械论者所界定的本能性反射活动和被称为首字母大写的"本能"（Instinct）的活动之间存在某种明显的区分吗？我想是存在的。"本能"的界定与识别并不是依据它所表现出来的运动方式，而应该依据动物的情形的变化，无论这些情形是什么，它们都倾向于激发起动物的运动，以及，当它开始活动以后，这些情形会引导行为链直到结束。于是，要认识动物身上运行的本能的本质不能简单地依靠观察它的运动特征。你会看到一只鸽子紧紧追随另一只鸽子,步步紧逼;这种不断变换位置和追逐的运动可能是攻击本能的表现,也可能是求偶本能的表现,或者受幼鸽的觅食本能驱使。显然,这些都是完全不同的本能,每一种本能追逐的目标和满足需要的方式都很不同。与反射活动不同,本能性活动追求的目标是一种特定类型的情形变化,它能够独立地满足驱力以及降低机体需要的不平衡。我们只能通过其所追求的自然目标来定义本能及情形的类型,它所追求的或倾向于导致的那些内容,同样,还可以依据那些使它产生出行动的情形或目标物来定义。

用这条原则来描述人类的本能需要格外小心。例如——应该在多大程度上将一般性赋予一个本能的目标。考察人类本能的大多数心理学家都假定存在"模仿的本能";尽管没有在任何动物种类中发现这种本能,他们依然执意做出这样的假设,面对这样的事实,如果人类或其他任何动物具有这种本能,那么它的目标只能被定义为模拟模仿者看见的任何行动。同样不严谨的是,许多心理学家还假设人类和许多动物具有"玩耍的本能"。这种"本能心理学"可以和"能力心理学"相提并论,对两者我们都嗤之以鼻。我所看到的是,将玩耍(或模仿)行为归因于玩耍(或模仿)本能和将它归因于玩耍(或模仿)的能力没什么区别;然而,将黄蜂专门捕获某种猎物来填充它的巢穴解释为它具有相应的本能要比把这些活动解释为它具有捕获猎物的能力可行得多。如果读者一时间还不能分辨两者的差异,我建议他认真思考这个问题;也许在研究心理学数年以后,这种区分对他来说就变得清晰了。

第五章　哺乳动物和人类的本能

几乎没有人会否认低级哺乳动物的行为在很大程度上是受本能支配的，但是，当我们对一只聪明的家狗行为进行详细分析时却发现，本能的作用并不那么明显。当我们看到它做出一些毫无用处的行为，比如刮擦地毯和一圈又一圈地打转，然后躺在一个熟悉的角落睡觉时，我们很容易辨别出体现在其中的本能。但是它的大部分行为都显得很聪明，其本能因素并没有明显地表现出来，而且，在我们用自己的经验来解读它时，我们很容易用情绪或情绪体验这样的术语来解释狗的行为，而这其实都是我们赋予它的。因此，我们会将狗对闯入者发出的狂吠说成因为它很生气，或者将狗夹着尾巴逃跑说成因为它害怕了；或者将母狗温柔地舔自己的小狗以及不安地照管它们的行为说成因为它爱它们；或者将猎犬因为主人一句呵斥而停止最疯狂的恶作剧或最有趣的追赶，恭顺地蹲下来说成因为它敬畏自己的主人。而在所有这些情况中，我们有理由认为，我们在某种意义上已经揭示了狗的行为，而且，如果我们是正确的，那么我们就是在一定意义上理解了这些行为。

动机与意图

请注意，我们也在以同样的方式解释人类的行为。假设在一条人迹罕至的道路上,你躲在一个隐蔽地点观察正在路上走着的熟人 X。而且假设你还看到一个贫苦样的男子从相反的方向走过来,然后这两个人相遇了,他们停下来并且说了些什么,然后 X 将手伸进自己的衣袋里,给了对方一些钱,然后继续向前走。你会如何解释 X 的这些行为？如果他是你的熟人,你还可以比较确定地解释他的行为。但是,如果他对你而言只是一个陌生人或只是泛泛之交,而且如果你看到的只有上述事实的话,你可能会对他的行为感到困惑。你可以推断,该男子向 X 请求施舍,而 X 给了他一些钱；更进一步,你还可以推断 X 将手伸进衣袋时,是想找出一个硬币来打发这个乞丐。可以说你清楚地了解他的意图。但他的动机是什么呢？这仍然是不确定的。此处我们有一个明显的事实来证明动机和意图是两个完全不同的事。然而许多心理学家和一些律师故意混淆它们,或者断言动机不过是一个隐蔽的意图而已。对于理解行为而言,动机和意图并不存在谁比谁更重要的区别,而一个没有领会这一点的人可能既不是一个好律师,也不是一个好的心理学家。① 如果 X 在将手伸进衣袋时掏出来的不是一枚硬币而是一把手枪,并且开枪射杀了那个男子,那他的动机就有可能成为律师们需要讨论的一个问题了。尽管动机仍然是完全未知的,但我们还是可以确信地假设,这是一个有意图的射击行为。

从给硬币这一行为来推断,至少在同等合理的水平上存在着三个可能的动机。你可以猜测 X 是一个胆小的人,而他给硬币是

---

① 当然,对于顽固的机械论者而言,动机是虚构的或虚幻的,只存在物理或化学的刺激和机械的反应。

因为他怕那名男子,害怕如果拒绝给钱的话会受到殴打。其次,你可以猜测X是一个富有同情心的和善之人,他出于同情心给男子硬币。最后,如果你持"倾向于玩世不恭"的态度,那么你可能会猜测,X是一个喜欢觉得自己比别人优越的人,他乐于享受任何可以强调其优越感以及对他人的控制感的情境。你可能会通过以下的说法将你的解释公式化,第一种情况中,施舍行为是因为害怕,第二种情况中施舍是因为同情,而在第三种情况中施舍则是因为骄傲;也就是说,你会将行为归因于某种情绪而非某种本能,正如前面所列举的狗的例子一样。在每一种情况中,你会给行为分配一种作为其动机的情绪;假如你的猜测不错,你就可以对行为做出确凿的解释,就像常识心理学的传统试图对行为做出解释一样。当然,你的解释可能不那么简单,你可能猜测所有这三种情绪会共同作用,也就是说X有一点点害怕,一点点同情,还有一点点骄傲,所有这些都同时出现;如果他对你而言是一个陌生人,那么你做这种多种动机或情绪混合的假设是最稳妥的。

　　如果你只是从远处观察到X的外在行为,那么你就只能够猜测;你所拥有的关于人性的一般认识会引导你去推测一个人面对乞丐时可能产生的情感体验,而你也只能用一两个情绪名词来描述这种体验。但是,如果在这一事件过程中你从近处观察X,那么你也许可以更确定地做出假设。例如,如果你已经注意到当乞丐靠近X时,后者环顾四周,当他将硬币拿出来时手在颤抖,声音发颤,脸色苍白,而且事后他匆匆离开,你会相当确定地将他当时的主要情绪和行为动机界定为恐惧。如果X的脸上装出一副亲切关心的样子,如果他的声音和手势是温和的,如果他在事后的步伐没有变快,还一次又一次地回过头来看看乞丐,那么,你可以确定地将他的情绪和动机判断为同情。如果 X 一脸傲慢地拿出硬币来交给乞丐,而且非常傲慢地走开,那副洋洋得意的样子让人不由得想起杰克·霍纳,你肯定会将此判断为骄傲或虚荣。或者你可能已经发现 X 表现出的所有三个情绪状态:颤抖的手、眼眶中的眼泪以及傲慢和自满的样子,此时你会觉得他的动机和情绪是混合的。现在如果你走近 X 并问他:"为什么你要给那个乞丐一个硬币?"你也许会得到几种不同的答复。他可能会说,"我认为施舍给有需要的人是正确的做法",或给出一些更有欺骗性的答复。但是,如果他是一个小孩或一个坦率的人,他可能会说:"因为我害怕那个乞丐,他看上去可能会做出绝望的行为。"或者,他可能会说:"哦,我不禁为这个可怜的家伙感到遗憾,我知道给路边的乞丐钱是不对的,但是我忍不住。"或者,如果他是一个非常诚实而且感兴趣于自我剖析的人,那他可能会说:"嗯,你知道吗,我真的认为他谦逊地走过来,在我面前表现得卑躬屈膝的样子,让我觉得自己是如此强大、富有、仁慈和高贵,所以我必须这样做。"在每一种情况下,如果他的陈述与你对于他的情绪状态的观察是一致的,你会觉得动机问题得到了解决。但是如果他的回答与你的观察并不一致,你会确定地觉得他的回答充其量只有部分是真实的。而且,即使你对此确信无疑,你也不会推断 X 是个骗子或者说他打算骗你,除非你非常天真幼稚。因为你明白,要想确定自己的动机是非常困难的,至少与界定我们自己任何时刻的情绪同样困难。当你对 X 的回答进行概括时,你会尽可能根据常识来寻找他的行为动机。如果你是在法庭上诘问 X 的律师,你可能会试图通过抓住他的某些自相矛盾的地方来证明他的陈述是不真实的；或者你可能会试图发现此人具有什么样的品德和声誉。如果你能通过大量证词证明他是一个出了名的胆小鬼，一个在别人看来从未做过好事的人，你将会做出一个支持恐惧动机，而反对同情等动机的推测来。

这些都是我们在实际生活中必须面对、而且差不多能成功处理的心理学问题，但是心理学可以为解决这些问题作出什么贡献呢？是的，心理学在面对这种具体问题时并不能比常识做得更好。如果你学过心理学，你观察到的 X 的情绪迹象可能会稍微多些充分性、准确性和分析性；而且，当你向他发问时，你的表达也许会稍微多些探究性。而且，如果在关键时刻你能在满是实验器材的实验室里对他进行严密观察，你可能已经测量了他的脉搏和呼吸，注意到他的其他特点，记录下他的血压曲线，确定他的血液中肾上腺素或血糖含量等等；并且通过这些方式，你也许会获得更多证据来支持你所做出的关于某种特定情绪的判断。

心理学家在面对具体的行为问题时可以做的与任何一个聪明的人所能做的几乎一样。但并不能就此推断说心理学纯粹是一个无用的学术游戏。其他任何学科的科班学生在面对具体问题时也会陷于几乎一样的处境。例如，我们假设你正向一位地质学家展示一座喷发的火山，你对他说："现在，你是一个地质学家，你了解关于火山的一切。告诉我们火山会在这一刻，而不是其他时候喷发。究竟是为什么？"你的地质学家也无法立即回答你的这一问题。然而，这并不能证明他是不称职的，也不能证明他的科学是完全无用的。只有在那些"实际"的人看来才是如此。地质学家可以告诉你关于火山活动的诸多一般规律；而且他可以着手去研究这座特定的火山，在大量的研究后可能对这次喷发的直接原因做出具有一定可信性的解释，并且，他也许会相当确凿地预测这座火山以后的喷发趋势。

心理学家在面对任何具体的人性爆发时也存在类似的局限性和可能性。他能给出一些有关人性和行为一般原则的陈述，而且，在对个体进行研究后他可以举出特定的行为例子作为例证阐释和说明那些原则。

常识与动机

我们之前设想的犬科动物与人类行为的例子说明了一个非常重要的事实，那就是常识将情绪等同于动机。常识，当它对任何人的活动中的主导情绪做出正确的界定时，它会认为它已经对行为做出了解释，使之大体上清楚明了。如果要求进一步的解释，它很可能会以当事人当时所处情境为何会体验和表现出某种情绪的形式来做出解释。这一阶段的解释涉及对当事人"性格"的描述，而且只有在考虑其遗传结构和成长过程的条件下，才能达到对当事人性格的充分了解。心理学应该对解释的第二阶段有帮助。

这正是本书的一个主要特点，本书坚持认为，在解释和理解人类行为或表现中的所有重要问题时，"常识"站在了正确的一方，而许多过去的心理学和哲学却站在了错误的一方，因为它们拒绝接受常识程序，还站在自己的立场上提供了各种空想理论。我们已经了解了此类理论中的一部分，包括：（1）由赫伯特·斯宾塞详细阐述的反射和"条件反射"理论，这一理论最近被作为"行为主义"

得以再次翻新。(2)"观念"理论在用于解释行为时采用了"观念驱动论"的形式,并声称这种神秘的、难以理解的、被称为"观念"的东西,是一种类似于"意识"马赛克式的动机力量。(3)在"心理享乐主义"名义下统治了几代英国心理学和社会哲学的乐-苦论。它声称快乐和痛苦,或对快乐的欲望和对痛苦的厌恶,是所有人类行为的动机。以及,因为明显与这一理论完全矛盾的大量事实引起了不满,该理论的许多拥护者将它与晦涩荒谬的"观念论"结合起来,并声称"快乐的观念"或"痛苦的观念"是一切行为的动机。(4)还有一个理论将所有的人类行为解释为是"意志"的作用,但是,对于什么是"意志"以及成人的"意志性"行为与动物和儿童的行为之间存在何种关系,这两个问题从未得到澄清。(5)认为所有人类行为都是"理性"的表达的理论,而且这一理论与"意志"论具有同样的地位,它们都是18世纪官能心理学的残余。最后一个理论(6)认为所有人类行为都是由"无意识"决定的理论。这在心理学界是最新、最时髦的理论,它是从医学心理学家叔本华和教育学博士范哈特曼的学说发展而来的。所有这些理论都是陈列在心理学博物馆中的古物和古董。初学者仍然可以在倾向于用常识来做出解释的情况下,站在一定距离外,带着对每个有趣历史事件的尊重与好奇去了解这些理论。在本书中我将主要致力于向初学者展示常识所做的解释可能是完善的,而且可以让解释更为确切和系统化。

本能与情绪

我们已经看到,在面对像狗这样的动物的行为时,我们很容易做出两种解释。如果它的行为很像我们自己的行为,而且似乎表达了如我们自己所体验到的某种情绪时,我们倾向于将其行为归因于某种情绪;正如我们说动物是被愤怒或恐惧或好奇或厌恶所驱使的那样。当它的行为与我们的行为非常不同,而且没有表现出任何我们能识别出的情绪时,我们会将其行为归因于本能。在这两种情况下,我们都认识到,一点点理智的介入就可以消减情绪或本能冲动的力量。与我们更接近的哺乳动物相比,鸟类的生理构造和生活方式与我们存在着巨大差异,因此在解释鸟类的行为时,我们在识别鸟类的情绪时更为困难和模糊,所以我们更愿意将鸟类的行为推断为出于本能而更少归因于情绪。然而常识和文学传统还是毫不犹豫地将鸟类行为归因于情绪,并认为鸟类的情绪体验与我们人类并没有根本区别。昆虫在生理结构和生活方式上与我们离得更远,常识只会将它们的行为诉诸本能。这是因为,尽管在昆虫的行为中并非没有表现出情绪的迹象,但这些情绪迹象与我们人类的情绪是如此不同,所以不能确切赋予其同样的名称,也无法将它解释为昆虫行为的动机力量。

现在让我们抛开令人迷惑的心理学理论,那么,我们用以解释动物行为的这两个行为原则之间究竟是什么关系呢?情绪和本能是两种不同的行为法则吗?它们是两种不同的动力类型吗?常识似乎并不这么认为,因为在某些情况下,常识通过赋予它们相同的名称而将本能和情绪等同起来,特别是像恐惧、好奇和厌恶这三者。

由常识提供的线索很有可能是有价值的,倘若心理学不是因为轻视常识并转而去构想一些与常识性解释之间没有任何关系的不可理喻的虚幻理论，那么它完全有可能愿意接受由常识提供的线索并加以利用。难道说或许我们不希望看到常识这一经过时间锤炼出来的智慧实际上是正确的？我们也不希望看到对常识的运用能够发展成为一个有用的、协调一致的理论？

这也是在我的《社会心理学》中所遵循的路线。① 常识所提供的线索首次被坦率地承认是一种有用的假设。情绪被视作一种伴随着我们体内的本能冲动运作的经验模式。有人认为人性（我们先天遗传而来的素质）是由本能构成；每一种本能的运作，无论它是如何发挥作用的，都伴随着它自身的特有经验属性，这种经验属性可以被称作一种基本情绪；而且当两种或更多的本能同时作用于我们时，我们会体验到一种难以辨认的情绪兴奋，在这种情绪兴奋中，我们可以察觉到与相应的基本情绪有关的东西。于是，人类的情绪被视作本能冲动的线索，或是对我们起作用的动机的指标。在这一假设的引导下，我试图简单陈述我们行为属性的本能基础以及在经验和教育下是如何发展为性格的。一些心理学家已经明确地接受了发展常识心理学的计划；但是很多人在面对其具体应用过程中所出现的困难时，就拒绝接受这一计划了。但是，我按照基本正确的原则仍然坚持这一计划，我对它的信心主要来自于两个事实。第一，它在许多领域的实际应用中被发现是有用的，尤其是在教育、医疗和工业等领域内。第二，批评它的人除了那六个理论（原文第 126 页所列举的）中的某一个以外没有提出任何证据来，而我发现所有这六个理论是非常模糊和难以理解的，或者是与

---

① 《社会心理学导言》，1908 年第一版。

许多观察事实不一致的。①

进化论所证实的常识线索

现在让我们回来用手头的这一线索研究哺乳动物的行为。每当我们注意到我们觉得能确信的一个动物的情绪标志时,我们便宁愿将它看作是相应的本能在起作用的标志。而且,每当我们看到动物因此而被引发一系列的本能活动时,我们可以假设它体验到了一些情绪兴奋,而我们会感同身受地从情绪的角度尝试去解读这一行为,尽管这样做通常收效甚微。

由此我们可以相当有信心地去解读高等动物的行为,那些成功做出这种解读的人及其在与动物相处的实践中所取得的巨大成功表明了这一点。猎人、牧民、骑士、驯狗师和驯兽师都遵循了这一原则,尽管他们中极少有人用明确的词语陈述来表达它。这种做法的成功是我们与动物间近亲关系的最好证据,甚至比形态学在我们与动物机体器官上的同源性发现更好。如果狗、马与猩猩的行为和情绪如同蜜蜂的行为和情绪一样,让我们难以理解,我们会不顾所有同源性形态学的发现,毫不犹豫地认同人类与动物进化的连续性理论。在这种成功面前,我们不能否认我们与低等的、有亲缘关系的动物之间存在本性上的连续性,以及进化论对那种连续性所给出的最好诠释。

在达尔文之前,进化论被看作是痴人说梦,只有极少数人愿意

---

① 我并没有停下来详细地批评这些理论。在后文中我会顺带地指出它们的某些不足。

相信它，其时，相信动物受本能的指引而人类受理性指导才是合理的观点，因为每个物种都被认为是专门创造的，并以造物主认为最好的方式被独立地赋予各种机能和器官，而人类则被赋予了理性，理性代替了其他动物物种所拥有的本能。

奇怪的是，这种观点在达尔文革命中依然幸存了下来，并且成为今天影响以研究人性为专业的学生群体的一个主要争论议题，它坚持认为动物主要受本能的指引，同时拒绝接受任何能够证明本能影响了人类生活的证据。① 在经历了数百万年的进化后，自然已经成功地塑造了动物的各种各样遵循本能原则的、完美的适应性行为，却突然放弃这一原则而选择其他，将我们人类祖先的本能扔到垃圾堆里，在另一个新原则的基础上重新开始，这的确是一个很奇怪的推论。当我们看到即使是在很低级的动物中，也有智能完美地与本能相配合，弥补本能的缺陷和不足，并扩大了其应用的范围，我们还看到在我们从动物向人类进化的过程中智能是如何弥补本能的不足，二者相互协作，当这些证据变得越来越清晰和强大时，这种大自然母亲改变她的策略方向的设想似乎更加奇怪了。

---

① 过去几年里出现了许多关于人性由本能构成观点的严苛评论，或是主张任何人类本性对成年生活几乎没有重要性的文章。我在1922年的《变态与社会心理学杂志》上的一篇文章（《社会心理学对本能的使用与滥用》）中回应了其中一些批评意见，指出这种对人类本能不利的消极态度主要源自于本能与单纯的动机机制之间的混淆不清。二者的区别是最重要的。后文将会详述这些区别。

抚养或保护的本能

在回顾哺乳动物的行为时,我们必须首先考虑一个主要的本能,那就是自然界最杰出最美好的发明——抚养本能。动物分类学家已经正确地认识到给幼崽喂奶是哺乳动物生活中非常重要和典型的特征。而且重要的不是具备乳腺这一生理构造,而是心理上想要使用它们这一事实。

仅仅是这一项"发明"就为像智人这样的物种发展出高等智能提供了可能性,同时还赋予这些物种的所有天性、行为和习俗以令人钦佩的真正的道德意义。而且,如果如某些人所声称,说鸟类具有发展出堪比人类的心理和道德水平的潜质,这也是因为它们(或大部分的鸟类)具有抚养本能。因此,可以毫不夸张地说这一本能孕育了智能与道德感。因为如果没有这一本能,智能就不会形成和进化,而且抚育行为的驱力也是天性中唯一真实的利他成分;许多哲学家可能都忽略了一个事实,如果没有这一利他成分,所有的道德传统以及在此基础上塑造的道德品质将永远不可能形成。

在所有哺乳动物的物种中,这一本能是雌性的先天禀赋的一部分,因为给幼崽喂奶是抚养本能最简单、也最根本的表达方式,没有它,乳腺会毫无价值,幼崽也不能存活。幼崽的生存所必要的众多母性行为正是所有物种抚养本能共有的表达方式。根据物种的体形和幼崽所能达到的活动程度,不同物种在哺乳时所采用的动作和姿势各不相同。但动作和姿势并不重要,重要的是哺乳是大多数物种所必需的行为。如大多数食草动物那样,母亲四处觅食,幼崽或者跟随母亲游弋,或者舒服地躺在某个隐蔽的巢穴中等待母亲归来。在前一种情况下,母亲与幼崽必须保持联系。它们之间通过视觉、听觉和嗅觉的特殊本领,以及各种可视、可听或可嗅的识别标志来保证它们不会走散,这些特殊本领和识别标志就是父母与后代本能中的锁与钥匙。在另一种情况下,母亲在觅食后必须回到巢穴中,即它需要与黄蜂一样具有"返巢"能力,也就是她需要熟悉所涉足的大面积区域或了解有关该区域的知识,因此其母性本能需要有智能和习得性知识的通力协作。这正是食肉动物在智能方面优于食草动物的一个主要原因,而食草动物必须用群体生活方式的力量来对抗食肉动物在智能上的优势。食肉动物母亲的本能通常会驱使它将猎物带回家给她的幼崽,在这项工作中,某些物种的雄性动物会配合雌性,这就是组建家庭的基础。

我们希望在类人猿身上发现人类这一本能的起源。不幸的是,我对它们知之甚少。但我们确实知道在它们的某些个体身上,这种抚养本能是非常强烈的,它促使母亲带着它的幼崽在树丛中漫步,必要时还会不顾一切地奋力保护自己的幼儿。因此树栖生活的类人猿母亲比起其他的动物母亲来,与幼儿间表现出更持续的接触和更不懈的照顾与辛劳。这不属于任何生理结构上的特性,如能盘卷住东西的尾巴或爪子,而是进化成为人类的基本条件。

昆虫的外骨骼迫使它们采取幼虫、蛹化的方式来发育,通过变形过程而形成完整的器官和独立生命形态。因此在开始变形时,昆虫有必要发展出充分的自我维护本能,并且这些本能必须是能立即起作用的。而这正如我们所看到的那样,是昆虫的生命规则。

这种变形的必然结果非常不利于智力发育。因为本能在动物有时间和机会充分、准确和或多或少系统地积累经验之前,就已经在接受和执行两个方面起作用了;经验改变这些本能倾向的可能性非常小。换言之,这对本能行为精确表现是必要的,却与之前的经验无关,它还让昆虫未尝享有过青少年期,除了在一个非常有限的范围内,比如独栖黄蜂在开始产卵这一主要任务前会有很短一段时期可以自由游荡。青少年期本质上是个体自由发展的时期,在此期间,幼小的生物从父母的照顾下完全解放出来,开始担当自我照顾的责任,它们有条件去参与和体验外界环境,并且通过参与和体验习得丰富的个体知识。由于父母出于抚养本能的照顾,幼崽获得了基本需要(食物、住所、温暖和保护)的满足,幼小生物才能享受完整意义上的青少年时期。幼儿得到如此的关怀照顾,所以它们的本能不需要在出生时就发育成熟。本能可以在出生以后的这段间隙得到发展,从而最有利于应对多种条件下丰富多样的经验。幼体的本能并不需要有精细的组织,也不需要能够准确地适应成年动物所必须面对的各种对象与情境。相反,受到保护的幼体的本能虽然也能够产生激发行为的驱力,但是在接受信息和反应执行两方面表现得更具一般或非特异性。对它们最有用的本能应该是那种能被广泛的对象或情境激活的本能,只有这些对象或情境某些方面具有与激活本能相符合的特征,而其他方面则可能有很大的差异。这种本能不是激发它们精确地调整行动以应对某一种特定对象,而是让它们对一般类型的对象采取行动。

我们在哺乳类动物身上发现了这种通用的或非特异化的本能。与独栖黄蜂不同的是,肉食性动物不会只捕食一种动物,它的本能具有如此广泛的普遍性，促使它会追捕任何移动的大小适合的活物。而且，逮住猎物时它不会用任何一种狭隘规定的只适用于某类猎物的动作来控制猎物，而是表现出大范围、多种类型和自主的活动，根据各种猎物的体形和行为来调整自己的行为。幼体的这类本能行为只有在亲代的照顾下在青少年期逐渐形成。因为这种相对通用的或非特异化的本能的形成一定需要有相当丰富的习得性经验作为辅助，并且这些经验也是有助于实现生存任务的。而幼体在亲代的照顾下并显得相对无能的青少年期越长，幼体所获得的有助于本能目标实现的经验也就越丰富。

因此，我们发现青少年期越长，物种的智力的发展水平也就越高，同时受理智修正的本能性行为也就越多。对人类而言，青少年期会持续很多年，其本能的通用性和对理智的依赖都达到了很高的程度，本能被理智所遮掩以至于在人类自己看来都忽略了本能的存在，在那些精明世故的人身上更是如此。

人类虽然是大自然最宠爱的孩子，但是大自然却并没有专门为人类建构任何一种新的规则。他只是大自然的众多奇迹中的一个而已，尽管是其中最伟大的奇迹。与身体的结构一样，人类的心理结构中没有什么原理和原则是没被重复使用过的。在创造人类时，大自然确实给了人类与动物相同的成分，只不过组合更精细、本领更强大，相应地成就也更显著；尤其是，她将最伟大的发明——本能——赋予了所有值得拥有它的物种。你看！人类从动物中渐渐地分化出来，直立起来，环顾世界，开始识别世界的善恶，领悟伦理的冲突。

一个20世纪的大学生，当他承受了并无恶意的必要教导，并耐心和愉悦地接受了与之相随的告诫时,他本身就是大自然最成功的实验的产物,即通过抚养本能发展出高水平的智力。所以,请他在接受父母的帮助时不要过分不安;如果一门研究生课程的学习真的可以促进他的智力发展,让他感觉到是自然本性在敦促他进步,那么,这课程的意义就在于它延续了父母教诲的形式并使之升华。

在较低级的哺乳动物身上,发展偏离了这条新路线,但也只是一点点的偏离。本能依然起着支配作用,而理智依然停滞不前。兔子这样的生物仍然表现出一系列明显的本能,抚养本能只不过是让亲代在短时期内为子代提供食物和庇护所。但当我们回过头去考察肉食性动物时,会注意到一个相当大的进步。幼体越无助,幼年期越长,父母的照顾就越多样化。而本能自身会做出调整以促进智力的发展,比如父母不只是给幼崽提供乳汁或已经被杀死的猎物,而是带回来活物供幼崽练习捕猎,这样的练习可以在以后以多种方式为高度一般化的本能提供辅助。

我们不能试图对哺乳动物的本能进行一个全面的研究。但我们必须注意到一些最重要和分布最广泛的东西,试着确定这些行为原本的目标和起因,并注意经验如何修正这些本能反应的重要方式。让我们从抚养本能本身着手开始这项研究吧。

抚养本能的实现方式

初生的幼崽是唤起抚养本能的天然对象;但是它们和其他无生命的刺激物不一样。它们的气味无疑起了一定的作用,但更重要的则是它们的行为。父母的本能和幼崽的本能相互耦合,就如

第五章 哺乳动物和人类的本能

我们在鸽子那里曾经清楚看到(雄性和雌性求偶本能相互耦合)的那样。母亲提供乳头，幼崽则通过做出积极的寻找乳头(无疑是在气味的协助下)和吮吸的动作来做出反应。母亲需要保持安静和静止状态，幼儿则一直躺着。幼崽遇到危险会发出哭声，而母亲的反应就是跑向它们。当幼崽长大了并开始游荡时，母亲会不顾它们吱吱的抗议声，以一种没有伤害的方式捉起它们放回巢中。而且，当它身处在巢穴一群扭作一团的幼崽中时，她会小心控制自己的动作以确保不会伤害任何一个幼崽。对有些物种来说，在所有的刺激里，远处传来幼崽遇到危险时发出的哭叫声是最有力的，必定会唤起母性反应的；这种反应不仅仅是反射动作(条件性的或非条件性的)，而且是首先根据当时环境对反应本身做出调整，调整的结果可能是将乳头塞给幼崽或是舔舔它，将它带领回巢，或是赶走可能的威胁或实际的攻击者。① 在考察到这一行为时，我们是否可以追随行为主义者，从而拒绝考虑母亲在做出这些照料行为时的体验？确实，我们永远不能确定地知道那种经验究竟是什么，就像你永远不能确定地知道另一个人的体验是什么一样。在这两种情况下试图了解对方的体验的理由都是一样的，所不同的只是程度问题；也就是说我们对它的了解越全面越准确，我们就越能更好地理解伴随而来的行为，也更能预见和影响体验与随之发生的行为。

---

① 因危险所发出的哭叫声的效果在W.科勒教授的下述描述中得到了很好的说明，一只与同伴分离的黑猩猩痛苦的哭泣所引起的反应："常常发生的是如果被隔离出来的动物所在的笼子是可以伸手碰到的，群体中总有一个同伴会迅速地突然跳向它并穿过笼子栅栏去拥抱那只被隔离出来的动物。但后者必须真正地哭喊嚎叫(痛哭)以获得这种友谊，一旦它安静下来，群体的其他成员就会恢复不关心的状态。"(《黑猩猩的心理学》,《心理学研究》,1921)。

当人类的母亲看到另一位母亲哺乳或安慰其幼儿时,她肯定理解那个女人是什么感受。当我们看到一个动物母亲在幼崽中间轻轻地移动自己、喂养它们、保护它们、对它们面临的危险迹象做出响应、为之承受许多痛苦,以及为幼崽不辞辛劳,却总是表现出十分满意的样子,就如同她每个阶段的行为都成全了她自己一样;当她的努力没能起效表现出强烈的不安和焦虑时,我们可以有很大把握的推断,一个人类母亲与它有"同感"并不是一个错误类比。而且,当我们注意到人类母亲的行为在许多方面与动物母亲是如此相似时,我们还能怀疑两种情况的解释原则在本质上是相似的吗?即,如果说动物母亲受母性本能冲动所驱使,那么我们会怀疑人类母亲也是如此吗?认为这种观点毫无根据,想要推翻它的行为在我看来简直是极其无知和愚蠢,这正是那些自诩自己严格遵循"科学"的心理学家的愚行。

137 在众多的肉食性动物中,育儿工作是雌性与雄性共同分担的。只有雄性承担了抚养子女的责任,家庭才会存在。在雄性不分担育儿工作的物种中,雄性几乎完全没有抚养本能,而在几乎所有这样的物种中,雄性都不会表现出对单一雌性特别的依恋或忠贞。而在那些雄性参与育儿工作的物种中,你必须认为它们的雄性至少具有部分抚养本能。在几乎所有的情况下,甚至是在像鸽子这样的鸟类中,雄性给予幼体的照顾较之雌性而言在亲密性和持续性方面都显得更少。这些事实本身足以说明抚养本能与配偶本能是完全不同的,尽管两种本能确实有一定的相互依存关系,配偶行为必然是亲代的养育行为的先行条件。但两种本能的行为却没有任何共同之处,在各自的强度和分布特征上,都具有相互独立的变数。①

高等哺乳动物的抚养本能表现出更显著的非特异性特征,这也是这些动物所有本能的共同特征,前面我们已经讨论了非特异性本能的重要性。一只雌性的猫或狗不只会喂养和爱护它自己的后代,甚至还会喂养和爱护那些不同物种的后代,事实上,这意味着抚养本能在接受和执行两方面的非特异性。但我没有见过人报告有兔子领养了一只小猫,或绵羊收养一只小山羊、小牛犊或小马驹的事例。猴子和类人猿将这种非特异性发展到了更高的程度,而那些热心肠的女性则将这种非特异性发展到了最高的水平,在她们身上,母性本能会使她们对任何幼小无助的生物做出最敏感的反应,尤其是当它表现出哀伤的迹象时。

本能反应能够扩展到它的特定对象或天然对象外的其他对象身上,这种现象意味着存在重要的内容,它们已经超出了我们之前所讨论过的非特异性。完全没有特异性或较少的特异性只是允许这种扩展发生的一个条件。这种扩展还涉及主体的一个极重要的积极心理功能或能力,这种功能够被整体某一个方面的特征激活,和它被整体本身所激活是一样的。我们将在后面的章节中讨论到,这一心理功能实际上包含在所有的高级心智活动中,并且是所谓推理的本质特征。在我们现在所关注的水平上,这一功能不会有意识地选择或区分其反应对象的个别属性或特征。

在《社会心理学》一书中,我主张抚养本能的保护性冲动

---

① 我看不出有什么理由证明抚养本能与配偶本能是混杂在一起的,而这却是弗洛伊德心理学的基本学说之一。将这两个本能视作是我们性情中的两个独立且不同的单元,如果这是正确的话,那么弗洛伊德学派所著述的学说至少有一半是不成立的。

是一种真正的利他因素,而且是人类天性中唯一的利他因素;这一判断的理由来自它所引起的所有直接或间接的利他主义努力以及利他主义活动。因为所有关于利他主义因素真实性的讨论都屡次被否认或被巧妙地搪塞过去了,所以这个命题对于社会学和伦理学的理论显得尤为重要,引用类人猿的证据更加值得。科勒(参见引文)对一个生病的年幼黑猩猩和不是其母亲的成年雌性黑猩猩之间的交往做了如下的记录:"有一天当它看上去好一些的时候,它被再次允许到开放的地带活动,其他同伴正在那里吃着绿色的食物。它艰难地爬向它们,爬了没几步就尖叫着倒在了地上。当时,特莎拉正面向着另一边嚼东西。它激动地跳起来,所有头发都立了起来,几次跳跃后它来到了它的身边,它的脸上写满了担心,痛苦地噘起嘴,还伤心地哭出声来(悲伤的声音),它抓住倒在地上的小家伙被压在身体下面的前肢,费力地将它调整到直立的姿势。在这种情境下没人能比这只黑猩猩表现出更具母性的行为来,我用这些话来清楚地表达了它们的全部意义。"此外,科勒教授还描述了当一只动物受到处罚的时候,其他动物如何表现出了干预的趋势:"尤其是那个弱小的康塞尔,会匆匆赶来(以幼小的黑猩猩表达所有迫切愿望的方式),恳求地向攻击者举起一只手臂;如果攻击者并没有因此而停止对黑猩猩的处罚,康塞尔将用尽自己的力量抓住攻击者的手臂,直至开始愤怒地殴打人类攻击者。"[①]

[①] 有必要指出科勒教授不只是一个动物猎手或训练员或爱好者,还是一个学术地位极高的心理学家,他以高度的责任感和意味深长的方式描述了自己的研究。此外,他还有机会对一群人工饲养的黑猩猩进行研究,这种机会是其他训练有素的观察者无缘获得的。

一个非常引人注目的事实是，一旦幼体到了不再需要父母照顾的时候，父母就会表现出漠不关心的样子来，这一事实揭示了所有动物的亲代养育行为所具有的突出的本能性质。就我所知，尽管到目前为止还没人做过相关的实验，但一个可能的结果是，如果幼体可以一直保持幼小无助的状态，并对食物和照顾保有强烈的要求，或者是另一种情况，如巢中的幼雏不断被更幼小的幼体所取代，父母会继续无限期地响应幼雏的需要。① 这就是幼体掌握着持续开启或重复开启抚养本能大门的钥匙。当这把钥匙不再使用时，抚养本能就会沉寂下来，不被唤起。只有在某些特殊的情况下，这种抚养本能的冲动会被激发起来，例如一个没有后代的动物会努力地去收养其他动物的幼体。②

战斗本能

　　现在让我们来看一个众所周知的事实，母亲会参与战斗以保护其孩子。我想这一规则应该有例外情况。例如，我从未在老鼠或兔子身上观察到任何与这一倾向相关的迹象，而某些鸟类母亲似乎没有这一倾向。但对于那些在任何情况下都好斗的动物而言，对其幼崽的任何威胁应该都是最确定无疑引起战斗行为的刺激。许多动物母亲与人类母亲一样，会在原本可以轻易逃走的情

---

　　① 对此我们有近似的例子，在鸡蛋每天都被取走的情况下母鸡会继续产蛋，被定期"挤奶"排空乳房后的奶牛会继续产奶。

　　② 人们常说在劳动阶级中，当孩子不再需要父母无微不至的照顾时，父母通常会表现出相似的漠不关心，而非温柔体贴的关心。这完全是随着孩子的成长，他逐渐失去了那些直接引起抚养本能的特质这一事实的自然结果。

况下,奋不顾身愤怒地冒死抵抗势不可当的威胁力量。

　　有些物种被赋予了专门的战斗器官,每个物种的战斗性动作和姿势在物种内都是共通的,而且它们通常是该物种的独特特征。许多动物具有特殊的威胁或警告姿势,或在真正的攻击发生之前发出相同性质的吠吼声。① 我没有对攻击与防御做出专门的区分。自然界深知攻击是最好的防御方式,所以在动物的战斗行为中二者是不可区分的。威胁的姿势和吠吼声显然是用来警告入侵者驱赶其离开,或用来恐吓它们的。一般来说,这些姿势和攻击的模式显然是天生的,但它们不像许多其他动机那样是单纯的反射性冲动。这个系列的行动一旦启动,行为或目的性动作就会表现出高度特征化的标志。它是自发的、稳定的、多样性的、整体性的、指向性的、可预料以及可感知的。这种战斗行为似乎是本能性的。但如果真是这样的话,我们是否可以把它视作是抚养本能的表现之一呢? 我认为那是不合适的。当个体不需要抚养幼崽时,类似的战斗行为一样可以在许多场合中表现,而且在许多物种中,雄性比雌性更容易表现出战斗行为,那些似乎完全没有抚养本能的雄性也会表现出战斗行为。值得注意的是,任何阻碍觅食冲动或配偶冲动的事件都容易引发这种行为。此外,该行为通常还以一种明确的方式表达一种情绪性兴奋,它与伴随抚养本能而出现的柔情不同,它是动物表现出来的愤怒、暴怒或狂怒——以这三个名词来表示三种情绪强度。

　　如果我们试着列举和描绘引起动物——例如狗这种冲动强烈

---

①　参见 W. 克雷奇,"动物为何战斗?",《国际伦理杂志》,1921。

而危险的动物——的战斗行为的各种对象或情况,我们会发现,这些刺激是极其多样的。然而,它们都有一个共同点:战斗行为和愤怒的信号的出现都是因为动物在实现目标的过程中受到其他生物阻挠或妨碍,也就是说,它们出现在一个本能行为序列的进行过程中。无论本能行为是追求配偶还是追捕猎物、啃骨头、守卫住所,抑或是维护其在同伴中的优势地位,或者最突出的是,要奋力从一个或一群强大的侵略者中逃离,如果这些本能活动受到阻挠或妨碍,狗就会恼怒地对妨碍者进行攻击。在动物王国里我们到处可以发现相同的规则:一般而言,如果这是一个有能力做出战斗反应的物种,那么作用于动物身上的冲动越强烈,它就越容易因为其他生物的妨碍而被激起愤怒的战斗行为。因此,战斗行为是一种没有特定对象的特殊本能的表现方式,打开它的钥匙不是任何一种感觉印象或感觉模式,①而是对个体的其他本能顺利实现其目标造成阻碍的任何对象。②

可以说战斗冲动本身的目标就是为了驱逐它的障碍物,而只要这一目标实现就可以缓解战斗冲动的力量。这一点最常见于对侵入者的驱赶,如果入侵者没有屈服于威胁或第一波攻击没有奏效,战斗就会持续,直至入侵者被消灭。③ 因此,这一本能与其他

---

① 如果真的只要在公牛面前挥舞一块红布就能激怒它的话,那么这应该只是一个特例。

② 我们也许可以通过想象从生理学角度解释这一本能倾向与其他本能倾向之间的关系,那就是,战斗本能是将存储于其他任何一种本能倾向中的能量发泄出来的一个渠道。

③ 正如克雷奇(引证)所指出的那样,在几乎所有的情况下该本能都会因为入侵者的撤退而得以满足。与适用于食草动物一样,这一点也适用于猛兽,但在它们身上往往很难将战斗冲动与捕食冲动区分开来。没人能从愤怒的猛兽身边逃脱,这至今仍是一个天衣无缝的谎言,而"和言足以息怒"这一真理刚好说明了战斗冲动的特征。

许多本能一样，通常包括了两个连续的阶段，威胁阶段和攻击实施阶段，这两个阶段各自包含了不同的身体姿势和动作。确实，这两个阶段的行动常常在某种程度上混合或融合在一起，但是，尽管威胁阶段的身体姿势很大程度上是为攻击作准备的，但它们通常还具有该阶段本身的某些独有特征，而且这些特征对第二阶段并没有直接意义。例如，鼓起身体的某个部分、毛发直立、摇动尾巴都是威胁阶段所特有的行为。但使用最普遍的方式还是以嗓子或其他身体部位发出的声响；①战斗第一阶段的喧嚣与第二阶段中战斗者专注于殊死搏斗时的安静形成了戏剧性的对比。

那么，我们是否可以说常规的战斗过程涉及威胁和实际战斗两种不同本能的相继运作？这个问题很重要，因为一个貌似单独的行为的发生总是与多种形式的本能行为相关的。尤其是逃生本能的例子最明确地表明了这一问题，正因为如此，有些学者将它视为"危险本能"群，②而不是一个单独的本能。当然，如果我们将一个本能行为仅仅视作是一种反射性动作，而"一个本能"不过是神经系统的一个感觉运动反射弧的话，那么我们将不得不在每一个系列的本能行为中识别出一大批本能独立的作用。正是这种观点或明确或隐含的表达，一些学者指出人类身上存在的本能远远超出了我所愿意承认的数量。桑戴克教授关于人类本能的讨论显示了接受这

---

① 按照下面指出的原则，突然一声巨响是最通用的唤起恐惧本能的方法。
② 如，W. H. R. 里弗斯博士的《本能与潜意识》。

一观点的后果。① 他分辨出大约四十种人类本能,而且对这种观点的坚持会让我们分辨出更多的本能。另一方面,尚德先生②承认本能(用动机机制来识别本能)结合了那些我们不能只用大量反射性动作的联结与接替来解释的人类行为;他认为我们必须认识到被他当作本能的动机机制之间所存在的某些更广泛的目的性协作,他因而产生了一个独特的观点,认为人的先天倾向,除了这些所谓的本能(动机机制)外,还包括某些被他称作"情绪性倾向"的先天倾向。当我们试图将这一理论应用于解释动物行为时,我们立刻发现它实际上是根本行不通的。比如,将它应用于鸽子时,我们不得不说在鸽子繁殖活动的第一阶段所表现出来的许多本能,都是受"配偶情绪"支配的;第二阶段受选址情绪和筑巢情绪的影响;第三个阶段受"孵卵"或"孵蛋"情绪的影响;而在第四个阶段则受一种"看护情绪"或"饲养幼儿情绪"的影响。而且,当我们将该看法用于独居黄蜂时,我们应该说,为了确保它的猎物,独居黄蜂会依次受"寻找猎物的情绪"、"捕捉猎物的情绪"和"带着猎物回巢的情绪"的影响。这样做将与所有的用语习惯相悖,除了混乱并没有带来任何好处。在高等动物身上,我们必须承认存在两种不同类型的身体活动,即机械化或半机械化的反射和目的性的本能行为,而我看不出引入第三种行为,即情绪性行为能带来任何好处。如

---

① 《教育心理学》。
② 《性格的基础》。

果尚德先生能始终如一地坚持自己的理论体系,那他可能会停止使用本能和反射这两个术语,因为他对这两个术语所指示的对象做了界定。他应该会同意我的看法,承认只有两种行为,他会将其称作反射和情绪,但我更喜欢将它们称为反射和本能性行为。

好奇心本能

在一个时期内,一系列的行为表现通常包含了所有本能的运作,安全也许是其中最简单的一种。让我们再来考察这样一种本能,大多数哺乳动物都会以某种相对简单的方式表现出这种本能,它就是好奇心本能。这种本能看起来和攻击本能刚好相反;因为后者通常附和于其他本能,而好奇心本能则往往是其他行为模式的前奏。然而,从另一个角度看,两种本能具有相类似的特征;即,好奇心本能和攻击本能一样,都没有特别的目标,好奇心本能可以被任何具有某种特别的特征的对象和情形激发,这种特征就是它包含某种理解上的欠缺或者知觉的不充分性,而这些特征不会激活其他的本能。

这种本能的目标就是获得充分的认知或清晰的知觉,这个目标足以激活其他的本能性反应。

能够激活好奇心本能的目标(再一次在最广义的层面使用这个词,意指任何一种可知觉的情况)和通常能够激活其他本能目标一定具有某些类同之处,否则它就不能引起动物的注意;但是,在特定的条件下,目标必须有足够的新颖性或不同寻常,只有这样,它才不会激发其他本能或不具备让其他本能完全兴奋的能力。①

　　动物身上这种本能的表现是很明显的；即，它完全决定了知觉的方向并引导有机体做出恰当的反应。好奇心主要或者完全由远距离感官，如眼睛、耳朵和鼻子等激发。这些感官是动物赖以生存的寻觅食物和躲避天敌的判断力所在，动物的好奇心同样是通过这些感官才真正得以激发。好奇心的表现通常分为两个阶段——第一个阶段是接近对象，第二个阶段是利用一种或多种感官仔细地考察对象。两个阶段中，特定的反应都倾向于表现出复杂的好奇适应性行为，这些行为产生了清晰的知觉。马会接近地面上的奇怪物体，围着它转悠，眼睛、耳朵和鼻子都高度警戒，忽远忽近地反复打量它。这种新奇物体的移动一般最容易激起这种好奇本能。在了解了各种动物的这个特征后，猎人学会了用这种形式来设置陷阱。杂食性的猴子具有强烈而广泛的好奇心，这种好奇心帮助它们觅食，同时也使得它们被其他猎食者捕获；也许正是它们的这种性格特征起了最重要的作用，使得它们在理智发展的尺度上达到相应的水平。因为其他本能不可能提供如此大量的辨别训练以及多方位的精确决策的练习。好奇的态度本质上是一种悬而不定的决策；这就是智力的开端，是探索以及更进一步的考量和清晰决策的开端。

---

　　① 参见 W. T. 霍纳迪先生关于一只山地绵羊的描述，这只绵羊二十多分钟一动不动地注视着一匹被装扮过的马，这匹马被装上了一对羊角，背上披着一张大绵羊皮（《野生动物的行为和习惯》）。

觅食本能

动物能够本能地寻觅食物是一个不争的事实。它们的器官总是能够消化和吸收它们本能地寻觅的那些食物。这样的假设是合理的：即所有形式的觅食本能在最原始最基本的层面上和所有其他本能是有区别的。能够四处游荡寻觅食物似乎是动物和植物之间的根本区别。很多昆虫的觅食本能已经变得高度专门化，每一个物种都只在很窄的范围内寻觅食物。在哺乳动物中，这种本能的专门性要弱得多，会在比较广泛的范围内选择食物；但是在较低等的哺乳动物和许多鸟类中，我们可以观察到这些动物高度专门化的饮食限制：即使在物产丰富的地方，因为动物觅食本能缺乏足够的适应性，动物也只能饿死。高等哺乳动物则表现出较低的饮食专门性限制，因而具有更强的适应性。大多数食草动物偶尔也会吃灌木和树的叶子。智力比较低的绵羊从来不会这样；但是更聪明的山羊几乎对所有绿色植物都感兴趣。有的食肉动物对食物的选择很有限；而另一些则可能捕食所有的其他动物。① 在这方面，所有动物都是类似的——一旦这种本能驱力被激活，就会释放出巨大的能量，它将超越所有的其他倾向，其强大的征服和控制力甚至让它自己也感到恐惧。无论是因为觅食本能能量巨大，还是觅食本能被看作是第一倾向性，区别于其他初级意向性能量——例如生命力（*élan vital*）——觅食本能都可以被看作是比其他本

---

① 家养的狗食性变得很杂了。我的一条狗自然而然地学会了享用诸如豌豆、蚕豆以及西葫芦等生长在菜园里的各种蔬菜。

能更原始的本能。

觅食过程中表现出来的一个有趣问题是：一个生物体的各种觅食活动，包括那些不熟练的表现，应该被归结于一种还是几种本能？这些活动之所以被界定为本能性活动，是因为它们表现出对于每一个物种的专属性，而在同一物种中又表现出广泛的一般性。对于食草动物而言，比如绵羊，这个问题则表现得极其简单；成年绵羊的觅食活动是很单调和简单的；即使这样也可以分成两个阶段，第一，四处游弋寻找一片适合的草地（通常是在山脚下的一片空旷的开阔区域），第二，找到以后就开始吃掉地上的草。将本能和反射同一视之的人可能会将这两个阶段分别归因于两种不同的本能。另一些人则会认为是同样的需要、同样的刺激在驱动这两个阶段的活动。但是我们应该如何看待幼崽和青年或成年动物觅食活动的差异呢？幼崽通过吮吸母亲的奶头来满足自己对食物的需求；这个活动同样也包含两个阶段，跑到母亲身边并找到奶头，然后开始吮吸；显然两个阶段都依据同一种需要；当这种需要平歇了，两个阶段的活动都不会被激发。我们能否断言，当羊羔长到一定年龄就会发展出一种新的本能，这种本能使得小羊开始喜欢吃草而不再喜欢吃奶？当然不是；实际上是同样一种需要通过两种途径，也就是两种不同的动机来寻求并获得满足。在这两种情况下，嗅觉也许都是重要的引导性感觉，也许两种刺激能够引起同样的嗅觉体验。对幼崽来说，母亲的奶具有青草的气息；因此，不难理解一种进食活动如何过渡到另一种模式，以及从一类食物中获得的满足感会使得它渐渐取代了另外的食物。仅有的一个疑问就是，如果小羊羔始终得不到草料而母亲又能够一直提供乳汁，那么它是否会一直靠吃奶为生呢？这个对所有哺乳动物都存在的问题，也许可以通过同样的考察得到解答。

更加困难的问题是那些既吃食也喝水的动物身上饥饿和口渴的关系是什么？这个问题有可能被表述为：渴和饥是同样的需要吗？或者，它们是植根于两种不同本能的不同需要吗？对这个问题最好的回答方式是考察我们自己的体验。比如我自己，我可以很确定地说它们是没有分别的。我经常会不确定自己是饿了还是渴了；为了分辨自己所处的状态，我的办法是喝一杯水。如果这杯水减轻了我的欲望说明它是渴；如果没有，那么它就是饥。这种表述对我们自己是成立的，对所有需要喝水的哺乳动物也是一样：这是一种需要，可以通过喝水和进食来获得满足。我们可以很清楚地在食肉动物的行为中得到印证，它们通常既进食也喝水，然后才心满意足地躺下休息。

食肉动物的觅食本能体现出不同程度的专门性倾向。对那些在地面上捕猎的动物而言，这种专门性表现为追踪足迹和气味，小心地接近猎物，运用掩蔽并避免一切不必要的移动，等待伏击。一些善于爬树，另一些则返回水里游泳和潜水追逐鱼类；对所有这些类别，它们的身体形态和器官都已经适应了自己的独特的追捕猎物的行为模式。因而，所有这些行为有时被归因于"捕猎本能"，实际上都是一种最基本的驱力的表达。在我看来没有理由怀疑人类也是这样，人类的狩猎行为暗示了一种本能基础的存在；当其他食物短缺的时候，人就更热衷于打猎；狩猎的满足感只有在他大快朵颐时才得到充分体验，而他在狩猎过程中体验到的兴奋感总是伴随着对狩猎行为的预期。这正好应验了那句谚语："饥饿得像一个猎人。"

气味应该是哺乳动物追逐食物的主要线索；同时，味觉则进一步激发了食欲和消化功能；嗅觉就可以分辨可食用的和有毒的东西，而味觉在两者之间具有更准确的辨认能力。高级哺乳动物的本能的较低的专门化水平使它具有广泛的食性，这给了它们大量的进行理智辨别的训练机会和经验。

厌恶本能

为了理解分辨力的效能，我们必须考察另一种本能，这就是厌恶、呕吐和恶心的本能。在所有本能中这也许是最简单的一种。它的目的就是避免食用有毒物质以及动物自己的排泄物，当这些东西进入动物的嘴里时设法将它们清除掉。对于觅食本能高度专门化、食性很简单的动物而言，厌恶本能并没有多大用处。而高等哺乳动物的觅食本能的专门化水平较低，食性广泛，因此厌恶本能的用处就显而易见了。在它们尝试多种可食用物质的时候厌恶本能保卫着它们的安全。

为了说明这两种本能的功能互补，我将简短地描述一下我对我的狗做的实验，它养成了吃小块方糖的习惯，并且乐此不疲。我的实验是为了考察它的色彩分辨能力。出于这样的目的，我将大量方糖块染成各种明亮的颜色。作色剂采用的是无味无害的蔬菜汁。狗欣然地品尝这些彩色的糖块，就和吃白色糖块一样。在所有彩色糖块中，红色的被我灌注了奎宁液。当它将第一块红色方糖吃进嘴里时，就立刻将糖吐出来，站在一旁远远地打量这块糖。在得到一点鼓励以后它又开始吃其他颜色的糖块,然后再一次吃一块红色方糖并再一次吐出来。这样的经验重复几次以后,它表现出拒绝所有颜色的方糖,包括白色和其他颜色;但是几天以后,它又开始吃各种颜色的方糖,但是这一次它对红色糖块表现得犹豫不决,最终还是吞下了它们。我的实验并没有真正达到预期的目的;①但是它通过一种很有趣的方式表现了两种对立驱力的冲突:嗜好和厌恶,实际上,前者战胜了后者;可以说狗习得了一种新的口味,就像我们在饥饿时学会吃一些我们在不太饿时感到厌恶的食品一样,比如番茄以及口味很重的奶酪等,一旦学会吃了以后也可能会将它们当作一种嗜好。可以肯定,如果所有的糖块都被灌注了奎宁,狗一定会很快养成拒斥所有这种食品的习惯。

显然,野生动物也能够通过这种方式学习在众多物质中分辨无害和有毒的物质;有毒的物质通常都有引起厌恶体验的气味和味道;例如,腐败的东西或有苦味的含有毒碱性物质的植物等。

将厌恶本能说成是一种食欲和常识的观念有很大的冲突;但是,如果说食欲的产生伴随着厌恶感就会更恰当一些。厌恶感是努力摆脱某种对象,正如食欲是努力趋向于它一样。当我们在技术层面上使用"食欲"这个词的时候,它包含了厌恶,厌恶可以被看作是各种食欲中的一种特殊形式。值得注意的是,我们自己对食物的反应很大程度上取决于我们自身的身体状况。当我们正饿的

---

① 我依然倾向于认为这是一个考察动物和婴儿颜色分辨能力的有效方法;同样的方法还可以用于考察对形状和尺寸的分辨能力。

时候，鸡肉的气味就是一种诱惑，激起我们的食欲。如果我们已经很饱胀了，同样的气味可能让我们感到厌恶。我们可能怀着强烈的食欲坐下来享受一顿甜食的盛宴，一旦吃饱了就会感到腻味了。我们知道类似的一些简单体验就可以让我们对食物的态度发生或短暂或持久的改变。例如反胃，这通常是由极端情况引起的单纯的恶心感，某些身体状况就会引起这种体验，比如船的晃动或某些药物的作用等；这个时候，如果察觉到或者想到某种食物都会引起或加强我们对这种食物的厌恶感。

在厌恶本能和觅食本能的引导下，那些没有高度专门化觅食取向的动物可以拥有一个非常广泛的喜欢和不喜欢的食物范围，也就是说，它们通过看、听、嗅（即隔着一段距离进行观察）考察那些引起厌恶感的东西，而不是一开始就吃进嘴里，同样，它们也通过看、听、嗅而接受那些天生无害的东西的吸引。这种习得性的对各种东西的"品尝"在猴子身上表现得淋漓尽致；在猴子身上，这种行为主要受好奇心的驱动，其他动物也有一定程度的类似表现；猴子就像小孩，常常会将细小的激起它们好奇心的东西放进嘴里咬一咬。

动物中食欲倒错的例子并不罕见；人类社会中的食欲倒错已经引起严重问题。很多东西当它们进入口中、咀嚼品味以及吞咽时，可以满足一些很特别的食欲。大量文明社会的机构则专门负责制造和分销这些物质——口香糖、烟草、糖、槟榔、各种含酒精的以及不含酒精的饮料，还有各种各样的调味品，从胡椒、盐直到更多精炼过的香味剂。其中一些物质，诸如盐、酒精、茶、咖啡、可卡因以及鸦片等，在被吸收进入血液以后能够引发后继的微妙化学效应,这正是它们的诱惑力来源;它们并不是依靠即刻满足食欲而产生诱惑力。在多次使用以后,对这些物质的使用会倾向于形成固定的行为,在我看来,没有理由怀疑对这些物质的渴望是一种食欲的倒错性举动。做出这种鉴定需要考虑三个条件:第一,这种渴望体现为一个渐渐远离常态的序列;偏离常态最少的是一些常见的轻微异常的食欲,例如女性闲暇时对糖的需求;更进一步的是咀嚼烟草,而偏离常态最远的是对可卡因、鸦片的渴求。第二,特别需要注意的是,放任这种欲望会干扰正常的食欲,它会取代对正常食物的渴望,因此,那些药物成瘾的人同时会体验到食欲丧失。第三,从咀嚼口香糖、槟榔,吸烟、咀嚼烟草到吸食鸦片、可卡因,使用这些物质事实上的确可以缓解饥渴感;在食物和水匮乏的时候,就会有对这些物质的故意使用。①

逃避本能

所有哺乳动物都会本能地避免和逃离危险。即使是狮子也有夹着尾巴逃跑的时候。刺猬和豪猪有尖利刚毛的庇护,臭鼬则是用气味来保全自己,因此它们不需要这种逃跑本能;它们在任何情况下似乎都能处之泰然。动物的自我保护能力越弱,它们就越容

---

① 关于这种变态食欲的明晰陈述让它们本质的实际价值得到澄清。现代人已经养成了在固定时间进餐的习惯,因而现代人的物质滥用和原始人、猿等不停地咀嚼甘蔗和水果具有类似的含义。

易被其他动物猎食,因此它们的避险本能就越敏感,并且其避险的驱力也越强;诸如,鹿、野兔、绵羊和鼠类都是如此。在考察逃跑行为时最困难的问题是:各种各样的逃跑行为都是单一本能的表现呢,还是我们必须通过一组本能才能实现这个联合功能?在研究觅食本能时,我们已经认识到避免食用恶心的食物也是觅食驱力的一种表现,因此,我想我们应该能够理解,各种逃避性行为都是单一本能的表现。

一些比较有影响力的作者持另外一种观点,值得一提的是W.H.R.利弗斯博士①。他认为人类有五种"危急本能",即:(1)战斗或逃跑,(2)攻击性,(3)控制性行为,(4)固守,(5)惊恐与溃败。所有这些本能都服务于一个共同的目标,并且都受威胁性情景的激发,正如这个领域内的其他混淆一样,这些关于本能的定义主要是由于没有在本能和动机之间作出恰当的区分。初学者也能够看出来,如果我们关注这种区别,那么,所谓一系列的避险本能都是没有必要的;因为所有这些应对威胁的多种行为模式都能够用单一的避险本能予以充分解释。

我们应该把这种本能叫作什么呢?有时它被称为"自我保存本能";这种称谓不会带来严重的问题,不过它有一个缺点,它暗示了自我意识的存在,并且还暗示了大多数动物可能拥有比我们想象的更高水平的理智;因此它不是一个贴切的名称。常识观念通

---

① 参见他的《本能与无意识》,剑桥,1920。

过"害怕"这个词表达了本能和情绪之间存在的本质联系,"害怕"既指称了某种本能性行为,也表述了与之相伴的情绪。我认为,我们没有理由不采用这种称谓。但是,如果我们一定要为这个本能命名一个特别称谓,我们最好称之为逃避本能。在人类和很多哺乳动物身上,这个本能明显区分为两阶段。对年幼的人以及许多具有这个本能的其他物种的个体来说,第一,跑回自己的庇护所;第二,回到庇护所以后就趴下藏起来。庇护所既可以是巢穴也可以是母亲的身体。对成年个体来说,庇护所可以是自己的窝或任何其他掩体;对群居的物种来说,庇护所就是大量聚集的同类族群。我们通常把这个本能的昏厥表现理解为胆怯和紧张的结果;是我们称之为极度恐惧的表现。在极度兴奋状态下,这个本能激励全身的组织协调达到极端效能。为了达成最大的效能,夺路逃回掩体需要竭尽全身的努力;一旦找到了掩体,它还要继续准备下一步的行动,或者战斗或者逃跑,同时,所有的感官必须继续保持警戒。

在恐惧条件下,人和动物都有一些令人难以置信的举动,比如肢体的颤栗,有时颤栗非常剧烈以至于身体不能动弹。我认为最好将这种常见的恐惧症状看作是自然的失调,是一种偶发性的伴生性举动;它应该是肌肉在相互矛盾的驱力作用下而发生的不协调动作。对人而言,这种症状的出现往往是因为面临威胁,而因为道德的或自然的原因又无法逃脱,这时,人能够做的只能是尽力控制他的恐惧。对动物而言也是这样。惊恐的马如果有机会逃跑就不会颤栗;只有它的主人强制性迫使它面对危机并还要靠近危险时，它才会颤栗。①

群居动物遭遇危险时，第一个本能反应就是发出信号警示同伴，将它们召集起来，要么战斗，要么逃跑。敲击地面是一种信号。野兔逃回洞穴的时候，它的白色尾巴在黑暗中急速摇摆也有这样的功能。尖叫是所有物种恐惧时的共同表现，这也是最通用的危险信号；在这方面，人清楚地表现出他作为群居动物的沟通本性。

越是缺乏防卫能力的哺乳动物就越经常表现出惊恐。很多很平常的物品都能够引起它惊慌，这些东西就像打开它恐惧之门的钥匙一样。一个巨大的物体突然移动是最普遍的钥匙。比较特别的是来自同一物种其他个体面临危险时的尖叫（或其他危险信号）；这种情况最好的例证来自鸟的举动，即使声音并不很激烈也会引起恐慌的行为。更为特殊的警示信号是特定的气味，如果真是这样，那么很多动物对人或者其他掠食动物的气味会很敏感，一旦闻到就逃之夭夭。

逃避本能的门平时是锁住的；每一种适合于这把锁的刺激都能够打开恐惧之门。另一种常见的能激发恐惧并打开这个本能之门的特殊钥匙是身体的疼痛。对于一个健康的野生动物，疼痛通常意味着某种外来的伤害。好斗的动物一旦逾越了最开始表露威胁的阶段，接下来的举动就是尽量给对方制造痛苦；如果他能持续不断地将疼痛施加于对手，他就能让对手恐惧并驱逐对手。因为

---

① 这是过去的关于持续颤栗的例子，在战争中，最为常见的症状就是"炮弹休克"。我们可以在我们自己身上以及动物身上观察到由于冲突的驱力而导致的颤栗，例如当我们竭力克制自己的愤怒时；或者当狗或猫看到野兔跃跃欲试却又被主人困住的时候。

身体疼痛激发起的恐惧力量如此之强,以至于除了逃跑外其他的行为都被抑制。我们自己身体疼痛时会很痛楚,而且无论是预期身体疼痛还是现实的疼痛都会如此,这种痛楚源于恐惧,它超越了身体的疼痛本身。有谁怀疑这种观点就请他想象自己看牙医时的情景。在这种情况下,孩子总是充满了本能性的恐惧。如果我们能够百分之百确定这个痛苦的手术对我们有益无害,那么它带来的痛苦就能够忍耐了。同样,一个孩子割了手指或者扎了脚,他看见血流出来了,这时他身体的疼痛并不重要了,他更强烈的体验是恐惧以及因此而带来的痛楚。

另一个通常能够激起恐惧却很有趣的对象是稀奇古怪的东西,即神秘物体。这时,好奇心和恐惧紧密联合在一起。能够激发起好奇心的对象一定与熟悉的物体有某些类似之处,否则就不能引起注意;同时它也应该和通常熟识的对象存在足够的区别,这样它才会引起不一样的反应。正是这种似是而非的体验激起了恐惧。于是,我们可以看到动物或者儿童在遭遇这样的物体时,在好奇心引起的诱惑和恐惧感造成的矛盾之间徘徊不定的样子。科勒教授报告了黑猩猩表现出对镜子的持久好奇心,还学会了关注来自水塘或其他光洁表面的反射映像。但是,当它们看到制作粗陋的各种动物形象的玩具,以及看见一个虽然熟悉但是戴着面具的人靠近时,都会表现出害怕。

"一个巨大的,不寻常的动物只要出现在黑猩猩附近,立刻就会引起它们的恐慌。当特尼菲人的两头身形庞大的牛牵引着犁从笼子旁边经过时,整个群体都骚动了,就像捕食者来临一样,它们尽可能地远离这个可怕的动物,脸色发白,颤栗着，当牛靠近的时候，它们就飞速逃离"。40厘米高的牛和驴的玩具模型，"根本不可能让苏丹（你可以牵着它在野外散步）靠近这些小小的非自然物体；距离这些玩具还很远，它就表现出极度的害怕……一天，我手臂下夹着一个这样的模型出其不意地进入这些动物的寝舍，……一瞬间，所有的黑猩猩黑压压的一片全都挤到屋子最远端的角落里，它们彼此靠紧，每一只都尽可能地把头埋到其他猩猩的身后……这很容易解释为像这样一个新奇的、未知的物体本身就是可怕的……黑猩猩不单对新奇的物体感到害怕……所有看起来像天敌的东西也是引起恐惧的必然条件……一天，我突然戴上一个恐怖的面具，所有的黑猩猩都瞬间消失了。它们发疯似的挤进一个箱子里。"（引用同前）。

群居本能

许多哺乳动物的物种是群居性的，它们集体迁徙，成群结队地觅食，聚集形成群落；或者聚居在同一个地洞里。我们推测这些物种具有一种专门的本能促使个体聚集在一起。因为，如果没有这种本能的运作，当年轻的个体能够自食其力的时候，就会离开父母独自去觅食，这样就不可能形成稳定的群落。聚居的群落会消耗大量的食物，这会给群体的生存造成不小的困难，但是依附于群体的三个重要优势抵消了这些困难；这些优势是：集体的攻击力和防御能力，相互警示危险，在不同程度上分享传统知识以及依赖群体中更敏感或更聪明者获得更多安全保障。

独居的食肉动物相互之间缺乏亲和力显示了这些动物完全依

赖于本能而较少依赖习惯的特征。大多数独居的食肉动物在生命最初的几个月或者几年里，也是生活在家庭群体中的；如果像通常人们所误解的那样，习惯是影响人和动物的持久的、最强有力的因素，那么，我们就有理由相信，那些独居动物在年幼的群居生活时期应该形成了群居的习惯。但是，我们并没有发现这种情况。一个物种是否是群居性的只取决于天性；在这个方面，习惯对个体的影响接近于无。从那些被人为囚禁的群居动物的个体身上，我们能够看到相反的事实。一旦它们获得自由就会寻求加入某个群落；就像彭巴斯草原上驰骋的野马一样。

这种本能最好被称为群居本能（gregarious instinct），虽然"集体本能"（herd instinct）可能是一个更为精确的词组。[①] 有时它也被称为"社会性本能"；但是这个名称并不恰当，因为它隐晦地暗示了这种本能是所有社会生活的根源，例如，某些食肉动物种群似乎并没有这种本能，但它们一样能够有社会性活动；当然，这种情况下是否有这种本能的萌芽，依然存疑。这个本能的目标是靠近同物种的其他个体；它驱动个体接近其他个体，特别是接近由其他个体组成的群体。同一个物种的外形、独特的叫声以及可能还有的特殊气味是开启这个本能的适宜的钥匙。很多物种的群居本能体现出强烈的需要；当独立于群体之外时，个体会产生出强烈的不安并惊恐地四处游弋；直到它发现了同类留下的熟悉标记并循迹返回了群落，它的渴望才得到满足，驱力才得以减轻。如果认为

[①] 这个词组因为尼采和 W. 特罗特先生的著作而家喻户晓，这本书是《和平与战争中的集体主义本能》。这本充满睿智和可读性的小册子对"集体主义本能"做了一个错误的注解，将每一种形式的社会关系和社会影响都不加区分地归因于这个本能。

这个本能通常会在哺乳动物身上激发起利他行为,那么这是一个误解。唯一难以理解的是群落首领或年长者的保护群落的行为以及群落中的成员轮流站岗放哨。经常有关于动物这类行为的报告;但这的确是难以解释的现象。

我们不用怀疑人类拥有群居本能。长臂猿显然是群居的。曾经看见过这种动物群落的人一定为之震惊,并不会怀疑它们的群居性,它们成群结队地在树林中腾跃,发出各种声音。黑猩猩也拥有强烈的类似驱力。其证据来自我在下一节中引用的 W. 科勒教授的报告。① "如果有人说一只单独的黑猩猩不是真正的黑猩猩,这并没有夸张……只有你面临一群黑猩猩的时候,才能够观察到这种动物的特殊的性格特征……只有当观察到的个体行为和个体在群体中表现出来的相反行为被看作是一个整体的过程时,对个别黑猩猩的观察才能得到明晰的解释……黑猩猩群落内部的相互联系必须被看作是一种现实的力量,有时这种力量会有惊人的强度。当试图将一个群体中的个体从群体中孤立出来时,人们就可以清楚地看到这种力量。如果这种分隔从来没有发生过,或者过去不经常发生,那么被隔离的个体将竭尽全力地设法回到群体中。年幼的个体会表现出害怕(焦虑)……大一些的个体不会表现出害怕的状态,但是会尖叫、怒号,狂暴地用身体撞击牢笼的墙,如果它们发现一条可能可以通往其他个体区域的道路,尽管这条路完全行不通,为了回到群体的怀抱,它们

---

① "黑猩猩的心理",载《心理学研究》,1921。

也会毫不犹豫地冒生命危险去尝试。直到它们精疲力竭才蜷缩在角落里呜咽，一旦蓄积了足够的力量又会做新的尝试。"

原始的被动同理心

在所有社会心理现象中，我们还应该关注和群居本能相关的一个重要事实；即，群居动物之间的协同行动以及沟通行为必须满足群体生活利益最大化的要求；动物应该有好几种特别的本能以适应这个方面的需求，同一物种中的其他个体也有同样本能的类似表达。我们可以观察到，相互熟悉的狗之间用特别的叫声应答对方。当一只狗发现野兔或其他猎物时，它所发出的狂吠声是自然赋予它召唤同伴支援的信号；这个声音是激发猎食本能的钥匙。但是如果没有锁的配合，只有钥匙也是枉然；锁就是拥有同样本能的同类个体的知觉器官。因此，当犬吠声起，它就打开了所有适合的锁，听到这个信号的狗都会被激发起追逐猎物的冲动。愤怒的咆哮也有同样的功效；它会让所有听到咆哮声的狗激发起战斗的欲望，准备和对手决一死战。

通常由恐惧的尖叫引起的行为反应是对这种回应最好的证明；对于很多胆小的动物，几乎所有情况下的尖叫都表达了恐惧。恐惧引起的尖叫以及其他反应，比如径自逃跑等，本身就是引起恐惧的刺激。

好奇本能以及许多物种（特别是群居的鸟类）的求偶本能也具有类似的适应性表现；每个个体的本能都是一把特殊的锁，同类的相同本能的表达就是打开它的专门钥匙。

这种倾向或能力在群居动物中广为流传，是受到同类其他个体所表现出来的本能行为感染的能力,我称之为被动的同理心。在主观上,它是一种关于本能行为情绪刺激的分享性的体验。在人类行为中,它是非常普遍的现象;也就是说,大多数人类的本能拥有这样的锁,即在相应的领域具有对应性的应答。这是大多数乌合之众的群体性行为,诸如恐慌、狂热以及群情激奋等现象的原因,并且也是更高级形式的同理心的基础。如果说群居本能是群体的黏合剂,如果没有它,个体之间的交流就只会停留在简单的家庭范围内,而不会形成更大范围的群体,它就是原始的同情心,正是这种原始同情心使得群体所有成员从群体生活中获益,同时它也是更高级的社会发展的前提。①

自尊和自卑的本能

在群居动物中间通常保持着一种社会序列。社会序列的最低级表现形式是个体受制于某一些比其他个体更强壮或更主动的个

---

① 参见我的《群体意志》,伦敦和纽约,1920 年。社会性昆虫似乎也遵循同样的法则。当蜂被移出蜂房的,所有的工蜂会发出一种特别的鸣叫(即所谓 heulen),如霍尔姆斯教授所说(引用同前):"蜜蜂、蚂蚁以及白蚁中一个个体表现出愤怒的信号就有可能激发起整个群体的极强烈的骚动。这时,每一个个体都能够刺激其他个体,而且群体的规模越大,激起的骚动就越强烈。"科勒(同前)描述的黑猩猩群体发生骚动的过程:"有时,人和黑猩猩极其轻微的摩擦使得后者愤怒地尖叫并使劲捶击墙面——愤怒的波浪立刻波及整个群体而引起集体撞墙行为。尖叫和愤怒在一瞬间就传遍整个群体,邪恶的力量从动物机体深处喷涌而出……整个群体都热血沸腾,尽管大多数个体并不清楚最初发生了什么事情,或者究竟会有什么麻烦。激情喷发仅仅是因为尖叫引起的相互共鸣。我曾经有这样的亲身经历,一向温和的戴安娜突然愤怒地跳起来袭击我的脖子,她怒不可遏,而仅仅前一刻她还在和我愉快地玩耍。"对于那些怀疑被动性同理心法则是否存在的人,以及否认这种原始情绪是本能的效果的人,我要特别引用这段描述以引起他们的注意。我还要提请读者注意,我并没有将被动性同理心描述为一种本能,也不是某一种单独本能的表现。

体的控制，它们引导着整个群体的行动方向而其他个体都是它们的追随者。但是在更多的情况下，更高级的社会序列的形成是因为群体认可了一个领袖、首领或一个掌控者。这正是一个成年雄性能容忍或不能容忍群体中存在其他成年雄性的原因。很显然，在后一种情况下，群体必须维持在一个有限的范围内，因此，必须保证某些群体成员享有优先的生存权。而我们也可以看到，在前一种情况下，一个雄性被当作群体的首领而其他成年雄性则服从于他的统治。这种统治是如何形成的？显然，一种原因是因为恐惧。在多数群体性物种中，群体的首领必须随时做好为它的统治地位战斗的准备；无疑，对战斗失败者的惩罚就是养成对胜利者的持久恐惧，恐惧使得失败者在胜利者旁边时小心翼翼，而它一旦表现出愤怒的迹象就立刻逃跑。但是，仅仅用这种方式来维持社会秩序会浪费巨大的能量甚至付出生命的代价，对于和谐的社会生活并无益处。于是，我们在许多群居动物中发现了存在另外两种本能性行为模式的证据，两者相互补充，相互影响，从而用一种高效安全的方式保证了社会秩序的稳定。

　　我们在这里所说的是在自然环境中生存的野生动物之间的交往关系，大多数情况下，这些动物并不会经常出现在我们身边。我们必须主要从常见的家养动物已经退化或发生改变的本能中去探索这些本能遗迹。我们可以看到一条年轻的狗是如何接近一条年长的狗的，年轻的狗的移动姿态表达了它的态度，要描述这种态度我们只能用这样一类形容词，诸如：恭敬的、乞怜的、谦卑的以及顺从的。它蜷缩着身体，夹着尾巴，耷拉着耳朵，背部微微隆起，总之每一个细节都表明它没有攻击性，并肯定对方的强大。另一方，较大或较年长的狗则以另外一种姿态迎接它,我们也只能用这样一些词来描述这种姿态:威严的、自豪的、容纳的以及一切在握的优越感等。在牧场上的马群和羊群中我们也能观察到类似的双方应对模式。当然,在杂乱农场里以及在动物园的喧闹的猴子笼里很难观看到上演这两种互惠式本能性行为;但是我们可以推测,在众多的动物群落中,这种本能使得群体中存在比其他个体享有更多优先权、处于更高地位的领袖,这在极大程度上调节着群落内的社会秩序。

我们可以将这两个相对应而又相互补充的行为模式分别归因于自尊本能和自卑本能。群居的人类也有这种本能,它们在人类的社会生活中扮演着极其重要的角色。在讨论了哺乳动物的求偶本能之后,我们必须返回来再说说这两种本能。

求偶本能

哺乳动物的求偶本能表现得很清晰。一雄一雌两只年幼的小白鼠,如果从它们断奶开始就被隔离地抚养,当它们近成年的时候再将它们放在一起。它们立刻就会上演一出精彩的求偶戏剧:追逐和退却以及相互的试探;然后以自然的举动达到求偶行动的终点。用两只年轻的鸽子做同样的实验也会得到同样的结果,再进一步,用所有可能的哺乳动物做这样的实验,其结果有可能都是一样的。在这些行为和姿态中,链式行为的特征表现到了极致,尽管这些行为和姿态或多或少是这种本能的专门的或特殊的表达,尽管预演的求偶过程包含了动物所拥有的全部,或接近全部的动机;但是它们没有一个不受到求偶本能的激发。这种驱力的最终目标,即能够满足它的需要或缓解驱力的活动即是实现交配。其目标对象就是相对性别的个体;对某一种性别的个体来说,相对性别的性征就是开启求偶本能的钥匙。性欲是一种很强烈的驱力,对大多数物种而言,雄性尤其如此;它的重要性以及和它所依赖的身体功能,诸如荷尔蒙、激素和刺激物等,都表现出季节性周期变化的特征。

很多物种的雄性和雌性之间存在明显的区别,这被看作是这种本能的两个方面的体现,既有接受者的一面,也有积极主动者的一面。雄性多具有侵略性,通常采取积极主动的行动。我们在鸽子种群中可以看到这种特殊的行为是区分性别的唯一标志;而其他鸟类则有不同的性征,如羽毛的特别颜色或形状,以及雄性在雌性面前的表演等。低等的哺乳动物也是如此。雄性为了"征服"雌性而用尽各种招式,包括展示它的嗓音、身体外形、力量或敏捷等。种马在雌马面前拱起粗壮的脖子,高高地舞动尾巴,骄傲地阔步腾跃。公牛呼呼地喘气;狮子咆哮;猫儿叫春;而年轻男性则精心打扮他们的髯须,提高嗓音,在真实或模拟的战斗中,在上百种舞蹈、游戏或运动中展示他们腾跃的力量和敏捷性,这些活动体现了不同的规范性,其内容包括了从土著人的歌舞狂欢聚会、逐猎探险,直到中世纪马上比武、决斗,再到18世纪的小步舞、加伏特舞,以及今天的"爵士"、"摇摆舞"和"快步舞"。

这里出现了一个极其困难的问题。男性的自我展示行为引起了女性的同样形式的回应,不过女性的自我展示具有她自身的性别特征,与男性相比少了一些主动性和攻击性,于是,所有这些自我展示能够被看作是求偶本能的伴生表现吗?

或者它是否是自尊本能的表达呢？我不认为我们在这里能够做出清晰的区分。求偶期的自我展示极有可能主要地或直接地源于求偶本能。但是，在所有社会情境下，自信和服从驱力也经常使得求偶本能的行为表现更加复杂化。① 在多种哺乳动物和鸟类中，这种复杂性各有不同。

在所有哺乳动物中，求偶本能成熟得相对较晚，通常它的第一次表现会出现在个体生理发育完成的时候，或者略微提前一点。关于人类的求偶本能从何时开始影响个体的经验和行为，在这个问题上存在多种不同的观点。最通常的看法是，它的影响要到青春期晚期才会表现出来，这个时期身体发生了标志性的变化，包括第二性征的发展。另一方面，弗洛伊德教授以及他的学说则坚信这种本能在婴儿早期就开始扮演极重要的影响。而事实可能居于这两个极端之间。有可能在这个方面个体差异非常大，而其中极端早熟的例子符合了弗洛伊德学说并被这个学说大书特书。但是，如我所说②，有充分的理由相信，对于一般正常的儿童来说，这种本能在八九岁时就开始逐步发挥作用了。

占有本能

一些哺乳动物有收集过量食物并将其囤积起来的本能。对于肉食性哺乳动物来说，这种情况并不常见，我们可能会看到狗会埋

---

① 这些事实为弗洛伊德学说在求偶本能和其他本能之间的混淆提供了一些支持，但这种支持并不可靠。

② 参见《性欲本能的界定》，皇家医学学会，伦敦，1914。关于人类的这种本能的发展的更多讨论参见我的《社会心理学》的增补章节《性本能》。

下骨头并在一段时间后将骨头重新挖出来,从这一行为中我们看到一点囤积食物的迹象。对于那些有固定住所,以谷类、坚果类以及其他可保存植物为食的哺乳动物来说,这种情况就相当普遍了。

我们要把这样的行为归为觅食本能的外部表现之一,还是将其归为一种不同的独立的本能呢?它可能是一种从觅食本能中分离出来的本能,许多物种的行为也证明了这种分离的存在,但是有反对者认为,很多动物并不会囤积食物。鸟类会收集木棒、秸秆、发丝以及苔藓来筑巢,同时它们会保卫自己的巢穴,使其免遭侵略者霸占,特别是那些其自身巢穴缺少这种防御设施,会抢夺他人财富的同类。一般来说,那些有巢穴、有住所的动物都会对入侵者很反感,当涉及"家"这一概念时,出现这种防御性姿态是很常见的。有一句谚语说得好,"一个人的家就是他的城堡",这句话不仅适用于英国人,也同样适用于较为低等的生物。这种对"家"的占有行为看起来是本能性的,它一定跟囤积食物的行为关系密切。那我们现在到底是把它们划分为两种不同的本能,还是一种本能的两种截然不同的表现形式呢?这个问题和其他所有关于动物本能的问题一样,关注点都在其对于人性的影响。我个人比较倾向于认同它们是两种不同本能的假设,并且认为它们都是人性的构成部分。但是很难从实际上区分这两种本能对人的行为和经验的影响,所以我们可能会满足于将它们通称为占有本能;并且倾向于认为这种本能包括收集和保护财产两种行为。尽管如此,还是有一个看起来类似"天方夜谭"的事实,即有些人本身没有什么财富,但是他们会特别小心地去守护那为数不多的东西,其他人则似乎从不断的获得中体验到了最强烈的幸福感,而对已有的东西则态度冷漠，对它们的遗失满不在乎。或许天生的赌徒就是那些获得本能很强，囤积本能很弱的人，因此对他们来说获得所带来的满足感远大于失去所产生的挫折感，而"守财奴"的囤积本能则显得过强了点。

建筑本能

鸟类、昆虫、蜘蛛等所修建的巢穴、庇护所、蛛网、蜂巢等都是关于本能活动的最奇妙的例子，这些活动常常体现出理智与本能之间的良好结合。哺乳动物也有这种建筑本能，但通常水平较低。在这方面只有海狸可以和鸟类、昆虫等相媲美。但是很多哺乳动物还是具有一些比较初级的建筑行为，例如兔子可以挖出自己的地洞，鼹鼠可以设计出自己的"地下长廊"，老鼠和松鼠可以建造属于自己风格的巢穴。我们本来期待猴子会显示出高度发展的建设能力，但是它们在这方面的表现令人失望。灵长类动物似乎会独立建造巢穴，但是它们的成果显然很粗糙。[①] 这些事实表明，它们的确拥有某种本能倾向，我们只能将其归属于某种新的独特本能。支持这一观点的人认为，人类具有一种类似于建筑本能的独特本能，不过其专业化水平很低。在儿童的建筑类游戏中，他们很乐意于建造一些东西，特别是房屋、洞穴、避难所，并从中获得极大的满足感，这也许是人类存在这种本能的最直接的证据。

---

① 在我的朋友 C. 霍斯博士在沙捞越州得到一个 Maias 的巢，并将它完好地送回英国剑桥博物馆之前，这一事实一直被怀疑。我相信这个奇特的标本现在也许仍然可以看见。

163 **求助本能**

当不能通过自身的努力来达到某些本能的满足时，许多年幼的哺乳动物都会本能地发出一种特殊的哭声。这哭声对幼兽的父母亲来说称得上是万能钥匙，它能够唤起父母亲的本能反应，使父母亲立即给予援助。这是一种本能性的忧伤的哭叫，应该是一种专门本能的表现，它与其他本能的关系类似于战斗本能与其他本能；正如战斗本能是在其他本能之后被唤起的一样，如果战斗本能未能实现其目标，或者是受到了限制使其他需要无法实现，接下来的反应便是本能性的哭泣。我们可以通过以下实验观察到这个驱力的出现顺序，如果我们捉住一只年幼动物，比如一只小狗，用针刺它，并让它无法逃脱。一开始，它会充满恐惧地试图逃跑；接下来，它会愤怒地抗争，奋力撕咬；最后，如果它发现所有的努力都是徒劳，它就会无助地呜咽。类似的表现在儿童中也相当普遍。如果限制婴儿去接触乳房、奶瓶以及其他他所渴望的东西，他会表现得很愤怒并且会更努力地去试着得到，这时如果我们继续限制他接触他想要的东西，他的愤怒就会渐渐被无助的哽咽与眼泪"淹没"，如果他到了可以站立以及行走的年纪，他会躺在地上打滚，而不是去努力达到目的。当然，愤怒阶段和无助阶段经常是重叠的，并且它们的标志和表现很容易混淆；但是二者发生的先后顺序还是很清楚的。

这种行为应该归因于个体为了从他者（特别是父母）那里及时获得帮助和安慰的特殊本能。我们最好将它称作是"求助的本能"。

其他次要本能

我现在要列举多数哺乳动物和人类所共有的十三种本能，并予以简单讨论。这个数字非常"不吉利"，因此我很想再加上一条。但是我实在看不出人还应该有什么其他的倾向或冲动可以被称为本能，本能应该拥有像笑以及反射那样简单、快捷的神经传达方式。还有一种有时被称为"感觉反射"的内容，这样的称呼是为了与那些发生在神经系统的脊髓水平上神经反射相区分，它似乎与那些被意识察觉的"感觉印象"没有任何关系。

这类反应中最有代表性的包括如打喷嚏、咳嗽、抓痒、排便和排尿等，其中抓痒似乎比其他活动更符合本能反应的模式。因为我们并没有发现抓痒这一行为是任何一种单独的动机系统的表达，它涉及很广泛的活动模式，例如，一个两肩胛之间有痒处的人不断地扭动身体，从他的动作中我们可以清楚地看到抓痒的多种活动模式。而其他倾向则稳定地通过特定的动机机制来表达。这很可能是因为只需要一组肌肉的活动就足以使本能得到满足。反过来说，这是因为这些例子中的"感觉印象"只发生在身体的特定部位，而这些"感觉印象"正是激发反应的条件，也是追求满足的目标。

我把这些反应归因于一类既特殊又简单的本能，原因如下：(1) 它们每一个都是能被明确地觉察到的冲动，如果它们不能及时得到宣泄就会成为强烈的欲望，同时这些冲动也会主动去消耗有机体的能量，排斥其他本能冲动或与它们进行竞争。(2) 它们对是否得到满足有着相同的判断标准。(3) 和其他本能驱力一样，它们

165 服从于同类型或同水平的自主控制。如果我们用那些初看起来相仿的反应来与它们进行比较，可以更清楚地发现它们与典型本能之间的密切关系。出汗、脸红、脸色苍白可能是有机体被唤起的反射性反应，也可能是某些复杂本能反应的成分，例如害怕和发怒等。但它们并未表达任何一种独立的冲动。我们从来没有意识到我们有一种"我要出汗、脸红或者脸色变得苍白"的冲动，而且正如所有冲动反应一样，我们不能直接控制这些反应。我们可能希望我们能有诸如模仿或表达一些情感的反应，但这样的欲求其实是从属于其他目的的，这些反应本身不是目的。另一方面，一个进入喉咙的异物会引起膈肌的强烈反应，从而产生一系列急迫的具有强烈目的性的反应，设法清除喉咙里的异物。① 笑同样表现为一个独立的冲动，我们发现它有时也是很难或无法控制的。它虽然只是这群本能中不起眼的一个，却颇有意思，很值得深入讨论一番。

笑的理论

笑给哲学家出了一个难题，他们提出过很多荒谬的理论，诸如"人类是唯一会笑的动物"以及"如果笑可以被定义为一种本能反应，那一定是人类特有的"。当对"笑"进行讨论之后，几乎所有学者都把它当成是快乐的表现，并且大多数所谓"笑"的理论都力图说明笑的源泉是快乐。例如，托马斯·霍布斯认为，所有人都会在

---

① 克拉帕里德教授认为，入睡是一个具有强大能量的本能过程，我比较认同他的看法，但这是一个很复杂的问题，我们将在第二部分做进一步讨论。

别人失利时体验到一种"意外的荣耀",它是笑的来源。还有一些人则徒劳地将这个原本错误的理论推演到其他领域。它的错误是很明显的,只要我们问自己一个简单的问题能够发现这一点:我们是因为所笑的东西而获得快乐的吗?显然不是——那些让我们发笑的事物和情景本身并不是令人愉快的,事实刚好相反;如果我们不笑,它们会让我们很难堪。

赫伯特·斯宾塞关于笑的理论则认为,笑只不过是剩余神经能量的释放。我接下来要指出,这种观点包含了一些真实和可信成分。不过它还不是一个完备的理论体系。笑与一个由先天性神经结构提供的复杂的、协调的运动系统有关,这些复杂的联合是由神经系统的先天组织提供的。我们都以同样的方式发笑,不需要学习。这个复杂的组织只是在同一个物种中所共有,并且具有某种生物学意义上的实用功能。如果仅仅是释放剩余神经能量的功能,那么,它能够并且也正是通过其他动机机制来实现的;例如,当我们限制儿童活动时,他们就会坐立不安。因此自然没有必要为了释放剩余能量而创造出一个特别并如此复杂的神经机制。

柏格森教授新近提出了一个有趣的笑理论,它告诉我们,笑有维持社会规范的功能,因为我们一般都是笑那些僵化、笨拙、机械的行为。这无疑就是笑的"愉悦论",并且对其有所发展。但是这个理论依然很有局限,不充分。我们实在很难去相信这种自然发展出来的复杂的协调反应竟然主要是为了服务于社会功能。一个正确的理论首先必须能回答这样一些基本问题——笑的生物性功能是什么?它能带来什么好处?它具有什么样的生存价值?

如果我们首先探索这样的问题:笑可以为我们做什么?会产

生什么影响和结果？这些问题会引导我们发现获得正确理论的线索。显而易见，我们很享受笑的过程，笑容也能给我们很多益处。不过事实远非如此。当我们感到沮丧时，我们常常会欢迎或主动去寻找那些能使我们笑的情景、人或事。不管笑是如何发生的，它都可以抵御（至少某一刻）忧郁的想法和负面的观念。那么，笑是怎么达到这个积极效果的呢？有两种途径，第一种是纯生理层面上的，第二种则涉及较多心理内容。在生理上，笑的直接效果便是刺激呼吸和循环，使血压升高，增加了头部和大脑的血流量；因此，我们看到人真心发笑时脸看起来会"红扑扑的"。心理学意义上，笑在精神层面上打破了固有的思维链，而在身体层面上中断了连续的活动。这里大概是对斯宾塞理论的局部的和相反的运用。笑的神经传导通道可以释放其他地方蓄积的能量；但它们并不是单纯地像处理废物一样排出那些多余的能量；相反，它们是有序的能量释放，它们的运作更像是为了避免这些能量被别的渠道占用。在本质上，笑是一种全方位的放松，它可以让我们的精力快速恢复，让我们远离过去的阴霾，以饱满的状态投入新任务中。正因为如此，我们才会去寻求那些会让我们发笑的情景和对象；我们之所以热衷于寻找那些滑稽的、奇怪的、荒唐的而可笑的对象，其原因并不在于它们本身是令人愉悦的，而是在于它们能让我们发笑，而笑能给我们带来益处，能让我们感到愉快明朗，让我们摆脱沮丧的情绪，远离消极观念。一个充满幸福感的人其实是不用笑的，因为笑对他来说并不必要，他只会时常洋溢着微笑。几乎所有的学者都认为"微笑"和"笑"是一样的，或者至少认为微笑是笑的一种，或是笑的初始阶段。我认为这是一个误解。微笑是对付出努力并取得成功后的一种满足感的表达。例如：胜利者会微笑，但不会大笑。母亲在爱抚自己健康的婴儿时会微笑。当我们解开了一个困扰我们很长时间的谜题或者解决了一个让我们抓狂了很久的困难时，我们也会微笑。当我们预期我们致力投入的工作将会取得杰出成就时，也会微笑；而且仅仅是对成功的想象就会让我们微笑。微笑和笑之间最显著也是最极端的对比是，微笑是美的，而笑是丑的。那么，为什么我们的笑常常"消融"在微笑之中呢？毫无疑问，根本的原因是它们之间的错误区分。事实上，那种肆无忌惮的、放纵的笑和其他任何成功的活动一样，都会表达为满足的微笑。笑常常沉浸在微笑之中，这种微笑是因为笑引起的满足感带来的；只有当微笑与沉浸其中的笑融合在一起的时候，笑才从丑陋中被"救赎"，体现为美丽的表情。

　　如果笑有这么多益处，那我们该如何定义"可笑"呢？除了想到它们就会让我们大笑以外，可笑的对象和情景背后有没有什么更深层次的共性呢？当然，它们本身并不是快乐。让我们来看看一些"可笑"的类型吧。一个男子坐在自己的帽子上，或者在街上追逐被风吹跑的帽子；一个小丑夸张地摔倒，打翻了一大堆陶瓷罐，或者用力拍打其旁边的人发出很响亮的巴掌声。这都是一些典型"滑稽"的例子。还有一些人在技能展示中"出糗"的例子；例如一个高尔夫球手的击打就像是在刮草地，球只飞出了一两码远；一个人想跨过水沟却掉进水里。更典型的例子有：那些通过拙笨的、不熟练的表现来使自己看起来好笑的人；那些"只有把脚放进嘴里时才能张嘴的人"；以及那些不管听众是否理解都一味吹嘘扯谎的人。另一类可笑的例子是那些在言谈、说话、走路或用餐时表现出笨拙、不合时宜、怪异以及粗鲁方式的人。如果用柏格森的理论来解释，我们笑这些对象是因为我们在"维持社会秩序"。但是，我们通常的笑真的是为了规劝那些傻瓜的行为吗？我们又应该怎么解释舞台上小丑的例子呢？难道我们真的要纠正他的错误吗？你能想象自然因为这个目的便赋予了我们如此奇特且可能会遭人厌恶的反应吗？那这些"滑稽"的对象还会让我们愉悦吗？难道愚蠢、笨拙、木讷真的是令人愉快的吗？当然不是。根据霍布斯的理论，别人的笨拙并不是取悦我们的首要原因，关键在于那些人的表现让我们体验到了自身的优越性。实际上这是一个似是而非的诡辩！当小丑用怪诞、滑稽和失误的动作让我们大笑不止时，难道我们未曾敬佩过那些聪明的小丑？如果我们更为直观、深入地去观察"滑稽"的发生情形和行为表现，我们可以发现"滑稽"基本上来说是个人、人类以及类人生物的专利。一个静态陈列的对象之所以显得滑稽，因为它喻指了人的某些滑稽关系以及活动。一条和小孩或者和其他狗疯狂嬉戏的狗，有时我们会认为这些动物的活动是滑稽的，因为我们拟人化地用看待儿童的眼光来看待狗的活动，我们像理解儿童的活动一样理解狗的活动：突然躲避、假动作、失误、跌倒、惊喜与失望。

"滑稽"有两个基本的特征。第一，它一定包含了某种失调或某些不适当的东西，如果我们不从"笑"的角度来看待它们（例如像那些不能笑的人那样），那么这些内容会让我们感到困扰，就像自然界中所有包含矛盾和无序的事物对我们的困扰一样。第二，在任何情况下，如果我们自己亲身遭遇了这些滑稽的情形或事件，都会体验到一些沮丧和挫折；同样，作为事件的当事人，遭遇这类事情的其他人也一样会体验到沮丧和挫折；当然也会有例外，如小丑表演时可以从观众的笑声中获得极大的满足。如果我们不能笑了，而基于基本的同理心，我们就应该能够体会到这些行为中的冲突，在一定程度上分享了那些失落感、尴尬以及耻辱——总之分享了那些与失败相关的痛苦及挫折感。换个角度说，一个人如果失去了笑的能力，而另一方面正常的社会生活依然照旧，那么这个人将会频繁地体验到由同情心带来的痛苦以及抑郁。别人的每一个小小的尴尬、沮丧、失败以及所有不幸他都得去分担。但正如我们看到的那样，笑的存在使我们减轻了精神负荷，不让我们长期处于抑郁的气氛里，并以提高血压、促进血液循环的生理刺激形式来给我们的机体"解毒"，我们这才得以从繁多的"同情的苦恼和抑郁"中解脱了出来。这就是笑的生物学功能，是对自然的适应性中最精巧、最美丽的部分。一个人要能充分享受社会生活的种种益处，他必须具有很强的基本同理心以及很好的适应能力。如果没有同理心，人们便很难相互理解，在生活中遭遇困难和尴尬时也不能够彼此互助。但是，自然在赋予人这种奇妙反应倾向的同时，注定又会让他去体验身边伙伴的数以千计的痛苦和沮丧，烦恼是如此琐碎繁多，他显得孤立无援又应接不暇。这里存在一个两难问题——让人类没有同理心，从而使他们难以维持有效的社会生活呢？还是让他们拥有足够的同理心，但却让他们遭遇不断涌现的永恒痛苦呢？要知道那样的痛苦不加以控制的话，很可能会削减人类的生命活力甚至影响种系的延续。面对这个问题，自然发明了"笑"。她让人们在面对他人的小挫折时一笑代之，这样也会使一切本该沮丧难过的事件变得充满了"笑"，对周围人实在好处颇多。

我认为这才是关于"笑"的正确理论。① 它用笑的生物学功能以及笑的理论解释了我们为什么会笑，为什么会对本质上并不令人愉快的事情表现出愉悦之情；并且它能够解释不同场合中多种类型的笑。下面让我们来考察那些乍一看难以和该理论相匹配的多种形式的笑。

有一种符合赫伯特·斯宾塞的理论的"笑"；斯宾塞的理论认为，笑不过是为了宣泄多余的神经能；和其他动机一样，笑的动机被创造出来就是为了在适当的时候充当宣泄剩余能量的渠道。这个理论描述了那种神经性的笑，这种笑是焦躁不安的一种体现。与这种神经性的"笑"最接近的是"兴高采烈"的笑，当我们的神经能量已经蓄积充分并需要通过某种活动来释放时，这种笑就可能不需要任何理由地发生；就像我们有时会禁不住要大喊大叫，要跳跃，奔跑一样。这就是"游戏"的最基本形式，我们将在下一页着重阐述这个问题。

还有一类"笑"是笑我们自己的失误。这是幽默的本质起源。它的前提是我们能发展出一种能力，使我们能够采取旁观者的态度，像看待别人一样来看待自己和自己的小失误。幽默的本质是一种"自嘲"，即取笑作为个体的自己，又笑作为群体或人类成员的自己，幽默同时也是一种所谓"自我牺牲"式的笑，我们取笑自己的小失败时，坏事也变成了好事。要知道不是所有人都能掌握好尺

---

① 我首次提到这个新理论是在写给《自然》杂志的一封信（1903年，第67卷）中，后来我又对它进行了详细的阐释，文章提交给英国协会，发表于《心理》第二卷。

第五章 哺乳动物和人类的本能

度的，如果没有调控好这种微妙的关系，你很可能会弄巧成拙地让别人觉得你真的很可笑。

还有一种很奇怪的笑，它让每一个经验过、见证过它的人感到疑惑和震惊；这种笑是由回顾人类悲剧而引起的。灾难本身非常惨烈、非常可怕，但是回顾的时候它给人造成的痛苦在时间和空间上已经很遥远了，已经被淡忘了，因此我们只把它当作是发生在身边的小灾害一样。

为什么我们被别人挠痒时会笑呢？无论对哪一种笑的理论来说，这个问题都是至关重要的。首先请注意，我们可以给自己挠痒，我们可能被飘动的长发以及苍蝇弄得很痒，但这种搔弄只会引起不舒服，而不是引起笑。只有在嬉戏中被别人挠痒时才会引起我们的笑。这说明这个过程本质上是一个心理过程而非简单的生理过程。我认为由挠痒引发笑是最原始、最初级的幽默形式；这是一种自嘲式的笑，当别人连续不断地对你进行着琐碎的"攻击"，以致你受到了扰动，这时你就会觉得自己很滑稽。通常，挠痒者和被挠者都会笑，两者所经历的情形都是差不多的；两人都在取笑那个被挠者的狼狈相；因为两人一起笑，结果彼此增强并延续了对方的笑。这样的笑并没有超越基本同理心的法则，相反，是更加清晰和更精确地证明了这一法则；笑和恐惧一样，都有很强的感染性，这也是广为人知的。这也就是说，笑的表达本身就是发动笑的钥匙。这些事实进一步支持了将笑界定为本能反应，以及界定了笑本能的观点。如果我们认定笑是一种本能，还必须清晰地看到笑与其他本能的区别：它激发的冲动不追求除了笑以外的其他目标，它通过各种不影响外部环境的身体活动来寻求自身需要的满足。

什么类型的人最容易发笑呢？如果霍布斯的"意外荣耀"理论是正确的，这类人应该是骄傲、怠慢和刻薄的人。幸运的是，这种尖刻恶毒的人是相当少的，我们也不想被他们取笑。爱笑的人都具有最敏感的同情心，假如我们的困难遭遇升级，他们的笑便会及时转变为对我们怜悯和安慰。来自这种人的笑不会有攻击性；我们感受到他们的"同情心"，我们可以很轻松地和他们一起笑；是他们教会了我们具有幽默感。

虽然哲学家们都未能参透笑的奥妙，但是似乎很多诗人却知道答案。拜伦写道："如果我取笑垂死之物，那我就不会哭泣。"尼采说："或许我最了解为什么那些孤独的人却在笑，他们的孤独如此深刻，以致他们不得不笑。最忧郁的人正是那些看起来开心的人。"（出自《权力与意志》，第91页）笑理论或许可以用一句话来概括，即：笑是同情心的解毒药。至此，我们应该承认詹姆斯-兰格理论是正确的。如果我们笑时感到愉快，我们愉快是因为笑的缘故。

游戏不是"游戏本能"的表达

尽管动物是不会笑的，但它们也会玩游戏，特别是在它们年幼的时光。小羊羔、小猫、小狗等都是动物游戏的最好例子。游戏果真如众多心理学家和教育学家猜想的那样，是"游戏本能"的表达？我意识到这是一个难以解释的问题，我要郑重表明自己的态度：我认为他们的观点是错误的，在这里我要向大家阐述我的观点。显然，在游戏中生物拥有的所有的（或几乎所有的）动机系统都可能转化成行动。让我们看看两只小狗的嬉戏吧，它们不停赛跑、跳跃、转圈、撕咬、狂吠、扼住对方的喉咙、满地打滚、把对方掀翻，总之，它们的姿势和动作非常丰富。如果本能仅仅是一种动机系统，那么游戏应该被看作是多种本能的表达，甚至可以说涉及所有的本能。

格鲁斯教授提出一个著名的游戏理论，认为游戏本质上来说是对本能行为模式的练习，其目的是提高运动方面的技能。我们已经认识到青年期本质上是一个本能完全成熟前的经验积累期。但是，格鲁斯的理论中仍然存在不少困难。我们不禁要问：是否存在一种专门本能，它能驱动这种练习，从而修正本能行为？如果只是年幼的动物做游戏，这个问题还容易解释；我们可以说在游戏中表现出来的数种本能是发育不完全的，而这些本能的不完善是由于机体本身不成熟导致的。但是事实远非如此简单。成年的动物也要做游戏，例如大狗与小狗间的嬉戏。如果我们考察狗的撕咬游戏中的一些特别的特征，问题就会显得明晰不少。问题就在于：我们应该如何解释在这个欢乐角力中的种种现象呢？"进攻者"永远不会用牙狠咬对方，同时受攻击一方的表现也和真实战斗中的表现不同，它常常并没有想要逃跑或保护自己的念头，而是躺在地上任自己的喉咙、腹部暴露在"进攻者"的攻击范围内。显然，如果这时是战斗本能在起作用，那只能说战斗本能发生了奇怪的改变。另一个清晰得昭如白日的现象，战斗的情绪，诸如愤怒等并未参与到这些活动中。角力的游戏当然也可能会升级为真正的冲突，如果一只狗显示出了它的愤怒，游戏便终结了，一场战斗便即将拉开帷幕，或者说至少说有了战斗的初步威胁。我要说的第三点是，在游戏中那些能激发战斗本能的冲动和情绪是不常见的，两只狗都不是在寻求本能目标的实现，因此那些能引起愤怒的冲动是不存在的。与此同时,游戏可能是其他一些本能的表现形式。如果一只狗逃跑,另一只狗追,"逃跑"的狗并不是真的在逃跑,它是没有一点恐惧情绪的。"追逐"的狗也不是真的想猎杀它,即使追上了也不会扑倒和咬,亦不会狂吠。通过这种迹象我们可以确定,游戏时没有或只有极低水平的狩猎情绪的唤醒。

因此,游戏中的动物无论是其所处情形、征兆还是活动状态,都不是对那些本能行为特征的模拟,我们可以认为其相对应的本能并未处于工作状态(或运行中)。我认为,动物仅仅是在感觉器官的指导下依次地练习各种动机系统的运作,并在这个过程中获得满足和愉悦的体验。游戏是以自身为目的的活动,更恰当地说,游戏是一种"漫无目的"、没有特定目标的活动。那么,支持游戏的能量从哪里来呢?回答是,我认为吃饱睡足的动物,尤其是那些年轻幼兽,各种动机系统的渠道中都存在丰富的剩余能量。我们可以看到困兽在铁笼中时而来回徘徊,时而又漫无目的地上蹿下跳,以及被链子系住的大象在几小时内不停地左右摇摆。我们也能看到,学校里的男孩在教室里越来越坐立不安,一旦从教室跑到运动场上,便毫无目的地,也无需任何激发因素地使劲狂奔、喊叫和大笑。我们亦可以看到水手在甲板上来回踱步;以及教室里的学生扔下书本出去散步一会儿,或在教室里来回走动,或者反复地绕动拇指。我们还可以看到那些喂养得很好的小马驹,一旦出了马厩,就满怀喜悦地奋蹄而出,奔跑、嘶叫、腾跃,好像全身所有的动机系统都发动起来了,而所有这些活动都没有表现出情绪和目的性成分。这是因为原始的力比多或生命力溢出了它们原来的本能通道,从而产生了弥散性的活动欲望,它们依次在各种动机系统中去寻找宣泄的出口。

除了年幼的儿童外，人类的游戏都倾向于采用竞赛的形式。竞赛并不是单纯的游戏；它介于游戏和工作之间；并且在一定程度上受目的的支配和维持，所以它更接近于是工作。在所有能维持竞赛的动机中，竞争动机是最主要的：我们参加比赛就是为了获胜，如果这种动机在比赛中起支配作用，其强度越高，比赛中的趣味性就越缺少，比赛越趋于严肃。我们之所以选择运动竞技并发明了比赛，是为了能激发更多的动机以及更多的能量；从而使得我们能够在竞赛中投入更多热情并获得更大的满足感。打猎或捕鱼是一种运动；为了获得更多的鱼或更大的鹿角，我们引入了竞争机制。我们从事攀岩或射击，是为了获得由于恐惧而激发的额外的能量和激情；就像孩子们玩"妖魔鬼怪"的角色扮演游戏一样。

在竞赛中，竞争动机很容易占据了第一位。那么，它究竟是什么呢？它是一种独特的本能冲动，即所谓对抗或竞争本能吗？这些观点的确很有诱惑力；但它也有相当明显的缺陷。目前我们不清楚野生动物是否会有竞争性行为。如果假设存在这样一种本能，我们同时必须假设存在一种在对象和目标方面都具有更高水平的抽象度和一般性的本能，在这方面超过我们已知的其他本能。每一个竞争行为的实例都可以归因于自我炫耀或者自负的本能，通过这样的方式似乎可以充分地解释这些行为。竞争是我们通过努力来证明我们自己比别人更优越，从而使别人顺从、崇拜我们，这会使我们的自尊欲望得到满足。除非我们能证明这种解释是不够充分的，否则假设的简约性法则便要摒弃"竞争本能"这一概念了。

模仿不是出于"模仿本能"

如果我们拒绝承认有模仿本能,那么对模仿行为的解释就和游戏问题十分相似了。让我们拒绝"模仿本能"的理由与拒绝竞争和游戏本能的理由相同,其理由也更强,这就是:(1)必须假设存在一个高度一般性的事物或情境,它能够激发起这种本能的驱力;(2)它的表现还必须具有"极度的"多样性;(3)没有清晰的证据表明动物身上存在这种本能;(4)还存在的其他方式可以用来解释一切模仿行为的外在表现。如果动物身上存在模仿行为,那么我们最有可能在猴子身上发现这种本能;它们的模仿本能似乎可以明确地归因于"群体心理"的作用,但是一个严谨的研究[①]却似乎又表明从严格意义上来说猴子并没有比其他动物表现出更多的模仿行为来;这就是说它们不会模仿。在最严格的意义上说模仿所指的是,A 知觉到了 B 的身体运动或姿势,从而 A 表现出和 B 相似的动作和姿势,这种行为复制受先前的知觉所决定。如我们所见,一些动物被群居驱力所驱动而跟随同类。所有群居动物在某种程度上都具有"原始的被动同理心",这使得它们会观察同伴的行为并跟着做,例如同伴逃跑,它们就跟着跑;同伴好奇地靠近,它们也跟着靠近。这两种行为模式(由群居本能驱动简单跟随和原始被动同理心的反应)覆盖了动物模仿行为的绝大部分例子。

高级一点的动物,尤其是猴子,常常会表现出这样一种形式的模仿,因为模仿的动物 A 对被模仿动物 B 的行为很是赞

---

① 参见 J.B.华生教授的《动物行为》。

赏，这导致了模仿的发生，并指向 A 所期望的结果。例如，如果猴子 A 因为不能掌握一些简单的操作技能，从而不能获得食物，而猴子 B 已经掌握了这种技能，猴子 A 就可能求助于以 B 为榜样去学习这种技能。① 可能是因为 B 的示范使得 A 把握住了行为的最基本成分，然后 A 尝试通过修正自己的一系列随机动作来实现学习的目的。例如，如果行为的基本成分是压下杠杆一端，那么 B 的示范使得 A 的关注点和努力都集中于 B 压的那一端；但是，并没有充分的证据表明 A 对 B 的动作的知觉被充分地分析过，使得 A 可以立刻掌握压下杠杆的正确一端，而不需要经过若干次各种推拉的尝试。显然，这种初级的模仿行为其实并没有涉及模仿本能，而是在达成目的的最基本水平上对行动的粗略理解。

另一个重要的动作领域似乎在一定程度上支持了"模仿本能"假设——这就是发声的学习。如果和其他种类的鸟经常生活在一起，一些鸣禽可以惟妙惟肖地模仿其他鸟类的鸣叫，有些种类的鸟甚至可以被教会唱出有节奏的悦耳乐声。最显著的例子是，诸如鹦鹉以及其他一些种类的鸟可以被教会发出一些单词和短语的音节。如果不借助模仿本能的假设，这些事实应该作何解释呢？我们必须注意到，在一个非常重要的方面，发声动作与其他所有动作是不同的；这就是，任何其他形式的动作都不能被动作者自己与动作者的同类伙伴以同样的方式知觉到，就像他知觉到同伴们的身体动作一样，

---

① 参见 M.E. 哈格尔蒂,《哲学通讯》,1912 年第九卷（第 10 期）。

而他和他的同伴发出的声音却能够被他自己和同伴以同样的方式知觉到。假设一个动物,无论幼体还是成年动物,当它被大自然赋予了多种发声动机,这些动机使得它通过发出各种不同的声音来表达自己的情绪或冲动。无论何时,只要有一个动机系统被激发,这个动物就会听到它自己的嗓子发出的声音;其结果是,这种感觉印象和相应的动机系统发生联结,于是,听到这个声音就会激发这个动机——这就是为什么儿童和很多动物都有单调地重复某个声音这种普遍现象。① 现在让我们继续设想,一只动物听到了另一只动物发出了与自己相同的声音。这个声音将会产生同样的效果;即这个动物会发出声音来予以回应,在预先形成的联结基础上,它会倾向于发出和它听到的同样的声音。如果动物拥有若干种发声动机,每一个动机都和它自己所激发出的声音相联结;如果有若干种声音总是以固定的序列反复出现,它就会形成一种固定的发声法,是它总是以固定的序列来发出声音。这就是关于模仿发声的大概原理,按照这个原理,如果儿童和一些动物反复听到某种声音联结和声音顺序,他们就学会了模仿它们来发声。如果一个生物被赋予了一系列特定的发声机制以及对特定嗓音做出反应的冲动,那么它将不可避免地要"模仿"那些它经常听到的声音联结。"能学会讲话"和"不能学会讲话"的动物之间的不同点似乎仅仅在于前者拥有多种类型的发声动机机制,而后者没有。人类婴儿拥有大量这样的动机机制,

---

① 这是一种常见的纯粹的游戏。

第五章 哺乳动物和人类的本能

远远超出其他动物所拥有的数量。毋庸置疑,如果一条狗拥有大量的这类发声动机机制,而不是像实际上在这方面如此贫乏,那么它学习"说话"的能力将远远高于鹦鹉或八哥;我们也可以竭尽所能地对它们做进一步的驯养。

跟动物所表现出来的简单形式的模仿相比,人类大部分的模仿行为有着更为复杂的起源;它们从各种复杂的心理活动中产生,这些心理活动中最主要的进程便是那些在技术上被称为"意见"的内容。关于这个领域我们将在后面的章节中讨论。

我已经列举并定义了所有我认为源于人类先天倾向的本能。许多学者批判关于人类本能的提法,他们指出这样一个事实,即不同的学者所列举的本能清单各不相同,有人列数了很多本能而有人却认为很少。遗憾的是这种批评颇有道理;但是它并不足以支持应该拒绝本能观念的幻觉。只有经过了大量探索和研究,化学元素周期表才会被普遍接受。化学家有一种不同的态度,在研究过程中,没有化学家批判"化学元素"是无意义的概念。现在,"人类本能"假设的处境正像当初关于化学元素的讨论一样。"人类本能"论会像"化学元素"理论一样风靡起来,并且它对心理学产生的影响将如同"元素论"对化学的影响,对此我深信不疑。

那些试图解释人类本能的观点之所以如此不同,其主要原因我在前面已经提到过,是因为他们混淆了本能和动机。我不得不承认,我自己早期关于本能的讨论也曾经陷入这样的混淆。直到最近我才逐渐弄清楚了这一最重要的区别。

另一个导致混淆和意见分歧的重要原因是,当本能表达时,无论哪一种身体活动模式，只要它们服务于同样的一般性生物学功能，通常都被聚类在一起。这一做法只是参照了纯粹外在的或生物学的标准，而没有考虑心理学的指标。这使得很多截然不同的本能被混淆在一起，比如像求偶本能和抚养本能，因为两者都服务于物种的延续；而像觅食本能、厌恶本能、逃跑本能、战斗本能等这样一些本能，它们都服务于个体的保存。即使使用诸如"社会本能"、"生殖本能"和"自我保护本能"等术语，它们也不过是描述了一组具有类似功能的本能，我想，使用这样的术语是无益的；因为它们将不可避免地导致了交叉分组以及概念的混乱，而同时也不会带来积极贡献。

我将本能视为一种天生的、持久的倾向性，它将驱力转变为行动，那些赞同我这种看法的学者，以及赞成我把它们作为行为的主要能量来源的学者，却依然拒绝尝试对人类的本能进行区分、列举和描述。例如，卡尔·G.荣格博士就持这样的观点，他满足于用力比多来言说所有本能的指向性能量，却拒绝区分除了营养需求和生殖行为以外的任何独立本能倾向。类似地，约翰·杜威教授在《人类的本性和行为》一书中认识到了本能的重要性以及本能在人类本性中的驱动作用，但是他强烈地反对对本能做出定义和区分。这两位著名学者都没有向我们提供任何坚实而可理喻的证据支持他们的拒绝态度，在我看来，他们所拒绝的正是心理学家之首要任务。我认为他们之所以持那样的观点，一定程度上是由于他们忽略了对动物行为的认真研究；即使它能被解释，但始终没有被证明。的确，有许多学者在面对社会现象时滥用了人类本能理论，并由此得出不恰当的推论；例如，他们声称国家间的战争是永远不可能消失的，因为战斗本能是我们与生俱来的永久性特征。所有努力提升关于"人类本能"认识的尝试都会对如此滥用理论予以谴责，但是滥用却不会因谴责而终止，我们能做的只有不断深化和澄清这些知识，并用易于理解的形式来呈现它。

第六章 动物的习惯与智力

我们发现哺乳动物的本能和昆虫的本能不同之处在于哺乳动物的本能并没有如此的专门化。由于缺少专门化的本能使得年幼的哺乳动物显得相对无助；作为补偿，年幼的哺乳动物通常都会得到亲代的喂养、庇护和照料，并且在一定程度上受到教导。在此期间，幼崽的智力得到发展，它渐渐获取了关于"好与恶"的知识，例如学会去辨别哪些是有害的，哪些是危险的，而哪些是有用的，等等。

习惯被过多地用作解释原则

现在我们需要更细致地考察理智性行为的发展。在这个背景下，我们必须探究习惯的形成。"习惯"这个词通常被用得非常随意。我们平常提到的习惯不仅有运动的习惯，还有感觉和思维的习惯。每当我们看到那些反复出现的具有理智特征的适应性反应，总是倾向于说这些反应是习惯性的或是把它归因于一个习惯。

有一些作者在更广泛的意义中使用这个词，同时也赋予了它更多明确的内涵。随着联想心理学的兴起，人们用习惯的原则来解释几乎所有的个体基于经验而表现出的进步或者适应行为，这种趋势表现出强劲的持续增长势头。现代的"行为主义"以及它所使用的反射和条件反射学说代表了这种趋势的极致。因为条件反射就是一种习惯。这个学派的目标就是用习惯去解释人类哪怕是最天才的行为。在行为主义心理学家那里，习惯不仅仅是对在相似的情境中某种习得性反应会重复出现这个事实的描述。它代表了一个更为广泛的假说，即机械论假说。根据这个假说，所有的智力发展和知识获得都不过是若干习惯的联结。所有的习惯都被看作是特定神经结构的结果，习惯的联结以机械化的方式建立在神经结构的基础之上。

根据这种假说导致了一种还原论的追求，即将生命的理智和情感以及意志等都还原为一个机械化的图式，即习惯。这种理论诉求将在后面予以介绍。神经系统包含了一个由先天的组织化动力机制构成的序列。每个动力机制都包含由运动性神经元组成的反应系统，当它受到刺激，神经冲动就如同电流一样，沿着相联结的轴突到达某一块特定肌肉。每一个运动机制都在一个点或多个点上与属于一个或多个感觉器官的感觉神经相连，于是，当一个感觉点受到刺激，神经冲动就被激发起来并传递到运动机制从而引发反射动作。（我先把关于"意识"的全部讨论暂时搁置一旁，机械论者中的某些学派假设"意识"和神经联结是统一的，而另一些学派则认为意识和神经联结"相平行"；因为所有这些学派都认为这是没有区别的。）如此产生的运动可以很简单，也可能很复杂，这取决于运动机制所联结到的肌肉的数量多寡。如果两个或者多个这样的运动机制同时（或紧接着相继地）与适当的感觉刺激相联结（或紧随其后）而引起动作，那么，把它们联结在一起在神经系统中就会形成低阻力的神经通路，从此以后，它们就形成了相互联结的、同时的或者紧接相继的运动；每一次重复都会使得这样的联结变得更加紧密。这样的联结就形成了习惯;习惯就是运动机制的联结;而习惯性行为就是这些联结在一起的机制的机械性活动。

这种理论的问题并不在于它完全错了,它有一定的道理,进而使得这么多的人愿意相信它具有足够充分的理由来解释理智性行为。我不会在这种困难面前驻足不前。在前面,我已经简要地提及了一些问题。但我依然要再次强调这种理论机制的投机性特征。我们对于习惯如何形成只有一些不确定的猜想。①

心智的习惯与身体的习惯

我想,我们趋近习惯这个极其困难的议题的正确方法是继承那个古老的传统,即区分心智的习惯和身体的习惯。在最广泛的层面上,"身体的习惯"这个术语包括了所有有用的身体适应性。这样的适应性包括:有机体对气候变化的适应,当它进入高海拔地区时对低气压的适应,或者到了热带地区对高温的适应,它可能通过改变饮食规律来适应,抑或通过不同程度的肌肉活动来适应。这些例子说明神经的习惯性联结在诸多一般性能力中仅仅是一种特例,诸如适应环境,有机体以及器官的不同程度的受支配性等,都不完全基于神经活动因素。但是我们通常只关注神经系统的习惯;因为它们是行为学习的最重要的内容。

毫无疑问,人们能够形成神经类型的身体习惯。我们可以通

---

① 神经联结与习惯的形成方式是一个非常晦涩模糊的难题,很多心理学家都没有注意到这个问题的困难。在我看来,解决这个问题的最合理的方案已经在我的《生理心理学初级读本》中"神经冲动的吸引定律"这一章中作了表述,这个方案基于我的消耗抑制假说。

过练习以及有目的的重复等方式，将许多基本动作整合为一种新的组织方式，渐渐地，建立这种新的联合变得越来越容易，付出的努力也越来越少；最后达成了我们所说的"次级自动化"，即只要有目的和意愿而不需要努力就能产生这样的动作组合。我们因此而获得的很多新的动作组合都服务于特定的目的，这些动作组合能够帮助我们达成这些目的；这样的动作组合我们称之为熟练的动作，即表示获得性技能。毫无疑问，要想建立一个熟练的动作组合（或者说动作的次级自动化组合），我们需要在神经系统里建立起一个新的运动机制，这种运动机制跟我们与生俱来的运动机制是相似的。这个过程不仅包括将若干预成性机制联合起来，还包括了将先天机制打破分解成为更基本的部分，纯粹的机械论者对这个过程困惑不已，相比较而言，机械联结主义更容易理解这个过程。但是，如果我们假定这个新的运动机制的确建立起来了，则必须要问——它在行为中的地位和功能到底是什么？

有一些人仅仅把本能定义为神经系统的运动机制，他们认为，个体的获得性机制或习惯与天生性组织良好的机制（他们称之为本能），这两者在本质上是相同的。因此，他们中的一些人直接把习惯当作本能，即认为本能就是内在的、种族的习惯；在他们看来，本能与习惯的区别仅仅在于它们的起源和演变历史的不同。① 因为认识到本能对于行为有驱动作用，他们主张或者说假定，习惯也有这种力量，即能够驱使人们去付诸行动并投入持续努力的力量。我们看到，威廉·詹姆斯也采纳了这种观点，他声称本能在本质上

---

① 已故的冯特教授持这样的观点，持同样观点的还有赫伯特·斯宾塞。

是短暂的，它只对习惯的形成起作用，对于成年人来说，本能是能够被习惯取代的。伍德沃斯教授对这种观点做出了最清晰和一致的阐明，他把冲动的力量归因于习惯。① 他使用"驱力"这个方便的术语来表示本能的激发力量。他认为，每种本能都拥有"驱力"，或者其本身就是一种"驱力"，同样，动机性习惯也拥有"驱力"或者其本身就是一种"驱力"。这种观点我不能认同。乍一看这样的观点好像很有道理，因而更需要仔细地考量。

让我们首先关注次级自动化或者熟练动作，这两者都是人类所特有的活动特征，它们都暗示了动机性习惯的存在。几乎没有任何动物能够习得超越它们物种先天特性的行为模式。只有最聪明的动物，在人类耐心的管教和引导下，才能获得动机性习惯，比如一条狗能用后腿走路或者一头熊学会了骑自行车。在这些例子中，新的动作（或者说习得的肌肉动作的联合）与先天的动作（先天预成性的）非常接近，并且它们几乎不包含再联结的成分。马戏团动物的那些令我们惊叹的表演，是因为人耐心地训练了它们的某些动机性能力，这些动机性能力本来就是它们的天性，是它们与生俱来的，并且已经在它们身上得到了高度发展。比如，海狮平衡自己的身体然后接住球的动作，让人觉得不可思议。在这些动物中，极其精准的平衡能力以及在眼睛引导下协调头部运动是它们在水中捕鱼所必须的能力。在这些动物身上，我们确实可以观察到这

---

① 《动力心理学》，纽约，1919。我发表在《心智》杂志的文章《明显动机的近期研究》（N.S,1920）就伍德沃兹的学说进行了详细批判。

样的表现：它们一旦习得了某种花招，就会自发地一遍又一遍地重复去做，就好像习惯一旦形成就成为一种"驱力"一样。但是我们必须牢记的是，在训练这些动物的时候，主要是发挥了动物摄取食物的本能的作用。动物会一直饿着肚子，直到它完成了那个花招时，才得到一点食物作为奖励。当我们看到一条狗被用这样的方式训练时，自发地反复用它的后腿走路，或者是看到海狮自发地去平衡一个球，我们可以比较自信地推断它这样"迎合的表演"是为了得到更多的食物。换句话说，它不是被习得的习惯"驱动"，而是被觅食本能激发，这种本能通过这个新的获得性机制的操作来体现，正如它可能是或者确实是通过"驱动"各种各样的先天运动机制来体现一样。

这个例子通常可以用来解释本能和活动习惯之间的关系。细想你自身的任何一项活动习惯的例子，你能够使用打字机、弹钢琴或者仅仅是调整领带、折叠衣物这样的习惯性动作，它们是如此流畅，并且完成这样的动作看起来不需要太多努力，甚至你在说话、读书、想着别的事情的时候也能顺利进行。是否存在这样的习惯，经过完美的训练和重复了很多次以后它就变成了内驱力？习惯会不会产生出一个动机或激发起一个难以控制的行为？兴趣能否产生和维持习惯？习惯本身是不是目的性活动的来源？对于这些问题，答案明显是：否。习惯性行为只有服务于某个目标时才是具有目的性的，而它却不会对目标本身的起源产生任何影响。当我们执行次级自动化活动或熟练行为时，不是为了执行行为本身，而是为了达成某些目标,为了实现某种动机。跟所有的先天的运动机制一样,习惯只是手段,只能促进目标的达成,不能决定目标本身。至于我本人,最熟练的习惯可能就是字母表的背诵了。为了建立这个习惯,我必须反复背诵几千遍;我很信任它:当我在字典或目录中查找一个词时,我会按照字母的顺序从最开始去浏览。但是,是否有某些情景或刺激能够激发起我背诵字母表的冲动呢,并且这种冲动跟你踩痛了我的脚趾或公开侮辱我而引起我的愤怒是类似的? 不,习惯没有发动的力量,它本身并不是一个"驱力"。它只是一个机制,是本能冲动的仆人。

　　你可能会说,在某些特定的情况下,习惯性行为看起来确实是为了它自身的目的而执行的:比如我们之所以重复它,只是因为我们做得很好。但是我们的目的要么是展示我们的技能以表明我们强过他人,要么是确保我们拥有某种殊荣,或者是为了维持这种技能的完美表现,以便在将来的某些场合能够展示它或使用它。正如一个要复仇的男人会拿出他的剑或者手枪并擦亮它,一个女人在私底下会试戴她的新帽子。运动性习惯只是一个工具,它服务于我们各种各样的冲动。某些特定的小动作,例如捻弄胡须或玩弄表链等有可能是这个规则的例外。实际上,对于目标而言,习惯只是作为部分的、不充分的冲动开始起作用的,与被习惯性行为影响的内容相互独立。举例子来说,困惑时会抓脑袋,写作时会不停活动舌头或咬笔杆。这些习惯起初或多或少是随意的、弥散的活动,通常容易发生在一个冲动不能马上达到其目标的情况下。①因此，抓头或咬笔杆就可能成为解决问题时的习惯性表现的一部分。而把手插在裤兜里或许成为表现舒适或不关心的习惯的一部分。这样的习惯将会变得不受控制，继而成为人们所谓的"痉挛"。现今有关于不可控制的习惯的研究表明，痉挛是冲动的部分表达，而且常常是象征性的表达，这样的冲动是不可控制的，因为它形成了一个被压抑的或被解离的系统；一旦压抑释放了或消除了，痉挛也就停止了。② 这些非常态的习惯同样清晰地印证了习惯的法则，这个法则在前面被用来解释那些属于正常范围内的微小的无意识的习惯。

可以看到，运动性习惯的获得和使用通常都是有目标的，它服务于某些目标，但它自身并不是目的的来源，也不是动机的力量，更不是"驱力"。

激发新对象的附属物

尽管动物只能学到少数简单的运动习惯，然而它们的确能够通过经验获得另一种习惯，如果我们将习惯分为身体习惯和心智习惯的话，动物获得的这另一种习惯应当归属于心智习惯一类。举一个简单的例子，一只河狸选择一棵树并咬断，它间断性地工作，至于花多长时间这取决于树的大小，大约十个晚上或者更长时间才能咬断这棵树，它几乎不会跟其他河狸合作来完成这个任务。

---

① 这些随意运动的过剩，是伴随一生的试误程序的特色。
② 参见第一部分。

183 观察例证表明，如果河狸正在咬一棵树，突然被一束光惊吓，它就会中断工作，并且再也不会去咬那棵树了。① 我们可以比较自信地推断，黑暗中的光亮强烈地激发了它的逃跑冲动，当它以后再次接近同一棵树时，对那棵树（或者周围的环境）的知觉会再次激发起同样的冲动。我们不知道它体验了些什么，但我们可以大胆猜想，它从那棵树跑开时是伴随着恐惧体验的，而且在它再次靠近那棵树时，这样的情绪体验会重现。在这个例子中，那棵树最初对河狸充满吸引力，并激发起河狸咬断它的本能；现在却引起了河狸的厌恶感，使得河狸尽量躲避它、逃离它。在机械论者看来，河狸对那棵树的新反应就是"条件反射"。实际上，河狸的行为改变隐含着动物心理结构的更持久的变化，这种改变包含了逃跑、退却、躲避等行为倾向和关于这棵树的知觉倾向之间的联合，在河狸的知觉中，这棵树被清晰地识别并和其他树区分开来。

再来看一个类似的例子，一只小狗非常友好地靠近一个冷漠的男孩并遭到粗暴对待，小狗就会带着恐惧逃跑。从此以后，这只小狗会尽量避免那个男孩，或许是所有的男孩；当它觉察到那个男孩或者像他的其他任何人，都有可能会恐惧地跑开。这种经验的重复会巩固这种习得的趋势。如果没有重复，留在动物心理结构的影响就会趋于消退，直到没有明显的表现。一些驯兽师主要是使用这些原理来对动物进行训练，但是很少人能够完全施行这些原理。在家里训练一条活泼的小狗的例子就是对这个原理的最好

---

① 《国家地理杂志》，1921年8月。闪光灯是和摄影机联结在一起的，这样摄影机就能（在夜间）拍到动物的照片。

注解。狗的女主人也许会面对无休止的麻烦,她使用诱惑、奖励、叱责以及频繁的展示并使用鞭子等办法;状况却从未得到控制:当小狗对其他事情产生强烈兴趣时,也就是说,当它的本能被强烈地唤起时,小狗就会公然对抗她的指令或对她的命令置之不理。而小狗的男主人则不一样,迅速将女主人无数次展示却没有实施的动作执行到底,从此以后,小狗就再也不敢违抗命令了。要达到这样的效果,小狗需要经历一两次甚至更多次严厉的惩罚;这样鞭子对于小狗才具有足够强大的能量而激发起它的惧怕;然而狗的女主人从来不会下狠心真正惩罚它,当然她的惩罚就不会达到这样的程度。这只被鞭打的小狗可能学会了害怕,不仅害怕抽打它的人,也害怕鞭子本身;仅仅是鞭子的声音和样子,挥舞鞭子的手都会激起它的恐惧。①

　　对高级哺乳动物来说,习得心智的习惯是第一重要的任务;正是在这样的习得过程中,它们的智力得到了体现。它们的幼年期大部分时间都是用来学习这些心智习惯,也就是说,学习如何区别不同的事物,把它们进行分类,并用一种适当的方式对其做出反应。一些人虽然认识到动物幼年期是一个重要的学习阶段,但仅仅关注身体动作技能的提高。无疑,在一定程度上确实是这样;但要判断

---

① 在恐惧的效果中,我们有一个最简单例子可以说明刺激－反应法则的不充分性。刺激如果仅仅激起反射性反应,就不会引起持续性的身体运动的效果;但是,如果一个无论多么短暂的刺激激发了强烈的恐惧,动物的行为则会被根本地、很可能是永久地改变。在接下来的几分钟甚至数小时内,它对所有其他印象的反应会与它接触到这个恐怖印象之前的反应大不相同;如果碰到和它遭受恐怖刺激相似的地方或情景时,这个动物也会明确地表现出恐惧感持续的效果,即使经过了相当长一段时间间隔以后依然如此。

先天运动机制的提高程度通常是很难的。只有肌肉组织的特性的发展离不开锻炼；因此，我们不能进行纯粹的实验研究。但是，如果我们有可能在动物成熟之前禁止它所有的身体运动，我认为我们将会发现，大部分动物的精细运动的发展都不会归功于练习。

能否在某些场合下不唤起狗的恐惧而达到训练它的目的呢？这个问题问得好。我的经验使我倾向于认为不可能。但是，我同意唤起动物恐惧情绪的场合应该尽量地少。如果你希望你的狗既是忠诚的朋友，也是顺从的仆人，你在训练它时应该主要依靠它的服从本能，而尽量少地依靠其恐惧本能。在很多狗的训练中，特别是那些用于专业用途的训练中，狗的主人树立和保持权威主要是通过使它恐惧的手段；这可以从狗对主人大体上的态度和忍受程度上看出来。但是，我很怀疑只通过恐惧就能把狗训练成一个有用的同伴。当训练你的狗时，如果过于严厉并频繁使用鞭子，只依赖于唤起它恐惧的办法，你会发现，这样你可以有效抑制它的很多行为，却不能引导它进行积极有效的合作。而且，当你挥舞你的鞭子时，你的狗不是服从而是逃走，徒让你陷于迷惑与愤怒中；除了在对两种本能的运用之间做出精准的决断之外，并没有更好的办法解决这个问题。因为恐惧的动力是抑制和阻碍性的；而温良顺从的表现则来自于服从本能。我认为，动物训练者的经验证实了这个判断。群居的动物都能够被训练成为友好的、服从的伙伴；因为它们天生有服从本能，我们通过恰当的方法就可以唤起它们的这种本能。独居的肉食动物则是另一回事。安德鲁克里斯和狮子的故事纯属虚构。狮子、老虎或者豹子在驯兽师面前的行为，是愤怒与害怕这两种冲动长久地冲突与妥协的结果。这些动物似乎是没有服从本能的，对其中被驯服的个体而言，即使有，也只是很少一点。它们很多天生的行为模式都能够被抑制；大部分勇敢智慧的驯兽师都能够对它们施以这样的训练；运用恐惧可以驱使它们跳来跳去。在另一方面，所有的群居动物都会在某种程度上表现出服从本能，因此，它们是温顺的，是能够被驯服的，至于驯化程度取决于它的智力水平。在这方面，猫和狗的显著差别很有启发性。猫依恋它的家，而狗依恋它的主人。人们可以通过诱导的方法让猫在追求它自身的目标，特别是保护零食的时候，表现出某种花招；但是不能把它训练到完全的温顺和服从。如果当时它"没有什么更好的事情可做"，特别是它饿了而你正准备喂它时，你叫它，它有可能会跑过来。而一条训练有素的狗，任何时候你叫它，它都会跑过来，不论它的这个反应是否与它所追求的其他目标相一致。

应该将这条法则向前推进多远，我不太拿得准，因为对孩子的教育也会遇到同样的问题，即：对恐惧的运用一定是必须的吗；如果是，应该在什么程度上使用呢？曾经有一个时期，恐惧是教育孩子的首要原则，这种恐惧用鞭子或训斥产生的恐惧。我相信，可能存在某些违背常理的例子，其中恐惧是建立权威形成纪律的必要前提。但我坚信，对于正常的孩子而言，父母和老师的责任就是在任何情况下都要保护孩子，让他们远离恐惧。恐惧对于原始人的生存来说是非常必要的；恐惧本能必须非常敏感，其驱力必须很强，这样才能保护他，使他远离危险和威胁。但是在文明社会，这种本能已经变得不再必须了；于是这个本能的强大力量成为了一个不合时宜的残存物，并且成为祸害我们生活的无数邪恶的根源。

186　以上引用的例子是为了阐明一种本能冲动与一种新物体的联结，这里只选择了引起回避行为的本能驱力作为例子。其他的本能冲动也是受相似的适应机制或新的联结所支配。正如狗看到或听到那些曾经给予它痛苦体验的人或物时，就会引起恐惧的反应，从而它学会了要么以愤怒应对那些曾经夺去它骨头的人的视觉或听觉印象，要么是抑制这种反应的冲动。以同样的方式，它学会了依据本能四处寻觅食物；并识别那些一开始吸引它的东西，因为近距离仔细的考察可能发现它们其实恶心的食物。① 以及，很多动物母亲学会将它们的母性、它们的保护冲动都灌注到这个物种的幼崽身上，而不是照顾它们自己。

很多动物都能获得这种心理习惯，这种习惯也是动物们最主要的学习方式，即从它们自己的经验中获益的方式。心理习惯不牵涉任何新的能量的源泉，它的形成不会有新的行为的发生，它只是本能驱力的转移和变向；因此，动物会对一些它本来不感兴趣的物体做出本能性反应，并更好地辨别不同的个体或者不同的种类。

---

① 参照 147 页那个喹啉浸润方糖的实验。冒着被指责为单调重复的罪名，我必须再次强调这种本能驱力，它依赖于关于先前的同样对象的经验，并不一定需要对应于某一种动机的表达，却能够通过类似的多种动机得以表达，这取决于当时特定的环境。在讨论这个议题时我使用了"对象驱力的附属物"这样的表达方式，这是为了避免受到语言冗杂的诟病。更为准确的措辞应该是"本能的意志表现倾向和关于对象的识别的认知倾向的联结的形成"。

知觉习惯

动物的智能发展被看作是第三级习惯的训练与养成,它们总是离不开动物的返巢行为,或者对其他一些熟悉的地点的辨认。这种发展还体现为动物对不同对象辨别力的提高,这种辨别影响着本能驱力的表现。

动物的智力表现相对低下,因此不会表现出习得技巧的迹象(即运动技能的不断提高),却能运用以往的经验来指导当前的行为。举一个简单的例子:一只小龙虾,被放在池子的一头,在池子的另一头Z点是一些食物,小龙虾受食物气味所吸引,会游向食物。然而,在池子中间,纵向放着一块挡板,把池子分成两条通道,A和B,如图所示;

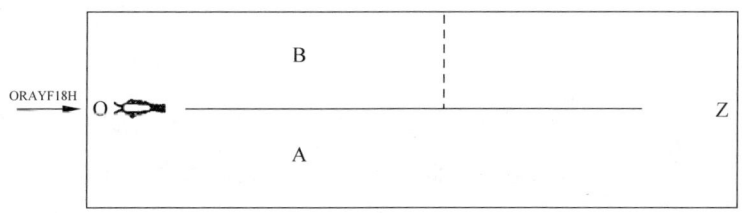

FIG. 4

B通道是被一块玻璃所阻断的。在最开始的时候,小龙虾并没有表现出对A或B通道的偏好。有的时候,它会进入B通道,在玻璃前徘徊,直到它从B通道逃离出来,通过A通道找到食物。重复了许多次这样的行为之后,它逐渐学会避免从B通道去寻找食物,而几乎每次都是从A通道通过。而且,如果把这块玻璃从B处换到A处,它也会渐渐学会通过B通道而不是进入

A 通道。① 在这里，我们看到了"学习回家的路"能力的雏形。这种能力在一些昆虫和很多鸟类和哺乳动物身上都是高度发达的。这是最初级、最原始的智力水平。对于这些现象，我们该怎么解释呢？我们能得到的解释都是很不完全的。因为我们不知道动物主要是被什么感觉印象所指导，而且，我们的经验与它们的相去甚远。我们可以说，动物形成了向左走或向右走的习惯。但是，这种习惯是怎样形成的呢？如果动物只是反复地被引导直接通过一个通道，我们可以理解，它的运动机制建立了一套反应套路，这个套路使它总是以同样的方式做出反应；正如一块布或一张纸，反复地沿着同一条线折叠，就会形成固定的折叠痕迹；再比如河水，在河道中流淌，如果河道堵塞了，河水会用自己的方式找到下游的河道。但是，做这样的机械类比是不准确的，因为它们不具有哪怕最简单的智能。因为在某种程度上的习惯形成之前，动物走 A 通道或 B 通道的频率是一样的，也没有形成对 A 通道的偏好。几乎所有的作者在面对这样的问题时，都会举无数个动物行为的例子，并运用愉悦或痛苦、满意或不满意的体验；用我们人在同样情境下的经验来做类比。他们说，成功会带来愉快或满意体验；而失败和挫折则引起痛苦、不愉快或不满意的体验。从而，愉快体验会强化或者"敦促"那些引起愉快体验活动的重复；而痛苦体验则抑制、阻碍或者"磨平"那些造成痛苦的活动趋势。即使是最极端的机械论者和反射论者也会承认愉快和成功的体验与相应动作的重复趋势相

---

① 这个非常有趣的小实验只是很多相类似的实验中的一个，这些研究都来源于 R. M. 耶基斯教授的聪明才智。

关,而另一方面,不愉快和痛苦的体验则导致活动的改变,促使动物去尝试其他的方式。当然,他们承认这种联结并不等于他们也认可了愉快或痛苦作为一种体验模式的重要性,他们只不过将这些体验看作两种不同的物理或化学过程,并假定这些过程是愉快或痛苦的生理体验的伴生物。有很多人尝试去解释这些愉快或痛苦的所谓伴生物的本质。在此,我就不过多地阐述或评论这些尝试了。我只能说,这些尝试没有一个是完善的、或者值得去为之付出努力,也没有一个是被大众所接受的,我还要提醒学生注意另一种观点,这个观点已经在别处刊出却没有得到应有的重视。①

对于这种从经验中获益的基本表现形式,有一种机械论的解释已经广为流传,然而在我看来,这种解释明显是荒谬的,我在这里稍作评介。它是这样说的,动物每次进入通道 B 都必须返回并通过通道 A 才能达到目的;假定它最初进入通道 A 和 B 的概率是相等的,那么它实际进入 A 的次数就是进入 B 的次数的一倍;因为它每次进入 A 就不会进入 B;但它每次进入 B 则必须紧接着进入 A。

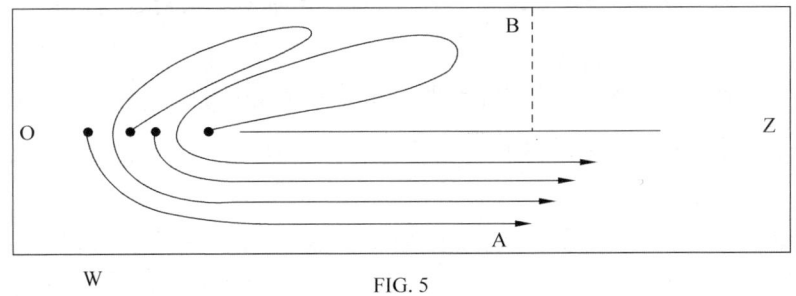

FIG. 5

---

① 《初级生理心理学》第 158 页。

因此，根据重复次数和形成的联结成正比这条基本法则，它获得的进入 A 的趋向要比进入 B 更强。这样的论证可以图 5 来呈现，图 5 中的曲线代表了假定动物在四次连续的尝试中会走的路线。这个论证和这个图示都表达了错误的信息。

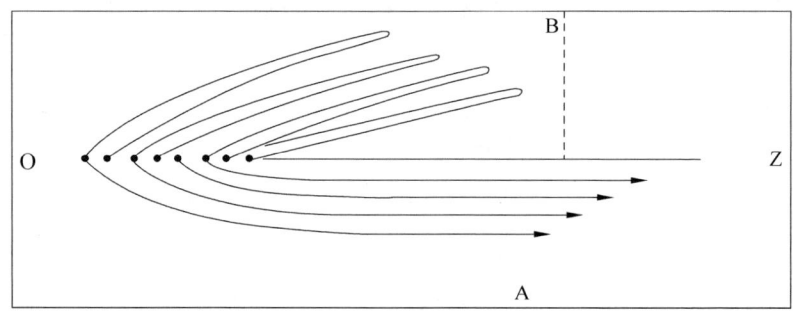

FIG. 6

根据这个假设，不管接下来的路线如何，动物从起始点 O 出发，它的行动可能是：通过 A 或 B 到达目标，或待在 O 点。在它获得一个较强的往 A 或往 B 的趋向之前，当它进入 B 然后折回到 O 点再次出发，这时它进入 A 或 B 的概率还是一样的。于是，按照机械论的假设，这个图确实把它的运动图表化了，如图 6 所示。从这里可以把这种解释的错误看得更清楚，因为小龙虾在 A 和 B 两个方向上同样地重复这些动作，所以它的这两个趋向实际上都得到了同样的加强。①

---

① 我相信，这个已经广为人们接受的错误解释最先是由 J. B. 华生博士在他的《行为》一书中提出来的。他似乎已意识到了他的错误，因为他曾经试图使它变得合理。他是这样说的，当动物从 B 返回，并到达 O，获得的刺激将会使它继续通过 A。但是，如果我们接受这样的假设，刺激将会驱使它直接向前，也就是说，它们会驱使它从 O 到墙 W，在这个途中，它向左转或向右转的可能性是一样大的，也就是说，可能进入 A，也可能进入 B。

另一种机械论主张的解释的错误要隐晦一些，它解释这种现象：小龙虾进入 A 并完成了整个活动，或通过 A 到达食物 Z 的活动使得通过 A 成为比在 B 中徘徊更高水平的活动。因此，对 A 的偏好形成了。在面对上述事实时，这样的解释似乎是对的。但是，如果把实验稍作改变，上述机械论的解释都无效了。我做了另一个式样的水箱(Fig. 7)，它包括了一个隔间 O 以及在尽头处的平台 Z。

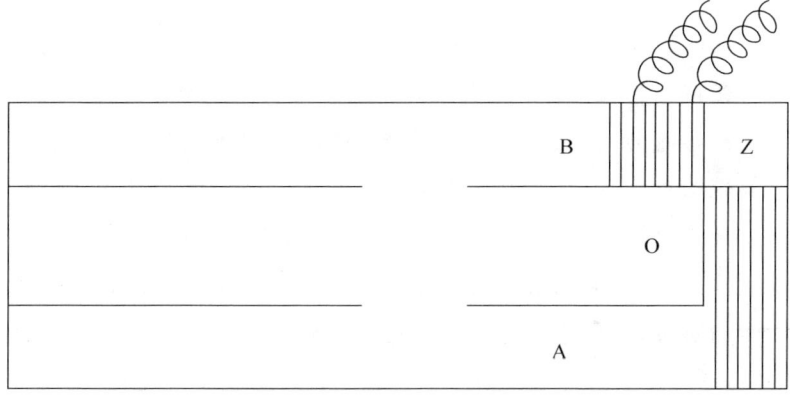

FIG. 7

从 O 到 Z 有两条通道，A 是其中较长的一条，B 是较短的一条。这个水箱只装了一半的水，Z 平台稍微高出水面。在 A 和 B 通道中，从水面到平台之间都有一个倾斜的跳板。把一只白鼠放在 O 处，它游着游着很快就找到了去平台的路。最初，它更倾向于走 B 通道，因为 B 更短。当它的这个习惯形成了以后，B 板被铺上一个可以通电的电网；这样白鼠每次从 B 攀登到平台 Z 时都会受到电击。受到电击让白鼠表现出恐惧。尽管如此，在一段时间内它仍会坚持从 B 到 Z 的路线。它会犹豫，踯躅不前；然后它会快速冲上在 B 的斜面，很多时候，它跳得很快从而只受到一瞬间的电击。这是它改变选择路线 B 这种行为方式的第一步。经过一定次数的电击之后，它就不再走 B 通道了，转而选择走 A 通道；即使在靠近 A 时被一扇不固定的门阻挡，它也不会再尝试 B 通道了。我用 11 只老鼠来重复了这个实验，结果相互差异不大，只是在做出回避 B 的选择时，有一些转变得比另一些更快（只经历了较少的重复电击）。对这个实验而言，前面提到的任何一种机械论的解释都是不适用的。一开始白鼠更多地选择路线 B 而不是 A；与 A 相比，通过 B 通道达到它的目标的运动被更多激活；但是这两种情况下它都到达了目的地。到最后它却拒绝尝试路线 B。我们只能这样解释，白鼠在面对路线 B 时，它的有限的智力水平让它预料到了选择这条路线的后果，也就是遭受电击。也可以这样解释，当白鼠面对路线 B 时，关于这条路线的知觉唤起了它的恐惧或回避的驱力，抑制了它的前进驱力。但是后一种解释也不能言尽全部的事实；因为大部分的白鼠针对从 O 到 B 的门道明确地表现出强烈的厌恶，而不仅仅是对 B 的斜坡有厌恶感。例如，在它学会了回避路线 B 之后，在把白鼠放在起点 O，通往两条路线的门都保持关闭半分钟，这时它通常会紧贴着 A 这一侧的墙面徘徊，而避免接近 B 一侧。

愉快与成功体验与朝向目标的行为相关，不愉快与失败体验与行为的抑制相关，这应该被看作是心智活动的基本的、终极性的法则。① 而且,其中的联结不仅仅是相关;我们在自身发现,愉快的体验能够维持、延续以及巩固那些带来愉悦体验的活动模式,即成功的模式。这也就是我们为什么要真诚地说"没有比成功更成功的体验了"。另一方面,痛苦或不愉快则会阻止我们,使我们沮丧,使我们离开那些现在正在努力从事,或者我们努力投入却没有取得成功的活动。我们知道,心理活动本质上是有前瞻性和预见性的。当我们第二次遭遇我们曾经取得过成功的情景时,我们过去曾经获得过的满足感将会激活和影响我们现在的期望,强化并维持我们的努力。当我们发现自己正为之努力奋斗的方式和所处的环境曾经给我们带来过失望和失败的时候,失望也会影响我们的期望,使我们转变努力的方向。正是通过这样的方式,过去的快乐和痛苦体验指导着我们现在的行动。我们可以假设未成年人以及其他动物也是如此。让我们试着去想象某种生物用相反的方式行动,也就是说,它因为受了失败的刺激而坚持一个方向,因成功而受阻,(这是多么的荒谬,)我们就能更充分地理解这种联结的核心本质。再比如,让我们想象一个生物既不知道痛苦也不知道快乐,对失败或成功都毫不在意,我们会发现它不会提高它的行为模式;因为在相继遭遇的相同情境下,它会表现出同样的活动方式;它既不会因为学习而提升它的先天本性所规定的分辨力,也不会根据客体的不同特征来调节自己的行为。

这就是愉快和痛苦的功能。我们生活在这样一个世界,我们总是会反复地遭遇同一个客体,或者遭遇与我们过去经历相似的

---

① 就像牛顿运动定律或者物质的万有引力定律一样。

情景。如果每一个反复出现的对象和情景在这些相继的场合中都是不变的,如果它们能够按照柏拉图的永恒"理念"(Ideas)去精确地复制,那么,我们的本能能够在所有情况下指导我们的行为,我们也就不需要愉快和痛苦的调节了。但是,在我们所生活的充斥着各种动物的世界却不是这个样子;每一对象都是独一无二的,我们从来不会两次踏进同一条河流。这个世界拥有无限的多样性需要我们去辨别,并且通过愉快或痛苦来指导我们有辨别力的行为。只是因为每种动物和植物都非常接近同一物种的典型形象,每一物种的所有成员彼此都非常相像,还因为在很大程度上本能只与对动物植物的反应有关,所以低等动物的本能能够达成很多任务,却不需要太多的智能。

在心理学中有一个强大的传统,那就是将愉快和痛苦看作是所有活动的原因和根源,或者是所有行为的激发动机。这种观点即所谓的"心理享乐主义"(psychological hedonism),它在平常人中获得较多认同,原因很明显,我们通常都表现出面对痛苦时的退缩或逃避而都追求快乐。但是,这种观点是不能被精确表述的,却又被无限制地衍生,都是因为它本身是错误的。当人们尝试用它去解释动物的行为时,无论是以它的何种形式,它的错误都是显而易见的。昨天,我驱车在乡村道路上,一条很大的牧羊犬在车旁跟着奔跑。它沿着笔直的路线奔跑,就在不远处,在路边有一只母鸡正在慌忙地召集她的小鸡。当狗经过母鸡时,母鸡的所有羽毛都竖起来了,对它发起了攻击。快乐—痛苦理论该怎样解释母鸡的行为呢?它是因为如果狗伤害了它的小鸡它将体验到的痛苦这个"观念"而行动呢?还是当牧羊犬靠近时它即刻就体验到某种痛苦或快乐从而推动它做出攻击行为呢？

我不知道这只母鸡是否曾经遭遇过类似的情景，但是可以肯定的是，如果它经历了类似的情景，一定也是这样表现的，尽管这有可能是它第一次带着它的小鸡们离开鸡窝。也就是说，它的行为是纯粹本能性的，而不是由于过去经验习得的，也不是由快乐或痛苦的体验所驱动，更不是为了引起快乐或避免痛苦。动物母亲为了保护它的幼崽而与死亡抗争的行为刚好证明了享乐主义在解释动物行为时的荒谬错误。几乎所有动物的行为都能够表明享乐主义的理论一无是处。许多哲学家和业余的道德家都已经尝试过将享乐主义理论用于人类行为的解释，这既否认了人类与动物进化的连续性，也否认了人类与动物的本质共同性。我就不再另外让读者费神去阅读我对于"心理享乐主义"的详尽批驳了。那些热切追随这个理论的人可以在道德专著中找到关于它的令人厌烦的讨论。

试误的方法

小龙虾学习通过开放而非关闭的通道寻找食物的例子是我们通常所说的"试错方法"的典型例子。很多人，包括动物都是用这种方式进行学习的，已经有很多实验考察了动物的这种类型的学习。让我们来考察在实验条件下这类行为的另一个例子。我们应该用 E. L. 桑戴克的著名实验来做例子，这个实验被这个领域的其他很多研究者视为典范。桑戴克把小猫困在笼子里，这些笼子的前面竖立着栅门；门从里面被一个开关别住，这个开关的按钮很容易被动物触碰到。每一次，被关进笼子里的猫都处于"极度饥饿"的状态，食物就放在笼子的栅栏外，它的爪子怎么也够不到。结果通常是猫会持续抓挠笼子的前方,直到在它"随机"动作的过程中,它碰到了按钮,得以逃出笼子,然后获得食物。每一只动物都一而再、再而三地经历这样的过程;最终结果是它逐渐缩短了"随机"动作的时间,直到经过许多次的重复之后,它学会立刻去按那个按钮,打开门,然后逃脱困扰获得食物。狗或猫的这种学习被很多人认为可以用来解释动物智能的本质和局限性。而机械论者急切地抓住了这一点,因为这个事实似乎支持了他们的观点,他们实际上认为颅骨的形状决定了隐藏在其中的智能机器的工作效能*。他们这样解释这些现象:笼子里的动物受到了来自笼子各部分的感觉刺激,这些刺激激发起一系列随机的反射运动。动物持续地做出这些反射动作,直到有一些动作幸运地碰到了按钮,使它从笼子里逃脱。逃脱的愉悦或食物的味道不知怎么就与那个碰到开关的反射动作"相联系"了;因此,当同样的情况再次发生时,那个反射就比其他的反射更容易发生;接下来,类似的情形每重复一次,这种"联系"就变得更加紧密,直到动物只要被关在笼子里就会自发地做出这个反射。当然,极端的行为主义者对快乐和痛苦知之甚少,自然也对与快乐和痛苦相联系的神经联结一无所知;于是,在面对相对简单的问题时,他只须用高傲的态度声称作为一个科学家,他的事务只是去描述事实而不是杜撰解释或假说。除此以外,更多的人是那些不那么强硬地恪守"科学性"的机械论者,他们则面临着一个问题:从笼子里逃脱并品尝美味食物的快乐体验的神

---

* 在这里作者将机械论者的观点看作是"颅相说"的一种翻版并加以嘲讽。——译者

经联合是如何与在此之前发生的导致开门的反射动作产生联结的呢？这显然是一个前果后因的解释，它和机械论所信奉的世界图式完全相悖。

如果我们不局限于用机械过程来解释心理活动，那么我们会发现，即使是在低等动物的活动中，也体现出了心理活动的本质特征，即目的性和随意性；还显示了心智的最基本属性，即有能力根据过去经验预判未来，并且用这种预判来指导行动。心智的本质属性就是通过过去经验预判未来，并以这种预判来指导我们当前的活动；简而言之，这就是先出现的结果决定了后来发生的原因。根本上，猫的行为并不仅仅是对刺激做出的反射动作。在一定程度上，它们始终是被如何得到食物这个目标所支配。这包含了对目标的预期，尽管这种预期并不非常清晰。我们可以做一个谨慎的猜测，随着这个过程不断的重复，这种预期就变得越来越有把握，并且对达到目的的行为的每一个步骤的预判也变得越来越清晰。再次考察这个实验，我们应该批评这个实验没有给动物的智力一个公平的表现机会。让我们想象二十个大学教授在"绝对饥饿"在状态下被关进笼子里，一桌诱人的美食摆在笼子的界限之前。接着，再让我们设想每一个人都可以被释放，但必须用他的指甲在地上挖出一个洞，并用他的鼻子在这个洞的底部搜索（开门的机关）。可以说这样的条件与桑戴克教授给猫提供的条件相当。如果让一个火星人来做观察者，他对人类知之甚少，他能否从这些教授的行为推断出他们是一些低智能的生物呢？是否会把他们的行为看作是随机运动和无意义的大声嚷嚷呢？

桑戴克的实验对于研究方法是一个有价值的贡献。但是如果有人把这类实验的结果当做是说明动物智能局限性的证据,那就被严重误导了。我认为,我们现在所需要的实验不是要动物如何在高度不利的环境中表现出其智能的不足,而是让动物处于最有利的条件下,对它们的某一种普通的天性经过持续的、多样性的训练之后,考察动物的智力在适应性行为方面能够取得多大成就。①

作为在方法上的一个小贡献,我设计了以下的实验。我有一条活泼友善的艾尔谷小猎犬,对它的物种来说,它已经是中年了,从来没有接受过解决机械问题的训练;当然,它已经学会了在不需要帮助的情况下去打开一道沉重的院门,当它想要从院子里出去的时候,它会推开门的把手然后把门推开。我做了一个立方体的木盒子,长宽各有十英寸,把它用螺丝固定在一块边长有二十英寸的正方形木板上。(如图8)盒子上有一个盖子,用铰链固定了一侧,另一侧安装了一个突出把手A,突出部分在有铰链的那一侧。压下这个把手就能打开盖子。接下来,我把狗爱吃的松饼弄碎放在盒子里。狗在一旁表现出非常浓厚的兴趣看着我做这些行为,并急切地要去寻找我藏在盒子里的松饼。

很难用精确的语言来描述它的这种冲动,这并不是要诋毁语言的效能;它总是想尽一切办法在我不注意的时候把藏

---

① L. T. 霍布豪斯教授在他的《进化历程中的心智》(Mind in Evolution)中已经沿着这条思路进行努力并获得了显著的成功。这本书和 S. J 霍姆斯教授的《动物智能的进化》(Evolution of Animal Intelligence)一样都值得推荐给那些想进一步了解这个领域的学生去阅读。

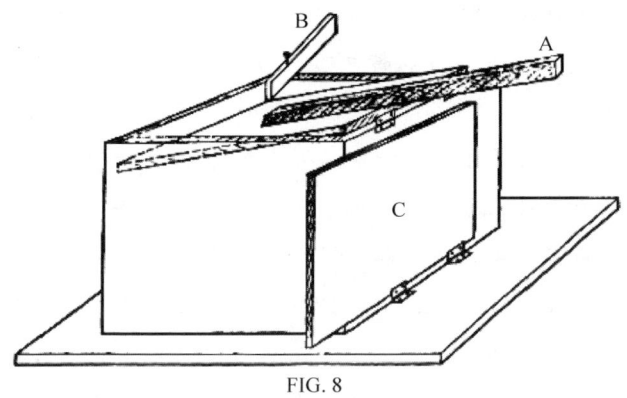

FIG. 8

着的松饼弄到手。当看到那块吃不到的松饼被放进盒子里，它立刻扑向盒子，用鼻子拱盖子的边缘将盖子掀开，然后吃到了松饼。它机敏地重复了好几次。然后，我打磨了盖子的边缘，使得盖子完全陷入盒子的边框内。这时，狗的第一个方法不灵了；于是，它费劲地用鼻子将盒子推翻，盖子打开了，它再一次把松饼弄到手了。接下来，我用脚踩住盒子的底板将盒子固定住，它的第二种方法也失灵了；以后，当我疏忽而没有采取这个预防措施时，它总是能够恢复这个简单而自然的动作。发现第二个方法无效之后，它就在箱子上抓、咬、扒，有时还会花一些时间去舔盖子；几分钟后，它用前爪按下把手 A，掀起了盖子。它立刻放开把手跑到箱子的前边去；但是盖子又掉下去了。它很有耐心，并有充足的精力，再一次抓挠并很快又按下把手。这一次，在放开把手之前，它迅速把鼻子垫在升起的盖子下，再一次把松饼弄到手了。经过这个简单的行为的训练之后，它很快就变得更专业并更快速。接着，我在盒子的前边拐角处的木板上加了一条简单的木头门闩B,大约8英寸长,是灵活可以转动的。门闩平时阻碍了盖子的打开,将它转动45°才能打开盖子。一开始,它被这个门闩难住了,但是很快就学会了以任意的形式把B推到一边去。接着,他将努力都投入对A的尝试。如果盖子还是弄不起来,它又会马上跑回B那里,用鼻子拱或用爪子推,然后再回来按A。有的时候,它没有把B推到足够远,因此按不动A,它会回去再把B推一下。当它学会了正确处理B以后,我又增加了第三重障碍,这就是一块板,C,用铰链连接在底板上,当C竖立起来时,就能顶住把手A阻止按下A的动作,因此必须推倒C才能打开盖子。狗也很快学会了用鼻子或者前爪去对付C,先把C推倒,再推动B,当然有时它也会用相反的顺序。

我们该怎样解释这样的学习过程呢?其中的确包含了或多或少的随机动作,然后狗才逐渐习得打开盒子的技能。但是这一过程在好几个方面和通过简单重复的随机活动与偶然的成功体验之间的"联结"从而建立反射链的过程具有本质的不同。从一开始,狗试图打开盖子很明显是为了得到那块它曾亲眼看见被放进盒子的松饼。它的行为是有目的性的。在整个过程中,它对盒子的机制了解甚少,正如一名普通司机不需要了解汽车的运行机制就能够轻松驾驶一样,他只需要在学习过程中"尝到甜头"就能够学会驾驶了。当狗看见我把一块松饼放进盒子里,它就知道松饼在那里,正如我所知道的一样。它不是通过语言来建立这种认识的,也不是通过三段论推理来获得的;而我也一样。狗关于松饼位置的认识以及内

第六章　动物的习惯与智力

隐判断也有可能是错误的。我的判断也如此。偶尔狗也会对空盒子大费周章，这种情况当然非常少，即使它应该有很多机会去这样做。而当它看见松饼被放进盒子里时，我知道它是不会罢休的，纵然有时它要花上二十分钟的努力才能获得成功。即使是它采用的最简单的第一个方法也完全不同于反射动作。而它的第二个方法则相当于一个简单的解决问题方法（也就是把盒子翻转过来），所表现出的聪明也被事实证明，尽管它用这个方法只成功了几次，但它很快就学会去运用每个翻转盒子的机会。

当它学会了所有的把戏之后，能够在几秒钟之内使这个机制的三个机关发挥作用，它所成功建立的动作可以是任何东西，而不止于一个固定的习惯系列；不仅是因为这些动作在之后的场合里不会按照一模一样的顺序发生，就连动作的类型也会有不断的、广泛的变化。通常从它会从用爪子按压把手开始，有时候是用右边前爪，更多的时候用左边的。当发现按不动把手时，它通常会马上跑到门闩 B 那里；这时它会用鼻子或者前爪推动 B。它常常会因没有把 B 推得足够远而失败，而它似乎从来不能通过视觉审视来发现这个错误，而是要等到再一次按不动 A 时才能发现。如果仍然按不动 A，它通常会回去再推一下 B。对于 C，通常是非常肯定地用前爪一击，要么是在推开 B 之前要么是之后，也可能是在尝试 A 之前或之后。我找不到任何理由去否定它已经用一种模糊粗浅的方式理解了这个任务的意义，实际上，这个一系列的操作与那些完全不理解汽车机制的人对汽车的操作是相当类似的。

这些动作或多或少有些随机性，但又远远不是随机的。从一开始，这些动作都是指向如何开启盒子，而这种指向性既不是由反射活动塑造，也不是由趋向运动所决定。如果说松饼的气味对它而言具有某种吸引与定向作用的话，那也只是弥漫在它的活动背景里。另外，它无一例外地都把力气花在盖子和把手上，而很少关注盒子的其他部分。它第一次推倒C绝对是因为一个随机性动作；但后来的成功很快就引导它有意地去做这个动作了，不是用前爪就是用鼻子去推。非常值得注意的是，它很快就理解了如果不把C推倒就推不动把手A；有时它按压把手的动作太马虎，盖子下落太快以至于它来不及将鼻子垫到下面。而这主要是由于它的前爪不适应操作工具的要求。整个过程表明，狗的行为最初是极具目的性的，获得松饼就是它努力要达到的目标。随着它越来越熟练地处理所面临的问题，这个目标，特别是趋向目标的步骤变得越来越清晰了。它不会预先构想整个过程；到最后也不会对全部活动序列有所认识，甚至不会认识过程的概要，它采取的所有步骤都是围绕着它的目标展开的。

尽管它对行为每一个步骤的预期起初是非常模糊的，我们一样能假定这样的预期会变得越来越清晰；情景因素激发了前面描述的那些行为，到最后，每一步行为都或多或少是经过明确考虑的。

我将再叙述这条狗的一个例子；这个例子尽管不是在实验室条件下的观察所得，依然是非常有意义的。如果房间里藏有松饼，它会去寻找并能够找到。这个游戏被重复多次以后，松饼被藏到另外一些房间中的某一间里;这又是一个缺少经验的新任务,当人在楼上的某一间房间隐藏松饼时,它学会了坐在楼下的房间里专注地听楼上的动静。当藏东西的人过来给它一个"东西藏好了"的信号,它就会猛冲上楼,并且通常很快就找对了房间并找到松饼。机械论者通常会说它是被松饼气味的痕迹所引导,但这是一所大房子,住着一大家子人,里面充斥着各种各样的气味。它的心理过程究竟是怎样的我们无从得知;但是我认为,如果要否认这一点:即它对整个情况有一个理智的判断,是很迂腐的,它对整幢房子以及房子各个房间所具有的认识是非常重要的,这种判断和认识与我们人是类似的。

实验室里的实验固然有价值;但实验者一定不会轻率地宣称能准确地计算出动物智能的极限。因为实验室的条件与自然环境条件之间不可避免地存在巨大差异,实验室条件很不利于动物最大限度地发挥它们的智能。若干世纪以来,实验室中研究黄蜂的所有发现都不能够与关于沙蜂用小圆石夯实巢穴附近的地面这样的观察事实相提并论。

在此,我想以艾博菲尔德的马和其他一些类似动物的行为为例,给那些低估动物智力的人一个警示。① 目前有关这些事例的解释仍然是众说纷纭,多有争议。对于这匹马来说,最起码研究者

---

① 一匹名叫汉斯(der kluge Hans)的马,据说能够完成有一定难度的算术题。它用前足敲打地面来给出计算答案。施通普夫教授和他的学生认为这匹马之所以能够完成这样的任务,是因为它观察到了观众的一些不经意的动作。艾博菲尔德的克拉尔先生(Herr Krall)教一些马学会了更复杂的算术。显然,他获得了很大的成功。之前在能够非常恰当地解释汉斯的表现的科学理论在艾博菲尔德行不通了。

证实了，它的知觉辨认的灵敏度远超过了它最密切的伙伴们（包括那匹名叫汉斯的马）先前曾表现出来的水平。

尽管可能只有高等动物才能够这样精细地区分和识别出个别对象，而本能性的知觉本质上只能识别和区分一个物种或一类对象的典型特征。但是很显然，那些能够与它们的配偶建立持久伴侣关系的动物，以及那些能够通过学习并熟识周边环境从而以此引领它们顺利返回巢穴的动物，都能够掌握和高等动物一样的区分和识别个别对象的能力。还有，一条聪明的狗能够区分和辨别很多人和物体。这样的认知必然包含着某种基本的判断，动物在采取行动之前的犹豫不决更加彰显了这种判断的存在。举例来说，当我走进自家院子大门的时候，我的狗正躺在房门前，离我大约有六十码远。它像对待一个陌生人一样对我吠，并以一种威胁性的方式靠近我；如果我发出声音说话或做一些它所熟悉的动作，并且当我们之间的距离不超过二十码的时候，它的态度转变成友好的欢迎；因为狗的视觉远没有人类那么敏锐。随着它逐渐接近我，它的行为在"表现出敌意"和"友好顺从"之间出现了两种态度的混杂和交替，直到某一刻它突然不再犹豫并完全表现出肆意欢迎。如果我是在昏暗的灯光下做这个实验，并以一种伪装的声音说话，它的犹豫会持续得更久，直到它的鼻子能够嗅到我的气味时才能解除。当我们不确定一个正在靠近的人是否是我们的朋友时，我看不出我们有理由否认这时我们自己的行为和狗的行为是非常相似的。我们的态度起先是犹豫和探寻的，逐渐变成明确的识别，并以打招呼的方式来表达这种判断，有时会用明确的语言表达："就是他。"有的时候，这样的判断会以提问的口语来表达："是他吗?"更多的时候这种疑问并不会体现为言语方式,而仅仅专注于对身形的辨认;直到某一刻,辨认得到了确认。这个例子中人所经历的心理过程和前面例子中狗在认出我之前的犹豫不决几乎是一样的。

判断是推理的起点,虽然推理在完全意义上来说包含了自由的想象和言语的使用,然而即使是在知觉的水平上也包含基本的推理成分。推理的基础是:在特定时刻以明确的目的对特定客体某些方面或某些特性做出反应。对于那些智力水平比猿低等的动物,我们很难从它们的行为中看出明确存在推理的迹象。但是,一只猿会使用不同的物体,比如棍子、绳子、麻袋,以获得它所及范围之外的东西,比如坚果,我们相信这就是它具有知觉推理的证据。因为,尽管这些对象分别拥有很多自己的特点,但是猿认识到了这些各式各样的对象具有某些共同特征,例如它们都差不多轻重、松散以及易对付等,猿根据这些特征对它们做出反应,使它们都服务于它的目的。观察表明,更高级的猿表现出了具有原始推理能力的迹象。

动物的想象

动物的绝大多数行为受知觉的引导,也就是说,受到对感官印象的理解的引导。这是一个很难回答的问题:动物能够想到那些没有呈现在它们面前的事物吗?它们能不能根据这些事物来调节自己的活动呢?可以肯定的是,一些高级动物具有相当程度的这种能力。想象力就是其中最普通的一种,想象力是对不在场的情景的假想能力,也是对不在眼前的某一个客体的想象。当一个动物直奔回家；一条狗一醒来就径直朝着远处的某个地方走去，并开始挖它前几天埋在那里的骨头；或者一条狗在主人刚进去的门外等待很长时间，并且怎么引诱也不愿离开；如果动物不是在以某种方式思考或想象着它的家、它的骨头或它的主人，它们的这些行为就很难加以解释。一条正在熟睡的狗或许会梦到它的猎物哩。

W.S.亨特教授设计了一个巧妙而严谨的实验，研究了动物和儿童的过往感官知觉指导当下行为的能力。① 实验的被试通过重复练习学会了在三个房间中的一个找到食物，有食物的那个房间与另外两间的区别在于有一束亮光。在信号光线出现之后，被试并不能即刻进入那个房间，而是会被阻隔一段时间（在一系列的实验中，研究者操作了间隔时间的长短）。结果发现，如果间隔时间的长度超过某个最大值，灯光信号就不能指引动物（或儿童）找到食物了，而不同种类动物的最大间隔限度也有所不同。对于老鼠来说是十秒，对狗来说是五分钟，不同年龄的儿童会有很大的区别，但是都要比动物的最大间隔时间更长。苛勒（参见前引书）曾经报告了如下的观察。他在笼子前的沙子里埋下一个梨，笼子里有一头黑猩猩很关注地看到他所做的这些事情。埋好后沙子被耙子推平。间隔了一个小时之后，他把一根棍子放进笼子里，黑猩猩拿起棍子从笼子的栅栏之间伸出来，插向刚才埋梨子的位置并很快就拿到了那个梨。在另一个实验中，研究者让黑猩猩

---

① "动物和儿童的延迟反应"，《行为专论》，1913年2月1日。

看到有一些水果被埋在了沙里，十六个小时以后，把这些黑猩猩放进这片区域。在绝大多数情况下，它们直接就走到埋水果的位置并把水果挖出来。因为遵循了必要的控制条件，所以实验结果能够表明，这些动物都受了之前关于地点和动作程序的观察记忆的引导。它们能够在沙地上找到准确地点说明它们在某种意义上一直想着水果就被埋在这个地方，如果要否认这一点未免显得过于学究气。

大部分关于动物想象力的例证似乎都来自于动物对熟悉事物的想象。此外，一些比较罕见的例证使得我们不得不承认，想象或者思考一个没有直接呈现于感官对象的能力是一种先天的心理结构。在一些蜘蛛或者昆虫种类中可以看到，这样的表现都是基于一个复杂的心理结构，而这个心理结构是这个物种的所有个体所共有的，并且它们不需要通过事先的经验来获得这个心理结构。一些鸟能够建设非常复杂的巢，特别是织巢鸟的巢当数典型例子。大多数鸟都是在鸟巢里经历了从被孵化出来到羽翼丰满的成长历程，而它们自己也将要建造一个类似的巢，但是，我们很难做出这样的判断：关于鸟巢的特定结构仅仅是通过经验传承的，而幼鸟在鸟巢里学习这个结构正是为了几个月后自己也要建造同样的鸟巢做准备。当然，还可能有其他的解释。同样，在这里仅仅用链式反射来解释也是行不通的。每一个动物都拥有这个物种所特有的一般性反应模式，但是它却会以多种不同方式去适应特殊的环境要求；比如，它知道如何去修补鸟巢结构的意外损坏，也知道如何去使用环境提供给它的不寻常的材料和地理位置等。

在这本书里我不打算讨论动物王国中心理功能的进化历程。我只想顺便强调一下这样的观点：本能和智能既不是进化形成的两条不同路线，也不是进化的两个阶段，而只是所有心理活动的两个方面，是我们按照某种抽象结果对心理活动所做的区分。一种观点是，把本能行为描述成"潜意识"的，而把智能的行为描述成"有意识"的，这种观点带来了一个问题——在进化的哪一个阶段无意识的本能转变成了"有意识的"智能？S.J.霍姆斯教授在他那本卓越的著作《动物智能的进化》中写道："即使是做最粗略的评估，目前仍然不可能确切地知道进化过程中首次出现智能是在什么时候。可以肯定的是，从本能到智能的演变是一个渐进的过程，而不是一蹴而就。很有可能是这样，高级软体动物的智能的起点是独立于节肢动物智能，脊椎动物的智能也很可能是独立于其他物种的智能而独立发展起来的。在节肢动物中，蛛形纲动物与昆虫也不太可能具有一个共同的智能起点，在这两大种群中，智能可能是从各自的纯粹本能性行为中独立发展出来的。"这是一个半心半意的进化论，它强烈抨击了斯宾塞哲学的教义，即机械反射以某种方式组合并重组，当相关结构的复杂性达到某一个未知的程度时，意识产生了。这样的错误引导会让我们永远也无法理解心智的进化。我想告诉读者的是，心智的基本原理用最低等的动物的行为就可以予以说明，并且我们不应该指望从机械化程序中找到目的性行为的原因；因为这是两个完全不同的概念。到最后我们发现所有的进程都是同一种类型；也许，无生命结构的进程与动物相比具有更强的目的性,而动物的行为则有可能是纯机械性的。到目前为止,试图把一种进程分解成另一种进程的所有努力都被证明是徒劳无功的。目前,机械进程和目的性行为这两个概念都是有用的,也都是必不可少的,都是合理的;在各自的领域中它们同等重要。

第七章　原始人的行为

我们通常会把天然的和人工的当作对立的概念；然而，如果更详细地探究这种对立的本质，我们就会发现，"人工的"就意味着刻意创造，它体现了思维、感情以及实际作为等的传承、积累和应用，在不同程度上参与了人类文明的构成。每一个人的正常发展过程都受到这些传统的深刻影响；我们每个人从祖先那里继承而来的传统又在与同伴的千万次交往中，特别是在与长辈的交往中被塑造，我们的长辈也曾经被同样的方式所塑造。仔细思量，很容易发现传统对我们产生的巨大影响，我们对语言的掌握几乎完全是我们吸收了传统影响的结果，而且靠使用语言来吸收传统文化也促进我们更高级能力的发展。

让我们想象有一群人从小一起长大成人并不受任何传统的影响，这样的想象对于我们接下来的讨论是有帮助的。这样的群体或许从未存在过，但是从理论上看不是不可能，而且可能会在实验意义上对心理学的发展提供极为便利的条件，当然这样的实验往往会带来伦理上的争议。但是，尽管我们不能真的实现这个实验，通过想象也能有所收获。通过这样的想象，能够帮助我们更加形象地了解人类和动物的行为之间基本的类似之处；即使在最初的原始人类社会中，由于传统知识、信念和观念的大量积累，使得哪

第七章　原始人的行为

怕最原始的人群和最高级的动物之间也存在着巨大差异的鸿沟,想象正是我们跨越这个鸿沟的桥梁。这个群体的成员应该被称为原始男人、原始女人和原始儿童。这样的原始人是什么样的一种生物呢？一方面,他和较高等的动物有何区别？另一方面,他和我们已知的最远离文明的原始人又有何区别呢？莫格力人①跟我们有同样的感觉能力,依靠本能的驱动辨别和他自己相关的自然事物,正如我们所观察到的众多未开化人一样,他的知觉辨别能力可能已经发展到相当高的程度。他拥有和其他高级群居哺乳动物一样的本能,关于这些本能的内容我们在前面进行过论证。当他感知到不同的对象和情景时,他会以本能的方式朝着目标付诸努力。他会体验到几种不同本能需要或欲求所引起的相应的情绪激活。成功时他会感到快乐或满意,失败时或满足需要的努力受到阻碍时他会感到痛苦或不快。他没有掌握语言,只有一些表达情绪的叫声和唏嘘,辅之以表达性的身体姿态。

如果我们和这样一个人做朋友并研究他的行为,我们只能应用解释动物行为理论来解释他的行为,除此以外别无他法；而且我们对他行为的解释并不比解释一条聪明的狗的行为更加肯定和完整。他的行为和高等动物的行为的主要区别在于,他的行为更多地受并非当下但先前曾经验过的事物的指导,也会受到他早先曾经经验过并可能再次经历的情景的指导。我们可能会发现,他懂得占有一些食物或其他形式的物质财产,比如一些皮毛和粗陋的

---

① 吉卜林在他的《丛林奇谭》中描绘了一个英雄,是在莫格力的一个原始人。我斗胆借用这个名字。

用具或工具等,并谨慎地隐匿并守卫着它们。这些东西本身可能并没有多少实用价值,它们被选择是因为能够满足他的特殊目标。他可能与其他男女分享一个山洞,在洞里他有属于自己的一个家或一个窝;他也有可能爱慕着某个女人,而这个女人是他孩子的母亲;他是否对自己的孩子表现出特别的兴趣;他是否会专门保护自己的孩子,喂养他们,并希望控制他们,希望他们顺从于他;以及他能否把自己的孩子和同伴的孩子区分开来,诸如此类的问题我们都不得而知。他的行为能够指向某些间接的对象,因此我们推断他具有对这类客体的思考能力,也就是说他具有想象力,在这方面他的表现要比任何其他动物都更发达、更活跃。因为他能够依照过往经验来组织当前行为,这暗示了他必然拥有更多对未来的预见力,即未雨绸缪,为未来事件提前做好准备的能力。在执行计划时,他和同伴可能会表现出比其他哺乳动物更有效、更多样化的合作方式;他们通过手势的方式或有限的口语词汇而实现彼此间更好的沟通。

愿望

莫格力人的强大想象力还体现在其行动具有更高水平的自发性、主动性和连续性。也许不是所有动物都如此,但大多数的动物的行为链都是受感官印象的发动;并且,如果那个唤起它的本能反应的对象离开了它的感官所能侦查到的范围,大多数情况下这个行动的驱力很快就会消失,或是被另一个由其他对象唤起的新的驱力所取代。① 动物的注意如果受到了某个感官印象的牵引从当

---

① 如果这个欲望很强烈,它可能仍会持续表现欲望的模糊的、不辨方向的并且无休止的特性。

第七章 原始人的行为

前的系列活动中转移开,而且中断了相当一段时间,那么它很少会重新开始那个活动了;除非它再次发现那个激起原来活动的对象又重新呈现在自己面前了。然而,狗会把它前几天埋下的骨头挖起来;河狸一次又一次回到那棵它要咬断的树;食肉动物会回去找到它吃剩下的动物尸体;黄蜂会回到它已布置好的洞;而蜜蜂在把采集收获运回蜂房后会回到养蜂人的蜂箱里吃糖浆。在这些例子中,我们可以观察到动物行为的连续性,这也就意味着这些动物思考着或者想象着那个对象,尽管离开那个对象很远;而且,动物不只是简单地思考着它,还准确地定位它的位置。行为指向一个远处①的对象暗示了一种状态,我们称之为愿望。从最广义上来说,愿望可以定义为指向某个远处对象的一种行动驱力。这样的定义包括使人回避的愿望,我们通常称为厌恶。如果我被告之正面临一个即将发生的危险,一个危险的客体,比如一头野兽,虽然还没有察觉它的存在,我仍然会体验到要逃跑或者躲藏的冲动。这是受到了回避愿望的驱使。如果从狭义的角度来做一个精确定义,愿望是指我们的这样一种心态:因想象某一客体而激起了行动的驱力,而行动本身却因为一些生理、道德或智力等方面的困难被阻碍了;比如,我有获得食物的愿望,是因为我被困在监狱号子里,因为害怕而不敢采取行动,或是知道即使尽了最大努力也得不到食物。动物或许从未体验过如此极端的愿望,只有一些低水平的愿望驱使它们趋向某个远处的客体或与之保持关系。也就是说,即

---

① 我在这里以及此后使用"远处",是说明这个客体在动物所感觉不到的地方;通过对这个词的意义的限定,可以填补专用术语的不方便的空缺。相反,我也使用"目前的"这个形容词,也就是说,用以表示客体展现在当前或对感觉有影响。

使驱力指向的对象很遥远，动物的本能驱力一旦发动了行动就不会中断；并且这种驱力极有可能总是以行动来表达。在这方面，我们的原始人具有了相对于动物的优越性。他能表现出愿望的更高级形式，这就是他能够激发对一个针对远处客体的愿望，也能够抑制这种愿望以及延迟执行行动。这种行动的延迟得益于他更加发达的想象力。我们有理由推断，只有比较高等的动物才可以想象远处的事物或危险；并且，当它想着这些内容时，相应的驱力立刻就会在行动中表现出来。但是原始人可以同时想象远处的食物和危险；并且他可能体验到对食物的渴望，然而，对食物的渴望却不会即刻引起行为，因为它受到了恐惧的驱力，也就是对安全渴望的延缓或抑制。当行动延迟时，个体通过想象目标对象而保持着行动驱力的活跃性，这是产生高级智力活动的本质条件，也是更充分、更普遍地使用语言来思考的条件。

愿望与想象

我们的原始人向往着远处的食物，却被迫留在洞穴中隐蔽着，因为他对某个远处的对象心存恐惧，他会一直想着食物和危险；他会想象自己用多种不同的方式小心翼翼地靠近食物。获得食物就像一个赌博，比如猎鹿，通常只有在夜晚，在野兽出没的饮水池旁边才能得手，但是狮子也经常出现在那里。他躺在洞穴中想象着鹿和狮子，他外出猎鹿的行动被饥饿驱动又被恐惧抑制，我们的莫格力人可能会想象他以池塘边的一棵树作为庇护，因为他以前遭遇狮子时曾经这样躲避威胁。接着，他还可能想象在白天时安全地隐藏到那棵树后，并一直等到黄昏，当周围没有狮子的时候才突然袭击他的猎物。接着,他还会想象一系列能够保证填饱肚子又不用承受太大风险的行为,以及想象如何实现这些行为。他会形成一个计划,而且,如果他已经想象过并成功执行这样的计划好几次,当他面临一个新的困难时,他会在设想一个计划时或多或少地更谨慎。于是,莫格力人会获得确实有效的计划,这是一个在开始付诸行动之前关于行动的构想。是否有动物能够达到这样的思维水平呢?这很难说。如果动物碰到了一个难题,它们会像战地救护车一样,就地解决,在行动中解决问题;它们不会坐下来思考一个计划;更不会为了思考解决方案而停下正在进行的活动。能够做计划、能够思考未来的行为是原始人优于动物的首要条件。当面临困难时,他会想出多套不同的行动方案;并且,如果他有一套方案可以最大限度地避免困难和危险,他就会按照那个方案去行动。除了简单的动作和呼喊之外,他没有语言,因此他的计划几乎纯粹是以具体的事物和情景作为想象的材料;但即便如此,他的计划能力也能令他在生存斗争中大获裨益。①

基本情感

另一方面,莫格力的行为的连续性和一致性比动物的更好。我们已经讨论过动物究竟能够在多大程度上建立一种获得性的反应趋势,即它学会了对一个原本不具有特别意义的客体做出某种特定的本能反应;比如,一条狗学会了对鞭子的恐惧,或习得了顺

---

① 我之所以支持并解释这种对实体富有想象力的思考的价值,是因为太多的人声称没有语言我们就无法思考。

从某个人或另一条狗。莫格力在自己想象力的帮助下，通过经验更容易获得对不同客体的持久的态度。让我们设想他发现了某个深邃山洞的入口。被好奇心驱动着他小心地深入其中，直到光线已经十分昏暗。突然一个隆隆声在洞里回荡起来，他慌忙逃跑。他回到自己安全的住所，恢复了原来的生活，但对这一事件一直保持着一些想象。在他的想象中，那可怕的声音被描述成是发自某种巨大的力量，能够抓住并杀死他。那种不明确的力量令他感到恐惧；同时也强烈地激起了他的好奇心。他平静而安全地度过了几天时间之后，在漫游途中，他发现自己再次来到了那个洞穴旁边。他渐渐靠近洞穴，好奇心更加强烈地被激发起来；但同时他也被更强烈的恐惧所抑制着，他每走几步就会犹豫地停下来，恐惧促使他警惕地关注周围的一切动静，准备一旦出现到任何陌生的声音或物体就赶快逃走。但是，终于什么都没有发生；并且如果有同伴在场，他的好奇心会增加而恐惧则会减弱。慢慢地，他比前一次深入得更远，并且很高兴地发现了一股清泉的源头，他在那里喝到了甘洌的清泉。这次发现之后，他总是会回想起这个地方，他不仅体验到了好奇和恐惧，他也感到这个神秘而可怕的力量给了他某种他最需要、最有价值的东西，即一个稳定而安全的水源。从此以后，莫格力和他的同伴常常光顾这个地方，把家安在附近。在这个神秘的力量面前，他是顺从而谦逊的，也不能停止对它的好奇心和恐惧感。他同时也意识到，他和他的群体独占了某种难得的资源。在干旱时期，那口泉继续滋养着他们，他们很感激，就像感激跟他们分享猎物的同伴一样；他们开始把一些有价值的小东西带到洞穴并布置那里，就像赠送礼物给他们的伙伴作为报答一样。于是，

第七章 原始人的行为

我们的原始人可能因此而建立起一种持久而复杂的态度体验,最好称之为情感(sentiment)。① 我们想象的这个例子就是一种具有宗教意义的原始崇拜的态度,是一种敬畏加上感激之情而发展成的崇敬的情感体验。他通过想象建构了一个客体,这个客体的中心意义就是源于这种态度的复杂力量;每当他接近这个地点或仅仅是想着这个地方时,这种崇拜的复杂力量就会在他心中澎湃,因为情景的区别,这种力量的强度与形式的体现也会有所不同。②

让我们继续想象,这个原始人的小团体规模渐渐扩大,其中有一个年轻男人比莫格力更强壮,而且他是一个霸道的人,经常滥用他的力量,他从莫格力的嘴里夺走美味珍馐,还抢走了莫格力冒了很大险、费了很大劲才获得的猎物。莫格力对这些行为感到极度的愤怒;但是有好几次,当莫格力愤怒地还击时,都被那个横行霸道者打败了,他更加强大的力量使莫格力吃了很多苦头。几次这样的经历之后,莫格力想起那个霸道者时总是充满了恐惧和愤怒;当莫格力早晨醒来,或在森林中漫游,一听到他的声音从远处传来时,或者别人提到他的名字(假设这时原始人已经发明了名字并在交流中使用)时,总之一想到他,都能激起莫格力的这两种情绪以及相应的本能冲动。当霸道者走远了,莫格力的愤怒冲动开始占据支配地位,莫格力想象着自己攻击了霸道者,战胜了他并把他撕成碎片。然而,当他听到他粗暴的声音,看见他粗壮的四肢以及凶狠的双眼,恐惧便占据了支配地位并抑制了攻击的冲动。莫格力

---

① 参见第十七章。
② 在印度中部的山区,在这里的一个洞穴里,我曾经见过那里的未开化的黑皮肤的居民把他们的小礼物放置在一口冒泡的泉眼边。

习得了对霸道者的憎恨；每当莫格力觉察到那个霸道者就在附近或者想到他时，憎恨便从恐惧和愤怒的体验中产生了。在莫格力的心智结构中，憎恨建立了一种稳定的态度体验；这种态度的形成基于两种本能倾向之间的连接，一种是恐惧和愤怒等情感性的本能倾向，另一种是对某一个个体，比如那个霸道者进行辨别、觉察以及想象等心智活动相关的本能倾向。

让我们再设想在原始人生命的另一个阶段。当莫格力到了青春期，他对邂逅的某个年轻女性感到了一种新奇的吸引力冲动。如果这是一个居住在邻近洞穴中的女子；但是她的父母不准他靠近她，而她也很害羞。冬去春来，莫格力的性欲日益膨胀；而他的大部分想象都与那个女孩相关，他受一种强烈的欲望支配着。他躲在路边等她经过，趁她用葫芦盛水返回时把她截住。她尖叫着用剧烈的动作阻止他靠近，并迅速逃回自己的洞穴。接下来的几天，莫格力企图再度靠近她，但是更加小心了。他意识到她的哭叫会把她那凶猛的老父亲引来，这一次他的态度是温和的；他恭顺地把一只肥美的野兔放在她的脚边，这是他特地为她准备的。这样的会面重复了几次之后，这个女孩不再害怕他了，并容许甚至欢迎他靠近。有一天他们会面时遭遇了一头野兽。那个女孩很害怕，哭着向他求助。他的保护冲动被激起了，他使出他所有的力量和技能并杀死了野兽。又有一天，当莫格力再见到她时，她正设法摆脱另外一名追求者。莫格力暴怒了，开始迅猛地攻击并驱赶那个追求者。有可能是这样，他在这次搏斗中失败了；他的情敌对他来说太强壮了，把他打翻在地，他被打晕，受了伤，没有力气反击了。他拖着受伤的身体回到自己的洞穴，调养伤势，并时常想起那个女孩和他的情敌。他深受两种欲望的冲突之苦——一个欲望是要杀死那个情敌,以此达到无可置疑地占有那个女孩的目的;另外就是对情敌的恐惧(这个欲望使他逃避情敌)。经过谨慎的思考,他想出一个计划;一旦他的身体恢复了就开始实施。莫格力潜伏在上次见面的地方等待情敌出现,然后悄悄地从背后给他一个猛击将他杀死。接下来,莫格力重新展开求爱,不久他就带着那个女孩去到他新发现的洞穴;他们在那里开始了新的生活,建立了一个新的家庭。

我们猜想,这就是原始人的生活,即使他们没有语言和工具,也没有形成社会传统,但已经远远超越了动物的行为水平。他们不是一种理性的、有原则的、有道德感以及注重责任的生命;也不是简单地追求自己的利益,完全受趋利避害指引的生命;当然,他们的活动也不是一系列连锁反应的结果。他们是一种受本能驱力和欲望支配的生命,驱力常常立刻就在行动中表达出来,但也有时会被当下的或预期的困难所抑制,被抑制的欲望会继续支持着想象性的思考,有时候,这样的思考会产生出新的行动计划,这些计划或许就能够克服眼下的困难。

我们仅仅是想象他们的生活,我们并不知道这些原始人是居住在树上的还是在陆地上;我们对于他的生活方式知之甚少;但可以肯定的是,不管具体情况如何,他们会有什么样的普通习惯,是否生活在树上,我们所想象的这种生命是一种由本能驱力所支配的生命,与其他高级哺乳动物相似,和这些生命形式的最大区别在于他们具有更好的预见能力和抑制能力,因为他们对时空中远处的事物具有更好的想象力,并且,可能是基于对更加多样性的事物的更为持久的敬畏，使得他们能够更持续地关注一个任务。社会人受同样的本能驱力和欲望的驱动。他在两方面与原始人不同：(1)社会人会使用大量的传统知识；(2)在榜样和箴言的影响下，他的心智中建立起了很多属于他的社会传统的禁忌，也形成了对很多事物的稳定的态度，包括那些原始人也能够理解的具体事物，以及只有社会人使用语言才能去思考的抽象事物。

人类活动的目的性理论与其他理论的对比

通过考察我们业已发现，在解释人类行为的众多观点或理论中，有些观点和理论存在明显的不足，比如反射理论和快乐—痛苦理论。我们也含蓄地驳斥了另一个广为人们接受的理论，这就是观念驱动理论，这个理论声称所有的行为都是"观念"的表达，而每一个"观念"在其本质的意义上都是一个活动趋向；因为我已经驳斥过这个理论，因为"观念"是一个混淆的、难以理解的术语。关于观念驱动理论更多的评论将会在下文提及。因为要对行为理论做一个完整的综述，我将简要陈述和考察一下其他的行为理论。

有一些作者虽然认识到动物的行为完全或主要是由本能驱力引发的，但仍然不愿意承认人类也是如此。或者，即使认识到人类有一些非常简单的本能，比如爬行、行走、攀登、吮吸、奔跑和叫喊，他们仍然认为复杂一些的行为模式应该归属于"天生的秉性"，他们喜欢这样称呼。这些作者几乎不对"秉性"下定义。我想，如果他们这样做了，就会发现所谓"秉性"跟我们称为本能倾向的概念完全相同。"秉性"这个词很好。我们没有理由拒绝把本能倾向称为"天生的秉性"，我们把那些个体习得的倾向也就是情感称为"习

第七章 原始人的行为

得的秉性"。但是,使用这个词只不过使得人类和动物行为本质上是相似的这一事实变得更隐晦,这是我反对它的原因。这些人承认人类的各种本能的动机性特征,却把人更复杂的行为归结为"秉性",他们是被一个错误的学说所误导,这个学说把本能仅仅看作是一个运动机制。我们可以明确地考问他们,他们会把高级哺乳动物的行为归入哪一类。是本能的表现还是"秉性"?如果是后者,那么本能和"秉性"之间应该是什么关系呢?受惊吓的兔子藏在洞里体现的是本能吗?狗从敌人那里逃跑体现的是"秉性"吗?一只独居黄蜂返回它的巢穴里应该归因于本能还是"秉性"?一只昂首阔步的雄性企鹅,炫耀自己的性魅力以及它在发情期的各种行为都应该归因于求偶本能,而年轻人的完全相似行为却被归因于求偶秉性?显然,这种区别没有意义,也难以实测。如果我们把"天生的秉性"这个名字赋予人类的相对不明确的本能,而把本能这个名字赋予昆虫的更加明确的秉性,我们在解释哺乳动物和鸟类行为时就会面临困难了,因为它们的本能在明确性等级体系中介于昆虫与人类之间。不那么明确的本能与非常明确的本能之间的过渡是连续渐进的。

另一个宏伟的人类行为理论受到众多道德家的追捧。他们说,人类活动的高级形式是理性,同时,他们把我们那些更简单、更冲动的行为归因于他们所谓的激情、秉性或本能,并且通常还会给这些名词加以"基本的"或"低级的"这类形容词前缀。他们对那些简单的行为模式并不感兴趣,也不关心如何去描述和解释它们,只有理性才被认为是行为的最重要原则。一些道德家还认为理性等同于良知、等同于意志。我将会在以后的章节讨论理性、良知和意志等内容。在这里我只能指出，如果我们把那些最复杂的行为模式，即我们称为道德努力的内容，都归因于这些抽象的法则的话，它们对简单行为模式的解释依然是无效的，而且这种企图还带来一个新的问题，这就是如何界定低级行为模式和高级行为模式之间的关系，因为它们分别遵循着完全不同的法则。此外，我还要指出，推理（区别于理性）在人类低级行为模式中发挥着作用。即使是原始人，当他想制订一个行动计划时也应该会动用简单的推理。这并不是说，在这种情况下他的行为不再是出于本能驱动；而是要认识到为达到本能所规定的目的，推理是一个寻求更好方法的途径。在我们身上也同样如此，推理跟其他理智过程一样只不过是本能驱力的仆人，它并不会促使或推动我们去行动。通过推理，我们可以发现达成目的的新方式；在推理的帮助下，我们可以对大自然观察得更加清楚，对我们谋求某个目的的后果预见更远。但是，除非我们正在追求着或渴望着某些我们本性规定的目的，推理不可以为我们带来追求或渴望的目标；推理能够最大程度地向我们展示行为的可能后果，而这些行为服务于我们的某一个自然目标，也就是说，行为的成果指向我们的自然本能所追求的满足。

行为和性格的特性

有一种流行的解释人类行为的观点，在这里我们需要对其进行简要的评述；因为这种观点可能导致了一些混淆。我们看到一个男人在面对显而易见的危险时做出了一些坚决果敢的行动；我们说这是勇敢的或无畏的表现，因而把它归因于这个男人的勇气和胆量。当我们看到另一个在危险面前退缩躲避的人；我们说这

第七章 原始人的行为

样的行为是由于他的胆怯。我们看到一个人，为了别人的福利，他抛弃了他所有的物质财产或名誉；我们说他是慷慨的，并把他的行为归于他的慷慨。或者我们看到他拒绝对所有值得帮助的恳求者施与帮助；而我们说他是吝啬的，并把他的行为归于他的吝啬。当我们看到一个男孩正在恐吓另一个男孩，或者在戏弄一个关在笼中的动物；我们会说他是残忍的，并把他的行为归于他的残忍。而通常在通俗的演讲中，这些行为的抽象特性——勇敢、胆怯、慷慨、吝啬、残忍以及诸多其他内容——都被认为与本能相关。那个恃强凌弱、恼人的男孩据说是被一种残忍的本能驱动着，或那个慷慨的人被慷慨的本能驱动。另一方面，这些特性又被当作情绪对待——勇敢的、残忍的、慷慨的情绪。我估计约莫有好几百个形容词可以用来描述这样的行为和性格。除了少数例外，每个形容词都有其名词形式，我们说，抽象的特性是以具体行为来展现的。而且，当我们看到任何一个人在适当的场合下频繁而稳定地表现出这样的一个特性，我们就会说他的性格中包含着这个特性。将活动所展现的特性归因于这些特性本身，并将这些特性视作人的整体性格的构成因子，这种表述的漏洞并不小。在日常交流中使用这样的表述方式并不会有大碍，但是在规范的学术论著中也这样说就有大问题了。有一些著名的心理学学派仍然在坚持混淆这些行为和性格的抽象特性与本能和情感之间的关系。最重要的是，初学者必须知道本能和这些抽象特性之间存在的差异。

我们都有一种将观念具体化的倾向，无论我们思考的对象是一个事物还是其他某种因素，我们总是希望把它表述为一个具体的实体性的对象，把行为归于某种特性就是对这种倾向的纵容。

要解释一个人将他的大衣捐赠给别人的行为，我们说他的行为是被他的慷慨、善良、美德或仁慈所驱动，完全类同于他睡觉的行为是因为他的睡意。在所有这些例子中，如果一个人频繁地表现出他的行为符合某种特定特性的指向，那么行为对于某一特性的归属性就能对某一类型的行为明确提供解释了；这种判断基于这样一个假设：人的某些特定的行为与他的性格特征总是一致的，并且，我们能够根据他先前曾经表现出的某种行为来预期他未来的行为表现。但是，把一种行为归于性格的某些抽象特性在这个有限范围之外就失去了解释力。然而，只要我们能够用本能驱力如何转变为习得性秉性或态度的原理来解释物种的本能起源以及个体性格的发展，我们就有充分的理由把行为归因于本能，并运用一种本能驱力或多种本能结合的原理，我们对行为的解释可以达到令人满意的效果。

217　　让我们假设一个通常被称为勇敢的行为。一个男孩，当他走进他父亲的谷仓，发现一群同他一样年纪的顽劣男孩正在折磨着一些动物。尽管他们用咒骂的话和威胁性的动作让他走开，他还是要进行阻挠并坚持要他们离开。他的行为是勇敢的。但是我们是否应该仅仅把它归因于他的勇气？只有当我们能够正确辨认并确定它的动机才能解释它。我们能否说他的勇气就是他的动机？很显然——不能。如果他表现得很愤怒并猛烈攻击那些男孩，我们可以说他的直接动机是愤怒。但是，他愤怒的理由是什么呢？是什么驱力转化成了愤怒呢？可能是对那些饱受折磨的动物的同情；或许是他的主人翁感被这些做坏事并拒绝离开的家伙所激发。也许是他们的侮辱激怒了他。最后一种情况也是最常发生的情

第七章 原始人的行为

况，愤怒是源自于他的自我肯定的动机受到了阻碍。如果他很强壮并且自信擅长于搏斗，他可以很容易地把他们赶走，而不会感到任何愤怒，他只需要稍微花一点力气冷静而技术性地动用一下他的搏击技能即可。另一种可能是，他非常害怕，但是更不愿意因为退缩而被叫做懦夫，所以下了很大决心，鼓足勇气进行阻挠。在所有这些情况中，他的阻挠可以说是勇敢的，最后一个例子更加如此。但是，勇敢也不会是他的动机。即使他的动机完全或主要是出于证明或表现他的勇气的欲望，勇气仍然不能成为他的动机。在这个例子中，他的主要动机是追求自我肯定的驱力；并且在任何情况下，这种动机都可以与对动物的同情心，也就是他的保护弱小的动机共存。于是，为了评估一个行为，并用一个恰当的形容词来描述这个行为，我们需要知道是什么动机在起作用；我们不能用一个似是而非的形容词去描述行为的特征，然后又把这个形容词转变为名词，从而将这个特征具体化并将它变成行为的掌控、驱力或者动机。不管这个男孩有多勇敢，没有动机他也不会出面进行干预；只有某些源自于本能的驱力才会促使他去进行干预，他的勇敢的特性才能够得以展现。如果他对那些动物没有同情心，对这个地方也没有主人翁意识，没有要维护自己权威的欲望，他可能会好奇地在一旁袖手旁观，或轻蔑或悲悯地跟着那些做坏事的男孩一起笑，而这一切与他的勇敢无关。

学习心理学的一个好办法是，记录下那些真实的或者想象的行为实例，既可以是自己的经历也可以是别人的经历，然后试着去评估这些行为的可能的或现实的动机。本书的主要论点是，所有的真实动机总是能够被归因于某一种本能驱力或两种或更多本能驱力的联合。因此,正如我在其他地方曾写到过的,"本能是所有人类活动的主要推动者;这听起来尽管似乎有些冷漠,缺乏热情,但事实是,每一个思想的系列都被本能意向或本能驱力引向了它的目标,每个身体活动都因此而被发动并给予维持。本能冲动决定了所有活动的目的,并给所有的心理活动提供了持久的驱动力;最高发展水平心智所表达出来的所有智力活动也只是这些驱力寻求满足的手段,而快乐和痛苦也只是在指导这些智力活动如何做出选择时的手段。如果没有这些本能倾向,失去了它的强大驱动力,机体就不会有任何活动;它只会是瘫软在那里,毫无生气,就像一个精美的时钟却没有了发条,或者就像熄了火的蒸汽机。这些驱力是维持和塑造所有个体和社会生活的心理能量,在驱力中我们遭遇了生命、心智以及意志的最重要的奥秘。"①

我引用这一段文字是为了对本章中所主张的行为理论做一个简短的陈述;我们称这个理论为"行为的目的性理论"。这并不是一个新的理论,而恰恰是非常古老的理论;而且它和在第126页所列举的所有理论都有根本的区别。②

我对前面的章节进行了一定的修改,删去了关于激发行为的习惯源自于本能的一段论述,因为我现在似乎想明白了,正如我在第114页到第180页所讨论过的那样,动机性习惯本身并不是能量或"驱力"。我觉得之前的观点或许需要增加一些限定条件。那个观点或许并不能很好地解释伊壁鸠鲁

---

① 《社会心理学导言》,第44页。
② 参见第二章,第71页,对策动理论有更充分的论述。

(Epicure)的例子,这个聪明绝顶的人致力于建构以追求快乐为目的的哲学,在现实生活中也有不少人效仿他。在第九章中我将会仔细地考察这一类行为以及那个似是而非的享乐主义理论。现在,这样的认识也许是合理的,即我们的确是在渴望和追求成功的机会,也就是我们的本能驱力在追求快乐体验。这确实是快乐体验的基本影响的结果,快乐体验必然是与我们对未来的预见能力共同发展的。通过一系列的行动,某些本能驱力获得满足后,受快乐体验的影响,我们会在相似的环境中再做出相同的行为;进一步的影响就是,它会使我们去寻找能够唤起这种驱力的环境,然后实施同样的行为,带来同样的满足;好比我们出去打猎或者钓鱼,不是为了能够打到猎物;或许我们只是"出去活动活动,能有一个好胃口"罢了。

只要读者认识到了对快乐体验的追求是我们的自然倾向,就不会接受心理享乐主义理论了。因为这个理论声称快乐或追求快乐的欲望(痛苦或避免痛苦)是所有行为的主要动力或动机。然而,我们认识到,所谓的追求快乐的欲望对于本能驱力来说总是继发性的;无论是我们曾体验过的快乐,还是我们想要在将来获得的快乐,都必须依靠本能倾向,没有本能我们既不会行动,也不会体验快乐。

我们可以想象,在一定程度上,原始人也会受欲望或者他过去曾经体验过的快乐经历的影响。正如我们通过想象考察过的那样,他的大部分行为都是直接由本能驱力和欲望推动的。我们还可以想象,在一个物资丰盛的时期,他也可能会出去打猎,不是基于任何对食物的欲望,而只是因为他的想象为他描绘了抓到鸟兽时的快乐体验，于是他希望能重新开始这项活动。如果他是因为这个原因去行动的话，他的打猎就仅仅是一项运动。毫无疑问，运动的本质是这种的：把我们置身于某种环境以唤起我们的本能驱力，为的是让我们可以再次享受那种取得成功的满足感。运动与游戏有十分紧密的联系；根据目前关于快乐的二级愿望的有关讨论，我们有必要对前面章节有关游戏的内容加以补充，因为我们已经认识到游戏被重复主要是因为我们在游戏中获得了各种各样的满足，包括努力获得成功的满足，展示我们技巧和力量的满足，与他人交往的满足，或者（在一些比如解谜的游戏中）成功地解开谜题而满足了我们的好奇心。

我们已经讨论了动物的行为以及那些表面上像是动物行为的人的行为；我们用一般性术语尽可能解释了人的行为，而没有应用能够更加准确描述行为过程的系统内省研究技术。现在，我们必须运用这样的内省研究，这是一种来自内部的行为研究技术。

我们不仅用一般术语描述了几种类型的行为，我们还根据实际观察的行为数据做出了一定程度的推测，关于正常心智的本质和结构的推测，以及关于不同种类的动物的心智和人类心智的推测。同样，在进行内省研究的时候，我们不仅要用普通术语来描述体验的过程，还要用推论来扩展和补充关于普通人心智的本质和结构的解释。

第八章 知觉性思维

正如我在导言中所指出的那样,在对某一经验过程进行描述时,选择适当的术语是最重要的。如果我们一开始就使用诸如"感觉"和"意念"作为探讨对象,并且把它们当作拼凑成"意识"的碎片或独立元素,这样的术语就会引起难以梳理的混淆以至于影响整体的叙述。我们必须紧紧牢记的事实是经验是一种心理活动;经验是这样一种活动,是作为主体的一些生命经历了某个事件或过程。"物体"这个词跟"事物"这个词一样,在我们日常用语中倾向于用来指示某种物质实体,它一直存在着并在任何时刻都能够以一个独立整体的形式与周围的环境分离开来。但是我们可能会在更广泛的意义上使用这个词来指代我们想到的任何东西。

最简单也最基本的思维形式是对当前直接作用于感官的事物的思考,这也是大部分动物和幼儿的思维形式,我们在这里所说的"近端对象"和"远端对象"有什么区别呢?"近端对象"当然也可能在空间上离我们很远;但我们说它在近端,是因为它的能量能够以适当的方式影响到我们的感觉器官。屋子对面的火炉可以是一个"近端对象",只要它散发的热量刺激了我的皮肤。当我远远听见我的狗的吠叫或它抓挠门的声音,我的狗于我就是"近端对象"。当太阳光经过月亮的反射最终落在我的视网膜上时,月亮于我就成了"近端对象"。但是如果当我在窗前凝视月亮时,一朵乌云飘过遮挡了月亮,或者你关上了百叶窗,月亮于我就成了"远端对象"。我们的生命就是在许许多多变化无常的"近端对象"之中流逝的,至少,我们在觉醒状态下常常思考的是"近端对象";但是,当我们想着远端对象的时候,就倾向于忽略了近端对象。当我们思考近端对象时,我们被描述为察觉到它。这是关于"察觉"这个词的专业用法。在日常用语中,它被广泛并且不严谨地使用;比如我们会说"我察觉到了你的意图"。

通常的看法是,我们在一个时刻只能思考一件事情。我们将在后面讨论应该在多大程度上对这个陈述进行限定。而目前在较宽泛的意义上,我们大抵可以把它当作事实接受。在我们所接触到的全部"近端对象"中,我们通常只会关注或察觉到其中的某一个,但极有可能是非常复杂的一个;它可能包含了多种物理属性,而每一种单独的属性对我们而言都是一个"近端对象",只要我愿意,我可以分别观察每一种属性;比如,我在山顶上俯视一个村落,或者欣赏一套瓷器。在一个时刻,在一个区域内,我能够察觉或思考的近端对象的数量取决于我当时的目的。如果我的目的是观察这个远处的村落,我会把它当作一个整体对象加以察觉,并以草地或森林作为背景。如果我的目的是寻找村子里的某一幢房子,我就会依次审视每一幢房子以及这幢房子与其他房子的空间关系。只有当一个对象本身或者该对象发出的能量能够刺激我们的感觉器官,引起相应的神经冲动并传递到大脑,关于这个对象的知觉才能够形成。

我们之所以能够知觉到周围物质世界的美丽奇观,是因为那些物质所释放的能量流影响了我们。而我们对精神世界的理解也同样依靠这些影响我们感觉器官的能量流。因为只有通过感官这个媒介我们才能彼此察觉,我们感知彼此并交流彼此的经验、知识、感受,以及各自所付出的努力。① 每一种感官都专门接受某种特定的能量,然后把这些能量有效地集中在这种感官的神经末梢,与此同时还避免它们受其他形式的能量的影响。因此,我们的感官就是从作用于我们的能量流中做出选择的选择工具,这是一个被动的选择,就像一个筛子,由于它特殊的结构而让小的颗粒通过而把大的颗粒留在里面。我们的眼睛特别适用于把光的能量集中于视觉神经末梢,却不受热、机械压力或张力以及化学作用的影响。耳朵能够将空气中非常微妙的振动转换成有效的刺激作用于听觉神经,却能使它免受其他刺激的影响。鼻子和舌头包含的感官分别对应于漂浮于空气或溶解于水的物质的化学刺激。皮肤中的感受器能够接受机械压力和牵拉力的微妙变化,也能够接受温度变化形成的刺激。分布在肌肉、肌腱、韧带、关节面以及身体里各种组织表层中感受器都很容易感受该部位所受到的压力或牵拉力的刺激。简而言之,正是因为我们拥有一系列的感官,我们才能通过它们能获得所有的知觉。

我们身边的世界中还有很多能量是我们的感官不能察觉的,它们几乎不能,或者完全不会作用于我们的感知。感官的生理学是一个很大的研究领域,并且已经有了大量的观察和研究文献。

---

① 有一些确凿证据表明这并不完全正确,有时候,交流可以用更加直接的方式发生。但是如果所谓"心灵感应"的交流方式确有发生,那也只是这个基本正确的论断的罕见例外罢了。

但是这个领域的研究难度很大,所以至今我们也不能很好地解释能量如何刺激了感官,同样也不能解释神经如何回应刺激。有很多假设竞相尝试对此做出解释,但没有一个解释是令人满意的。视觉就是一个很好的例子,说明我们在这方面的无知。

视知觉

正常人看彩虹或其他的阳光光谱时,会看到一系列的色彩——红、橙、黄、绿、蓝、靛、紫,以及它们之间很多可辨别的过渡性特征。我们知道这一系列色彩的每个可辨别部分都对应于特定以太振动的频率,以太的振动构成了光的光谱特征。我们很自信地推断,我们的知觉对每种颜色属性的分辨必定对应于发生在我们大脑中,针对这种属性的某些特殊的生化过程。此外,如果在对对象颜色的区别和再认过程中,我们的知觉忠实地反映了色彩属性,那么在那些大脑活动过程与落在我们眼睛上的每一光束的振动频率之间必然存在某种特有的、并且是恒定的关联。但是我们尚不清楚这种关联是如何建立起来的。这里有两种最主要的假设。其中一种假定每种感觉神经可以接受多种兴奋和振动,而每种神经纤维则将接收到的以太振动以相应的频率传送到大脑。另一种假说(通常所说的"特殊神经能量理论")假定大脑中对应于视觉神经过程的数量是有限的,大概只有三、四、五或六种。这就是著名的托马斯·扬理论,它的优点是很简洁,它假设在大脑里只有三种应对来自于眼睛刺激的神经过程,对应于红、绿、蓝三种颜色;当这三种颜色单独出现时,三种神经过程分别决定了我们对每种颜色的知觉;其他的颜色知觉是这三种基本神经过程以不同比例和强度混合而成得到体验。这个理论最初假设在视网膜、视觉神经和大脑之间存在三种神经纤维，每种神经纤维对应了三种基本反应方式中的一种，每一种反应只对光谱中的某一些部分最敏感。此后，对该理论的很多修正也相继出现。① 但是，这个理论的每一个变式都面临极大的困难，因此它们中没有一个能够站得住脚。

感觉属性是对象信号

我们对其他感觉的认识也好不到哪里去。尽管对感觉的研究是最令人着迷的一项工作，是每个心理学家必须经历的专业训练，尽管它的各样难题激发了研究者强烈的理论兴趣，但是即使在每一个细节中它也没有形成让心理学家确定的知识。我们认为最重要、最基础的事实，也是我们尚未明白的问题是，各种性质的感觉体验总是恒定地、清晰地联系着那些来自我们周围的事物作用于我们感觉器官的刺激模式；关于这些属性的体验进而成为了产生刺激的事物的特征。

这些体验性质产生于感官刺激，被称为"感觉"。这个名称并不会带来什么坏处，只要我们不会将这种"感觉"附会于某种实体存在，并能够抵制要素论的诱惑；要素论将体验，甚至心智本身都描述为若干要素单元的并列，就像拼凑的马赛克图画一样。

很多哲学家对感觉经验的事实知之甚少，对感觉的生理学过

---

① 我增加了一些附属假设以使这个著名的理论能够更贴近实际。《托马斯·扬的色觉理论》，见于《心智》，N.S.，第十卷。

程更是一无所知,他们对所谓"感觉"的讨论不过让这个议题徒增了许多误解。必须承认,用我们精神生活中的感觉经验来精确阐述感觉是非常困难的。那种困难或困惑主要是,尽管那些感觉属性通常最初都只是作为客体的特征,指导我们的辨别和再认,然而,当我们开始内省,我们就能很轻易地将这些属性中的任意一个转变成为思维的对象;正如我们将其他体验作为思维的对象一样,比如我们的欲望、需求以及情绪兴奋都可以成为我们思考的对象,而且我们似乎更愿意这样对待感觉体验。其结果是,那些关于对象特征的感觉属性和对象的特征本身常常被混淆,有时候两者被当作同一个内容看待;或者把那个物质对象当作是感觉经验或"知觉"的结合。因此,当人们说我看着月亮时,他所看到的只是天空的一块黄色斑点,而那个黄色斑点就是人的知觉;因此月亮就被等同于关于那个黄色斑点的经验,等同于这种"泛化的关于黄色属性的知觉";而整个物质世界也可以由类似的"知觉"碎片组成。当然,关于"知觉"究竟是什么的问题引起了很多争论,有人说"知觉"是一种客观对象,存在于我心智中或者其他某个地方;总之众说纷纭。不幸的是,所有这些困惑主要来自于哲学家对知觉的讨论,他们通常仅仅以视觉经验和视知觉对象作为他们关于感知的讨论的例子。①

如果我们考虑其他形式的感觉经验,我们将很容易避免了这个一系列的混淆。因为,当我们听到一阵铃声或发动机的嗡嗡声,

---

① 如果所有的哲学家都是天生的盲人或者禁止他们提到视知觉,那么这类混淆大多数都能避免了。

第八章 知觉性思维

没有人会傻到会坚持认为这是关于铃铛或发动机的感觉经验；或把臭鼬的气味当作是臭鼬本身；我们也不会把靠近火堆（或走到太阳底下）时感觉到的温暖当成是火（或是太阳）；在所有的这些例子中，人体验到的感觉属性是由感觉刺激引起的，显然不是物质对象本身；感觉属性是当前对象的一个信号，这个信号启发我们的心智觉察到对象或使我们对对象产生思考。① 简单的感觉属性并不能够充分地支撑我们对客观对象的感知和辨认。

单一化的世界

我们可能会想象整个物质世界由互相独立的物质组成，这些物质可以被分为有限的种类和物种，同一物种的个体是十分相似的，而每种物种都以它们独有的方式作用于我们的感官，并且只有这一种方式。我们能够感受到的感觉经验的属性跟事物的种类一样多；而每种属性对应于一个物种并充当该物种出现的信号（或者，在一定程度上，作为该物种的某些成员的信号）。接着我们可以设想有这样一种生物，它们生活在一个简单的世界里，它们所拥有的本能趋势与感觉属性一样多，每一种本能都对应于一种属性和一个物种，每一种本能趋势都被对应物种的特有感觉印象而激活从而付之于行动。这种生物的生命就是一连串的冲动行为，每一个冲动都依次被简单的感觉印象所激发。低级动物的活动大概

---

① 或许最令人迷惑的知觉的案例就是当我们看着某物（比如月亮或烛光）而两眼没有精确地会聚于它时所看到的重影，这个现象很难得到圆满的解释。我们可以说我们看见了两个月亮或月亮的两个影像吗？还是感觉器官的机能异常扰乱了正常的感觉经验与刺激物之间的联系呢？

就是这样一种模式;它们的简单活动不是因为它们生活于一个简单的世界里;而是它们忽视了大量的对象,对对象做出反应时仅仅是把对象作为独立的、个别的对象,而不能将对象当作一般性的客体,作为该对象所述的种属、类型或物种的代表。

识别基于三种感觉模式

物理世界是极其多样化的;没有两个事物完全一样。只要人们仔细检查,就会发现世界上没有任何两粒豌豆是一样的。因此,在不同的事物之间存在着极广泛的区别范围,同种事物之间的不同个体也是如此;而那些能够在不同事物之间进行精确区分的生物将会是最成功的物种。对不同事物和不同种类的知觉区分能力得到发展是所有高级形式心理活动的基础。当物质事物作用于我们的感官,产生了无限多样性与复杂性的印象和刺激,知觉区分才成为可能。这些复杂和多样的印象包含三种类型;它们是物理事物出现的三种模式——属性、时间和空间。

属性模式

首先,事物会传递给我们一个实体性的复杂印象,印象中包含的每一个元素或成分都能相应地激起我们的简单感觉体验;这就是属性模式。当一个感觉器官受到这样一个复杂印象的影响,其结果就产生了关于属性的感觉体验,它不同于这个复杂刺激物的任意一个构成成分的刺激所引起的属性体验;在大多数情况下,通过内省我们可以发现属性的复杂程度对应了物理刺激物的复杂程度。对音调的辨别是合适的例子。一个好的音叉加上一个合适的

第八章 知觉性思维

共鸣器，就会给我们的耳朵送来简单的实体性刺激，即声波。听到音叉的声音时，我们的感觉体验到的是一种简单属性。我们经过再多的辨别练习和尝试都难以发现其中的复杂性。因此，两个发射出同样声波的音叉。我们听不出它们的区别。但是，当我们敲响一个铃，或拨弄一条拉紧的金属丝或琴弦，这个动作会引起复杂的空气振动，振动由几种不同频率的简单振动叠加而成。如果这些振动中最低一个振动的频率与一个纯音音叉的频率相同，我们就会察觉到两个声音的相似之处；但是，我们同时也会觉察到它们的不同属性；如果我们曾训练过这方面的观察能力，我们就会觉察到感觉经验的复杂程度与刺激声波的复杂程度是相对应的；我们会觉察到在那些复杂属性的元素与复杂声波的振动频率之间存在一一对应的关系。这些事实通常被描述为，音叉激起了我们关于音调的简单的"感觉"；而振动的琴弦激起了由几种简单的"感觉"融合而成的复杂或复合的"感觉"。

用这种方式来描述这些事实被证明是简洁便利的；但是却非常容易造成误导；因为它似乎暗示了这几种"感觉"分别来自不同的独立事物（或者它们可能分别从"无意识"中被拉到了"意识"中），然后，这几种感觉融合在一起；正如两种不同金属的溶液可以融合在一起形成合金一样，并且这种合金拥有两种成分的独立的属性。

注意到这一点很重要，即，只有当我们采用内省的态度将关于属性的体验转变成为我们思考的对象时，才可能意识到感觉属性的复杂性。只要我们依然停留在自然的态度上（当我们的感觉体验仅仅作为某个客观对象出现的信号时），印象的复杂性就只不过是我们区分和识别的基础了。当我们听见纯音调,我们说"这是一个音叉的声音";而当我们听见铃铛的复杂声响,我们会说"这是一个铃铛在响"。同样,如果一个铃铛和一根拉紧的金属丝轮流发出最基本的振动并且都是相同频率的声波,我们会认识到这两种声音是相似的(正如我们所说的,它们有相同的基调);但是,同时体验到的这两种属性的区别使我们能够辨别这些声音并认出哪个是铃铛哪个是琴弦。因为这两种乐器发出的复杂的声波,尽管它们局部的基音波在频率上相同,但是在高音波部分的频率却不一样。如果我们接受过进行这类分辨的训练,就会发觉在一个复杂的印象中,每一种感觉属性都对应于一部分声波。但是,这种分析性的辨别不是区分铃铛或琴弦的必要条件,也不是判断两种声音是否一样的必要条件。可辨别的属性在复杂的感觉体验中越接近就越难区分它们,或者如通常所说它们就融合得越紧密;也就是说,当我们用内省去分析它们时就会遭遇更大的困难。

  通常来说,那些刺激同一个感觉器官所产生的属性要比通过两种不同感官引起的属性更加相似;所有的听觉属性相对于视觉属性而言更相似,味觉和触觉也是如此。因此,几乎在所有的情况下,来自不同感觉的同时性刺激所激起的复杂属性会更容易被分析为前面所定义的那种感觉。然而,我们对某个客体的再认往往依靠于几种感觉刺激的结合。比如,你抿了一小口柠檬水,通常你只是把它当作柠檬水;复杂的感觉体验只认出了柠檬水的信号。然而,如果你的考察目的让你采取内省的态度,你就会很容易分辨出酸味和甜味(刺激舌头上两种不同的感官的性质)以及柠檬的独特气味(由鼻子的感官激起的性质)以及冷的属性,这是由于分散在口腔上皮黏膜中的冷感感受器受到刺激所引起的。鉴于先前的经验，你会把每一个可辨别的属性作为这个复杂事物即柠檬水的构成成分。甜是糖的信号；酸和气味是柠檬的信号；冷的触感是水的信号。同样，一个音乐家也能够在一支管弦乐队面前分析他的复杂听觉体验，他会接收到很多听觉属性，这些属性是他通过分析各种乐器所发出的声音而认识到的信号；一位博物学家日落时在热带森林中聆听动物的合唱，其中汇集了成千上万不同的鸟、兽和昆虫的声音，而这些声音在一个外行人看来只是一些噪音。

在一个属性模式中对各种属性进行连续的区分，以及对各种不同的物体按照感觉属性的提示对它们进行再认，这一切都需要时间。然而，尽管复杂的感觉印象只持续片刻，我们还是受这些辨别的影响；因为感觉体验比刺激本身更持久。

时间模式

第二个对识别提供重要帮助的是时间模式，这是一连串随时间流逝而发生变化的感觉印象序列。因此，如果我听见布谷鸟的鸣叫，它使我想起这种鸟的名字；然而，对于单独的"咘"或"咕"的声音可能就不会引起这样的体验。两个相继属性的重复体验使得它们对于我们来说形成了一个有意义的整体；因此，当我再次体验类似的属性时，我就会想起那只布谷鸟，并肯定地说我听到了并觉察到了它。听觉印象总是以特别的顺序发生，比如大部分动物的吼叫和啼鸣；在这些例子中，我们对对象的识别不仅仅依靠感觉体验的属性和强度，也依靠其属性的连续性以及连续的比率。当我们熟悉了相继性的顺序，也熟悉了每个阶段之间的属性和强度的关系，正是通过它们我们形成了序列性的体验，这些序列性的时间体验决定了我们的识别，尽管实际上属性在相继的场合中表现得非常不一样，我们也有可能将它们识别为一个整体。这一点可以用我们对一段旋律的识别来举例说明，尽管这段旋律包含了不同的乐器以不同方式发出的声音，以及不同的音调的连续性，我们依然能够欣赏到整个的音乐旋律。

对感觉经验的相继阶段的感知形成了时间模式，它也是一个事物出现的信号，有时也被称为感觉的时间联合。如果我们要使用这个术语，必须小心不要再犯前文中提到的那种错误，即把"感觉"看作是相互分离的实体性存在。时间模式在听知觉中体现得最重要。对于触知觉也有一定的重要性，但对于其他知觉则显得不那么重要了。我们也可以用另外一个术语来描述这些事实，即将这种模式（节奏或音调）称为"高级次序对象"，也就是说，这种对象是按照呈现它的相继次序而被识别的，尽管在相继的不同场合，它依赖于完全不同的感觉属性作为呈现的媒介。①

空间模式

第三个对知觉的产生作出贡献的感觉经验是空间模式，它来自作用于我们感觉器官表面的不同部位两个或两个以上感觉印象之间的差异，在很多情况下，作为经验结果的属性本身是没有区别的，但是因为空间上的分离而能够被识别出来。例如，在一个晴朗

---

① 这又是一个明显的例证，可以证明把感觉属性等同于客体本身是多么荒谬；因为即使所有的感觉属性都变化了，客体（如旋律）依然可以保持不变。

第八章　知觉性思维

的夜空,我抬头看见两颗星星：双子座α星和双子座之星,如果我把目光从双子座α星转向双子座之星,我的感觉经验的性质不会有什么不同；如果我把它们当作一个整体的两个部分,会意识到它们之间有所不同,这种不同完全是而且只能是我们所说的"位置或方位的差异"这样一个独立的属性。如果我再转移目光去寻找"大熊星座"①,我仅仅凭借几个光点的相对位置就能够找到它在哪里。由于先前的经验,那些相对位置固定的光点对我来说构成了一个整体；它们构成了一个与众不同的特殊模式在提醒我就是这个星座。

　　这种将两个在位置上截然分离的部分联合成为一个整体感觉经验的过程也被称为感觉的空间联合。对一个复杂的感觉印象的各个局部进行空间上的分离和联合在视知觉中扮演着极其重要的角色。对时间模式而言,即使一个对象的属性已经发生了改变,但是它的各个部分之间的时间关系足以决定对这个事物的识别；类似地,视知觉的识别可能完全基于空间模式。每一个我能够认识的空间模型,诸如等边三角形、正方形、五边形,在我看来,它们和一个耳熟能详的旋律具有同样意义,都是"高级次序的对象"。

　　空间关系之于视觉比时间关系之于听觉显得更为重要。如果在一系列听觉印象中,听觉属性的差异都被消除了,同样的属性在不同的时间模式或节奏中重复,这时我们将几乎不能辨别这些模式之间的区别。然而,如果在视知觉中剥离了所有的属性差别,我们仍然能够识别大量的空间模式,比如,就像我们能够识别天空中

---

①　即中国人所说的"北斗七星"。——译者

的星座。而我对这种模式的识别并不依赖于它自身的范围变化或各部分之间的距离变化，也不依赖于它们相对于我的位置或我身体部位的差异。我们能够在天空中辨认出"大熊星座"，而无论它相对于北极星处于哪个位置；实际上，它以北极星为轴线绕过360°，在其中任何一个位置上都不会妨碍我们对它的识别。同样，如果相同的模式以任何尺度、任何颜色的任何组合再现于纸上，我们辨别它们也同样容易。在最后这个例子中，空间模式远比时间模式更加灵活。如果时间模式中的时间间隔稍微长一点，我们就无法识别这个模式了。但是，在视知觉中，空间间隔可以在很大范围内发生变化，却不会干扰我们对空间模式的识别。视知觉中模式的重要性可以用黑白画和剪影作品来说明。此时我们可以看到，当感觉经验在属性和强度上没有发生变化时，视觉模式依然可以独立地为我们提供无穷多的视觉对象，或者以此为基础，让我们能够识别各种对象。事实上，属性或颜色的差异在视知觉中所起的作用相对较小，而模式占了主要地位。

感觉属性的多样性

实际生活中，大多数人把感觉经验的属性的复杂性当作事物的标志；他们很少或从不去思考这些事物的属性。只有艺术家、心理学家和某些领域的专家，比如品酒师或品茶师，会对事物的特殊属性感兴趣并把它们从所象征的事物中抽象出来考察。相应地，在日常用语中，很多用以表示这些属性的词汇都被不恰当地使用。音乐家发明了一套专业的符号以弥补日常用语中描述听觉经验的属性的不足；但在视觉特性的领域内，还没有艺术家在这个方向上

第八章　知觉性思维

做出什么有益贡献。

　　几乎可以肯定的是,我们的感觉经验要比低等动物更加广泛,在种类上更多样化;而且,如果我们认同人类与动物在以原始生命形态为开端的进化历程中的连续性,也就必须认同各种属性是从原始感觉经验中渐渐分化出来的。但这只是一种大胆的猜测,还缺乏足够的证据。目前,我们必须承认,我们关于人类的感觉经验能力还是一无所知。我们甚至不知道人和动物的感觉经验能力在多大程度上是相似的或不同的。色盲并不少见,可以很好地说明这个问题;和其他感觉能力异常的例子一样,这个例子提醒我们,并非所有人生来都是一样的。或者,在更高的层面上我们可以这样解释,除了一小部分人有病理性或发展性缺陷,以及除了一些不明显的种族差异以外,所有的人类拥有的感觉能力的范围,对于每个个体而言几乎都是一样的。①

　　虽然不是全部,感觉识别能力的个体差异至少主要地是由于辨别实践的练习差异。我说"主要地,尽管不是全部地"云云;是为了排除那些显而易见的缺陷,比如色盲,以及个体在感觉识别方面确实存在的特殊表现,这些表现不能归因于练习的程度或一般智力水平的差异。有一些非常聪明的人在某个感觉识别领域却无法达到良好的水平,而在其他领域的感觉辨别却超过普通人。也有一些人,不怎么需要努力或练习,在某些感觉识别领域的表现非常优异并远远超过了普通人。

---

　　① 参见:《剑桥人类学报告——在托雷斯海峡的考察》。考察组的成员第一次尝试完整地考察生活在原始文明的人类的感觉能力。我们发现在这方面,他们与欧洲人只有细微的差别。

时间知觉

我们对于时间辨别和综合的能力似乎来自于一种体验相继阶段的天性，每一个阶段或多或少地逐渐被它的后继阶段所取代。这不仅仅是由于我们生活在一个永恒变化并随时刺激着我们感官的物质世界中，也同样是由于我们心理活动的本质就是从现在指向未来，并向未来延伸的，预期着将来的变化。在这个方面和在其他很多方面一样，我们的心智总是努力地适应着我们所生存的这个世界，一个永恒变化的世界。但是，如果按照现在的构想，我们突然被转移到一个稳定的环境中，而我们的经验依然会包含一系列相继出现的片段；因为我们必须把注意力从一个物体转向另一个物体相继地感知它们。然而，这个物质世界连续变化着，诸如位置的改变以及我们的有生命的伙伴所发出的声音的改变，都是我们形成时间知觉的重要条件。我们学会将一个持续变化的声音当作某个物体的象征，类似地，将一个持续变化的视觉经验当作某个事物的标志。然而我们识别时间联合的能力是相当有限的。我们可以识别一系列具有统一特征的声音，但是它必须非常短；如果那些声音一个接一个，由不同强度和时间间隔组成的有规律的节奏，即使这样，也只有当这一系列声音持续不超过几秒钟，我们才能把它们综合成一个可识别的整体。而且，即使我们能从不同的音调中获得更多线索，当音乐中断时，我们依然不能形成更大范围的综合。正因为如此，有人猜想，鸟鸣或动物的嗥叫被当作识别的标志，只不过是一个不长的音调序列的重复，即是一个短暂的时间模式。

空间知觉

方位识别似乎是空间体验中最基本和原始的形式——听见两个来自不同方向的声音，看见两个不同位置的光点连续出现，感受到来自皮肤不同位置的两次触碰。我们无法想象一个生物如果无法鉴别任何时间序列会怎样，但是我们却可以想象某个生物可以不具备最原始空间经验的识别能力。这种生物的知觉识别将会是完全依靠于感觉属性的差异以及时间模式。显然，它将非常难以适应我们这个由活动事物构成的空间世界。它将缺失心智的最基本的功能，这个功能能够指引我们身体的动作以引起与我们有关的物体发生改变——这些改变有利于提升我们自身甚至是种族的福祉。

我们的方位经验已经被数以千计的哲学家和心理学家研究和讨论得极其详细了；为了阐明关于它的问题，那些令人着迷和抓狂的问题已经经过大量精巧的实验研究。我们对它的描述和解释还远远没有达到简明易懂并为大多数人所接受的水平。

要把各种不同甚至相对立的观点或理论进行分类是不容易的，简洁地阐明每一个类型的理论也同样不容易。因此，我们讨论的焦点主要是围绕先天论和发生论的取舍。这或许是最容易理解的两个标题。"发生论"是假定每个人所拥有的识别方位经验的能力是在他出生以后获得或建构起来的；也就是说他的方位辨别或方位整合能力并不是与生俱来的，但是他出生时可能具备了认识方位的潜质。而先天论则假定这些能力都是作为遗传禀赋而存在于我们的先天属性中，当然它需要受个体经验的影响方能够逐渐发展。

最主要的方位知觉的理论可以分为三类：(1)联想主义理论；这个理论的倡导者大体上都是直白的感觉主义者。近来，他们对原来的理论做了补充或修改，原来的理论认为感觉凭借联想的力量黏合集中在一起，而现在的理论则认为感觉融合或综合而形成了某种新的混合物，这种混合物已经不同于原来的感觉本身了（也就是说，在方位知觉中，方位属性延伸了）；这就是心理化学主义的观点。(2)在詹姆斯那里，广延性理论与感觉主义结合了，该理论认为，每一个精神素材的原子都具有广延性的属性，总是表现出不同程度的广延性，比如它必定表现出某种水平的强度。(3)心理刺激理论，该理论认为空间模式的近端感觉激发了心智去考察那个已经被感受到的物所拥有的空间属性；空间辨别是心智的固有能力，甚至先于它对不同感觉属性的刺激做出应答的能力。

发生论的极端形式是英国的联想主义学派，该学派的传统从洛克和休谟一直沿袭到哈特莱、詹姆斯·密尔、约翰·斯图尔特·密尔及亚历山大·贝恩。他们都接受了洛克的白板说，认为人的思想生来就是一张白纸，来自物质世界的感觉印象在上面记录为感觉，该学派的心理学家认为心理活动的原则只有一条，那就是"联想"。他们根据这一原则这样来描述空间感觉：很明显，对于位置和距离的知觉是与身体运动连接的。要通过我的手指、眼睛或身体的位置移动去触碰或看到在某个方向上一定距离之外的一个点，我必须做出一系列的动作。这些动作通过肌肉、肌腱和运动部位的关节里的感受器引起"感觉"。当我的动作指向一个相对于我自己有着固定

第八章 知觉性思维

位置的目标，并且这个动作被一再重复，那么对光或颜色的感觉就不可分解地与"动作的感觉"联合在一起了；"动作的感觉"与"视觉"（或者其他任何感觉）联合使后者获得了空间和位置属性。甚且，若干可见的目标相应引起若干的颜色感觉，每一个颜色感觉都类似地通过与"动作的感觉"的联合而获得了位置属性，并继续联合其他类似感觉而形成了关于某个彩色表面的"复合感觉"。有一些联想主义者意识到这样的解释必然需要将"动作感觉"转换成另一些不同的内容，这就是所谓的延展性属性或空间属性，于是约翰·密尔等人补充了一个称为"心理化合"的联合原理；他们认为：动作感觉和色彩感觉或触摸感觉联合形成另一种属性，就像化学元素化合成为新的物质一样。

后来冯特教授看到这个理论过于简单和不完善，并试着从以下两个方面去改进它：(1)把心理化合原则更名为"创造性综合原则"，给予它更明确的界定及更广泛的理解范围；(2)假定存在多样化的辅助感觉参与感觉的综合。依据赫尔曼·洛策率先提出的一个术语，联想主义者将"动作感觉"描述为"颜色感觉或触摸感觉的位置标记"。冯特看到了联想主义遭遇到的理论困难——在几个或很多个光点的知觉中，为了实现合并，每个位置记号如何对应于各自的视感觉？简而言之就是：有两颗星星，一颗在我的左边一颗在右边，它们的影像投射到了我的视网膜上，分别引起了颜色"感觉"，依次为R和L。影像刺激同时还激发了视网膜上相同位置点的动作"感觉"；分别是r和l。根据该理论，r必须与R合并，而l必须与 L 合并,使影像具有位置属性或被定位。但是,R 和 r, L 和 l 是怎样联合的呢?难道是 r 冲向了 R 的怀抱?这是因为习惯吗?神经习惯理论在这里根本不起作用;因为习惯必须归因于感觉自身;这样做要把"感觉"具体化和拟人化,而这是一条漫长而艰巨的道路。如果退一步承认关于某个属性的"感觉"可以形成一个习惯,这仍然有问题。关于 R 的"感觉"(甚至包括视网膜这个点上形成的所有"感觉")可能拥有在相继出现的一系列场合中的整个视觉属性领域中的任何一项内容;L 也是如此。因此,我们就不可能在一系列相继的场合中分辨出关于 R 的"感觉",更不可能还要将它拟人化,进而将它归因于习惯再与 r 联合。一些作者看到了这个困难,因此假设视网膜上某一点在相继场合中的多种"感觉"不只包含颜色属性,还包含这一点上的刺激所激发的包括颜色属性在内的所有特征;他们把这些假想的感觉属性元素称为这个点的位置标志"感觉"。当然,和所谓的"运动感觉"一样,这个特别的属性也应该是下意识的。冯特的"复杂位置标志理论"结合了这两种位置标志和位置目标理论,从而避免了两者的缺陷。因为,这两种位置标志理论实际上假设,视网膜上的每一个点的"感觉",无论其色彩属性是什么,都被标识成为下意识的属性;而来自同一个点的"运动感觉"才有可能识别它;即只有 r 才能识别 R,而 l 识别 L,如此等等,每一个点的"运动感觉"都找到了自己对应的伙伴,从而使自己在位置或方位上区别于其他点。冯特的这种理论形成了发生论的上限。我们应该如何评价它呢?第一,它的极度不合理之处在于将一个抽象实体，即所谓"感觉"转化成为一个具体的东西，并且赋予它们半拟人化的能力。因为它们不但被赋予了主动搜索适合自己的同伴的能力，还具备创造出一种复杂感觉属性集合的能力，这种复杂感觉集合具有与原来的感觉内容完全不同的序列，这就是所谓空间范围和空间模式的经验，它是三维的；这种理论宣称对一条直线上的（即一维的）运动的解释也是一样的。

詹姆斯的《心理学原理》中《空间知觉》一章对这个问题的讨论在所有著作中是最好的。他拒绝了联想主义的全部理论，指出，空间属性不能够从完全没有空间性的"感觉"中产生。他写道："实际上，英国的联想主义学派在努力证实自己理论的合理性的同时，却越过了原来的目标直奔空间知觉理论并与之联姻，而这种理论的一般原理和哲学前提正受到联想主义者的诟病。有三种和空间相关的理论。它们假设（1）根本没有空间属性这个概念，所谓空间不过是连续性的一种象征；（2）在特定的感觉中存在直觉的获得性广延性属性；以及（3）心智的内在资源能够产生出一种属性，它整合了最初获得的感觉内容，它本身不是空间的，但是当它与空间形式结合便形成了次序。最后一项是康德哲学的观点。施通普夫不无敬佩地将它称为'精神刺激'理论，感觉材料被看作是'正在沉睡的心智能力的加工目标'。①"詹姆斯大体上拒绝了第一和第三种理论，因为他将自己的心理学理论建立在了感觉主义的基础上。他接受了第二种理论，即"在特定的感觉中存在一

---

① 卷二，第271页。

种直觉的获得性广延性属性"。其他接受这个观点的人将这种"广延性属性"称为"空间感"或"体积感",并将它看作一种属性,或者一般性地将它归因于所有的"感觉"。也就是说,如果当我们的感觉器官在对象的表面来回移动所获得的感觉经验不能创造出空间性,那么它应该能够依据这种先天的"空间感"产生出关于位置的序列性分辨,这种"空间感"普遍存在于所有的"感觉"中。

因此,第二种理论本质上是先天的感觉主义。它能够如预期的那样取得理论上的成功吗?我想不能。首先,它包含了所有"感觉主义"的根本错误,特别是将"所有感觉"当作和物理事物类似的具体实体,让它拥有一定数量的特征和能力;而感觉本身是一个抽象的对象,只有通过练习和发展高级智力的抽象能力,我们才能对它进行思考。当詹姆斯试图阐释这个理论时,他使用的语言不可避免地表达了这种错误。他说:"我们所有的感觉一定是并且只能是一些具有广延性的整体。"①但是"一个整体"绝不是任何经验的感觉属性。"整体"都是"实体",是我们用来思考的、是我们的思想建构的实体。詹姆斯在另外一些场合中表示,它们只与我们的目标和兴趣相关。我们实际上完全不可能指出任何"感觉"是一个天然的"整体",或者我们能够以这样的方式对其进行思考。一个整体必须具有边界或限度从而使得它和其他"整体"区别开来。一种感觉属性并不会比空间、时间、长度、速度、勇敢、美德、美

---

① 同前,参见第268页。

第八章 知觉性思维

丽,或者其他任何抽象观念更符合整体的特征;当我们说"一个感觉"的时候,仅仅是指我们选择某些经验的感觉属性用来指代我们所思考的对象,让这种感觉属性作为标志表示自然对象的存在。于是,说感觉是"广延性整体"实际上是对一个毫无意义的问题、一个从未被提出来的问题做了一个肯定的回答,这个问题是:"感觉"具有空间性、广延性,具有三维特征吗?对这个问题的肯定回答是在向伪实在论的方向上迈出了一大步,伪实在论假设物理世界是由"感觉"构成的。詹姆斯的感觉主义论述本身也包含了自相矛盾的地方。在某一页,他告诉我们"我们所有的感觉是……具有广延性的整体",而在另一页(第216页),我们读到了距离、高度、宽度等内容仅限于关于它们本身的感觉中。而这例子仅仅是诸多例子中的一个,它表明了和詹姆斯一样的感觉主义者正在认真进行的工作,这就是努力发明(詹姆斯自己就是这样的)很多新异品种的"感觉",以此适应建构"意识流"对多种材料的需求,除了空间、实践关系之外,他们还需要很多种类的"感觉",诸如相似、区别,还有用"如果"、"或"和"的",以及所有的连词、介词和副词所表达的各种关系,都需要有相应的感觉与之对应。

如果用简短的语言来阐述这个事实,所谓"感觉"是心智(或者,如果你愿意,可以称之为有机体)遇到物质刺激时所产生的属性经验;这种经验和詹姆斯的理论表达含义不同,它不是像蛋糕、棒棒糖一样的东西,不是经过大脑加工完成的作品。它是刺激对应的心理反应。我们不应该因为"心理刺激主义者"的绰号而退缩,而应该将"心理刺激"理论用于对空间知觉,看看能不能得到更加合理的陈述。① 詹姆斯对这个理论的阐述是这样的:"有一个从心智的内在资源中产生出来的属性,它接纳了最初始获得的感觉,它本身不是空间性,但是当它投入空间形式就形成了整体和序列。"② 詹姆斯说这是康德的理论,我不想对此妄加评论;和别人一样,我发现很难理解这个观点的真实含义。但是我可以肯定的是,它不是关于心理刺激理论的出色陈述。它将这个理论描述得很别扭,因为它试图将这个理论和感觉主义理论相结合,又希望摆脱感觉主义理论的错误。感觉主义理论假设"感觉"由某个非空间性的整体所"提供",接下来它需要被转换成空间整体,然后一个挨一个地形成序列式样,就像垒砖块一样。詹姆斯深受马赛克理论的影响,以至于他在陈述自己的意识流理论时也引

---

① 我很高兴发现了有力的证据,能够让德国心理学家起来抵制意识的"马赛克"理论,这种理论统治心理学界已经很长时间了。为了表明这个事实,我引证了 M. 韦特海默教授一个不能翻译的段落,整体上他在其中表达了这样一种观点:"Bei der wissenschaftlichen Behandlung der Wahrnehmung ist hiernach nicht fundierend auszugehen von der 'Summe' der Einzelreize einerseits und der 'Summe' der Empfindungen andererseits in Einzelentsprechung unter sekundärer summativer Hinzufügung weiterer Factoren, sondern—und das ist schlicht tatsachennäher—von der Reizkonstellation einerseits und dem psychisch tatsächlich Gegebenen in seinem Gestalthaften andererseits. Neben den Factoren der Reizkonstellation (deren Ganzfaktoren schon zu berücksichtigen sind) sind gesetzliche subjektive Faktoren bestimmend, welche in wesentlicher Hinsicht charakteristische Ganzbedingtheiten darstellen."和"Untersuchungen zur Lehre von der Gestalt"《心理研究》,1921 年第一卷。他所采取的立场实际上与本页中阐述的观点相似,我在《身体和心灵》(1911)的《意义》一章中简要提到过类似的观点。

② 同前,参见第 272 页。

第八章 知觉性思维

用了自己的对立面的理论。

赫尔曼·洛策曾经对"心理刺激"理论做了最好的陈述。他所用的词条"位置线索"已经被很多作者采纳,他们中很多人比洛策本人使用得更加频繁,很多人,诸如冯特,都假设位置线索在某些认知领域中是必不可少的"感觉"。洛策最大的贡献在于:他指出,两个具有同样物理属性的光点,如两颗星星,当它们的形象被投射到视网膜的两个独立的点上,进而被看成两个点,R 和 L,它们具有同样的特征、同样的亮度,只是位置不同,我们只能假设视网膜上两个点的神经过程是一样的,它们反映了相同的特征和亮度等因素;但是我们还必须假定,这两个点上引起反应的每一个神经过程都是相同的,但是除此之外还应该存在它们各自的专属因素,而这种专属因素的过程与这个点上的其他感觉经验的属性没有关系。视网膜上每一个点的刺激所引起的全部神经过程中包含了这种因素,它就是洛策所说的"位置线索",它和这个刺激点相联系,但是独立于和刺激的自然属性以及刺激所形成的感觉经验的属性之外。没有这些因素,两颗星星就不能够被主体分辨为在位置上有距离的两个光点。这类混淆或错觉常有发生,因此有必要在此用另一种方式对其原因作一些陈述。如果视网膜上的任意一点相继受到来自不同光线的刺激,每次刺激光线的频率和振幅都不相同,主体将会看到一个颜色和亮度有变化的光点,但是它的位置没有发生变化。主体能够准确判断这个光点的基础条件包括三个因素,其中第三个因素就是位置线索。(在正常情况下)它固定地并且特定地与视网膜上每一个受刺激的点相关联,这使得主体能够分辨光点的位置差异。

洛策的位置线索并不是"感觉",也不是任何一种经验属性。[①] 它是一个纯粹的、由视网膜受到的刺激引发的神经过程。因此,在我看来,洛策的位置线索理论应该得到所有人的认同。洛策继续考察,这究竟可能是什么样的神经过程(或者是由刺激所激发的整个神经过程中的什么因素)?他指出眼球的转动由一套运动机制的复杂系统所驱动,因此,任何一个落在视网膜上某一点的刺激,如果没有被阻断,就会引起眼球的转动反射,使得刺激点落到视网膜的中心,即中央凹,于是中央凹接收到了星星的视觉映像(或者是来自其他光源的刺激)。眼球转动以实现让中央凹以最短的移动距离到达视觉映像所在位置,视网膜上每一个点都对应了眼球的特定运动方式;这种运动需要特别的神经联结或特定的眼肌收缩来实现。洛策假设这种运动过程的特定联结正是由刺激所激发的整个神经过程中的因素,它们就是视知觉的位置线索。他并没有说这种运动过程会形成"运动感觉",进而和色彩"感觉"融合或发生所谓"创造性综合"。无论你是否愿意将它看作是创造性的,这种加工产生了人对星星位置的判断,使人能够识别它们之间的方位和距离;他并没有将这种认识或识别归因于"感觉",而是归因于心智、心灵或经验的主体。洛策的学说让我们返回到基础部分。感觉主义者的基本立场是:任何形

---

① 这的确是他最初的陈述。后来他对这个说法做了修正。

式的认识和思维都体现为"获得感觉"、"感觉"的呈现或者"下意识"内容的唤醒以及其他形式的复杂联结的形成。反感觉主义的学说则认为思维或认识不能用这种方式来描述；这种学说假设，所有的思维形式，所有的经验，包括对某种对象的认识（用术语来说就是"认知"），和它建立某种关系的努力（在技术上称之为"意志"），以及感觉经验的属性等，都不过是思维的认知—意志在特定场合中的激活形式。

除对感觉主义者学说的坚定支持外，詹姆斯反对心理—刺激理论的基础是什么呢？他写道："康德学说的精髓是，并没有个别的空间，而只有空间——即一个无限连续的整体——我们对这个对象的认识不可能来自零碎的感觉经验，仅仅凭零碎的感觉经验的总和与抽象不能够形成关于空间认知，相应地应该这样说，如果有什么已知的东西能够负载这些感觉碎片的抽象过程，它只能是这个世界的无限的、唯一的空间。"①我认为这不是对康德学说的准确表述；在我看来，它恰恰是一个忽略了必要法则的例子，这个法则是所有明确的心理学和哲学思维的本质规范，但它又是一个极少引起研究者关注的法则，即：我们应该极为小心地区分我们思考的对象和我关于对象的思考，这是两个不同的方面。② 当然，如果"唯我论"是成立的，并且如果我是这个世界的唯一主体，或者，如果我就是世界，那么我所思考的对象就要比我自己的经验模

---

① 同前，参见第275页。
② 所谓哲学上的"唯心主义"一般是通过精巧的形式化理论避免了这种区别从而没有堕入唯我论的陷阱。

式更加真实,实际上除了我的思想以外并没有别的现实存在。但是,当我思考它们的时候,我认为它们是存在的,并且无论我的思考是对还是错,我还是应该区分我所思考的对象和我对它们的思考。空间就是一个我在不同时间以不同方式思考的对象。因此,在先天论者和发生论者之间争论的问题不是我是否带着这种预成的对象来到这个世界上,也不是我是否与生俱来地,或通过遗传拥有了关于空间的"范畴"、"概念"或"观念"。他们争论的问题是:我是否先天地具有某种能力,或具有发展出某种能力的倾向性,它使得我能够察觉空间关系,并能够以我的方式思考空间问题,或者,我们每一个人的空间能力都是在个人生活经验中习得的吗?

如果我们仔细审视有关空间思维的极其复杂的过程,并结合很多动物的例子,如我们前面所看到的,很多动物可以在极少个体经验的基础上表现出几乎相同的应对空间问题的能力,所有这些证据让我更倾向于先天论的观点。但是我们不能就此满足,不能就和詹姆斯一样,草率地说"感觉"源于先天的"广延性"。这个陈述只是一个子虚乌有的幻觉。它试图将所有的东西都放进"感觉"这个筐里,在感觉之外,我们假设空间思维是由"广延性"的单元并列结合而成。如果世界上的空间性事物都(以及我们的关于它们的思维)是由"感觉"构成的,那么我们必须假设"感觉"本身也是具有空间性或广延性的,认可这一点我们就和詹姆斯达成一致了。但是,如果我们持这样的观点,即用这样的方式来描述世界以及我们关于世界的思维是错误的,是一种误导,它对于我们的实践活动不会产生有益的帮助，那么，我们就会将感觉的空间性投入监狱，"感觉"、"观念"、"知觉"、"概念"以及所有类似的幻觉都应该有同样的命运。

詹姆斯拒绝"心理刺激"理论的另一个理由是：他引用了叔本华的一长段论证，然后得出结论"关于空间性世界的知觉本质上是一个理智过程，是理解的成果，感觉仅仅提供了机会和素材，在每一个具体的过程中，这些素材需要得到翻译"，詹姆斯还写道："我把这种观点称为神话主义，因为我羞于在我的心智中如此机械地贩卖康德哲学，为如此冷漠地忽视感觉的卑微力量而无言以对。我没有创造出空间的内省性心理体验。我的空间直觉是一蹴而就的，不是分两次形成的。被动的非空间性感觉没有片刻存在过，实际存在的是另一种主动的空间性知觉，我看到的形式是和感受一样即时①的充满空间的颜色。"这段论证的重要意义体现在它对以下这个假设的反驳："位置线索"是运动"感觉"，或是其他某种形式的感觉，它们首先出现，然后经过融合或"创造性综合"而形成其他形式的感觉。把这段论证用于反驳心—刺激理论时就显得很无力了。当感觉印象和感觉属性没有发生变化时，我们却频繁地体验到自己彻底地改变了对形成感觉印象的对象的解释。视知觉在这个领域引发了很多例子，詹姆斯在他的书中引用了很多例证。让我们来看一个很简单的例子。图9展示了一组直线条在平面上的排列。

---

① 同前，参见第275页。

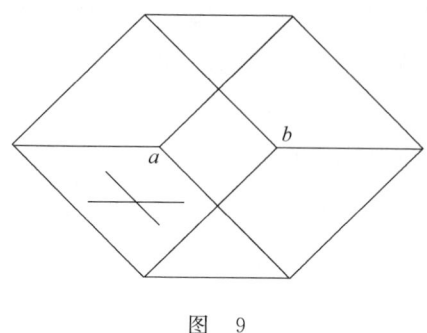

图　9

乍一看你可能只看见一些交叉的线条。更保险地说，在特定年龄，比如我，除了看见一些交叉的线条外就看不出别的什么了。但是，当我继续审视这幅图，努力从中间看出什么来，我们可能会看见一个立方体，它的 a 角离我最近而 b 角最远。如果我继续盯着它看，我可能会察觉到另一个立方体，它的 b 点离我最近而 a 点最远，图中每一部分的空间意义也随之发生了改变。这个例子就是一个经验改变的问题，其中知觉对象的空间特征是两可甚至是三可的。图形的空间性特征并没有包含在它所引起的"感觉"中；也不是由"空间性感觉"的排列而形成的。尽管，如果没有对它的空间性进行思考，我们就不能对它进行主动的心理加工，也不能将它当作我们思维的对象；类似地，在将它看作立方体或看作平面图形之间，我们可以想象到，我们察觉到的它的空间属性依然是简约单一的，关于它的感觉属性没有发生变化。如果所有未察觉的空间属性都被消除了，只剩下感觉属性，那么这个世界就只剩下被动的经验形式了。除了感觉属性之外，我们从对象中获

第八章　知觉性思维

得的内容都来自行为，建构性的行为，如我们在这个例子中看到的那样，它用多种方式在不同程度上将同样的感觉数据加工成不同的结果。①

一些心理学家正在努力维护以冯特理论为典型代表的多种不可能成立的特殊知觉理论以及感觉主义的阵地，其中闵斯特伯格做了最多的工作；他们假设甚至断言，在上述类似的例子中，恒定的感觉刺激导致了多样性的知觉，其中，肌肉感觉或运动感觉在知觉的变化过程中发生了变化，这是知觉变化的根源所在；运动感觉的变化和恒定的颜色或亮度感觉融合，从而形成了"知觉"的变化。他们将这种假说应用于解释各种错觉例子。这就是一个将运动感觉进行神话的例子。我们又一次遭遇了他们的类似作为。行为主义者已经将这种观点发挥到了极致；这种观点在数年前就走到了它的尽头，当时，斯特拉顿教授②通过非常精妙的摄影方法显示，在知觉简单几何图形时，眼动轨迹极少沿着图形的轮廓移动，在错觉例子中，眼动轨迹也没有显示出和错觉种类恒定的相关性。我

---

① 在图9中，各个部分的意义决定于对图形整体的理解，这个例子显示了所谓的"关联暗示"。如果我们用一张有小孔的纸将图9中 a 周围的部分都掩盖住，只露出交叉的线条。这时读者会看到一个倾斜的十字，一条水平线与另一条线呈45°交叉。将掩盖的纸移开，这个交叉就被赋予了意义，读者会看到一个直角交叉，因为它显示出是画在一个立方体的一个面上。这种"关联暗示"过程得到了来自后像研究的支持。请读者在一张白色卡片上裁出一个十字交叉的缝隙，在黑暗的背景中将这个十字置于强光下，凝视它的中心三十秒。然后，他将眼睛转向房间的墙面，会在墙面上看到十字后像。当他转向和他的视线垂直的墙面，他会看到呈直角交叉的十字。但是，如果他将视线投向一个倾斜的表面，后像的角度将会随着他所面对的墙面的倾斜角度而发生变化。

② 《实验心理学与文化》，第十二章。

通过研究如图 9 所示的知觉转换性错觉,也得到了同样的结果。①

我将试着总结这部分极为困难的内容。空间知觉主要有三种理论:(1)联结主义者的理论;联结主义者通常也是感觉主义者,这就是说,他们假设我们的空间思维像马赛克图形一样,是由原子似的心理元素(即所谓"感觉")联结或拼合而成,而这些心理元素本身是没有空间性的;进一步,他们多半都是"发生论者",即,他们假定我们每一个人都是通过个人生活经历而建立起各自的空间思维能力(de novo)。冯特对此做了修订,他用"创造性综合"法则取代了"感觉"的联合法则,使得非空间性的"感觉"相互融合时产生了体现空间性的能力。(2)空间性理论;他们必须是先天论者,同时他们也可能是感觉主义者,比如詹姆斯,或者非感觉主义者,诸如詹姆斯·沃德教授以及斯托特教授(在后一种形式和第三种理论之间的区别是很微妙的)。(3)心理刺激理论;这种理论源于康德哲学,它假设我们一次性地被赋予了三维空间观念,这是一种思维或者直觉的范畴、形式,我们通过这些范畴来处理"感觉素材的摹本";这种理论还可能源于进化论的观点,空间思维能力被看作是进化历程慢慢建立起来的能力,这个过程与每个人的个体发展历程或多或少是类似的;这种进化来的能力必须被看作先天的倾向性,是自发性发展的复杂心理结构,它是

---

① "注意加工的生理学因素",《心智》,N.S.第十二卷。

所有空间知觉得以形成的前提。①

经过对空间知觉理论的公正回顾,结论是,一个可接受理论一定是先天论的心理刺激理论;也就是说(1)我们必须认识到,我们人类和高等动物都拥有空间知觉能力,它是一项十分复杂的功能,它的获得不是通过每个人的经验积累,而是我们的先天构成,在每个个体的生命过程中,它自发地发展,并通过练习而得到提高、促进和完善;(2)我们必须承认,我们对事物的空间属性的认知,比如它们的位置、距离、形状和样式等,都是通过心理活动获得的,而感觉刺激以及紧随其后的感觉经验的属性都只不过是心理活动激发因素。从柏拉图到霍尔巴特,全世界都认可每一个主体只能感知到他所能感知的内容,那些是他的天赋和经验已经准备好去感知的对象。② 我们可以做一个公正的假设,任意两个正常人,他们应

---

① 初学者可能要问——什么是"先天的发展趋向"?当考察我们所有的先天禀赋时,无论身体的还是心理的,他都可能会问同样的问题;在所有的情况下,回答都是——"我们不知道"。即使是最简单的植物,关于它的结构和功能我们也是一无所知。

② 柯勒律治在他的诗歌《沮丧》中已经完美地道出了这一真理:
"哦,女士!我们收获了我们的耕耘
在我们心中常驻的是自然的生命
我们是她的婚纱,我们是她的尸布!
我们是否应该视财富如若无物
死寂一般的世界所不能承载
那些可怜的缺少爱的芸芸众生啊,也曾经渴望
啊!自灵魂中放射出
光芒、荣耀,还有一朵祥云
环绕着大地——
自灵魂中发出
甜美而坚定的声音,那是它自己的诞生
是生命的全部的甜美声音!"

246 该体验到相似的感觉刺激和感觉影响,体验到相似的感觉属性;同时,对应于相似的感觉刺激,他们各自会觉察到非常不一样的事物,或对该事物识别的准确程度很不一样。在每一个领域中,专家往往比新手觉察到更多内容;因为他们有更充分的思维准备对相似的感觉印象做出反应。也就是说,他在特定领域内大量观察经验的储备能够帮助他应对感觉印象,并且将它们和他的过去经验协调起来。

在知觉中心智总是活跃的,它从自身的资源中提供了非常关键的内容,这些内容超出或高于感觉属性,心智通过这些内容而对感觉刺激做出反应,下面这种经验会让我们很清晰地体验到这个事实:当我静静地走在森林里,突然有些事情比如某些轻微的动作或声响使我好奇地打量某个特定的方向。我看到的是一些让人迷惑的由光、影、颜色组成的东西,或许,我把它当作一块部分隐藏在树叶后面的石头;突然,虽然感觉刺激没有任何改变,我觉察到那是一头动物一动不动地站在那里盯着我;那个由光、影和颜色组成的东西马上解析成为这个动物;或者是我们的心智在好奇心的驱使下,给这个让人困惑的视觉印象找到了更丰富的"意义"。我们都有类似的经历,在看一幅找谜图画时,图画中藏有类似于某个熟悉物体的轮廓,比如一个人或一个动物,并与其他线索合成某个风景的一部分。我们或许被告知要找一个人或一头大象,或其他什么东西。这会有很大帮助;但是,尽管有这样的线索,有些人还要很费劲地搜索,或许总是不能发现那头大象。接着,突然,它似乎一下子从背景中跳出来了一样,看得如此清晰,如此显眼,以至于

247 我们无论站在哪个位置都能看到它;而我们则会迷惑怎么一开始

第八章　知觉性思维

就看不到呢？

即使最简单的空间知觉也是如此。当我的视网膜接收到呈四边形分布的四颗星的光影像时，我并不需要看到一个四边形。视觉印象并不是必须或总是要激活或表达这个意义。我能察觉到一个四边形只需要我能够想象一个四边形（或可能由于遗传的原因我准备这么做）。每一个这样被我看到的视觉模式或有某种特定形状的物体，分别通过遗传或练习使我具有了对应于该物体的心理倾向，视网膜刺激则激活了这些倾向，使之得以实现。图9就是一个例子，在这个例子中，同样的视网膜刺激也能使几个预成倾向中的任意一个得以实现；因此，这样的能力帮助我看清几个可能物体中的一个；或者，换句话说，这样的能力能帮我发现其中不同的空间意义，一开始把它当成是这个物体，接着又看成是另一个物体。通常来说，我们会说形状、位置和所有的空间属性都是心智、思维或主体受到感觉的激发而做出反应；它们是我们从对象上发现或解读出来的"意义"。但凡主体能够思考一个对象，他必须拥有相应的认知倾向，无论这种认知倾向是先天还是后天获得的；而且没有所谓的"空间性"，假设它存在于"感觉"之中，能够使"感觉"产生思考，或者它们自己能够体现出意义。正如我们在论及本能时曾经说过的那样，认知倾向是一把锁，恰当的模式是一把钥匙，而这把钥匙在知觉中起作用的是复杂感觉印象的属性模式、时间模式或空间模式。

有些韵律或时间模式对我来说就太复杂了，以至于我根本无法识别它们（因为我没有建立起必要的认知倾向），同样，有一些空间模式对我来说就太复杂了，我根本无法理解它们的意义，不能对它们进行思考,只好忽略掉总体感觉印象中的一部分;比如,我要识别天空的"北斗七星",就必须要忽略视野中的所有其他内容。

比如这样的事实:"我意识到我的头脑中并没有一个五金杂货店",我并不是通过对包含在空间知觉中的复杂过程的直接内省而意识到它的,而它也不能保证空间模式的简单性。在这个领域中,空间知觉并不是专门性的,只是遵守了一些普遍的规则,当心理过程涉及知识的影响与行为时,这些规则使得我们的经验往往不足以表达心理过程的复杂性。没有任何一个心理学家——包括威廉·詹姆斯——能够通过内省揭示出在我们头脑中发生的这个过程的无限复杂性。近来,心理病理学的发展情况迫使心理学家日渐强烈地认识到这一事实;而没有认识到这一点的人已经很少了。

稳定客体的知觉

我们已经考察了知觉和知觉辨认的三种类型的复杂性,它们依赖于属性、时间和空间模式,为了更完全地认识知觉的复杂性,现在,让我们来考察关于物质对象的知觉过程;我们还是依照传统以橘子为例。感觉主义者会这样解释"我看到桌子上有一个橘子":从橘子表面反射的光线进入了我的眼中,并在我的视网膜上呈现出了视觉印象。视觉印象通过视觉神经纤维的传导,激活了关于橘子属性的"视感觉",同时还有复杂的"运动感觉"与"视感觉"融合,它们共同确定了橘子的外形和位置。除此之外,借助于有关橘子先前经验,关于橘子的味道、气味、触感和重量等感觉印象,以及以前曾经持握橘子和品尝橘子的经验,都被激活再现,并被带入意识之中;因为,按照相邻时间的联想法则,所有这些印象都和橘子属性的视"感觉"相连接。① 视"感觉"和运动"感觉"的"印象"或是被激活的来自各种感官的"感觉",它们相互联结而形成了关于橘子的"知觉"。这种"知觉"一旦建立了,就有可能未经橘子直接刺激,仅仅听到单词"橘子"或者通过多种其他渠道,在"意识"中被激活重现。于是,这种"知觉"就变成了一种"观念",这种"观念"和其他类似"观念"——比如关于苹果的"观念"有所不同。

我们该怎样评价这种关于知觉的解释呢?我们不能说它是完全错误的。但是我们可以说它是不充分的,而且在某些方面产生了误导。可以肯定的是,在知觉中感觉属性常常因为表象而变得复杂难懂。

表象

紧接着让我们来分析表象。大部分成年人都懂得,"在我的心里有一个形象"指的是什么,并能够用它去描绘"心中之眼"所看见的朋友的脸、熟悉的场景或者其他对象。它所描述的是运用表象对远端对象进行思考;就像知觉是运用感觉属性来对一个客体进行思考一样。大部分人同样可以在一定程度上描述"心中之耳"听到的熟悉声音,例如朋友的声音或钟声。还有一些人可以用同样的方法来想起客体的味道和气味,它的质地是坚硬还是柔软,是否光滑,触感是冷还是热。尽管在这些方面有着较大的个体差异。

---

① 在这一点上,这个解释或许并不难懂,按照味觉来讲,"感觉"和"形象"就其本身而言,当然不会形成联结。但是在大脑皮质对应的元素之间,每一个联结都形成了大脑皮质间一个低阻抗的通路。

在所有的例子中,我们似乎都在体验某种模糊的、微妙的、难以捉摸的感觉属性,正是基于这些感觉属性,我们形成了知觉。这种关于感觉质性的模糊的经验就是我们通常所讲的"表象";"表象"被感觉主义者对待以和"感觉"大致相同的方式,并被认为与"感觉"具有同样的功能。我们拒绝"感觉主义"的理由同样来自对"表象"这一术语的运用方式。"表象"和"感觉"一样是抽象的,而不是一个具体的实体。认识到表象和感觉经验的相似性后,我们最好把它当作想象的经验或者关于想象属性的经验。尽管我们对这两种经验之间的区别已经十分熟悉了,但是依然无法对它进行准确的描述。或许最好将它描述为缺少了感觉的鲜活性的想象的属性。感觉的鲜活性通常只存在于那些通过感觉器官得来的刺激所引起的属性中。考察两者之间神经条件的差异是一个可行的办法。通常的假设是,基于神经过程的想象发生在对所体验到的感觉属性做出兴奋性反应的那部分大脑皮层中。然而,这是悬而未决的问题,尽管有来自经验证据的支持,但远不能下定论。①

"表象"中包含"意义"吗?

一个更为重要的心理学问题是,表象在普通思维,特别是知觉思维中的作用和功能是什么。感觉主义者倾向于认为,"表象"围绕在被感觉刺激所激发的"感觉"周围,赋予它们"意义",并将"感觉"转换成关于客体的"知觉"。因此,当我看见一个橘子,关于这

---

① 柏格森教授是对这种常识观点最激烈的批评者。他完全拒绝这种观点并提出了一系列证据。参见他的《物质和记忆》。在我看来,这个问题仍然是悬而未决的。

个橘子的味道、触感和重量等"表象"就围绕在这个橘子的"颜色感觉"等属性周围,并构成了"知觉"的"意义"。

"意义"是一个当前相当活跃的议题。它通常会引起下面的问题:我们该怎样去描述一个"概念"的"意义"?"表象"是不是包含在概念之中?或者它是否具有完全不同的本质?但是问题最好在和知觉相关的范围内提出来。行为主义者一度极端地断言"意义"完全是一种身体姿态,即某一肌肉神经的活动。其他人,比如我们,则断言"表象"是"知觉"的"意义";"知觉"是感觉和想象合并成的一个整体。因此,他们说空间中光点的意义就是我手指移动、触碰到那个点的动作的"表象"。事物的空间属性无疑就是"意义"。

詹姆斯在他名为"思维的边沿"的著名学说中介绍了多种感觉主义者对意义的思考。他说,每一个"意识流"的实质部分都包围和沐浴在一群模糊的、相互消长的元素中,即各种"感觉"或者"表象"之中,那些赋予"感觉"或"表象"以"意义"的内容占据了"意识的焦点"。根据这个学说,正是那些在任何时刻都模糊、混沌的经验构成了在内省过程中清晰凸现出来的"意义"。这的确是一个奇怪的理论。因为我所拥有的"意义"正是我的思想中所有重要事实。知觉到一个对象,或者去思考它,本质上是赋予它区别于其他对象的意义。对于我所指向的对象,它以什么感觉或表象的属性进入我的经验变得无关紧要了。当我使用"橘子"这个词,或当我着手做一些事情,又或者拿着橘子,吃它或用它打你的头,为了我的行为能够成功,最重要的事情是我需要注意到橘子本身。如果我关注或者在意的只是橘子的颜色属性,那么我所意会的只是橘子的颜色而不是橘子本身。在这两种情况下，我可能会使用"橘子"这个称呼，或者可能会体验它的颜色属性。而在两种情况下，表象可能包括了橘子的其他感觉属性；但在两种情况下我的"意义"非常不同。我们知道，有一些人尽管没有形成视觉表象的能力，但依然可以在这两种意义下使用"橘子"，并且他们非常清楚自己在使用这个词时所要表达的意思。

赋予一个对象以意义是对它进行思考的本质；也是在"感觉"的集合和"表象"之间的根本区别所在，而它们是否清晰鲜活，或晦暗或混沌，还是处在意识的边缘，这些并不重要。如果我们一定要把思维描述成一系列实体的叠加，那么我们可以说，知觉或"知觉形象"是"感觉"加上"表象"再加上"意义"。而"观念"则是"表象"和"意义"的和。我们也可以说"感觉"和"表象"以及一些属性、时间或空间的综合，是激发起意义的心理刺激。然而，什么是意义呢？怎么通过内省来描述它呢？它是否既不包含感觉属性也不包含表象属性呢？

这个问题十分令人困惑；这一点并不奇怪，除了极端的行为主义者和那些新实在论者外，大多数心理学家不同意将"意义"在任何层面上当作经验事实，"意义"是超越感觉属性的"意识内容"。于是，现在我们听到了来自心理学家内部的不同陈述。其中一派断言"意义"是一种经验事实，它不同于感觉的或表象的属性，并且在所有的经验中它都是最重要的内容。第二个派别则认为"意义"与"感觉"和"表象"一样，都是意识的焦点。第三个派别承认"意义"的重要性，并认为它是处于意识边沿的模糊的感觉和表象以及大量运动感觉的集合。① 第四个派别承认在心理活动中"意义"的实在性和重要性,和第一个派别一样,也认为"意义"不同于"感觉"和"表象";但是与之不同的是,这一派主张,心理学必须将自己限定在仅仅描述"表象"的领域,而对"意义"描述则只能依靠逻辑学。这一观点使心理学免受人类生活和天性的影响,使得心理学成为了一门严格却无用的科学。② 第五个派别(行为主义)则认为"意义"跟所有的经验一样,都是大脑中的生理变化,而其他解释都是幻想、虚构或误解。

这种意见的分歧是由于关于"意义"的经验本身不可以被内省所观察到,而感觉属性和其他模式的经验却可以,因为这个充分的理由:当我们察觉到一个物理刺激,我们便赋予了它以意义。如果当这个物理客体出现时我们开始内省,如果我们内省地考察我们的知觉活动,我们会发现感觉和表象属性的存在;在那一刻,"意义"则已经改变了;我们不再意指那个物理对象,我们不再思考它;我们所意指的、所思考的是对那个对象的思考;当我们在分析思维时,发现了感觉属性,但是"意义"必定躲藏在我们的内省观察的视野之外;它总是在内省快要瞥见它时便溜开了。这就像驾驶着一辆婴儿车去追赶快马加鞭的奔马,或者企图去控制它前进的方向;无论我们怎样加快速度或改变方向,它却总在我们的前方。然而,

---

① 这种观点并没有消失,而且还以一种很极端的方式被坚持,为了表明这一点,我引用了最新发表的 R. H. 惠勒博士的《发展的意义》一文(《美国心理学报》,1922)的结束句:"纯粹的意义即所谓的弥散性肌肉感觉真实的集合确实是有可能的,只不过其中的反应无法被有效地识别和描述。"

② 这似乎是铁钦纳教授的理论,在他的《初学者的心理学》中表述得最清楚。

对于它来讲我们又聋又瞎,但是我们却知道它就在那里,我们通过发生在我们身上的事实来推论它的存在,还可以通过训练来控制它。

在这里,我们需要阐述一下这些分歧的根本差异,一些人认为心理学的本质和全部内容都应该来自系统内省的考察,而另一些人则认为真正的内省是不可能实现的,这就是他们之间的分歧所在。前者致力于对感觉属性的描述,把"意识"看作一个由"感觉"和"表象"组成的变化着的拼图;而后者则针锋相对地指出以这样的方式无法揭示"意识"、经验以及思维的本质,也就是说,这种描述并不能成功地解释关于一个客体的认识和理解。

事实上,除了我们对客体赋予意义所使用的词语外,我们并不能描述"意义";我们仅仅可以说"我意指这个或那个客体"。同时把"意义"当作名词本身也是一种误导;就如同用名词去描述经验事实一样。

让我们关注这样一些作者,他们在关于知觉的讨论中,试图忽略"意义"或者将其等同于表象,而在《概念》一章中重新将它引入。在心理学家中有一种普遍倾向,即把知觉和概念当作彻底不同的功能来分别加以讨论,并将概念看作一种成年人才拥有的高级思维能力。当我们思考一个客体时就是在构想它;当我们认识、辨别或者觉察到它时,我们也在构想它,甚至当我们的认识仅仅处于知觉层面时也是如此。意指一个对象同时也就是在构想它。通常关于概念的讨论往往等同于、或者只限于关于客体抽象的构想。但

第八章 知觉性思维

是这个词语的约束力确实很有限。① 这种表述没有准确地表达关于具体事物的思维和关于抽象对象的思维之间的区别。在前一种情况下，我有一个"具体的观念"，而后一种情况下，我的意识中出现的却是"一个抽象的观念"或者是一个"概念"。我们应该这样表达：在前一个例子中，我所思考或构想的是一个具体的对象，而在第二个例子中，我思考或构想了一个抽象对象。当我看见书页上的一只苍蝇，可以说我在构想它是一只苍蝇，这样构想和关于它的具体属性的构想一样真实，诸如它的活力，它的美丽，它的病菌，它的大小，它的外形，它的颜色，它的飞行能力，它的类属或者它的种

---

① 因此斯托特教授写道"概念和知觉显然是站在对立面上的。这种对立通常被表述为普遍性和特殊性的对立。如果说这暗示了知觉不包含普遍性元素，那么这完全是一种错误和误导。所有的思维都暗含了普遍性，知觉也是一种思维。至少，它（知觉）包含了区分和识别，即它能够察觉一个对象在不同的表现中的同一性。这种知觉到概念的转变却并不是简单的特殊性向普遍性的转变。这种差异这样讲可能更确切一些：在知觉中普遍性和特殊性无差别地混合在一起；普遍性的元素的体现完全是因为特殊性能够识别。概念的本质特征在于其中的普遍性和特殊性的对比；在知觉中暗含的内容在概念中是外显。"（《分析心理学》，卷2，第173页）在我看来这是一个站得住的学说。我仅仅是对它的一些术语的用法有异议。看来我只好学詹姆斯用"概念"来指称思考或理解"普遍性"的功能，无论是在知觉中还是在对抽象对象的思维中，这个名词都能提供有益的帮助。而被斯托特定义为概念的内容我最好称之为"对于抽象对象的思考"。在知觉中，我们可以运用这种功能；比如说：我们可以把一个事物的颜色从这个事物中抽离出来专门予以关注，或者当我们盯着一个人的脸时，却关注他的心理属性，诸如友好、残忍或者诚实等。

类等等。知觉也是一种构想模式。①

让我们回来看我们的橘子吧。在知觉到它的过程中,我认识了它,认知到或者识别出它是一个橘子。词语"识别"有时被严格用来表达对一些已经被知觉到的特别对象的辨别;但是,当将其考虑为一种心理功能时,将一个对象识别为它的类别的典型代表和识别个体之间并没有本质的区别;因此,我们最好在更广泛的意义上使用这个词语;它就是指认识,即将当前的对象认作先前认识的类别。如果突然有一种动物的叫声闯进我的耳朵,和我以前听到过的所有动物的叫声都不一样,这个巨大的声响会吸引我的注意,我不认识这种动物;但是我却可能将它识别为某种动物;因为这种声音对我而言具有某种动物声音的特征。或者我可能不能够辨别出这是动物发出的声音,但是我起码可以辨识出声音中的某些特别特征;这就是所谓感觉经验暗示或指示了某个对象,即声音的来源。

---

① 近年来,围绕"意义"的本质进行的实验室研究有很多。有一些研究者依旧坚定地否认"意义"是建立在感觉和表象属性之上的经验事实,其余的人则倾向于另一种看法。那些一贯坚持感觉主义立场的人发现他们自己将解释"意义"的任务转嫁给了逻辑学家,就像他们将动机转嫁给伦理学家一样。他们因此维护了感觉主义心理学的纯粹性,其代价就是他们让其变得毫无价值。作为用实验法研究"意义"的好例子,我推荐给学生两篇发表在《心理学综述》上的文章。其中一篇是 T.V. 摩尔博士(卷 22)的报告,他的证据反驳了将意义和后继类别的表象等同起来的观点。在第一个系列中,被试被要求对印刷的单词的意义做出反应;在第二个系列中,被试要对词引起的表象做出反应。几乎在所有的条件下,第一种反应要比第二种反应更加迅速。根据这些结果作者推断,"意义"是先于表象而出现,更进一步,他的所有被试都发现可以通过内省的方法来区分"意义"和表象。在另一篇文章中(卷 24),E.C. 托尔曼博士应用相同的方法以及更大样本量的被试,也报告出了相同的结果。也就是说,"意义"和表象是有不一致的地方,尽管在很多例子中表象先于意义而存在。

第八章 知觉性思维

那种和再认分离的纯粹辨识的例子也许只会发生在这种情形下,即当动物第一次遭遇到一个能够唤起它的本能反应的对象时。例如,当一只独居黄蜂第一次遭遇它的种群天然的、并且是唯一的猎物时;当一只雌夜莺第一次听到雄性的歌声时;一只群居动物被隔离抚养长大,当它第一次碰到同类时;我们可以说,这时候一个纯粹的认识过程发生了。

现在请注意,当我知觉到这个橘子,知觉活动中发生的转换不仅仅包括了关于橘子的先前经验,这些先前经验规定了对对象的辨别;此外,还包括大量其他经验以及关于多种物质对象的经验,诸如:来自视觉、触觉、味觉、听觉等等渠道的经验。所有这些过去经验的组合决定了对象的"意义",或者更严格地说,决定了我所知觉到的这个橘子的"意义"。我对它的认识不仅来自这个东西的味道、气味和触觉等感觉经验,我把它当作一个空间中的实体来认识,我期待空间中的实体应该具有的全部特征它都具有。如果我要用手将它送到嘴边,我的肌肉的运动神经会自动调节活动的力度以适应橘子的重量,而不需要我对它的重量做出反射或者依靠外显意识来调节反射强度;如果这个橘子只是一个空壳,要比正常的橘子轻很多,那么当它被抛向空中,它在空中的运动方式会令我感到惊讶。类似地,如果你把它推离桌子的边沿,它没有落到地上而是停在了空中,这时我才会意识到在我对它的知觉中暗含了关于它的重力性特征。或者我拿一把小刀去切它,但是刀却没有遭遇任何阻力,或者我用力将它掷向一面墙,它却没有反弹回来。通过大量类似的探索,我才会明白我的知觉活动是多么复杂,才能明白我对橘子的识别暗含了多少内容,才能明白有多少先前经验组成了关于这个物质对象的知识集合,其中暗含了我的知觉活动的转换过程,它们引导了我与对象发生关联的行为。

所有这些知识集合都有助于我从对象中获得"意义",这个"意义"是被感觉刺激模式唤起的。并且这种"意义"比任何表象的内容都要丰富,我可以通过内省发现表象,就像在知觉或识别活动中察觉表象一样。

当我知觉到一个橘子的时候,因为我的目的不同,在全部的"意义"以及我的心智呈现的所有知识中,某一部分会比另一部分更加突出地对我的行为产生不同程度的影响。如果我很渴而且正在寻找东西来解渴,我就会拿起橘子,至少可以把它知觉为一个可以满足我渴望的对象;我把它看作一个多汁爽口的水果;那是它所有"意义"中最显著的。如果我正在寻找一个投掷物来扔向闯入的夜贼,我可能会拿起东西就扔,不会想太多。但是,如果我正在寻找一个可以扔向玩乐朋友的东西,我可能会有意拿起橘子,然后掂量一下它的重量、软硬等,它的有弹性的属性成了最突出的部分超过我获得的视觉印象的"意义"内容。

另一个例子。我在黄昏的时候进入我的书房,在壁炉边上发现一个不规则的棕色物体。一开始我不能认出它来。经过仔细注视,我发现它是一只小狗蜷着身子躺在那里。于是,我获得的"意义"变得非常丰富了。那个棕色的物体不仅仅表现出某种形状、大小和位置属性;它是我所有关于动物和狗的一般性知识,并且这些知识能够影响并决定我的行为。我可能会退却或者上去踢那个东西一脚。① 在后一种情况下，如果我的脚踢过去而没有遭遇阻力，我便会感到非常困惑，甚至可能被吓到。我会觉得我的认知出现了严重错误；这个客体不是一只狗甚至不是一团物质。如果我的脚踢到正常的柔软的阻力，便正如我所期待的那样，但是这个东西没有动，这同样会使我觉得自己出错了。我对活的狗有知觉经验，这种经验暗示了这一客体应该具有某种正常的反应，我从所有活的狗那里获得对这种反应的期待；现在我发现错了：这是一条死狗。

或者又如，我的知觉继续进入到第三个阶段：获得了明确并充分的印象；我不仅认出了这个棕色物体是一只狗，而且认出它是我的那只狗，杰克。于是，"意义"侵入了我的感觉经验，在我的心智中被感觉印象唤起的"意义"就比以前更丰富了。我知道了这个东西不仅具有固体的一般属性和所有狗的共同属性，而且还拥有我的狗——杰克的所有个性。我的行为就决定于这些关于一个类别的内隐知识集合，这个知识集合根本无法用感觉术语来描述，无论用多长的篇幅来描述杰克的方方面面都不能穷尽关于它的内隐知识。我可能会跨过它，或轻拍它，或对它说一句话，或者用脚捅它一下；并且它可能会对我动一下耳朵，或用眼睛表达对我的响应。所有我的、它的行动，然后都包含了极丰富的意义；每个动作都暗示了包含丰富"意义"的识别活动；所有我们过去彼此信任和依赖

---

① 认识到这一点很重要，即我对感觉印象做出的反应只是间接地决定于感觉模式的特征。我从感觉模式中获得的"意义"才是直接决定我的反应的因素；它让我退却或前进。然而荒谬的是，一些心理学家忽视对"意义"的认识，而满足于对感觉模式的分析描述，就像我们曾经所做的一样。

的关系为彼此建立了关于对方的知识,这些知识暗含在彼此的识别活动中。①

因此,知觉不能被描述为升入"意识"的"感觉",同样,感觉也不是由一系列"表象"所组成的,无论这些表象处于意识的中心焦点还是边沿。被提升到"意识"中的内容是被知觉的对象或思维的对象。

霍尔巴特派的心理学家在纯粹的联想主义理论中取得了相当的成就。他们对我们在前面几页里曾经讨论过的问题做了大量的研究。那些一瞬间获得的感觉印象形成了经验,大量的先前经验形成一个个的统觉团,它们争相进入心智意识。他们坚信心智就是一个巨大的"观念"集合体,这些观念有序或无序地排列在心智的下意识里,就像图书馆分类摆放的图书一样。基于感觉印象的"统觉"在类似对象的"观念"的吸引下上升并超过"意识阈",而它们同样也拥有了吸引下意识中和它们接近的"观念"的能力。

我们已经放弃了对"观念"这个词的使用,因为(由于其他原因)它混淆了关于对象的思考和可能会引起关于对象思考的条件。我们倾向于将那些存在于心智中、引起关于某个对象思考的条件

---

① 我有时候会在早晨的几个小时让自己待在家里,那时在第 196 页提到过的那只狗会躺在大厅里它经常睡觉的地方。在这期间,它除了偶尔动一下它的眼睛或耳朵外几乎一动不动,有时候摇一下它的尾巴。如果一个陌生人在晚上跳进了花园,它就会狂吠不已。这并不是我训练它的结果;这就像某些刺激引起愉快的反射而另一些刺激引起痛苦的反射一样。还是这只狗,如果好几天晚上我都不在家,它就会睡在我妻子房门外的小垫子上,而不是大厅楼梯下它经常睡的地方。这样的行为很难作解释,但是这肯定不是一个反射取代另一个反射这样简单的事情。在两种情况下,狗对整体情景的变化表现出了或多或少的智能倾向。

称为认知意向,而不是"观念"。①

为了说明高级心智的复杂知觉过程,以及高度复杂的认知意向,我们可以举一个例子:为了对一种陌生的花进行分类,对它所进行的考察。一个缺乏植物学知识的人只是把它认作一朵花,并且可能会欣赏它的美丽。但是在植物学家的心里,看到这朵花引起的心理意向是非常复杂的,它是由各个部分相互关联的清晰的系统。如果是被好奇心所驱动,他会走近去细细观察这朵花,他的注意力从一个特征转移到另一个特征,花瓣、雄蕊、雌蕊、胚珠等等,直到他明确觉察到了所有部分以及各个部分的关系。在这一系列活动中,知觉的连续动作暗示了这样一个过程:在过去众多关于花的知觉基础上建立的整个心理系统逐渐凸现成为活跃部分。整个系统首先被兴奋起来;然后,各个部分之间的系统关联控制了知觉活动的顺序。在整个过程中,可是说各个部分首先是被内隐地理解了,然后关于各个部分的理解转变成外显的理解。这种内隐理解图式是所有我们理智性和目的性知觉的特征。

我们现在可以看到,体现在任何高级知觉活动中的认知意向不能简单等同于心理结构的元素;它应该被看作为其本身是非常复杂的,并且它和心理结构的其他部分之间也具有非常复杂的关联形式。我们已经考察过的内容的知觉序列表明,心智的认知结构可以

---

① 如果"想法"这个单词保留在科学的词汇中,它将会作为持久认知倾向性和系统倾向性而被充分地使用,而不是指代思考行为。它的双重作用,可以执行两种服务,也是它便利的和它带来的困惑的主要根据。

被比喻为一棵树。或许把它比作一棵菩提树要比寻常的树更贴切。

知觉是关于空间中的物质对象的认知和概念形成的首要基础。就像詹姆斯所说:"所谓概念应该具有这样一种功能:我们可以用它来对[例如:一个对象]进行量化的区分以及进行持久、主观的考察。"①他继续说道:一个事物可能被用最少的内涵或意义来进行界定。"重点在于,按照谈论所涉及的范围,它应该被我们重新进行定义……在这个意义上,那些理智发展水平上极低等的动物也可能会拥有概念。最主要的标准是它们能够再次识别出相同经验。如果一只水螅有这种体验:'哇,又是这个东西!'从它心中一闪而过,那么它也是一个使用概念的思想者"。② 这个学说对我来说似乎是真实的;但是它和詹姆斯的感觉论又相当对立。它暗示了这样一个事实,即使最简单的心智也具有针对对象的思考能力,无论这种思考是如何原始。除非我们假设:认知和概念功能是心理活动的本质,它存在于所有的心智活动中,在进化序列中,从最底端的物种直到最高端物种都具有这种心理,相反,我们不可能通过把"感觉"混合在一起来解决认知和概念的困惑,即使我们赋予感觉以所谓"延展性"或是把它们描述为"空间整体"也不能实现这种转变。③

---

① 《原理》,卷1,第461页。
② 同前,第463页。
③ 知道、认知、认识或构想等概念,都是心智的基本功能或能力。我们并不期望能够用某种过程——无论是生理过程还是关于经验的类似模型,诸如"形成感觉"——去描述或解释这种心智功能的起源。所有我们希望能够做的便是去了解关于这种功能体现的复杂模式和简单模式之间的关系,以及具有高级模式的发达心智和具有较低等能力和结构的低级心智之间的关系。

第八章 知觉性思维

让我们谨慎地设想一个最简单的心智，它可以通过认识活动对感觉印象做出回应，而不仅是"有一种感觉"；我们只能将这种活动描述为能够察觉有东西在那儿，即只能察觉一个空间中的对象，而关于这个对象的特征和空间关系等则完全不能辨别。这样的心智可能只拥有最简单的结构，一定只拥有一种认知倾向，与之相应地只有单一的意向性。这样的心智只会对它产生影响的任何感觉印象作回应（无论它的性质是什么），它的回应便是察觉有东西在那儿这样一种简单、模糊且非定向性需要的冲动，使得它努力朝向这个对象。或许，作为一种更加完备的可能性，我们应该假定在这个最简单的心智中存在两种不一样的认知倾向，分别和两种意向性相联系，一个是喜好，一个是厌恶。于是，一个生物对任何印象都可能做出两种反应方式中的任意一种；一种反应是将这个东西当作要追求的内容，另一种是将这东西当作要回避的对象。也就是说，在最一般性类型的层面上有两种本能。这个世界上的生物都被赋予这两种本能；以这样一个最基本的心理结构作为开端，心智向着其结构越来越复杂的进化就顺理成章了。

这就很好解释了这样的现象，无论我们想到什么东西，我们总是倾向于将它设想为空间中的事物；因为以这种方式思考是最基本的思维，如果要完全摆脱这种思维模式的限制，我们必须经过大量训练。当然我并不想暗示在最原始的心智拥有欧几里得几何的三维空间"观念"，并且，它是用这种空间观来界定它的"感觉"，或者它在空间中对感觉进行定位；我想表达的是，由于心理结构复杂程度的不断增长，生物体形成空间知觉和空间概念的能力显然已经进步了，从最原始的"那儿"观念中分离出来了。

通过在过去难以区分的事物间不断进行辨别,需要我们去感知和识别的大量对象的含义已经从最初的事物中分离出来了——一个对象具有最广的可能性外延就意味着其内涵接近于无。每一个新的区分都牵涉更多的关于心智认知结构的区分,整个认知结构因此而不断生长,就像一棵树从树干伸出新的嫩枝,形成新的生长点,然后又开始分裂;高度发达的人脑的结构也像一棵巨大的树。作为基础的树干支撑着所有的树枝、树梢和树叶,它们是最原始的没有分辨的认知倾向性。大的树枝对应于事物的主要分类类别。小一点的树枝就像一些特别的类别;树梢上还有更小的类别,树叶就是个别的对象。

这个比喻只涉及知识的一个部类,也就是博物学家心中关于动物王国的分类知识。这种知识的组成不是潜隐在无意识中的大量"概念"的集合,而是一个心理认知结构,是他通过大量辨别知觉活动而建立起来的心理结构。他将所有活物认作在空间中占据一定范围并能够移动的物质实体;但同时他也将它们识别为有生命物。也就是说,在他的心智中已经区分了知识树上的知识分枝,树枝上的知识就是识别生命物的认知意向,这个树枝又分为两个分枝,一个对应于动物分枝,一个对应于植物分枝。在动物分枝上会生长出更小的分枝,每一个分枝都对应于动物领域中某一个较为具体的分类。这些分枝上长出的枝丫则对应于每个类别中更加具体的分类。

如果一个人掌握了所有这些系统化的知识,也建立了所有必须的序列化心理结构,当他去知觉一个动物并识别出它是一个特别物种的一员,他思考它、构想它的时候,不仅把它当作一个出现在眼前的颜色模式,或响起在耳边的声音模式。他所拥有的含义远远要比这些内容更丰富。当他知觉到它的那一刻,他对它的构想不仅关于它的基本属性,还包括了它所属的类别,即科目、门类等分类信息,还包括所有动物的普遍属性和所有生命物的普遍特质,以及所有物质的普遍属性。所有这些知识都是在他的认知活动中内隐地运行和工作着;如果更深入地观察发现这个动物并不符合所有种类中的任何一种,那么这个观察者将会非常困惑,这时好奇心会驱使他对这个生物进行更进一步的考察,强烈驱力将促使他开展更深入的活动,而不是满足于当前的辨认活动以及对原来的分类进行修正。

就像树上任何一片树叶或一个分枝,如果没有树枝和树干的支持它就发挥不了作用,树干也是它进一步分化和延伸的源头,同样,关于物种个体辨别的高度分化的认知意向也需要整个或者更大部类的基础性倾向的支持才能发挥其功能,正是从这种基础性倾向中分化出了具体的认知意向。树叶和分枝的一般性功能的实现暗示了支持它的树枝和树干的功能;类似地,特定的认知意向的功能体现也暗示和涉及其基础倾向性的功能。

心理结构不仅可以比喻为一棵树,还可以比喻为一株家族树,家族一代代地延续着生命和活力,每一代人相互依存、相互合作形成了一个家园。在持续的一代代传承过程中,劳动力专门化越演越烈,最年轻的一代最高程度的专业化水平暗示了与之对应的老一代更低的专业化水平。

如果我们把这种思考方式整个运用到高度发达和高度组织化的心智中所有的认知结构,那么我们就可以看到它几乎就是宏观世界的一个镜像微观世界,它所对应的正是它所生活于其中并对其进行思考的世界。这个完美的高度发达和组织化的心智将对每个个别对象、每个物种、种类和类别的对象都形成特别的认知意向;这些内容并不是无组织的意向的集群,而是相互间有着完美的明确关联,像树一样的系统;系统中的部分与系统之间的关系对应于实际事物和事物种类之间的关系,于是,主体具有了认识或用任何方式来思考这些事物的能力。

在后面的章节中,我们必须考察心理结构的发展过程。但我们首先需要探究"注意"这个词的实际含义。

前面几页中我写道,知觉本质上是一种综合活动。我们现在已经看到了这个综合活动中的一些复杂的和种类繁多的东西,它通过觉察的方式对知觉模式(属性的,时间的,空间的)的刺激做出回应。一个复杂的对象可能被认为是一个整体或由许多部分的单元组成;但是对这个复杂整体的认识或思考却是一个单一的活动,尽管这个活动本身可能连续延伸至好几个阶段。在整个过程中,各种感觉印象组成的感觉模式扮演了部分的角色,致力于组成一个完整的整体。但是这个综合的活动并不仅仅是将离散的感觉元素组装联结起来。对一个对象的思考就是一个单一的活动,是对多样化刺激的心理反应。如果我们能够追踪并描述这个过程的全部细节,我们就能够描述这个过程中的层次结构,包括综合功能中所包含的每一个步骤,认知活动的单元以及这个层次序列的最终产品。亨利·海德博士在关于脑损伤造成的神经障碍的研究中发现的新证据表明,知觉的综合活动包含巨大的、潜在的无限复杂性。(《神经学研究》,1920)

第九章　注意与兴趣

所有思维以及所有经验都是一个过程、一项活动，而非一种状态或一个事物。这也就是为什么思维与经验都不适合用状态性术语来描述，诸如"感觉"与"观念"，"知觉"与"概念"等，它们只能用动词这样的动态性术语来表述。同时，由于活动通常涉及一定的客体，所以在动词的选择上必须尽可能使用及物动词而不是不及物动词，而动作的语态应该是主动语态而不是被动语态。

"注意"一词在心理学中通常被当作实词来使用；于是，问题就出来了——什么是注意？注意被认为是通过无论什么种类的作为以便使感觉或观念在"意识"中显得更强烈、更清晰或更突出，或者使我们能够从意识的内容中挑选出某个对象来。这种定义方式秉承了官能心理学特有表达方式的遗风。但这种表达方式造成的结果却是混淆。让我们紧紧把握现实情况，就是在任何形式的心理活动中只会有一个施动者，是你，是我，或者是他、她或它，这个施动者可以用一个合适的名词或代词来表示，或者用一个一般性的词语"主体"来表示。但是实际上施动者同时也是一个受动者，从这个层面上讲，他也在承受自身行为的后果，成功所带来的满意或者失败所带来的不满意。

心理活动的周期

心理活动是一个周期性过程，由一系列活动周期构成。每个周期都始于某些认知；认知的主体识别了或想到了某些认知客体。这会唤起主体去影响客体的冲动，力图使之产生某些变化，只有拥有了更充分的认知，才可以产生更精确的识别。这种冲动会激发进一步的认识，要么满足冲动（当认识过程结束的时候），要么未能满足冲动，此时个体会继续努力，改变其努力的方向和性质。或许，这种周期性特征在下棋这样的思维活动中表现得最为明显。当面对一些复杂对象，诸如一朵花、一只昆虫，并需要动用关于它的全部知识来考察它时，在所有类似情况下，认识的清晰度几乎都是相同的。在这种情况下，这些连续的周期就是一个更大的过程所包含的诸多步骤，这一更大的过程具有一定的统一性，或者统一的目标、目的。如果我们用一个恰当的拉丁词汇 conation［意志］来表示心理过程中的努力，那么我们可以简单地把它称为心理过程的"意志联合"。我们可以将 connate［意志］一词当作动词来使用，以完善我们的专业词汇。当然，之后我们就应该有一些相应的术语，诸如，cognize［认知（动词）］，cognition［认知（名词）］，cognitive［认知的］和 conate［意欲］、conation［意志］、conative［意志的］，用以描述心理活动的两个方面：认识与努力。

消极的体验、所遭遇的痛苦或不满，以及愉悦或满足的体验等，都被简单地称为"情感性的"；并且，如果需要一个相应的实词来作为最普通的术语的话，我们会说 feeling［感情］或 affection［情感］。当我们说"我感觉到这个表面的粗糙度"时 feel［感觉］一词通常被用作是及物动词,等同于"知觉"。这种用法容易造成混淆。我们并不需要一个主动语态的动词来表现这一规则,因此 affective[情感性的]和 affection[情感]这两个词要好过感情(feeling)一词。作为动词的"feel"只应该用于作为不及物动词的感觉,就像我们说,"我觉得疲倦或懒惰或饥饿";这种情况下我们最好说成"我疲倦了",诸如此类。我们常常会谈论一项智力活动或认知活动;例如一个意志性活动,或者分析性活动,以及决策性的、努力性的或意向性的活动等;或者谈论某种感情状态。但是一般都认为,所有心理活动都包括了三个方面的内容:认知性、意志性和情感性;所以当我们应用这三个形容词去命名心理过程的任何一个阶段时,我们的用意仅仅是指,被命名的那个方面当时在三个方面中最为突出。任何行为周期都包含了这三个方面,尽管每个行为周期都趋向于通过三个阶段从而使认知、意志和情感轮番处于优势地位;就如同一个动物标本制作者发现了一个动物,识别它,捕捉它,然后心满意足地注视他的俘获物那样。

努力受情感激发,或者情感是努力的次生物?

由认知、意志和情感三个支配性阶段构成的周期是否总是按这样的顺序互相取代,这也许是一个值得研究的问题。许多作者,包括所有心理享乐主义者(如果还有这样的人存在)都认为意志应该继情感之后发生,并受情感控制;所有的努力都是由愉悦或痛苦的感情引起的。这是一个非常复杂的问题,虽然引起了理论界的许多兴趣,它依然难以用任何内省的技巧去正面回答。从理论上看,周期中三个方面的支配性地位似乎是按照"认知,意志,改变了的认知,情感"这样一个自然的顺序发生。

当遭到某种身体伤害时,我们会全力逃避或退缩,这种类型的行为经验让享乐主义的立场显得很可信。即痛苦驱动了行为努力。但是众所周知,这种说法在严格意义上讲包含了"痛苦"一词所表达的两种被混淆了的感觉,即所谓"痛觉"或躯体疼痛,以及不愉快的情感、不满意或精神上的痛苦。德语比英语更清楚地区分了这两种不同的经验;德语用 *Schmerz* 或 *Stichempfindung* 两个词描述躯体的疼痛,用 *Unlust* 描述精神上的痛苦;除此以外,只有心理学家通过细心的观察察觉到了这种区别。①

躯体的疼痛是一种复合型的感觉经验;它可能会被认为是一种原始未分化的感觉属性被推到一个极高强度的结果。它充当了应该逃避或避免某事物的信号;也就是说,它是引起恐惧反应的特别刺激物。如果人试图退缩或逃避的努力被阻碍、被禁止或者由其他任何原因导致了逃避失败,而此时若是强烈的刺激仍然存在,精神上的痛苦就会立即取代躯体的疼痛,其强度远远超过与我们已经失败了的逃避努力的强度。另一方面,人也能够做到克制并征服自己的恐惧,并把相应的感觉经验视作某种有益的事物来应对,那么所有精神上的痛苦,所有真实的感官痛觉都会在个体的体验中消失,尽管感觉经验的属性并没有发生改变。我们猜想这就是那些殉道者们所做到的事情,据说,他们能够面带微笑地忍受折磨,就像克兰默那样的殉道者,当自己的手在燃烧的烈火中灼烧

---

① "不快"一词也许是对"精神上的痛苦"最为合适的说法,但事实是它被习惯用于表达很轻微的愤怒。似乎我最好还是继续使用"痛苦"一词来表示"精神上的痛苦",而用别的术语来表示痛觉。

时,他依然平静。很少有人具有这样强大的精神力量去忍受这种身体的伤害,而没有任何缩回冲动或逃避的渴望。但是我们中的大多数人都可以忍受较小的身体疼痛。今天下午外科医生在我的头皮上缝了一行线。他就像和蔼的外科医生那样告诉我,缝线的过程会有一点痛苦。如果在严格的意义上,他错误地使用了痛苦这个术语。在一小会儿的等候后,我很乐意地去感受针穿过我的头皮;当然,我的感觉经验是强烈的刺痛,但我并没有任何退缩,但是如果我不知道这个刺痛的原因及其意义的话,我想我是会退缩的。① 在牙医的椅子上或者类似情景下,我们体验到的痛苦基本上都来自于驱力的无效冲突,恐惧往往在其中扮演了重要的角色。

有一种学说认为,以愉快和痛苦为主要形式的情感或感情决定了注意以及其他所有形式的心理和身体活动(除单纯的反射性行为之外),这样一种学说已经有了漫长的历史和广泛的影响,除了心理学领域之外,它还影响到其他领域的理论和实践。这一学说(心理享乐主义)被功利主义哲学的先驱所接纳,并且被当作功利主义道德标准的本质之一;当然,享乐主义和功利主义两种理论是有区别的,而且彼此间也没有必然的对应关系。这一点也被许多并不赞同功利主义伦理学原则的哲学家和心理学家所认同。这个学说看似非常有道理,很容易被那些没有学过哲学或心理学的人认为是显然正确

---

① 类似出乎意料的针扎这样的刺激会引起那样的感觉经验,多数看上去可以证明"一种感觉"这一术语,因为尖锐的针刺感突然打断了个体的思维序列却与之没有任何其他关系,而且它的"含义"又是非常模糊和抽象的,也就是,要避免某些事物,换言之,它是最接近无思维的纯感觉经验状态。

的。功利主义之父杰里米·边沁对这一学说做了最为强硬的陈述。他在《道德与立法原理导论》一书的开篇这样写道："自然将人类置于快乐和痛苦两大主宰之下。只有它们才指示我们应当干什么，决定我们将要干什么。它们端坐王座，一手执掌是非标准，一手牵引因果标准。凡我们所行、所言、所思，无不由其支配；我们所做的每一项挣脱其奴役的努力都在昭示和肯定这一条法则。一个人可以声称自己不再受其主宰，但实际上他依旧每时每刻都对其俯首称臣。功利主义原理承认它的支配作用，并把它当作这样一套系统的基础，这套系统的目标旨在依靠理性和法律之手建构人类福祉。凡是试图怀疑这一原理的制度，都是重虚轻实，任性昧理，从暗弃明。"利用这个精巧的教条主义的修辞，边沁建立了功利主义的道德和立法基础，进而干脆在此基础上建立了一个庞大的结构，将此基础视作公理，一个只需要设定便获得普遍性接受的事实。他的为数不多的门徒相当坚定地维护他的理论。亚历山大·贝恩，可以说是给了它最完整的表达，将它与联想原理组合起来（就像边沁和密尔父子所做的那样），使这两个原理成为解决所有心理学问题的关键，和所有思维与活动的主宰性原理。但是贝恩却以最为令人惊讶和发笑的方式动摇了他的学说主张，在这一方面有很多现代哲学家和心理学家跟贝恩相似。

与之竞争的学说是策动论①，接下来的这些篇幅将对它做主要的介绍，它主张意志（行动、注意、努力、愿望、意志、各

---

① 参见原文第 71 页、第 213 页和第 218 页。

种类型的行动)是由认知直接决定的,而且,从意志中产生的快乐和痛苦的结果则是由努力决定的;快乐,产生于努力达到了它的自然目标或取得朝向目标的进步之时;痛苦,产生于努力被挫败或受阻而未能达到目标或未能取得朝向目标的进步之时。这个学说实质上源自亚里士多德。只是到了现代已经没有几个坚定的支持者了,爱德华·冯·哈特曼(《无意识的哲学》的作者)是其中最著名和坚定的倡导者。① 叔本华差不多也是一个坚定的拥护者,但是他最后还是向享乐主义的理论妥协了。

绝大多数苏格兰学派的心理学家都排斥享乐主义学说,并在不同程度上明确宣扬策动论。他们在他们所说的"植入性倾向"中寻找人类活动的原动力。杜格尔·斯图尔特,因其著述颇丰而使得苏格兰心理学达到它成熟的巅峰,他区分出了五种明显不同的倾向,并将它们归属于两个自然的类别,分别是"本能倾向"(包含食欲、愿望和情感)和理性的行动准则(包含利己主义和道德能力)。心理学理论在这个基本问题上的混乱无序状态在冯特和威廉·詹姆斯以及当代的弗洛伊德教授等其他精神分析学家的著作中都有体现。当代作者中,最富才华的 G.F. 斯托特教授坚定地支持感情依赖于意志的观点(在他的《分析心理学》中),但是即便是他也在其后期作品中有一点摇摆不定。

---

① 高年级学生应当查阅冯·哈特曼的《现代心理学》,其中包含了极好的当代关于这个问题的主要观点。

学生自然会问:"如果赞同策动论,你把成功的满足感定义为快乐,把挫折和失败造成的不满定义为痛苦,那么,你能否让我们相信快乐和痛苦仅仅是成功或失败在意识层面上的结果或表现形式,而且它们对心理活动的过程没有任何影响?"答案是——决不。快乐和痛苦对心理过程的进一步发展有非常有力的影响,它的影响体现为两种形式,尽管两者紧密相连,却也有显著区别。首先,快乐产生于心理活动的过程之中,它支持和保持那些能够带来快乐的活动与努力方向;快乐还会加强和延续我们的冲动或意志倾向。第二,在我们曾经努力并取得成功的情景再次出现时,我们会以类似的方式再次投入努力的倾向会更加强烈;这种努力的倾向会受到前期成功经验的肯定;这种对努力倾向的肯定可以被看作是之前快乐经验的结果或产物。相反,产生于努力过程中的痛苦,常常会将努力转向其他方向,而且会让我们重新想起曾经失败的情境并(其结果是)为之感到痛苦,我们以类似方式努力的倾向就会减弱或消失或转移到其他新方向。这些冲动的衰减或转向就是之前痛苦经验的影响或结果。①

这种构想也可能会遭到这样的质问:感情所扮演的这种角色构想能否概括所有事实呢?有时我们的行为只是简单地为了获得快乐或避免痛苦,就像享乐主义者对我们的所有行为所声称的那样,这不是事实吗?必须承认这是一个非常难

---

① 在别的方面某些作者属于纯粹的机械论者(或近似于),他们不过是看到了感情的第二种影响,他们不恰当地将快乐表达为"盖印",即在令人愉悦的行为过程中建立起联系;痛苦就是"销印"或者趋于阻止行为过程中的联系的形成。参见第194页。

以回答的问题。如果不承认享乐主义的原理与策动论具有同样的基础性，策动论能否解释上述事实呢？对于策动论而言最难以解释的类型就是那些习惯于寻欢作乐者的行为。

让我们来看看像在贪食者身上存在的相对简单原始的问题吧。贪食者指那些躯体和心理活动在很大程度上被通过进食而获得的愉悦愿望所控制的人。我不由得想起我与一位可敬的格拉斯哥市民在克莱德湾的一艘轮船甲板上的对话。那一天天气极好，周边的山和海面都极其美丽。我们相识没多久他就搓着双手咂巴着嘴说："我喜欢坐轮船旅行，它让我有好胃口，而且船上提供的食物都非常可口。"他给我的印象就是他旅行的主要目的就是为了在令人满意的旅行条件下从食物中获得快乐。这就是那些浪荡子和寻欢作乐者的典型行为的最佳范例。在这样的例子中，获得快乐的愿望似乎是最主要的基本动机，看起来愉悦感就是行为的目标。但是贪食者自己的语言和行为显示出他们的愉悦感依赖于冲动。他非常清楚这一点，如果没有食欲而走到餐桌边，他是不会有快感的；他所寻求的快乐来自于觅食冲动得到满足所带来的快感，他的快乐受食欲，也就是我们所说的饥饿感支配。

这个例子可以用来说明意志的首要性，即感情依赖于意志，而不是意志依赖于感情。但是这也可能遭遇这样的质疑：这个人追求食欲的满足并努力引发的进食冲动，就是为了获得伴随进食而获得的快乐。类似地，一个已经筋疲力尽的放荡享乐者依然想要恢复强烈的性欲或性冲动，因为他知道，这是获得他最喜欢的快乐形式的必要条件。因此，可以说像贪食者的行为动机的确来自于其追求快乐的愿望。策动论对此的回答是,这种情形是一个漫长复杂过程的产物,贪食者的主要愿望是吃食物,渐渐地,通过不断练习抽象的力量,他学会了从进食行为本身中分辨出伴随进食而来的快乐,并且在整个进食经验中不断强调这一方面。①然后,在对这样的情形做心理分析时,我们仍然倾向于扩大进食与随之而来的快乐之间的距离。事实上,愿望的目标,即驱力或动机,就是快乐地进食。许多时候体验到的进食的快乐,更准确地说应该是快乐地进食,强化进食的愿望并加强寻求那些能带来最大快感的进食倾向。

在所有例子中,贪食者的情况最典型,它说明了我们的行动是为了获得快乐,或被渴望快乐所驱使。他们毫无例外地遵循了快乐或满足原则的一般规律,附和并遵守着每一种特异性活动模式,不断强化和巩固重复这种活动的倾向。在心理活动的知觉水平上,事实是简单而明显的。认为行动由想象指导的观点正是享乐主义者的错误所在。我们来回忆一下,或者通过想象描述那些令人愉快的活动模式,以及引起该活动的情形和所达到的目标。想象的情景唤起了与先前知觉到的情景类似的驱力。这一冲动通过一系列虚构的行动指向相似的目标,并通过想象再次获得成功后的不完全满足感。这种在想象水平上指向目标的驱力活动我们称之为"愿望";

---

① 值得注意的是,快乐与痛苦,都是抽象概念。在全部体验中快乐占据主导地位的就是个体所渴望的,而在全部体验中痛苦占据主导地位的就是个体所回避的(或逃避的)。

第九章 注意与兴趣

因为在想象水平上冲动的工作基本上遵循了过去取得成功的活动方式，所以，我们总是处在追求快乐的愿望之中这种说法就显得似乎有道理了。贪食者（或浪荡子）设法促进食欲的行为尚不能确切地说就是被进食快乐的愿望所引起的，更确切地说他是在寻求逃离令他感到不满的一系列无聊的活动，或者因为他被困于这类没有强烈驱力的活动中，或因为知识、能力或技巧的缺乏使得驱力指向了其他目标而未能取得任何成功。

而情感并不会像人们有时所说的那样能够启动"注意"。因为从它对认知过程的影响来看，"注意"不过是意志或努力。我们通过看、听、理解，或者其他任何手段来达到更完整或更充分认知的努力越强烈，我们就会越专注。反之，我们越是不专注，我们了解或认识手中事物的努力就越不强烈，我们越是放松，就越容易陷入纯粹的被动。

我们已经看到了努力的基本条件是什么，即，若是意志想起什么就需要先激起某种意志倾向，需要以某种本能冲动的形式激起我们体内的策动能量。因此，努力的基本条件就是"注意"或者专注。通过意志努力所能达到的更高形式的注意，我们会在随后以"意志"为题的章节中加以论述。当下我们只关注不随意注意或自发注意的一般特征，这也为我们提供了许多值得讨论的话题。

感觉主义者满足于将精神生活描述为纯粹的"感觉"与"表象"流，他们告诉我们说，对于内省而言，"注意"实质上就是"感觉"的清晰度。但是这种"清晰度"本身是很不清楚的。事实应该是他们描述为"感觉"清晰度的体验其实是对客体认知的清晰度。因此，如果一块陨石跌落或一个动物迅速移动的图像从头至尾都投影在了我视网膜的外围,感觉主义者会把我的体验描述为我的视觉不够清晰,而事实上是我对客体的位置、形状和性质的理解不够清楚。

感觉印象的强度与突然性本身不是注意的决定因素

人们通常认为是感觉印象的强度决定了注意,或者说"感觉"越强烈,它所引起的注意就越强烈。类似闪电的突然闪光,或者猛地关上门产生的突然的巨响,身体任何部位突然出现的强烈感觉印象——所有这些都可能强烈地让我们从手头的工作转移出注意力,去探寻这些印象的来源或者设法逃避或退缩。也就是说,这种感觉印象吸引了我们的注意,不仅因为它们激起了高强度的感觉,还因为它们激起了我们好奇或害怕的冲动,或者二者都有。它们是这些本能的特殊兴奋剂。仅仅是感觉印象的强度还不足以决定注意,就像事实所告诉我们的那样,大晴天我的窗户上出现的光芒之类的持续强光,或者我坐在铁路边所听到的轰鸣声这样的持续强噪音,都无法引起我的注意,只要我已经知道了它们的来源。

感觉印象的突然性同样不足以使之引人注目。当我写完上述句子时,我开始回顾性地意识到,就在我写作时一列火车轰鸣着在不足四分之一英里远的地方驶过;但是它并没有转移我的注意力。换言之,巨大的声音或者强光可能强烈地吸引住我的注意力;而只要我还不理解刺激的属性和起源,即使是接近于零的刺激也能够达到同样的效果。因为我不了解它的意义,它会持续并强烈地干扰我,让我的注意力离开原本的阅读或写作。面对强烈的刺激印象，我越来越无法管束自己，越来越感到不安，越来越难以专注于手头的工作，直到最后我站起来了，说"我必须去看看那是什么"。促使我行动的驱力要么是恐惧，要么是好奇心，或者二者兼而有之。

一个微弱的声音或光，无论它是短暂而突然的还是持续而平缓的，都可能产生类似的效果。我们往往会以恐惧之心去回应强烈突然的感觉印象，而以好奇心去回应微弱平缓的感觉印象。

什么是兴趣？

再者，你开着汽车，车发出的持续轰鸣并不会引起、牵引或转移你的注意。但是现在有一个新的声音，也许它的强度相对较低，在复杂的刺激环境中，它的出现立即引起了你的注意；你注意到了新的声音并开始思考它的含义；而坐在你身边的朋友或许跟你一样因为熟悉了汽车的轰鸣声而没有注意到这个新声音，直到当你询问他时，他的注意才指向了它。你俩之间的差别（表现在事实上就是你的注意被新的声音所吸引，而他没有），就在于你对汽车所发出的声音是"感兴趣的"，而他不是。这样的例子还有很多，而且为我们所熟悉。人们常说"兴趣"决定"注意"。那么，什么是"兴趣"呢？它是迄今依然被我们忽略的一种媒介吗？还是一个实体，或一种能力呢？"兴趣"是一个模糊的词语；但是它所暗示的事实却非常重要。

即使一个人正在思考其他事情，他也一定会对某个特定对象或议题体现出兴趣。我们知道，如果他对一件事物感兴趣，他的注意会被它所吸引，而且一旦被吸引，他的注意通常会持续而强烈，或者如我们通常所说，他的注意是集中的。事实上，这就是我们所说的他对对象感兴趣。感兴趣就是主体的一种持久的状况。这种我们称之为"感兴趣的"或"有兴趣"的心理状况其本质究竟是什么呢？动物行为给了我们回答这个问题的线索。

兴趣是意志的

无疑，动物会对一切能唤起它们本能冲动的事物感兴趣。它并不是对所有这样的事物都均衡地感兴趣，因为正如我们已经了解到的，需要会随着身体状况的变化而有盈亏。动物在饱餐一顿后，对食物或捕猎对象就完全没有了兴趣或极少感兴趣。老鼠甚至可以玩弄饱餐后的猫的尾巴。但是在饥饿的时候，任何动物都会对它的所有正常的食物对象产生强烈的兴趣。有了这一基本条件，即需要可能发生变化，我们可以概括出这样的一般性法则：动物感兴趣的目标正是那些能够激发它们本能冲动的对象，并且动物对目标的兴趣强度与目标激发本能冲动的强度成正比。

在人类身上，这件事就更复杂了（对那些远离自然条件被驯养的狗也是一样）。让我们回到汽车的例子，汽车在旅途中开始发出一种新奇的声音。你作为汽车的所有者和驾驶者，很快就察觉到了这个声音；它很容易就引起了你的注意。在你的车上有两个同伴，A 经常驾驶相同型号的汽车，B 虽然与你和 A 一样经常驾驶汽车，但他在驾驶或保养汽车方面几乎没有任何经验。A 经你的提醒后很快听到了那个困扰你的声音，然后就像你一样，他持续地表现出对这个声音的"兴趣"，同样被它的来源问题所困扰。另一方面，B 却听不到这个声音；而且，即使你描述了它的奇怪音质并指出它的强度变化,使得 B 终于辨别出了这个声音,他的注意也维持不了多久;他的注意不是自发性的,更多地体现为一种意志活动的结果。你、A 和 B 之间的区别是什么,到底是什么决定了这些"注意"的差别?你和 A 通过之前的努力已经学会从汽车发出的复杂噪音中分辨出不同的元素来,而且能识别出它们各自的含义,也就是说,在你们各自的心理结构中已经分离出了相应的认知意向。B 之前并没有做出这样的分辨努力,他满足于将汽车噪音作为一个未经分析的复杂印象来接受。而且,他觉得自己对汽车毫无责任,所以对于汽车的运行漠不关心。你和 A 都具备了那种分辨与鉴别各种声音含义所要求的心理结构。你们都对汽车感兴趣。但是你对于这辆特别的汽车的兴趣要大过 A 的,因为它是你的,而你对它负有责任。

这个例子告诉我们,我们的"兴趣"本质上是意志的,与动物一样。某些观点声称:针对某个对象或主题的"兴趣"总是有赖于,或者说服从于,是否拥有(用"理念"论的话来说)关于这些对象或主题的必要知识,或者拥有相关"观念"的集合系统。①我相信这是一个错误的信条。像动物一样,我们只会对这个或那个(或几个)唤起我们本能冲动的对象感兴趣。我们与动物之间的区别在于,动物的"兴趣"主要体现为天性所规定的本能形式,而我们则通过与大量不同的对象建立情感联系而形成各种各样的、大量的新兴趣。

---

① 如同霍尔巴特派所说的"统觉团"。知性论者关于"兴趣"的学说是霍尔巴特心理学对于其教育理论的最大贡献。R.武德沃思教授的《动力心理学》包含了对此观点最现代、最强有力的抗辩。我向高年级学生提到了他的相关陈述和我对此的评论,《鉴于近期讨论的动机》,《心智》(Mind)杂志,1920 年第 29 卷。

如我们所见，狗常常通过习得某种简单情感，比如对某个人的恐惧，或对其他人的忠诚等情感，从而扩展它的"兴趣"范围。人类在这条线上则走得更远，我们会对更多的物体产生情感，由此获得更大范围的兴趣扩展。

对此话题的更多讨论将留到以后的章节。① 在此我只坚持"兴趣"本质上是意志的，是维持我们的意志倾向或冲动的实质因素，它受我们的本能和情感所决定。对事物的知识本身并不是产生"兴趣"的条件，尽管这种知识有助于注意的维持：缺乏这种知识，我们受意志兴趣所决定的对所有对象的注意会很快消逝；因为我们有限的知觉辨别力会迅速消耗殆尽。因此，动物标本制作者和门外汉都会发现一些奇怪的植物或动物，他们都会对它们产生好奇和兴趣，但是对于动物标本制作者而言，这种兴趣会更加持久，更强有力，因为他具有相关知识或认知心理结构，令他可以对它进行系统而详细的观察，注意到他的同事曾经忽略的许多特征。

"兴趣"是意志的而不是认知的；它取决于被唤起的意志倾向的强度，而不是取决于心智（知识）认知系统的内容、种类和系统化结构，有这样一些例子可以充分说明这个判断：比如个体发展出大量知识系统以服务于一些重要的自然目标，比如维持家人的生计；经过若干年的努力之后，有了足够的储蓄或继承了一笔遗产，目标的实现已经很有把握了，他就会很乐意地离开他现在的职位，完全忘记他曾经努力学习得来的技能而再无所求。他也许曾花了大半辈子来掌握关于五金器具和五金交易的知识，因为这曾是他积累

---

① 第十七章。

财富的方法。但是,一旦拥有了财富,这个衍生出来的兴趣,服务于获得财富目的的副产品将会丧失殆尽,哪怕他依然拥有关于五金交易的知识;他也许会把余生用于艺术、高尔夫、园艺或慈善事业,至少不会是对五金器具感兴趣。然而,如果出现能有效唤起他再次从事五金交易动机的情形,比如他发现他必须挣到更多的钱或希望劝告那些财富较少的朋友继续从事五金交易,他完全能够有效地带着他的丰富知识回来,再次承担先前的工作,并表现出持续的注意,因为新的动机给了他新的兴趣。对任何对象有兴趣便是预备好了去注意到它。兴趣是潜在的注意,而注意是兴趣在行为上的表现。对任何事物的兴趣和注意,其必要条件就是心智必须是有组织的,从先天或从经验中获得的,它能思考客体,而且这种思考应该唤起一些冲动或愿望来维持与客体相关的一系列活动。

意志单元

在注意的标题下,心理活动有一个特征常常被进行更深入的讨论,这就是一系列的心理活动实际上不单单体现为意志的连续性,而其本身就是一个意志单元。这一特征有时候会体现为我们在同一时间只能思考一件事,或同一时间只能做一件事,还可能被描述为"意识"的聚焦性,即在任何特定时刻只能有一个"观念"成为"意识"的焦点。如果我们认同第二个构想,并声称我们在同一时刻只能思考或做一件事,那么,我们就必须在一个非常宽泛的意义上使用"思考"一词。因为,很显然,许多自然事物可能是由若干你所注意的对象组成。譬如当你站在山顶上鸟瞰一个小村庄,你可能将它作为一个整体来知觉和识别。在这样一个整体中,可能你会继续指出其中不同的部分,比如村子里的一些房子,然后是房子中的门窗之类。从整体中选出部分的这种方式就是缩小注意的范围。缩小或限制注意范围的程度取决于我们当时的目的。

"集中"这个词有时被用于描述这种注意的限制。但是,如果我们在这个意义上使用"注意的集中"一词,我们就必须保证不会将它与注意的程度或强度混淆,后者取决于作用在我们身上的冲动的强度。如果我们漫步在小山上,往下看见山下的村庄,并且我们对它的态度和兴趣皆属寻常,如果用言语来表达仅仅是提出诸如"那是个什么村庄?"这样的问题——这时我们的注意程度是很低的,它只是被很轻微的好奇冲动所指引并维持。但是,如果我们是一个侦察兵,我们的性命掌握在我们自己手中,并且,如果这个村庄被敌军占领了,那么我们对这个村庄的注意的程度或强度都会很高,因此注意可以被称之为是集中的,无论我们的注意是针对整个村庄还是针对它的某些具体部分。①

衡量注意程度的标准包括(1)主体致力于其目标的工作效率;(2)抵挡一切可能转移注意力的影响的程度。当支撑注意的驱力很微弱的时候,我们的心理过程也是相对低效率的;我们不能有效地将既有知识用于处理当前的任务;这就是我们的接近睡眠,或者几乎完全睡着的状态。②驱力越强烈,我们就越清醒。注意要能够

---

① 生理学方面,注意的集中似乎涉及了在一个通道系统中可自由使用的大脑能量。对生理角度的推测有兴趣的学生可以参考我的系列文章,《注意过程的生理因素》,《心智》,N. S. Vol. XII。

② 睡眠问题在第二部分讨论。

第九章 注意与兴趣

达到最高水平的心理活动强度,必须要有强烈的驱力牵引我们关注某个议题,并且,我们已经拥有了有关这个议题的丰富的、系统化的知识和大量的经验。当事物或议题没有直接引起某种强烈的驱力,我们对它的兴趣只是间接地来自于与之相关的其他对象时,只有我们清楚地看到这个对象对某个我们强烈想要达到的目标而言是非常必要的条件,我们的注意才可能强烈而持久。但是在这种情况下,我们常常不得不尽我们所能地用意志努力去维持注意;这是一项相当困难的任务,必须要通过相当程度的训练和练习之后才能顺利地实现。①

即使是最有效的意志努力也不能获得高度集中的注意,而任何一种被激发起的强烈驱力却可以立刻实现这个目的。只要让某个对象或情形直接而强烈地迎合了一种本能或某种强烈的情感,我们就不能将注意从它们身上转移开,哪怕我们尽全力想要转移注意力也很难。我们也许会毅然转移开我们的视线,或相反,让它远离我们的感官,但是我们仍然抑制不住地去想起它,至少也是间歇性地想起它,哪怕我们尽了最大努力让自己忙于别的事情。当我们躺下睡觉,试着让我们的头脑休息,如我们经常体验到的那样,感兴趣的话题会在此时显现出来,挥之不去。甚至当我们已经入睡,它也会在梦境里突然出现,虽然样式可能会有一些变形和或

---

① 一种可能性是,通过训练使人掌握拉丁语法和相关科目以达到"训练能力"目的。旧式教育最重要的影响就是发展这种对我们感兴趣的事物的集中随意注意的能力,兴趣取决于我们相信讨论中的事物或程序,其本身就是达到想要的目标的手段。

多或少的伪装。①

当我们的注意力高度集中的时候,比如正处于某个令人兴奋的游戏中、战争处于白热化阶段、面对某个可怕的事物时,感到饥饿而正好有食物出现在面前,在上述所有这些时候(也就是说,当有强烈的驱力作用于我们的时候),手头与目的无关的事物也许会对我们的感官产生强烈的刺激却没能转移开我们的注意,并因此而不被我们所知觉;所以即使是枪弹伤口或刀伤也可能不会被察觉到,只有当集中的注意放松下来,看到血流出来或伤口产生了持续强烈的感官印象时,我们的注意才会被吸引过去。

如果我们试图用生理学的术语来说明上述事实,我们只能推断大脑中的某个神经元系统的活动抑制住了其他系统的活动,并且我们可以假设,一个系统的活动强度越高,它对其他系统的抑制作用就越强。

不幸的是,我们对神经抑制的性质仍然不够了解,即使是像伸缩四肢的拮抗反射中的交互抑制这样最简单的例子(我们也知之甚少)。抑制渠道假设似乎是唯一能在高级大脑水

---

① R.E.普利斯特里少校《探险的心理学》(《心理学》,卷Ⅱ,第1期,1921)对在南极的一次"人拉"雪橇派对中的饥饿体验做了如下描述:那些食物,他说道:"让人拉雪橇派对上的人产生了一种除了下一餐外其他任何事物不能减轻的强烈渴望,但也实在是非常短暂的。这一渴望对清醒的大脑的影响就在于让思维集中于个体所知道的每种可口的食物上。睡觉时它的影响就是产生一连串的与食物有关的梦,带着做梦人从一个美食家的天堂到另一个天堂,直到他醒来发现自己对食物的渴望已经快要难以忍受。每个正常的参加者都在谈论食物、想着食物、梦到食物。嫉妒的双眼观察着每一片掉落在地板上的面包屑。最难吃的一小口食物……被热切的渴望关注着,如同等待骨头的狗一般。"这一叙述阐释了注意的基本条件,远胜于哲学对这一问题所作的数以百计的讨论。

平上对这些交互抑制的事实进行解释的说法。①在不用大脑神经弧系统对心理倾向系统进行识别的情况下，我们还是假设在大脑中每一个心理倾向系统都有与之相对应的神经系统，并且每一种都构成了一个主要渠道来将神经能量注入肌肉和其他执行器官中。渠道假设假定任何一个这样的系统会抑制其他所有系统，因为它们都需要利用库存的或能量库中的空闲神经能量。对生理假设感兴趣的学生应该将这个观点与第109页介绍的本能的神经基础假设性解释联系起来阅读，此外同样可以参考阅读在我的《生理心理学基础》中关于"冲动的吸引力法则"的讨论（第126—134页）。

意志稳定性与注意的转移

抗拒注意转移的程度是衡量个体在当前专注的目标上投入能量多少的方法。我们熟悉的例子是，任何一项当我们正在做、并热切希望完成的任务被干扰时，一旦分散注意力的影响因素停止作用，我们就会自然地回到手头的任务上去。尽管存在干扰，我们对任务的兴趣会填补中断的缺口，并让整个过程连续成为一个意志的连续体。这种干扰可能只是短暂的，也可能持续很多年，然而，只要我们的目标是强烈的（即我们的兴趣是强烈的）并且尚未被满足，我们就可能在长时间的中断后，重新拾起任务，从上次不情愿地放下的地方开始重新做起。这也是第三个简单衡量注意和兴趣

---

① 参见我的"生理心理学基础"，第36页和第103页，以及"神经系统中抑制过程的性质"，《大脑》第26卷。

强度的方法。① 对于不重要的任务的兴趣，比如西洋棋游戏，我们几乎不能在干扰下持续几分钟，而对于某些更宏大的目标，比如写书，则可能在干扰下维持数年之久。这种兴趣的高度持续性不只意味着某些冲动被强烈地唤起，同样意味着冲动来自于兴趣的某些持久的结构，这些内容我们在以后的"感情"和"性格"章节中会有所讨论。

这种回到未完成任务上和通过追求目标来填补一系列活动之间空隙的注意倾向就是我们在前面（第 44 页）所讨论过的心理冲动、努力或意志的基本稳定性在智力水平上的表现形式。我们不太能够解释它；而只能将它作为心理或目的性行为的一个基本性质，作为在所有纯粹的物理过程中显然未呈现的一个基本性质来理解它。

注意的分配

每个人在分配注意或者同时进行两项或更多项任务的能力上是有差异的。如果我正在写一封简单直接的信，我能在完全不中断写信的情况下无意中听到并理解同一间屋子里的对话，甚至我还能介入到对话中。有些人似乎可以在写一封信的同时口述另一封信。对大多数人而言这种能力是非常有限的，虽然我们常常发现，我们可以在默写一首诗的同时尝试背诵另一些熟悉的诗句。大多数人都体会到一项任务会妨碍另一项任务，比如，一首诗中的

---

① 另两种衡量方法是(1)我们应用自己或自己掌握的知识去处理任务的有效性；(2)抗拒分散注意的影响的程度。

词错误地出现在了另一首诗中。我们所具有的这种能力部分是因为注意具有容易回到被中断任务上的倾向。此外,它也是意志稳定地指向其目标的体现。换言之,一个冲动一旦开始朝向目标工作,就会在我们不再考虑这个目标的意义或实现它的方法以后依然继续指向目标的工作。也就是说,意志会比启动它的认知更持久。这正是所有更高形式的意志之间最重要的联系原则,我们把那些更高形式的意志在更充实的意义上称作意志(volition, will)、决心(determination, resolution)和目的意图。此处我们只注意到它的简单形式。在写作时,个体在考虑下一个合适的词或短语的同时,他的钢笔也能够流畅地写下当前的合适词语。有时通过笔误或口误,个体能生动地明白这一个事实,这种口误或笔误包括写作时没有写下本要写的某些词语,或是正写出了原本要在下一句才出现的短语。或者是某人在与人谈话时突然想到要取点盐,在他一边继续谈话,一边为瞬间出现的意图而伸出手的时候,错误出现了,他抓起了胡椒瓶而不是盐罐,这可以让他意识到我们是多么经常地依赖于这种在意识性目的形式下的潜意识运作。实际生活中的常规细节很大程度上都是以这种方式进行的。有时候,个体能清醒地体验到意志比认知更持久,我们发现自己正走向某个地方,打开一个抽屉或办公桌,或站在一张桌子前,并且意识到我们到此处来是怀着某个目的,可是我们却想不起我们的目的。或者,我们茫然地穿过熟悉的村庄或街道,却心神不安地始终觉得那里有什么事是我们必须要做的,或者我们打算要做的,可是在当时我们却不能想起那任务是什么。①

283　　就是这种意志的持续性让我们即使在认知从当前任务中脱离开来的情况下，不仅能很容易地回到被中断的任务上去，而其事实上还能让我们继续从事两项毫无关联的任务。我们的注意在两项任务之间摇摆，并在间隔时指向其中一个，而我们的执行机制继续进行着针对另一个任务的正确操作。

这种方式的注意分配能力存在非常大的个体差异，而且这种差异似乎是一种先天素质。这种注意差异或心理活动流的复制的极端例子就属于变态心理学领域研究的问题了。

---

① 我已经学会信任这种不安的感受是一种可靠的迹象，它表明有一项任务或目标被忘记了，事实上，它很少出错。在它指向一种特定目标后，对这种意志冲动的潜意识运作有了另一种说明，即它会在清晨的某个特定时间苏醒。下面的实验室观察遵循了这一点：入睡的时候，我手里握着某个尺寸和形状都合适的东西。如果我决心要紧紧握住它，那我通常会在醒来的时候发现它被紧紧抓住了。如果我没有做这样的决定，我会在醒来的时候发现东西不在手里，而是掉到了地上。假设性实验为类似的原则提供了许多更突出的例证。

第十章　想象—预期—回忆

想象有时被定义为形成表象的能力或在意识中加工"表象"的能力。这是一个过于狭隘的界定。我们可以言说科学家的想象，有创造力的艺术家的想象以及哲学家的想象，在这些情况中，"表象"尽管起到了一定的作用，但它的重要性往往较轻。我们最好将想象或想象力定义为对远端对象的思维。①

想象最简单的模式是"形象思维"，即我们向自己描述所知觉到的对象，如见到的、听到的、触摸到的或通过其他方式知觉到的对象。在这种想象中，"表象"几乎取代了感觉经验并履行了它的功能。形象思维有时被称为"将表征上升为意识"，或"对自由观念的拥有"以及"观念序列在意识中的过往"，是为了将它与对当前对象的思维区分开来；如我们所见，在关于当前对象的思维中，"表象"可能使得直接来源于感觉印象的感觉属性变得复杂了。

名称的运用

名称的简单应用构成了知觉与想象之间起媒介作用的一种思

---

① 在第207页里定义了"远端的"这个词在特定意义中的使用，"远端对象"就是在想起它时不会对感觉产生影响的任何事物。

维形式。①因为名称是人类习俗赋予事物的一种属性;对于熟悉某种事物的人来说,它的名称就喻指了该事物,或表示该事物;就像感觉模式代表了自然事物一样。事物的名称是一把能启动专门的认知意向或"观念"②的钥匙,并让我们产生关于该事物的思维。如果你在白天面对面地遇见了一位朋友,你是借助他的面孔反射到你的视网膜里的光知觉到他的;如果你在黄昏时再次遇见他,可能是听觉模式通过声音知觉到他。但如果你的听力不太好或者他伪装了自己的声音,你就不会认出那是他的声音,而认为那不过是某个陌生人的声音。但如果他说出了自己的名字,你同样地能够知觉到他,认识他,刚才模糊的视觉和听觉感觉印象也变成了跟他具有明确相关的信号。作为感觉模式的名称启动了专门的心理倾向或反应系统,你对朋友的回忆因此也开始同化他的面孔和声音产生的模糊而难以辨认的感觉模式。也就是说,尽管这些模式本身不足以唤起专门的认知系统,当这些系统(即"观念")被名称的声音信号启动后,它们便有助于你对朋友的进一步知觉。如果朋友的名称是被另一个人说出来的,其名称的声音也是一种能让你想起他并知觉到他的感觉模式,这两种情况不会有本质上的不同。

---

① 从进化或发展的角度来看,中间媒介物也不必要。因为正如我们所见,我们有理由相信一些动物具备一定程度的想象能力。

② 我想提醒读者:从这儿开始我将使用"观念"这个词作为"认知倾向"的一个方便的同义词。

前知觉是最原始的想象

在知觉到某个对象之前就对该对象进行思考能大大促进知觉或知觉识别,这种思维形式最恰当的称呼是前知觉。在决定知觉的过程中,前知觉发挥了重要作用,它有助于对物体的选择或突出"当前对象"的价值。①它构成了知觉中的第三大选择性因素。我们已经看到,感官结构使得我们对某些物理刺激的反应比其他刺激更加敏感,从而决定了第一阶段的选择。基于遗传和习得因素而建立的心智结构是第二阶段的选择性因素;在所有感官接收到的感觉模式中,它决定了那些符合某些认知意向的感觉模式能对我们形成最有效的影响,如同钥匙匹配锁一样,唤起了某一种特定的冲动。现在让我们来看第三个阶段的选择,如果这种选择开始活动起来,它是基于这样的事实:活跃的倾向比静态的倾向更容易被感觉印象激发为进一步的行为。由于某些思维会出现在我们的全部觉醒状态中,因此,这种选择会在知觉中频繁发生,它决定了两个方面的加工:在形成感官印象的所有事物中,我们应该注意哪一些内容;以及我们解释这些感觉印象的方式,即我们应该赋予这些感觉印象以什么样的价值或"含义"。

请特别注意:除了关于对远端对象的思维的呈现以外,还有最近的关于这个对象的思考都可能对知觉产生影响。当你在黄昏遇到一位朋友,与长时间都没想起过他相比,如果你最近想到过他,

---

① 它有时作为注意的一个主要决定因素。随着我们对注意(第九章)的进一步讨论,读者会发现这并不完全正确。

你会更容易认出他。哪怕你只是在五分钟前想到他也会促进你对他的识别,这似乎是因为人的心理系统在被激发至活跃以后是慢慢减弱的,在回到完全的静止状态之前活跃会延续一段时间。①目前尚不清楚残余的活跃是否可以归因于认知意向或"观念"的作用。极有可能是这样:这种情形下的意志倾向被包含在了最近曾经活跃过的系统中,而它在潜意识中依然继续保持活跃。如果这种说法正确的话,那么现在讨论的前知觉就是前面提到的意志连续性和持续性的另一个证据,意志连续性和持续性还可以被形式化地表述为另一个命题:即意志比引发它的认知更持久。这个判断是基于这样的事实:我们越敏锐地关注想象的事物,这种想象就会越有效地控制知觉过程,这种现象既发生在想象该事物的时候,也发生在后来延续的一个阶段内。因此,如果你在想念一位朋友或者最近想起他时有强烈愿望要见他,与想过他却没有强烈地想见他的愿望相比,你更容易在黄昏或陌生的人群里认出他来。这种情况同样适用于你强烈地厌恶且害怕见到的可憎恨的敌人。

在极端情况下,这种强烈愿望(或厌恶)会引起错误的知觉,即所谓错觉或幻觉。于是,我们会把夜色下见到的某个陌生人甚至树桩或灌木错认为是想念的朋友或畏惧的敌人;或者从大量混乱的声音中错认出他的声音或者脚步声。这些错误识别或错觉知觉的例子生动地告诉我们一个事实:知觉并不是对感觉印象的一种被动接受,而是对感觉印象所提供的线索的一种心理反应。它阐明了一个事实:感觉属性,即所谓的"感觉",不管其模式是多么特

---

① 此处可以联想到这个证据:神经"中枢"在停止积极运转后依然存在残余的兴奋。

第十章 想象—预期—回忆

殊,都只会表示主体所想到的对象;心理从内部资源中为感觉印象的信号提供了其"含义"。简而言之,"心理刺激理论"本质上是正确的,①对象并不是以现成的"感觉"复合体的形式"给予"我们的,而是根据主体思考它们的能力、对它们的兴趣以及思考时的目的而由主体想到的。

语言是激发想象的刺激

在知觉到一个事物之前,如果我们想到过它并且预期了对它的知觉——当我们对它的预期明确而清楚时,前知觉或者想象对知觉的影响就会愈加强烈。②语言首要而基本的作用是通过创造预期来确定前知觉。词汇主要用来表示事物及其行动或动作,第一个词的形成大概是由于动物本能喊叫的专门化。当狗在愤怒、喜悦或者狩猎时发出吼叫声,它就是在使用最原始的语言。在这些情况下,每种特殊的吼叫声可能仅仅被视作一种情绪表达,但它也是能向同伴传达"敌人"、"朋友"或"猎物"等含义的基本词语;它还表示了存在于它们之间虽然模糊但高度一般化的前知觉,以及具有适当通用性的应答动作。

我们可以假定,人类传达危险信号的原始叫喊声可以区分为

---

① 我想提醒读者:在第八章关于空间知觉的讨论中,我们得出了一个结论:心理刺激论是一个正确的理论,空间意义是作为对感觉模式的心理反应,而不是作为那些感觉性质的属性或"感觉"的内容而附带着感觉性质产生的。

② 从火焰、云彩、岩石或别的景物中看出一张面孔或其他可识别的轮廓,这就是关于想象影响知觉的例证。在同伴向我们指出并叫出这样一个轮廓的名字后我们看到了它,这就意味着我们有一个清晰的例子证明前知觉决定着直觉的过程。名称启动了特定的心理系统,并因此通过讨论中的系统促进了对模糊轮廓的同化。

几种不同类型，分别代表熊、老虎或者狼，每种叫喊声都将决定同伴适当的前知觉和相应的行为，这种区分是由对这些危险动物的经验带来的不同本能恐惧反应所产生的。

尽管词汇的原始功能是确定前知觉和预期，它们至今依然发挥着这个作用，但是我们设想，它们将很快被用来让交流的伙伴想到远端对象，而不仅仅是当前的事物。"狼来了"的故事中，狼不在眼前却喊"狼来了"的那个男孩或许是第一个对语言实现这种高级运用的人，我们的智慧生命或许也开始于类似的恶作剧。

显然词汇的运用大大激发了想象。一旦人类开始使用词汇来让同伴想到远端对象，他们很快就会用词汇来促进自己的思维。因为一旦人们学会了使用事物的名称，名称就成了开启"关于对象的思维"倾向的最方便之钥匙。在我们的心理系统的控制中，这把钥匙比其他钥匙更有效，因为通过说出事物的名称，我们能给予想到的事物一种准知觉的真实性或"存在性"。因此，我们发现年幼的孩子和原始人倾向于出声思维。对远端对象的沉默思考只能通过抑制实际的言语运动来间接获得，而那些话语在我们的想象中继续被默默"说出"，尤其是与处于一定位置的特定具体对象不完全相关的表象，如棋盘上的棋子。

在动物和原始人中，心理活动的每个周期都会通过身体行为表达出来，这是意志的一种自然结果。说话也是身体行为的一种形式，随着语言和想象力的共同发展，说话成为了不断延伸的心理活动周期的终点。而当词语被默默"说出"时，情况并没有发生实质性的改变。借助于词语的沉默思考也是一系列周期性活动，每一个周期都是以对外显言语动作的抑制作为终点。

夸张在思维活动中的作用

每个心理活动周期都会在身体运动中自然表达出来,而想象则表现为内在的言语取代了外在的躯体表现;我们必须认识到,极端的行为主义者并不认可上述事实;他们的学说认为所谓思维不过是言语器官或其他肌肉中的神经活动。这里所陈述的事实在一定程度上为该学说提供了表面上的合理性证据,因此一些倾向于机械论的人不假思索地接受了这一学说。一个简单的实验就可以证实:言语器官的肌肉活动或神经支配对于言语思维而言并不是必要的。在迅速地大声计数或背诵字母表的同时,在心里默念一首熟悉的诗或其他言语思维讯息。我想大多数读者都会认为这并不困难。在上面的实验中,两个同时进行的过程彼此间会有干扰,但不会比在默写一首诗的同时背诵另一首诗的干扰性大(我认为明显小很多)。这个实验可以说明以下几点:这种干扰不是由于言语器官的神经活动不支持持续说出两种不同的词语串;这种干扰是心理干扰,至少是中枢神经的干扰;它充分说明了我们复述心理活动流程的能力是非常有限的。如果这种干扰是因为两种过程所对应的肌肉神经支配不相容,那么两个过程都要占据同样的词汇通道,与两个过程分别通过两个独立的身体器官来表达相比,前者应该要困难很多。然而,实际的体会是,两个独立身体器官的活动之间的干扰更加严重,例如,我们试图用脚踏出一种节奏同时用手拍出另一种节奏(每一个参与过"艺术训练"的学生都有体会),或者同时做出两种指定的却不熟练的动作。再比如,让读者伸出左手的手指并用右手的食指迅速依次地触摸每个指尖,然后让他坐在椅子边缘,并用右脚趾在地板上画出 8 字形。若只要求流畅、迅速、连续地重复其中每一个动作,看起来这是非常简单的任务。但如果让他同时进行两个动作,我敢说,他会感到这比迅速计数的同时背诵诗文更困难,相互的干扰更强。

　　让我们来考察这样的思维形式,例如关于一段复杂旋律或风景的形象化想象,这时,行为主义者认为思维是言语器官(或其他表达性器官)的神经支配的学说便显得非常不可信了。任何一个善于观察的人都可能坐下来、闭上眼并依次想象一连串最近的或已经久远的场景,如昨天驱车去乡村时见到的场景。在这种想象中主体往往不会重新思考他所知觉到的所有场景和物体,而是大体的内容、首要的场景以及主体最感兴趣的事物才会出现在脑海里,而它们的出现往往不是按照正常的顺序,尽管也会倾向于粗略地符合最初的时间顺序。这一连串的形象思维是由什么样的神经支配组成的呢?这种情况难以支持前面提出来的论点:即每个思维周期都会通过身体运动表达出来。初始知觉活动之涉及那些可以促进知觉过程的眼睛、头部和身体的活动;毫无疑问,对相同场景的想象一定包含了一些类似的神经支配倾向。但必须承认,即使最乐观地评价,任何这种类型运动的表达都是极不充分的,在其他情况下它们作为身体运动也完全被抑制了。原因正如我们所看到的那样,①即使在对简单几何图形的视知觉中,眼睛

---

① 见原文第 244 页。

的运动也不会完全应对图形的轮廓,两者之间并没有恒定的关系。我们容易确定的是,在想象一个场景时眼睛可能会以任何不相关的方式移动(从左往右或不停地转动),却对想象过程没有明显的干扰。

这个道理在音乐家借助听觉表象阅读交响乐乐谱的例子中就更加明白了。一些音乐家告诉我:他们喜欢用这种方式欣赏乐曲,因为这样他们就不会受到实际演奏中的瑕疵的影响。这位音乐家可能完全不会歌唱或只能零碎地哼出复杂乐曲的一部分;他不能演奏这首乐曲的某些部分却想象出了完整的曲子。

比"行为主义"更古老而又不那么极端的学说是"观念驱动行为学说",它也夸张地曲解了这一事实:即每个心理活动周期都自然倾向于通过身体运动来表达自己。① "观念驱动行为学说"得到了广泛认可并被写入了许多教科书。这个理论断言每个"观念"不仅是认知的一种状态或行为,也是运动的倾向;这就是那个被广泛接受的一般行为理论——"观念驱动理论"的基础。"观念驱动理论"在涉及有关身体运动"观念"的例子中显得最可信。它还频繁地宣称:如果我们想到某个身体运动,这个运动就必然会发生,除非我们用某种方法阻止它。有一个关于意志的理论主张,意志本质上是"观念"的抑制剂,能抑制运动的'观念',关于这种主张我还没有发现任

---

① 在某种意义上,这是"人类通过运动来控制观念"学说的逆命题,因为它认为,我们通过唤起与之相关的"观念"来控制我们的运动。

何实质性的理论基础。很明显，我完全可以设想诸如举手这样的运动，不论是将它当作要做的运动还是要抑制的运动，都是可能的。对于断言"当我想到一个运动时，为了阻止该运动就必须运用一些意志"，我也找不到任何事实根据。仅仅想到一个运动和打算做一个运动完全是本能的思维方式。我们的冲动、意志和意志与四肢的实际运动间的关系还完全不清楚，它也是"经验和身体过程之间的关系"这个更大奥秘的一部分。观念驱动行为学说不过是试图探索这个奥秘的一个错误的尝试。

我坚持认为，上述一系列理论过高地评价了运动在思维中的作用，它们在"所有心理活动都包含意志，而意志都倾向于通过身体运动来表达自己"这一事实面前显得非常局促。但是我们必须认识到：如这些"驱动"理论所暗示的那样，随着我们想象的发展，身体因素的抑制作用变得越来越完善；直至与紧张的思维相适应的身体态度变成一种完全静止的状态（如罗丹的雕塑"沉思者"所表达的那样），而不是呈现出丰富多样的运动状态。

我们可以假定语言的发展和词语的运用大大促进了想象的运用，尽管它们对想象并不是必要的。无论如何，正常的成年人都享受着想象的巨大力量。我们可以有效地区分三种水平的想象：最低水平的就是一般所谓再造想象或表象性想象；中间水平的是构造性想象；最高水平的是创造性想象。尽管在原则上我们可以区分这些形式或水平的想象，但在现实生活中它们通常联系很紧密。

预期和再造想象

人们在描述事物时忠实原物的程度,以及他们习惯使用的表象类型,这两个方面都存在着广泛的个体差异。一个视觉型的人主要倾向于借助视觉表象来想起事物,另一个人借助听觉表象;一些人似乎主要借助运动表象,而其他人似乎借助极少的表象就能进行想象。最后的那类人常常被认为是使用了言语表象、视觉表象、听觉表象或运动表象*;对他们中的许多人而言这很可能是事实。

大多数人在知觉到事物后都能立即忠实而生动地将它们描述出来。如果感觉印象减弱了或突然中断了,而我们需要继续思考该事物,此时我们用表象代替感觉印象,那么,大多数人甚至所有人都能将它描述出来。即使在最良好的条件下,"原初的记忆表象"与感觉经验也是不同的,区别在于前者缺乏感觉的那种鲜活的、未区分的属性,以及不如感觉经验那样拥有丰富多样的细节和稳定性。在我们依次想起刚才知觉到的事物的不同部分和方面时,表象往往会时隐时现。一两分钟后,"原初记忆表象"在细节忠实性及稳定性方面就会下降得更厉害。

对具体的物理对象的想象要次于知觉思维,后者虽然更容易出错;但在另一方面它也显得更高级,因为它延伸到了未来并预见到了很多超出感觉的内容。我们已经看到所有思维乃至动物和幼

---

* 根据上下文关系,这里表达的意思应该是,这一类人主要使用言语表象而较少依赖视觉、听觉和运动表象,原文中似乎漏掉一个单词"but"。——译者

儿的原始知觉思维，都在一定程度上包含了对未来事物以及下一步要完成的身体与心理活动的预期。在这一点上，从最纯粹的知觉思维到最纯粹的形象思维的过渡是完全平缓的。知觉思维越成熟，它所混合的想象成分就越多。小孩子下棋时，思维几乎是纯粹的知觉思维；随着经验的增多和年龄的增长，他学会了预见未来的几步棋；象棋高手能预见得更远，但是除非下盲棋，否则知觉元素也不会完全丧失它的价值。

想象的基本而主要的功能是用表象进行反复尝试，在行动完成之前甚至开始之前描绘出每种情况和每一步行动的结果，因此，它是心理的原始预期功能的发展。在这一意义上，它的确有效地避免了不必要的错误和尝试，节省了大量不必要的行动。它之所以有效或可能有效，是因为在我们所生活的世界中类似的经验常常导致类似的结果。但这只是大致上正确，因为常常有这样的情况：表面上相似的事物却在本质上不同，而表面上不同的事物本质上却相同并能产生相似的结果。因此，仅仅依靠"再造想象"效用会很有限；想象要实现更高水平和更有成效的影响，就需要加入推理，推理是从所有对象或情形中选择服务于当前目标的本质属性，并以此来建构未来图景的功能，这个未来图景不是对过去的原样再现，而更可能是从当前特定的条件下衍生出来的结果。如果我们的目的仅仅是回忆往事，回忆过去经历的事件和场景，这时的想象就近似于纯粹的再造想象。认为忠实再现过去场景是最初始的想象模式，这是一个错误的假设。因为正如上文所说的：想象的基本功能是描绘未来以及预料事件的发展。

在广义上，想象与其他形式的思维一样是有目的的，也就是说，它具有意志性。从意志性特征和动机最模糊、目的最不明确的幻想或白日梦，直到为达到一些明确的目标而制订出明确计划的活动中所包含的想象，在目的性方面各种想象之间的差异很大。在讨论梦及其反常的心理历程时，我还会谈及白日梦及其动机。①

有关"记忆"的实验

再造想象已经在实验室中被深入地研究过了，这项工作通常被称为对记忆和联想的实验研究。为了获得关于再造想象的最基本规律，研究常常致力于使实验条件尽可能地简单。②

这种实验研究最初是由艾宾浩斯③开创的，并在G.E.缪勒教授④和许多学者的推动下发展到了一个较高技术精确度的水平。艾宾浩斯的实验是这样的：首先让每个被试熟读一首诗并达到默背的程度，经过不同的时间间隔后，测定被试需要重新阅读多少遍

---

① 在第二部分。此处足以认为：现代研究已经清楚地证实，即便最怪诞的白日梦和最混沌的梦通常能被证明是做梦者对"现实生活"（与人交往或其他方面的事物）中不能获得完全满足的冲动和意志倾向的体现。

② 读者应注意，为了避免"再现"一词模棱两可的用法容易带来的混淆。在想象和回忆中谈到再现过去的场景是一种自然而方便的表达。但明显的是，在想象一座山或者昨天见到的某个人时，我们并不仅仅是照我见到的那样子复制它们，而是生产或创造了它们。但由于"再现"这个词意味着与原来相同的某些部分被保留了下来，如同我可以从篮子里创造和再造一个苹果，许多心理学家已经养成了习惯说"知觉"或"观念"或"感觉"或"表象"是再造的，而且"知觉"常被说成是以"观念"的形式再造的，"感觉"是以"表象"的形式再造的。这是语言的随意性和歧义性给哲学和心理学带来诸多麻烦的另一个实例。为了避免这种情况我想明确地告诉大家，本书中的"再造想象"仅表示重新想起以前想到的事物；对一件事物忠实的再现仅仅表示按照在之前场景中知觉到的或想到的样子再次想起。

③《心理学基础课程》。

④《实验性的记忆理论的创造性贡献》。

才能再次将那首诗背诵出来。这样艾宾浩斯根据重新阅读的次数,就能测量出不同的时间间隔后"遗忘"的数量并建立遗忘曲线。

但明显,一些诗比其他的诗更容易记忆,因为它们更有趣、韵律更简单或押韵更丰富。艾宾浩斯因此改善了实验,用无意义的音节行代替了诗文并通过一种简单的机械方法将音节行呈现给被试。他用旋转鼓轮呈现音节行表单,让每个表单轮流出现在屏幕窗口中,这样就确保了恒定的最佳阅读速度,避免了被试的眼睛在表单上来回徘徊。大多数记忆和联想的较新的实验研究方法在本质上是这个简单实验方法的改进或变化。这种研究方法衍生出了许多有趣的研究结果,这里不再一一赘述。

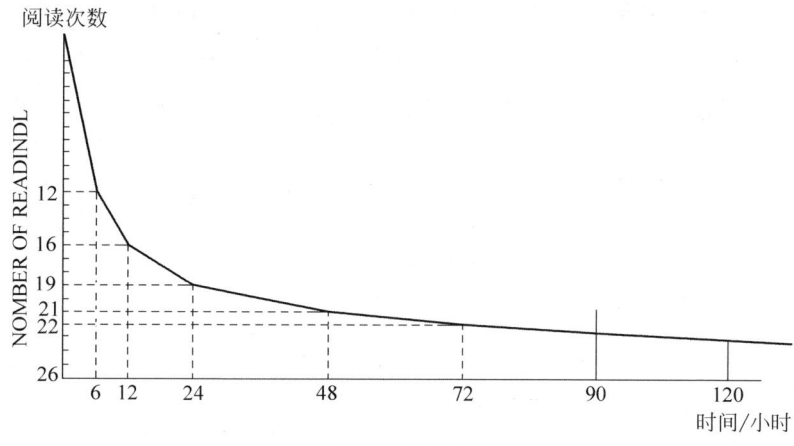

图 10:遗忘曲线

这类曲线是这样获得的:让被试间隔地学习长度相同的音节行,即学习—间隔—再学习。一段时间间隔后(如横坐标所示,单位为小时)再次阅读这些音节行直到记住为止,测量被试记住这些音节行需要阅读的次数,纵坐标就是阅读的次数(纵坐标从下往上减小)。这条曲线显示:学会一行音节需要 26 次阅读;6 小时后再学习则需要 12 次阅读;12 小时后需要 16 次;24 小时后需要 19 次等等。曲线逐渐地接近底线(完全遗忘的程度)。

第十章 想象—预期—回忆

通过"学习—再学习"建立起来的遗忘曲线是最受公众广泛关注的结果。尽管人与人之间在这方面存在差异，但存在一条普遍的规律：遗忘速度起初最快并且会逐渐慢下来，一段时间后变得非常慢。因此，在很久以后（甚至数年）被试虽然已不能"再现"任何一部分曾被记住的音节行，但一些能促进被试再学习那些音节行的痕迹却被保存了下来。

大众比较关心的是这些方法似乎说明了另一个问题——"记忆"在何种意义以及多大程度上能通过练习得以提高？普遍的观点是练习或训练能无限地改善"记忆"，这也是许多教学实践的基础。许多试图提高其客户"记忆"的商业咨询机构所展示的丰富的奖状以及在经济上的成功，证明了这种观点的广泛传播并为它提供了一定数量的有力证据。但在旧式官能心理学的意义上，"记忆"这个术语在惯用语中被用来表示一种"官能"。我们必须清楚地区分在"记忆"标题下常被混淆的三个因素：(1)"记住"的能力；(2)对有助于"再现"的记忆痕迹的保持力；(3)在记忆痕迹辅助下的"再现"能力。毫无疑问，第一种能力(即记住的能力)能通过合理的练习大大提高。每位参与到"记忆无意义音节行"实验中的被试都会发现，自己很快就能提高记住那些音节行的技巧。例如面对 mon—tek—nab—luz—dal—bik—noor—peef—loug—wut 这个音节行，你会觉得大概需要阅读二十遍甚至更多遍才能流利地背诵它们；然而通过一些相关训练后你会发现，可能仅需要阅读十遍甚至五遍就能背诵。缪曼教授和他的学生在一项精心设计的研究①中显示了这种提高幅度有多大;研究还显示了通过"记忆"无意义音节行的练习提高了"记住"其他事物的能力。但这种提高可能仅影响了上述三个因素中的第一个因素,或同时影响了第一个和第三个因素。毫无疑问,通过练习我们学会了更有效地启动这样的任务,更合理地"集中和分配注意力",更熟练地运用韵律;随着我们每一天都看到了自己的提高并得到了别人的鼓励,我们容易对这项任务获得更强烈的兴趣。缪曼教授的研究结果留下了一个从未提及的问题——第二个因素即保持或保持力能否通过练习来提高?大多数心理学家给出了否定的回答,教条地根据基本原理推断出了自己的答案。例如,威廉·詹姆斯写道:"再多的文化也无法改变一个人的总体保持力。它是一种与他的身体结构一起一次性地获得的生理特性,永远也别想改变。毫无疑问,在生病和健康状况改变的条件下保持力是有差异的,这是一个通过观察得到的事实:人在清醒而精力充沛时的记忆保持力要比处于劳累病痛时的记忆保持力好。那么我们可以说,一个人与生俱来的记忆韧性多少会随着健康状况而波动,任何有益于健康状态的事物也会对记忆有益。我们甚至可以这样说,任何数量的能促进大脑整体的健康状况和补养的智力训练,同样会有益于整体的记忆保持力。但超出这个程度我们就不能进一步断言了,很明显,连这一点也远远没得到多数人

---

① 《学习心理学》,纽约,1913。

的认同。"①

这段话有力地显示了在心理学中保持清晰的思维是多么困难。连詹姆斯都严重地混淆了两个应该认真区分的事物，即上文中的第二个因素（保持或保持力）和第三个因素（再现的能力）。他谈到的能力随着一般条件变化（比如疲劳和健康状况）而改变的说法并不适用于保持力，而是适用于再现的能力。在疲劳或身体不适的时候，你可能难以回忆起很多在正常时间能随意想起的事物，甚至不能回忆起自己或一位密友的名字。但在恢复到正常状态后，所有的这些"不能"都消失了；这表明，受到损害的不是保持力而是再现的能力。

詹姆斯的观点"一个人的整体保持力或记忆韧性不能通过培养得以提高"是从"所有的记忆保持都是与大脑中痕迹的持久性相关的问题"这个观点中形成的推论。假设这个观点是正确的，詹姆斯就与许多其他科学家意见一致；但他在回避一个十分有趣并完全开放的争议问题。② 以柏格森教授为代表的一些哲学家和心理学家坚持：记忆不是以大脑中痕迹的持续性为条件，而是一种纯粹的精神功能或心理功能；我们所有的经历都会在心里留下不可磨灭的痕迹且永远不会被忘记；当我们不能回忆的时候并不是第三个因素，而不是第二个因素出了问题。心理学家如弗洛伊德教授和他的门徒、精神分析学家似乎隐含了这种观点；尽管据我所知，弗洛伊德教授

---

① 《心理学原理》，第Ⅱ卷，第664页。
② 詹姆斯本人在后来的著作中也将它看作一个容许争论的问题。

并没有明确地确认它。它主要基于这个事实：在催眠和其他某些反常的情形下（尤其是因溺水或其他暴力因素导致的接近死亡的情形），被试有时似乎能回忆起许多正常状态下也完全无法回忆起的事物。

练习能提高保持力吗？

上述任何一个关于"记忆保持"的观点都留下了一个问题，即练习能够改善保持力吗？而这个问题只能通过经验观察来得以解决。这是一个通过实验观察能得以解决的简单事实问题，尽管我们仍对保持力的性质一无所知。目前，据我所知，关于这类问题的实验研究仅有一项得到了实现，即 M. 史密斯小姐和我进行的实验。①

很明显，简单的应用学习和重复学习的方法并不能解决这个问题。因为通过练习，在提高"学习"的同时也会相等地影响"重复学习"的过程。为了发现任何"保持力"的改善，我们不得不做的就是通过一段时间分别练习"学习"和"重复学习"，比较它们各自带来的"保持力"的提高。如果显示出相等的提高，则不能表明保持力的提高，但如果"重复学习"显示了比"学习"更大的提高，则额外的提高可以公正地看作是通过练习得以提高的保持力。这就是我们的长期实验计划，在实验中，六个被试每天都会学习一串新的音节行，在 24 小时后再重复学习，日复一日，经历数月。实验结果显示："学习"和

---

① 《一些关于学习和保持力的实验》，《英国心理学杂志》，1920，第 10 卷。

"重复学习"的被试都显现出了明显的保持力提高,在三个被试中,"重复学习"者的提高幅度明显高于"学习"者——这个结果似乎暗示了保持力能通过练习得以提高。当然,若要确立如此重要的结论,需要在不同的对象身上重复进行这类实验,即使得到了同样的实验结果,这种解释依然可能有争议。得到这种实验结果的原因,可能是练习对上述三种因素中的第三种因素的提高幅度大于第一种因素的提高幅度,而这三种功能共同构成了一个统一的功能,即记忆——被试回忆或再现的能力。我提及这类研究的目的仅仅是为了向读者表明:这类实验工作能够将公众的目光引向最有实践价值和最富于理论意义的内容。

记忆和习惯具有同样的功能吗?

上述实验研究所引起的广泛关注,不是来自于实验结论本身,而是由实验引发的疑问(该疑问很少被实验的发起者提及):实验研究的是三项因素中的哪一项因素?几乎所有在该领域从事实践研究的工作者都认同关于记忆和联想的生理学理论的正确性。该理论主张记忆和联想与大脑中低阻力通道的形成和保持相关联;这个理论很容易与"观念"理论以及认为"感觉"或"表象"的簇群彼此联合而形成"观念"的理论发生联合,此外,该理论同样容易与行为的机械论发生联系。鉴于"观念"被定义为联合在一起"表象"簇群,因而复杂的行为模式就被看作是联合反射的簇群;于是单独的"感觉"和"表象"就应该以某种方式依附于若干个反射;"联想"就意味着一个低阻力通路将两个简单反射弧结合为一个复杂反射弧。

上述理论结合得如此紧密以至于形成了一个易于理解的复合理论(即记忆和身体习惯具有完全相同的功能),只经过很少的一些修改,后者(指这个复合理论)便得到了广泛的接受和认可,而很少有人试图对它进行批判和思考它的理论困难。只有具备非常独立的创新思维,同时又熟悉该理论的大量基础性和支撑性实践证据的人,才会对这个理论提出挑战。柏格森教授就是这样一位杰出的人物,他大胆地对那些已深入人心的假设理论提出挑战,而那些假设正是机械论用来解释生命和心智所必需的基本预设。在柏格森教授的挑战和质疑之后,我通过另外的方式也提出了和他类似的批评。

柏格森教授指出:必须清楚地区分习惯和记忆,习惯是身体的,而记忆是心理的。① 生理学理论认为神经系统中神经通路的每一次沟通都会促进低阻力通道的形成和加强,这可能是对习惯的一个正确解释;但不足以阐明纯粹的记忆。那些所谓通过学习无意义音节行来进行的记忆研究,其实是对习惯而不是对记忆的研究;得到的结论是关于习惯的规律,而不是关于记忆的规律。但是,在几乎所有关于再造想象的实例中,我们都要与习惯和记忆二者的功能复合体打交道。在无意义的音节实验中,所有为简化和标准化实验程序所采取的防范措施都倾向于强调习惯的作用,而减少了记忆的份额。据说选择无意义的音节是为了避免预先形成

---

① "过去以两种不同的方式存在,一种是动态的机制,另一种则是独立的回忆形式……默记形成的记忆会在习惯里留下痕迹……而连续阅读形成的记忆则不会……上述两种记忆中,一个是纯粹的记忆,而另一个是通过记忆来解释的习惯。"——《物质与记忆》,第二章。

的联想的影响，如对熟悉单词的依赖。但事实上该措施将"内涵"或意义因素的影响减到了最低限度。同时，目的因素的影响也尽可能被作为一个常量，同样被控制到了最小值。被试是基于某种特殊的驱力来学习音节的，这个驱力来自于对科学的兴趣而产生的坚持到实验结束的意志。然而，通过所有这些简化和排除干扰的措施，真实心理活动和真正记忆的影响就格外清晰了，但是这些简化措施却将习惯置于优势地位，将对音节的再现简单地还原为习惯机制的运行结果，这是一个我们通过练习而获得的机制。许多实验结果都清楚地表明：在对一排音节的学习和再现过程中，几个音节不只是像链条的关节一样简单地连在一起。而是在头脑中作为一个整体存在，因为实验被试有意将它作为一个整体，看作连贯的对象。换言之，思维中的音节行具有意志的连续性，更严格地说，对音节行的思维不是一连串的"观念"的序列或运动序列，而是对一个各部分被相继命名的整体对象的思考。出于这个原因，对长音节的学习有着不成比例的难度。例如，如果要学会由8个音节构成的音节行需要6次阅读，那么，学会16个音节构成的音节行需要的阅读次数不是6次，也不是12次，而可能是40次，50次甚至更多。

当你重复多次地阅读这些音节行后，当你想说出它时，它就会自动跑到你的舌尖，而不需要在说之前先意识到每一个音节。就好像你是通过留声机来听到那些音节似的。任何试图控制这个过程的努力都可能对流畅地背诵音节行造成干扰。这就是结构良好的动机习惯的标志，这种动机习惯通常被称作"二级自动加工"。这种动机习惯的运用，并不包含对产生该动机习惯的经验的回忆。

它尽可能地接近于一个机械过程,一口气地讲出一个原理,就像机械论者对我们所有行为所宣称的那样。但是,正如柏格森所指出的那样,你通常能在习惯性活动进行时运用真正的记忆;通过重复,你能回忆起你朗读过的任何一行字。每一次朗读都是一个独立的事件,对任何一次朗读的回忆也同样是独立的事件,区别于其他所有心理事件并以一种独特的方式与记住的事件相关。在另一方面,动机习惯是所有连续的朗读所产生的累积效应,每一次朗读中并没有这种特殊的关系。

我们再次认识到:为了创造一种动机习惯,必须在条件尽可能相似的情况下,多次重复一系列或一连串的运动。然而,在某些单个场合下产生的知觉,如某个非常有趣的场面或某首令人陶醉的旋律,都可以赋予我们力量,用来记住那个场景和旋律并忠实详尽地再现当时的感觉模式。然而,如果"记忆"和"习惯"是完全相同的功能,那么感觉模式的再现应该被看作是众多神经连接按照相同的次序再次形成,而这种联结并不属于动机习惯。那么接下来,按照这一假设,我们该如何解释感觉之于动机记忆所具有的巨大优势呢?在我看来,这个序列差异的事实本身是记忆和动机习惯具有相同功能这一假设的无法修补的缺陷。

因此,认为"习惯"和"记忆"是本质上相同的功能,并且似乎都可以用"联想"的原理加以解释(根据大脑中存在的低阻力通道来理解),这一常见的假设显然具有高度的争议性。

该假设可以通过相关分析法进行实验测试,该方法近些年来已经被发展和应用到心理学领域,并获得了大量有趣的结果。①将该方法运用于当前问题有赖于下述推理：如果所有的习惯、记忆和联想都依赖于一个共同的功能，即大脑结构的可塑性，或在大脑中形成并保留新通道的能力，并且如果像詹姆斯设想的那样：在人的先天体质中"这是一种生理性质，是一次性地获得的"。于是便出现了这样的结果：人与人之间在记忆保持力方面所出现的广泛差异都是这个"生理属性"差异的体现；拥有好记忆的人也会更容易形成并忠实地保持各种动机习惯以及各种"联想"。另一方面，如果这种假设是错误的，记忆和习惯是完全不同的两种功能（如柏格森所主张的那样），那么完全可能出现这样的情况：拥有好记忆的人可能拥有较差的习惯形成能力，反之也同样成立。也就是说，如果詹姆斯的假设是正确的，那么在记忆任务上的成绩应该与在习惯任务上的成绩有高正相关性。然而，如果该假设是错误的，可能就不会有这种正相关性，甚至可能是负相关性。更通俗的说法是：如果詹姆斯的假设是正确的，那么在同一个体身上，其记忆力和习惯形成力就会"相生相伴"，要么都突出，要么都欠缺；反之，两者就不具有这样的相关性。进一步而言（这是基本论点），若在大量被试的经验观察中发现：两者并没有"相生相伴"的关系，即有很多人是记忆强，习惯形成能力弱（或者两者不呈正相关性），那么就有足够的证据证明詹姆斯的假设是错误的，而习惯和记忆确实是两种完全不同的功能。

---

① 这种方法在心理学领域的发展和应用主要归功于 C. 斯皮尔曼教授，他在《英国心理学期刊》和其他杂志上发表了大量相关文章。对该方法的出色讨论可在威廉·布朗和戈弗雷·汤姆森于 1921 年在伦敦发表的《心理测量概要》中找到。

M.史密斯小姐和我已经做过这样的实验观察。我们通过两种类型的四个任务测试了相当大样本的被试(41人)的成绩表现,被试在这种实验操作中的表现得到了精确的控制,结果显示记忆和习惯是完全不同的功能,它们不过是在实验操作中被结合在一起了。在这项研究中,一个包含了两项任务的实验设计突出了习惯形成的主导地位;而在另一个包含两项任务的实验设计中,纯粹记忆的成分被尽可能地突出而习惯形成的影响被尽可能地控制。被试完成测试后会得到一个相应的分数,用来表示他在每项任务上的能力值,我们计算了每一项实验任务中所有被试所得的能力值与其他三项实验任务中他们所得的能力值之间的相关系数。① 实验结果表明,两项习惯任务之间有高的正相关,两项记忆任务之间也存在高的正相关,而习惯任务与记忆任务之间呈现出低相关或负相关。于是,这项研究表明,前述的那个常见假设是错误的,而柏格森坚持的观点"习惯和记忆在本质上不同"是正确的。

"意义"在回忆中的作用

当我们开始考察"意义"对再现的影响时,动机习惯与记忆的区别就得到了进一步的展现。在学习无意义音节行时,我们自己实际上被置于这样的任务中,其中纯粹的记忆所占比例很小,而动机习惯是主导性影响因素。但在我们用心学习韵文时,记忆则占

---

① 数学家们通过使用公式已经计算出来了。见威廉·布朗和戈弗雷·汤姆森所作的《心理测量概要》,该实验的概述刊登在《英国心理学杂志》,1920,第10卷。

了主导地位,而动机习惯是次要因素。因此,我们认为,学习诗文比学习无意义的音节行容易很多。大多数人朗读一遍便能学会一首四行诗(即使不能,也只是需要朗读两三遍而已),尽管诗里包含了多达 50 个的音节。然而,要学会一段由 50 个无意义音节构成的音节行,则往往需要阅读数百次。怎么解释这巨大的差异呢?否认习惯和记忆间存在区别的机械论主义者只能说,诗句中的词语充满了预成联想,而无意义的音节行则没有。但是,大量围绕每个词语的预成联想,其本身也易于(正如实验清楚展示的那样)产生混淆,而使得词汇间形成新的联想变得更加困难。因此,这种解释根本站不住脚。事实上,在学习无意义音节行的过程中,我们主要是建立一种言语习惯或者动机机制;而在学习诗文的时候,我们在欣赏其中蕴含的意义,不仅是词语的意义,还有由词汇构成的句子的意义,然后我们记住了词语和词组成分的整体序列所表达的意义。有时,即使不能再现那些词语,我们也能记住其意义。而对其意义的记忆能极大地促进词语的再现;因为意义往往只能够通过这些词语来表达。

正如我们区别了身体习惯和心理习惯一样,现在我们也应当区分神经联结和心理联结。动机习惯是由神经联结形成的,而纯记忆则包含了心理联结,这个道理看起来似乎有悖常理。但是下述简单实验就能很好地说明这个区别:列出一张有 20 个词语的词单,每个词语表示一个物体,并让每个物体与相邻的物体有某种明显而熟悉的关系(例如,树—桅杆—船—航行—购买—市场—货摊—马厩—雪橇—雪—冰雹—雷—朱庇特主神—耶稣—丘比特—贪婪—愚蠢—天才)。将这个词单大声而慢速地朗读出来,你会发现,在满足两个条件的情况下,大多数受过教育的人在听过一遍之后,就能背诵出这些词语。这两个条件是:(1)按顺序来记忆清单中的词语;(2)抓住那些词语的意义以及事物名称间的关系。然而如我们所看到的,对多数人而言,背诵一张有 20 到 30 个无意义音节行的词单(我们的词单中有 20 个单词和多于 30 的音节)是一件很困难的事,需要聚精会神地反复背诵上百次才能实现。①那么,是什么原因产生了如此巨大的差别呢?很明显,在一种情况中我们是通过习惯来处理联想,而在另一个案例中则是通过"意义"来处理的。无意义的音节不过是一些没有意义声音、书写或印刷符号,它们没有传达出任何超越其外观的意义。相对而言,词语则是事物的象征,每个词语都能发动有组织的心理结构中已有的某个主要心理系统,进而在意识到任意两个相续命名的词语间的关系后,各系统就会与其他系统相互作用,从而促进了记忆。词语的声音或言语器官的运动本身并不代表什么;意义才是词语的灵魂。如果你同样熟练地掌握了两种语言,词单中一半词语来源于其中一种语言,而另一半来源于另一种语言,只要它们的意义相同,那么在阅读这两类词语时,你的心理过程并没有本质区别,任务难度也不会有明显的区别。的确,像"冰雹"与"雷"、"维纳斯"与"丘比特"这样的词组,也许你早已在很多场合成对地听过或说过了,但

---

① 即使已经建立了能促进记忆的动机习惯也难以实现,在这个过程中,被试的努力,即意志会起到很大作用。如果被试仅以松懈而冷漠的态度来阅读该清单,那么背诵该清单所需的重复次数会比积极努力的被试所需的次数多得多(参见史密斯和麦独孤的上述引文)。有一个被试,他通过练习掌握了以尽可能消极的态度来阅读的方法,当他以非常消极的态度记忆一张包含 12 个音节行的清单时,需要反复阅读两百多次,而当他聚精会神地学习相同难度的音节行时,只需要重复 9 次。

你心中对每一对事物的联想并不是来自于此，而是由于这些事物名义上被归于同一个"议论领域"内。同样，在谈到"航行"（sail）这个词时，你马上就会联想到"购买"（purchase）这个词，这不是简单的词语间的语音联想，而是由于你在听到词语"航行"（sail）时，已经注意到了这个发音的双重意义（sail 和 sale 同音）。如果你听到了"购买"这个词，却不能察觉"航行"（sail）这个发音的第二重含义，那么当你在回忆词单时到了这一点就会有遗忘。"贪婪"（cupidity）这个词很容易跟随在词语"丘比特"（Cupid）后面（被联想出来），不是因为这两个发音在你的心智中是有关联的，也不是因为表达这两个词语时动用了同样的动机，而是因为这两个词语的并列引导你去识别这两个词语所命名的事物之间的关系，而你很可能在此之前从未注意到过它们之间存在这种关系。

因此，再造想象与动机习惯有很大的不同；机械论者尝试将它们看成是一样的事物，这是对心理过程的虚幻且极具误导性的简化处理。我们应当在心理成长的总标题下深入地考虑联想的过程。①现在让我们来考察成熟心智中的某些区别。

在严格意义上的记忆或回忆

通常，有关想象和记忆的论述都被放在不同的章节中，仿佛它们是完全不同的功能或官能，但我认为它们不应被分开讨论。

对远端事物的想象或思考有三种形式——简单想象、预期和回忆。预期似乎是最原始和最基本的想象形式；因为正如我们见

---

① 第十五章。

到的那样，它是对包含在知觉思维中的预期的辅助和延伸。回溯性姿态即是对过去思维或记忆的想象，它应该发展得相对较晚，这意味着它是原始的前瞻性姿态的逆转。动物很可能不具备这种回溯性姿态以及将过去当作过去来想象的能力。简单想象在时间上没有向前还是向后的明确的特指方向性，也许是从预期到记忆的发展过程的一个过渡阶段。比想象性预期更高的发展水平应该是对行动的暂时抑制。儿童很少能清楚地回忆事物，他的回忆基本上是为了最近的行动。只有老年人或中年人才能"在记忆中沉思回顾和再生"。儿童难以区分知觉到的过去和想象的过去。原始人也难做到类似的区分，他们容易混淆白日梦与睡梦中与知觉经验中相关的想象。这种区分的确很困难，我们也只有通过大量的学习才能将二者清晰而精确地区分开来。

"记忆"一词在最广泛的意义上可以用以涵盖我们的过去经验对当前经验所有影响，而过去经验通过修改由其引起的心理结构，从而决定了当前经验在这个过程中过去经验发挥了它自己的作用。心理结构的持久变化或发展是过去经验和现在经验之间的连接。广义上讲，所有想象或者说大部分想象以及大部分知觉都包含了记忆。因为心理结构是在先天基础上通过经验建立起来的，成年人拥有的后天心理结构在丰富性和复杂性上都大大超过了其心理结构的先天基础。另一方面，在最严格或最狭隘的意义上讲，记忆或者回忆意味着对过去经历过的事件的想象，也就是说，正在想象事件的主体知道或承认该事件属于他自己的过去经验。在这些极端情况中存在着很多不同类型的外显记忆。

真正的记忆最简单的形式就是知觉识别。在较宽松的意义上讲，所有以过去经验为基础的知觉都包括了识别，这是一种将当前事物及其同类识别为同一类别的内隐分类。在最严格的意义上讲，识别意味着对这种个别对象的辨认，并参考它之前被知觉到时的时间和地点，就像我们说："这就是昨天我去吃午饭时在 S 街拐角处见到的那个人。"在实际生活中，人们普遍认为这种回忆能被所有正常人轻松而准确地完成。但心理学研究已逐渐清楚地表明这种假设是缺乏依据的。为寻找该假设的证据和可信度而精心设计的研究已经显示了该假设的诸多错误，以及正常人在多大程度上会犯这样的错误。① 事实上，在完整意义上说，回忆一个词是一个非常复杂的内省活动，意味着一种良好发展的自我反省或自我觉察能力，或者，就如它通常被表达的那样是良好发展的自我意识。我们对记忆中关于过去事件的时间顺序的知识大部分都是模糊而不确定的，除非我们使用了日历计时。

我们如何把我们的记忆"置于"过去？

除非使用日历（在原始人中，这种日历系统常常是极其粗糙和简单的），我们关于过去事件的时间顺序的认识几乎仅仅基于两个因素。第一，在经过一段时间后，过去的被记住事物开始越来越模糊，其细节、准确性和生动性有了遗失。且大体上时间间隔越长，遗失得越多，这便成为了时间间隔长短的一个粗略标志。这个标志本身也非常容易误导我们，因为被记忆事件清晰度和生动性与事件发生时我们对它们的兴趣的热切程度是相称的。因此我们讲

---

① 参见 W. 斯特恩，《心理学的主张》。

到非常有趣的事件时会说:"它似乎就发生在昨天。"毫无疑问,随着时间的流逝,记忆的生动性与细节的越来越多的遗失是由于在间隔期间心理结构的发展与变化造成的。如果像"睡美人"一样,我们将自己的生命封存一百年,这样我们大概就能记住一个世纪前发生的事,如同昨天发生的事情一样。因此我们认为,在任一段时间里我们的活动越充实和丰富,那么记忆中在这段时间之前发生的事件的主观时间间隔就显得越长。如果在这段时间间隔里我们活跃地参与到类似的事件中,而在那期间,负责思考这类事件的那部分心理结构已经有了许多发展和变化,在这种情况下尤为如此。因此,即使是一个短暂的充满了紧张活动的时期,也将使我们觉得之前所经历的相同事件很遥远。然而,如果在这期间充满了与间隔前后不同的活动和对象,在你经过这段间隔回来后(即使这段间隔长达几年),你会惊讶地发现一切看上去都是如此相似,时间间隔仿佛没有带来任何差别,就像同一位老邮差敲开了同一扇门,同一位老佣人用相同的方式摆好晚餐的餐具,这些事仿佛都只是短暂地离开了几天后又回到了你身边。

记忆的第二种时间标志(除了日历之外)是基于这样的事实:在回忆时我们的思维趋向于跑在时间前面。当我们想到某个过去事件时,只要保持回忆的态度,我们就趋向于想到随后的事件而不是先前的事件。要想扭转回忆中的这种自然顺序则需要一种有意的努力,而且这是不容易实现的。事实上,如果逆序我们就不能顺利地完成哪怕对一个简短序列的叙述。这种倾向通常被称为"顺行联想法则"。事实上,比这种倾向还要固执的表现是:心智似乎具有一种更基本的倾向性,这就是对未来的指向性,它使得我们的努力都指向未来，并且预期着将要发生的事件。

再认的本质

但是，还有一个更根本的问题：再认的本质是什么？再认的必要条件是什么？当你看到一个人并告诉自己"我曾经见过这个人"时，你就完成了一个简单的再认活动。与简单想象不同的是，这种活动涉及记忆的所有基本功能。在这里，我们应当区分内隐再认和外显再认，前者是基础，后者是由前者发展而来的。狗一见到昨天踢过它的人就逃跑，这就是一种内隐再认。狗对这个人的知觉不过是再次唤起了这个人昨天的野蛮行为所带给它的恐惧冲动，这种说法也许是正确的。狗不会想"那就是昨天踢我的人，我要躲开他以免他再次踢我"。所有引起相同反应的感觉印象都是对同一事物的标记。对我们自己而言，事物专有名称的表达就是再认的重要组成部分。但是，除此之外，在我们身上的类似效应才是再认的本质基础。

我们可能进一步试图用伴随在知觉活动中的"熟悉感"或"对熟悉的感觉或感受"来解释再认活动。然而，通过这种方法确实不见得增进了我们对该过程的理解。再认的能力及所有的回忆能力都是一种基本功能，被詹姆斯称作"概念"或者简单地称作"认识"更为合适。即使是它的最简单形式都包含了基本的判断行为，如对相同性的判断，诸如——"你好！某某人，又来了！"我们必须承认它是心智的基本官能之一，我们不能为它给出进一步的理由或解释，因为我们不能用不属于心智的东西来解释心智的发生，无论这些内容是单纯的身体运动还是"感觉"，或者是逻辑实体，如"共性"、"本质"、"概念"或者"观念"等。

于是,我们宁可相信:所有那些高度专门化的心理活动形式都应该被分开,分别放到教科书的不同章节里,诸如想象、记忆、意志、情感、联想、概念、判断、比较和推理等,所有这些功能都由一种简单的心理活动来体现;而个体心理的发展过程,就如同一场竞赛,这个过程中(只有已有功能的发展)而不会有新功能的增加或创始。心理发展并不是使得这些心理功能之间的区分变得越来越清晰明确,而是强调心理活动在多方面的多样性而让不同活动模式之间的差异变得模糊。因此,回忆是这样一种活动,其中所涉及的与过去相关的内容要比其他心理活动中的类似对象更加鲜明和突出,而这种内容在其他心理活动中往往是内隐的。[1]

心智的生物学功能是将过去经验引领到当前的活动中,并引导它对未来做出预期。这是能够做到的,因为它(个体的"心智")具有不断发展的持久结构,能通过每一次心理活动的积累而趋于发展成熟。"记忆"就是隐含了"通过发展的心理结构将过去引领到目前活动"这层意义的一般性术语。因此拥有好的记忆就等于拥有了有序的心理结构。当然,我们也有必要认识到记忆的个体差异,这是不能用心理结构的有序性和差异性来完全解释的。两个人可以具有同样系统化组织的心理结构,然而一个人似乎主要是以对过去的外显记忆形式来工作的,而另一个人的系统知识的

---

[1] 初学者应特别提防一种相当幼稚的对识别与比较进行解释的方法。这种解释是:当我识别一个对象的时候,我从"心理仓库"里将之前对该对象的"观念"拿出来,并将它放到现在的"观念"或"知觉"边,然后发现这两种"观念"是相似的,从而推断出对象的相似性。这种"解释"完全是虚构的,是许多"观念"理论的赘生物之一。

存储仍是内隐的,他的头脑时常被未来所占据,而他的知识则内隐地构想未来的行动计划。这种类型上的差异或许应主要归于后天的兴趣差异,但也可能与先天体质的某些微妙差异相关。

记忆和意志

跟所有其他思维一样,记忆是一种意志活动。我们记忆和回忆的效率与我们想要做此事的动机强度是成比例的。这一事实却往往被忽略了,我们容易将"记忆"宿命般地看作是一种不可控的神秘的自动化机器;无论它是否工作,这都是关于它的全部说法。生理学的记忆理论认为,记忆等同于神经习惯,这也大大增强了我们对"记忆"的宿命论态度。而同时,专业的记忆教练却声称他们已经取得了最突出的成就并改变了它们的宿命。

的确,在回忆领域中,我们的意志似乎经常奇怪地失效了。但意志也并不是在所有任务中都能取得成功。众所周知,我们对令人兴奋的事件的记忆要优于对其他事件的记忆,这意味着在任何经验中,意志和兴趣都是回忆的主要条件。毫无疑问,一个外显的意志,打算或意图记住的意志都将大大促进记忆和回忆。例如,在前面的词语清单实验中,我们能成功地记忆那些词语主要就取决于我们有记忆的意图。① 然而在回忆方面,我们的意志却经常失效,我们不能重新记起名字或奇闻轶事,尽管我们知道那正是我们努力要回忆的,我们知道就是那个地方,那个人的名字或者相关的故事,却不能回忆起来。但是,尽管回忆的意图在当时可能没能如

---

① 参见原文第303页注释。

愿，但在一段时间间隔后却常常开始生效。这期间我们想到了别的什么东西，突然，先前未得到满足的回忆意志或意图开始潜意识地生效了（对这一规律的另一种鲜明解释是意志比认知长久），我们突然意识到了那个名字，那件事实或奇闻。我们可能注意到这种现象，即不能立即回忆起的事实"突然跳入意识中"，这种现象常常出现在心智忙于应对某些相关话题的时候。例如，我不能回忆起弗兰德斯这一个战场的名字，尽管我能在地图上指出它的位置，一段时间后，我被引导着再次想起这场战争其他方面的事情，突然战场的名字就重现在我的脑海里。这种回忆总是被看作只是大脑机器运转的意外结果，但毫无疑问，在这种情况下，回忆的愿望或意图是随后发生的回忆的决定因素。

意志对"记忆"的影响在心理病理学中得到了非常有力的说明，尤其是在功能性失忆症或遗忘症的例子中。因为意志不仅能决定记忆，还能决定遗忘，或者更恰当地说，正如对某个事物的愿望能让我们频繁地回忆该事物一样，对某事物的厌恶（来源于与它相关的恐惧，反感或痛苦的经验）也能阻止我们对它的回忆，哪怕用最真诚的意志努力也不可能回忆起来。这种健忘症发生在成千上万的在一战期间遭受过"前线"恐惧的士兵身上。可以这样说，在很多这样的病例中（原则上可能是在所有的例子里），都能发现可阻止回忆的动机；当然，这样的动机也可能因为足够强大的相反的动机的激活而被克服。催眠暗示也为这一事实提供了充分的证据。催眠暗示的实质是催眠师操控和指导催眠对象的意志力量，这种暗示产生的最显著效果是：通过几句指令性的话，便能阻止暗示对象对某些事件的回忆，或者同样简单地让他回忆起一些被遗忘的时期或事件甚至是一大段他的过去,而这些都是他通常不能自由回忆起来的内容。①

愿望与想象

在愿望这个主题下,意志对未来想象的影响能得到更为普遍而充分的认识。愿望是意志冲动在想象层面上的活动。正如我们不能在知觉和想象之间画一条清晰的界线一样,因为想象是与知觉协同工作的,而且是知觉的预期功能的进一步发展,所以我们不能在冲动与愿望之间画上一条清晰的界线。在愿望这个术语最完整的意义上暗示了这样一些意义:我们正想象某个目标,环境的改变让我们感受到了趋向这个目标的驱力,然而我们所有直接指向这个目标的身体行为却被阻止了,我们意识到,目前要实现这个目标无论在身体上还是心理上都是不可能的。因此,当我们饿了而附近又找不到食物时,对食物的想象就与对食物的愿望同时存在(如同普里斯特利少校生动地描述的那样),而当觅食冲动很强烈时,它可能会以愿望的形式支配我们的思维。任何让我们想起食物的事物都能重新燃起我们的愿望,这一愿望又往往会让我们不断地想起想要的事物,它决定着我们对一顿饭和各种食物的预期和回忆,就像想象它们一样简单,并让我们对每一个食物暗示变得更加敏感。因此,愿望本质上就是两种心理倾向或系统之间的往复的自我维持和互相支持的过程,在本例中则是在所有与食物有关的认知系统与产生觅食冲动的意志倾向这两个心理系统之间的

---

① 关于这些话题的讨论见第二部分。

循环或交互过程。由于现在采取的行动并不能找到食物,这种冲动便让我们不断地想象各种将来可能找到食物的行动。因此愿望是创造性想象的最主要支持者,这种想象先于行动并策划了可能实现远端目标的方法。

我们可以更宽松地在另两种情形下讨论"愿望"。第一,如果我们采取一系列行动以实现某个远端目标,就可以说愿望支撑了我们的行动,这与一般的说法一致。第二,渴望的目标可能就在眼前,(就像普里斯特利少校和他的饥饿的士兵看到食物被同伴吃掉一样)而我们却抑制了自己的冲动付诸实践。因此,目标出现时被抑制的冲动是最简单形式的愿望。我们可以认为这是大多数高等动物具备的能力,就像饥饿的狗坐着,充满渴望地看着它的饼干,却因为主人的禁令而限制自己的行动。比后一种愿望(其驱力被更强烈的与之矛盾的力量所阻止)更低层次的愿望可见于这样的例子中:饥饿的动物与它努力想要获取的食物之间被栅栏阻隔。处于这种情形下的狗或猫在经过一段时间的徒劳努力之后,可能会不舍地坐下来并舔舔嘴,眼睛却始终盯着那些食物。那就是冲动依然起作用而行动却被抑制了。也许正是从这一刻开始,创造性想象开始发挥作用了。

愿望被一些古代作者(比如笛卡尔和一些苏格兰学派的哲学家)视为是一种情绪。这是一种混淆,因为愿望(在更广泛意义上使用愿望这一术语以涵盖厌恶和渴望)也可能来自任何一种本能倾向,它与情绪兴奋之间的关系在本质上与冲动与情绪兴奋的关系是相同的,因为愿望是冲动在更理智层面上的活动,在这个层面上,个体的努力所指向的目标与当前的环境是明确分离的。

第十一章　情绪

我们都知道什么是情绪兴奋。我们也知道情绪兴奋的体验并不总有相同的性质,而是具有多种相区别的性质。我们很确信地用大量词汇来描述这些体验。多数词汇都是以形容词或名词的形式来使用的,还有一部分也被当作及物的或不及物的动词来使用。我们说"我很生气或害怕",或者我们说"我感到愤怒或恐惧"。又或者我们会说"我发怒了"或"我怕他了"或"我羡慕他"。名词形式可以用来命名一件事,就如我们说"我被愤怒所影响了或被恐惧所迫了",或"好奇带我离开"或"愤怒控制住了我,或给了我力量",或"恐惧让我的双脚装上了翅膀"。最后一种用法是最有力的,它最适合用作诗意和浪漫的描述。柏拉图在很早以前创造了这种时尚,他描述了理智如何奋力地控制激情,在他看来,激情是策动我们行动的充满生气却无教养的一队烈马。这种用法的结果就是产生了心理学家通常所说的"情绪"(the emotions)或"情愫"(an emotion),(他们使用这些术语时)就像在说"感觉"(sensations)或"观念"(an idea)一样。然而,在这些情况下,这种用法却导致了令人混淆的误解;虽然有些错误可能并不十分严重。一些心理学家也在纵容我们将所命名的对象具体化的自然倾向,他们假定,我们一定能够辨认出在大众语言和文学语言中所使用的每一个名称所对应的相应种类的"情愫"(an emotion)的特殊属性。让我们把大众语言和文学语言的词汇先抛到一边,开始我们自己关于情绪体验的研究;让我们把握这样一个明确事实,并没有所谓"情绪"(emotions)这个东西,就像没有诸如"感觉"(sensations)或"观念"(ideas)或"概念"(concepts)这些东西一样。如果我们很难或不可能完全避免使用诸如"愤怒"、"惊恐"、"好奇"、"惊奇"和"羡慕"等名词形式,那就让我们至少应该清楚地知道无论在哪种可能的情况下,使用它们的形容词形式是更恰当的,而且对它们的名词形式的使用并不意味着存在一个具体的事物或行动主体,而通常是指某种体验的模式或属性。

情绪体验的性质差异

我们会在之后而不是一开始就问:情绪是指什么?相反,我们应该一开始问:情绪体验的种类有哪些?在我们体验到的这些情绪的种类或性质中有哪些内部和外部条件?我们也可能会更深入地探究,在我们的精神生活中这些性质扮演了什么样的角色?它们的功能是什么?它们对于我们本能目标的实现有哪些贡献?

情绪的属性比感觉的属性更加难以描述。在这两种情况下,我们都只能通过这样的方式来辨识我们体验到的属性,即指向某一个特定对象或情景,并且说"这就是在我知觉到或想到它时所体验到的"。但是比起我们的情绪反应来,感觉反应具有更典型的类型特征,在与对象的关系和所激发的印象上也更稳定。在同样的对象面前,不同人的情绪体验可能是非常不同的,乃至同一个人在相继的情况下也可能随着一般情况的变化而产生不同的情绪体验。虽然我们的感觉经验也会发生类似的差异和变化，但远不及情绪这么极端。因此，感觉的属性通常被说成是"客观的"或体现了客观属性的，情绪的性质则通常被说成是主观的或体现了主观属性。正如我们所看到的那样，一些非主流的哲学家致力于用各种精妙的技术去鉴别物理对象与人的感觉经验之间的对应关系，却没有人能够去辨别人的情绪体验与引起情绪的对象之间的关系。然而，我们对一个物体的情绪反应的属性大体上能够表示该物体本身的属性。大众语言和文学语言都认识到了这一事实，就像他们用"吓人的"来描述某个物体使我们受到了惊吓，用"激怒人的"来描述某个物体激怒了我们，用"奇怪的"、"奇异的"、"奇妙的"或"古怪的"来描述某个物体引起了我们的好奇，或描述一个景点是令人崇敬的或庄严的，一件艺术品是激昂的或温婉的，一个人是令人厌恶的或可尊敬的、可恨的或令人敬畏的。大众语言走得更远，而且凭借事物在我们身上所唤起的各种情绪性质，它发明了一些诸如可怕、可恶、崇高、可怕和神秘这样的名词来表现事物的性质。

这些事实表明，就它们在我们的心理活动中所起的作用和功能而言，情绪的属性本质上不是不同于感觉属性的；但与感觉属性一样，它们本质上是认知的，尽管它们的意义或预示的功能更不明确、更多变。著名的兰格-詹姆斯情绪理论暗示了这一观点，我们会在稍后的章节对此加以考察。

"情绪"一词的两种含义

关于情绪体验的讨论很容易产生混淆，混淆的来源是"情愫"（an emotion）这一表达方式的使用有两种不同的含义。有时它仅仅表示经验的某种情绪属性。当另一个类似的经验中没有这种东西时,我们就很容易察觉到它了;因为当其他可辨识的特征保持稳定地重复时,它在性质和强度上则是多变的。例如,如果你在树林或草丛中突然发现了一个奇怪的物体,你的体验也许会具有我们称之为恐惧的情绪属性。你继续盯住它,当你这么做的时候,这一恐惧感渐渐减弱,取代它的是某种新的情绪属性,这种属性我们称之为好奇。你继续盯住它,不久你就对对象有了更充分的认识,好奇情绪的属性同样渐渐减弱,然后你满意地离开了。此处的这种体验的改变完全是内在的。物体依然是同一个物体,你从它身上获得的感官印象没有改变,而你的情绪性反应的属性却发生改变了,当你的认知变得更充足的时候,它们就消失了。它们相对独立于客体的存在,以至于我们将情绪属性称作是主观性的,而将感觉属性称作是客观性的。这也是使得我们将情绪属性说成是"情愫"(an emotion)的缘故。

但是某些时候,"情愫"也被用来表示当时整体的心理和躯体过程;在这种意义上,"情愫"所表达的意思远远不止是当时当刻我们所体验到的情绪属性。只要清楚地了解我们的用语的含义,两种用法中的任何一种看上去都是合理的。第二种用法源于这样三个事实:1.任何一种情绪性体验通常都伴随着躯体变化,这就是所谓"情绪的表达";2.除了情绪属性和它的躯体表达外,还涉及机体的每一次情绪兴奋;3.第三个可辨识的因素在有关情绪的讨论中常常被忽略,即,所有体验中的意志因素。这一点是我们目前必须考虑到并尽最大的努力去想清楚的地方。

作为经验模式的意志

迄今为止,我已经在冲动和愿望标题下对作为所有心理活动的一个因素或一个方面的意志或努力特征进行了讨论。我们已经注意到,在行为和所有心理活动中意志是如何表现自己的,它表现为以多种多样的手段朝向目标的一种持续性努力。我们把这类行为看作是一种目的性的能量运行,并且,它与物理学所界定的能量有根本的区别,物理学中能量的运行是机械性的。我现在坚持我们所假设的这种能量的意义使得行为和所有机械过程区别开来,这不仅是基于我们对那些作为行为标志的特征的观察,而且还基于我们在努力过程中所获得的直接体验。

当我们付诸努力的时候,我们立刻能意识到这种努力,并且这一意志体验在我们的经验中常常在某种程度上表现为某种元素或属性,其强度会随着我们的努力强度而改变。正因为它在强度上的改变,才使它可以被辨识或通过内省来认识。如果它是所有经验中的恒定因素,在性质和强度上都不会变化,那我们就永远不能清楚地意识到它了。它是否会在性质上发生变化是一个很难回答的问题,但是它在强度上的变化是非常显著的。无论是躯体活动还是纯粹的心理活动的表现,当我们放松、漠不关心和迟钝的时候,其强度是小的,而在我们警觉和热切地追求某个目标的时候,其强度是大的。当我们被某个无法控制、不能满足,并且既不能停止,也不能转移开注意的某种热切的渴望或愿望所驱使的时候,我们就会以最明显的方式体验到它了。

经验中的这一因素对内省而言是如此微妙和难以捉摸,

致使许多心理学家完全忽略了它,然而,还是有一些心理学家承认它的真实性,仅仅把它看作是感觉经验中的一个属性。例如对感觉主义者的心理学(sensationist psychology)感兴趣的詹姆斯倡导并努力说明我们所有的意志经验都是一种特殊的感觉经验类型,也就是动觉的或运动觉。他指出,当我们伴随着身体运动做出强烈的努力时,我们肌肉的运动和牵拉会引起肌肉、关节和韧带的感觉神经的强烈反应,他坚持认为,这种感觉属性的兴奋正是努力产生相应体验的实质,感觉属性越强烈我们的努力就越有力。他声称,在我们做所谓的纯粹心理努力时,这种行为一定伴随了某些肌肉的收缩,虽然没有产生明显的大动作,但是这类肌肉收缩所激起动觉"感受"的强度与我们的心理努力是成比例的。他倾向于认为,这些来自于如头皮、前额、咽喉等呼吸系统以及其他部分的肌肉的牵拉感觉都是这些纯粹心理活动中的"努力感"。① 在这一点上,许多心理学家追随了詹姆斯的观点。

对这个问题的讨论是非常抽象的。心理学可以在未解决这一问题的情况下继续向前发展。詹姆斯自称能将他的观点建立在他自己的内省基础上,但是很显然,如果一位如此高明的心理学家能够在内省中为感觉主义者对这一问题的回答找到依据,那么,那些持有相反观点的心理学家就别希望能够通过简单地诉之于内省的结论而获得对这一问题的回答。他们

---

① 我说"倾向于这个观点"是因为詹姆斯,尽管在他的感觉主义者心理学中没有谈及意志经验,仍然相信在精神力量或努力的事实中的道德依据,因此留下了心理学未决的问题。

只能证明,就像我做的那样,他们的"努力感"似乎是独立于肌肉紧张而变化的,他们有时会在没有发现相应程度的肌肉紧张的情况下,察觉到强烈的心理努力。持有这种观点的那些人主张,"努力感"从根本上不同于所有的感觉经验,他们必须承认在身体努力中肌肉的紧张确实产生了感觉性质,而这些感觉属性的强度与我们的努力强度是平行的,而且,在做任何一种强烈的智力努力时,我们容易皱起眉头或是调整呼吸的过程。但是我们能够用两类强有力的证据来支持我们的观点。首先,我们的肌肉有时会在我们没有做任何努力或感到任何"努力感"的情况下很有力地收缩,引起强烈的动觉,就如肌肉痉挛,或者电流通过手臂时引起手臂肌肉的强烈收缩也是如此。在这样的情况下,我们作为肌肉收缩的旁观者,却几乎没有"努力感";或者我们也可以做出努力让弯曲的手臂伸展开来,或是忍受住电流的疼痛而不收缩手臂肌肉,或是避开电流,或是内省地分析电流对我们所起的影响。在这所有的情况中,我们的"努力感"不是随着我们肌肉收缩的强度,而是随着我们所做的心理努力强度而平行地运行的。

第二类证据,即来自于某些病理学案例,在同样的方向上强有力地证明了我们的观点。一个遭受了某些严重打击的病人可能在恍惚状态中躺着,几乎没有显示出任何生命迹象,连微弱的脉搏和呼吸几乎都感觉不到。①然而,当他恢复正常状

---

① 我在这些患"炮弹休克症"的士兵身上完全看不到任何形式的深度反射反应,他们的四肢完全松弛无力,这种情况似乎暗示了动觉水平上的所有感觉性质的完全丧失,或者只有最小的强度。他们中的一些人回顾性地向我描述了他们在昏睡状态时的心理活动,可以记录在此期间在他们附近发生的事件。这构成了他们所作陈述真实性的证据,而且我认为没有理由怀疑他们的实质准确性。

态的时候,这样的病人可以叙述在那个时期他的心理活动有多强烈,遭受激烈的冲突,或被强烈的恐惧吓倒(这有效地抑制了所有其他活动),或尽力回忆过去。①

有些学者被这一意志倾向的性质问题和另一个所谓的"神经支配感"的真实性问题所困惑。这些被冯特等人所倡导的"神经支配感"是体验性的,严格意义上它类似于"感觉",唯一的不同之处在于,"感觉"的兴奋是通过从感觉神经和感觉器官到大脑皮层的神经电流引起的,"神经支配感"据说其兴奋则是由从大脑皮层到运动神经的神经电流引起的。必须承认,詹姆斯反对以这样的方式构想"神经支配感"的讨论是确凿的,并且非常有说服力。但是拒绝"神经支配感"并不等于接受感觉主义者关于"努力感"的观点。如果我们拒绝"神经支配感"而接受感觉主义者对于"努力感"的观点,我们就可能被迫得出这样的结论,即认为我们永远不会知道我们做出的意志努力的程度,或者只有肌肉收缩才能够做出意志努力。而这显然是荒谬的。显著的事实是,我们常常会在开始做之前就已经计划了以一定的力量或能量去执行某个动作,而我们的运动器官则忠实地执行我们的意图,我们可以坦诚地说,在发动身体动作之前我们就已经知道肌肉牵拉的强度。因此,拒绝"神经支配感"只会让反对感觉主义者关于"努力感"观点的争论变得更为激烈。

---

① 参见非常聪明的汉纳先生在他所作的陈述中关于他自己的经历的解释,汉纳先生是塞德兹博士和古德哈特博士所著的《多重人格》中的英雄人物。

感觉主义者还有一个借口，他们常常会利用它。他们也许会说，在我们打算做出一个或强或弱的肌肉努力时，这样的意图在本质上与肌肉开始活动时我们肌肉张力将产生的或强或弱的"感觉"的性质具有镜像关系。这足以解释感觉主义者的理论中最后部分的精华内容，它指出，如果在这样的例子中我们关于努力感的意志经验的实质不过是对于由我们的肌肉运动产生的运动感觉经验的想象而已，那么我们就会想象一个微弱的运动必然会与微弱的意图、意志或决心相对应，而想象一个剧烈的运动一定是与强烈的意图相一致的，但事实并非如此。我们也许会强烈地尝试或决定做出一个微弱的肌肉收缩，我们也可能会轻微地尝试、很少努力地决定做出一个剧烈的肌肉收缩，并且这两种程度和强度都不同的努力体验是有明显区别的。我们的努力强度（以及我们的"努力感"的强度）与我们正在做出的或打算做出的肌肉收缩的强度之间并没有恒定的关系。我们很清楚这一点，当有自然刺激让我们做出身体活动时，我们要付出很大努力才能保持身体不为所动。当我们在进行某种涉及相当大的肌肉收缩的体育表演时，以及在我们打算跟着一个节奏伸出右手而在另一个节奏时伸出左手时，我们比较"努力感"的强度也会让我们看到这一点。如果我们的体质不错而且坚持锻炼，我们可能只需要极少的"努力感"就能在第一项运动中取得较好的成绩，并且在此过程中感到轻松、有支配感，反之，在第二项运动任务中的细微肌肉运动也许会让我们体验到一种非常强烈的"努力感"，此外还可能发现第二项任务远比第一项任务让人疲怠。同样地仔细体会我们都体验过的一些强烈的努力感,经过一夜失眠以后我们去听一节枯燥乏味的课,或是在没有完全苏醒的情况下从被窝里被叫起来时,我们会很费劲地努力让自己保持清醒状态。

于是,心理努力或者说意志就不能被等同于躯体努力,而且我们关于努力的体验也不能以感觉的或意志的元素或属性来予以分析。

情绪兴奋中的意志性体验

意志性体验就是感觉到了采取行动的冲动;而且它被感觉到的程度或者在体验中的显著程度与驱力运行强度成比例。它表现的形式包括对某个不明确目标的单纯的渴望、有明确方向的愿望、愿望冲突、决心、决定和意志;而且,当我们积极地朝着我们的目标活动时,无论通过思考还是身体动作,要通过对肌肉收缩带来的运动感的内省来辨别这种意志性体验都是一件复杂而困难的事。而在所有情绪中都可以体验到这种冲动的存在。我们害怕时,会感受到从威吓我们的物体前撤退和逃跑的冲动;我们生气时,会感受到攻击惹恼我们的对象的冲动;我们好奇时,会感受到靠近并查看引起我们好奇的对象的冲动。的确,只有在没有将自己交给内省时我们才易于内省地观察自己的冲动,而无论是开始内省还是停止内省,其结果都是将注意从对象转移到我们自己身上;这正是所有内省观察的特点。

如果意志因素可以从一种情绪体验中被排除,即使没有其他的改变,体验也会从根本上发生改变。我们也许仍然会思考对象,而且我们的思考依然会带上情绪色彩,但是整个体验将会截然不同了,它可能看上去失去其本质,显得空虚和不真实,更像是情绪的模拟物。于是我们在情绪体验的描述或讨论中就不能排除意志因素。驱动行为是情绪的本质属性,这一点已经得到大众语言和文学表达的认可;比如,我们说是愤怒、或恐惧、或厌恶让我们做这或做那,驱使我们采取了某种行动。

情绪、冲动和身体调节

只有一种方法可以让"情绪"的驱动力得到易于理解的解释,并符合关于我们所有心理生活和心理结构的系统描述。这一种方法是查尔斯·达尔文[①]提出来的,我在我的《社会心理学》一书中对此加以了发展。那就是我们要承认,对所有动物物种而言,那些被称作"情绪表达"的身体变化是一种固定的适应性,这种适应性就是该物种特有的本能性活动模式。所有本能活动模式都是为了能达到其最高效的运作,要求身体所有组成部分和器官的协作。这是因为,就如我们所见的那样,本能活动本质上是一个"整体的"反应,而且身体各部分的运作都服从于它并适应于去协助和补充它,四肢或身体其他部位当前的运动直接辅助目标的达成。因此,当逃跑本能被激活的时候,驱力本身就会出现并趋近它的目标,这主要是通过快速移动身体来实现的。然而,为了这些移动动作(如跑、飞、游或其他形式等)能达到其可能达到的最高效率,所有内脏

[①] 见于他的《人类和动物的情绪表达》。当然如果从机械论的立场考虑,我们忽略或否认情绪与行动冲动存在密切联系的事实,就不会出现关于它们之间的关系的问题。

器官应当以适当的方式加以调节,这是必需的。心脏和肺必须更迅速地工作,血液必须通过小动脉的收缩从消化和分泌系统的器官以及皮肤中抽离出来,集中到肺、肌肉和大脑中,膀胱和肠道必须被清空,瞳孔必须放大以便容纳最大容量的来自于视野内各个部分的光。作为本能性逃跑行为的整体反应中的组成部分或表现特征,所有这些调整都在精确地进行着。

所有器官的运作调节都受到一个执行神经机制的控制,它是整个先天机制的一部分,是本能冲动最适合的表达通路;无论何时,本能一旦被激活,这些生理机制就会以与本能冲动成比例的强度进入运作状态。这就是对被称为恐惧情绪的表达效应的概括——放大的瞳孔、瞪大的眼睛、发干的嘴、消化功能被停止、苍白的皮肤、快速的脉搏和呼吸、小便失禁,所有这些都是恐惧的症状——它们集中起来就组成了明确无误的恐惧表达。这样的症状复合体让我们能够确定地认出恐惧,无论它是在别人还是在我们自己身上,即使个体通过某种努力克制它,在本能被突然被激活时我们还是会自然地做出诸如逃跑动作以及发出害怕的叫喊声等反应。

近年来,一些生理学家,尤其是 W. B. 坎农教授,[①]这样解释道:全部本能反应都包含了更为微妙和极精确的调节来支持和补充那些基本的身体调节。这种次级调节受到了生化过程的影响。由此,逃跑本能产生的兴奋会发送一个神经电流到肾上腺(小腺体聚集在肾脏附近),然后肾上腺会分泌一种

---

① 《痛苦、渴望、恐惧和愤怒中的身体变化》,纽约,1915。

复杂的物质（肾上腺素）到血液中，这种物质直接作用于各种器官组织，刺激它们持续地实现那些通过与其相连的神经传导的初始刺激所激发的活动。除了其他效应之外，它使得储存在肝脏中的糖原转换为糖，立即进入血液并传输到肌肉中，逃跑运动中用到的肌肉因此而获得了丰富的燃料，足以将它们的活动维持在一个高效能的水平上。

身体器官的这些次级调节就是达尔文所说的"有用的联合行动"。它们对于每个本能而言都是特殊的或特异性的，而这些本能中表现得尤为丰富和强烈的诸如逃跑本能和战斗本能，需要即时而且最大限度的身体活动，并且要以最大可能的效率达到它的目标。因此，我们发现，愤怒和恐惧情绪具有最猛烈、最突然和最不可控制的表达方式，尽管那些本能目标可以通过更从容、更少敏捷性和强度的身体活动来达到，这伴随了那些在表达方式上更少复杂性、暴力性和显著性的情绪兴奋。例如好奇的本能，就是那种可以而且必须以一种相对较为悠闲和安静的方式来实现的本能，不需要猛烈的肌肉动作的本能。它所需要的身体动作也相对简单和安静，与逃跑和战斗本能相比具有更少的强烈特征。此外，群居本能和社会本能为了达成目的，并不需要某种高度特异性的行为模式，也不要求活动具有极端的速度和强度，所以这一类本能活动不需要一个专门的联合神经系统来调节多种身体器官的运行。

如果现在我们回顾人类的本能（如我们在第五章所列举和简短界定的那样）和伴随着各种本能运作而出现的情绪兴奋，我们会发现，在身体调节的复杂性与特殊性之间存在高度的一致性，它组成了每个本能反应的整体以及这些情绪兴奋性质的特殊性或专一性。如果按照一定的尺度来排列这些本能,我们可以按照身体调节的复杂性做降序排列,会发现性质一致的情绪兴奋会形成一个特殊性递减的梯级。相应地,大众语言给这个梯级的上端命名,甚至还有各种各样的同义词,却不会给这个梯级的下端一个特别的名称。因为伴随着梯级上端的本能情绪属性与这些本能兴奋的症状或身体表达一样易于识别,然而梯级下端的情绪属性则如同身体表达一样具有极少的特异性:假如我们基于某种心理目的想要指称后者(即处于梯级下端的情绪属性),我们就必须为它们命名,或者,对于那些不容易分辨的情绪属性,我们可以用"……的感觉"来表达。按照我的观点,我们可以列出如下两列清单,但是其他人也可以对这一清单做略微不同的排列:

本能的名称(括号里为同义词)	伴随本能活动的情绪性质的名称
1. 逃跑本能(自我保护,避险本能)	恐惧(恐怖,惊恐,惊慌,胆怯)
2. 战斗本能(攻击,好斗)	愤怒(生气,暴怒,怒火,激怒,不悦)
3. 排斥(抵触)	厌恶(恶心,讨厌,反感)
4. 养育本能(保护的)	温存(爱,亲切,温柔感)
5. 吸引力	压力(无助感)
6. 配对(交配,繁殖,性的)	性欲(性方面的情绪或兴奋,有时被称作爱——不幸的、令人困惑的用法)
7. 好奇(探究,探索,调查)	好奇(神秘感,奇异感,未知和惊愕感)
8. 服从(自卑)	服从感(自卑感)
9. 过分自信(自我炫耀)	得意(优越感,支配感,自豪感,控制感,积极的自我感)
10. 社会或群居本能	孤独感,孤立感,乡愁
11. 觅食(打猎)	食欲或较为狭窄的热望(嗜好)
12. 可得性(储藏本能)	占有或拥有感(保护感)
13. 结构性本能	创造感,制作感或生产感
14. 笑	娱乐(快乐,无忧无虑,放松)

第十一章 情绪

抓挠、打喷嚏、咳嗽、排尿和排便这些较小的本能在身体上的表达是如此简单，以至于我们不能分辨它们产生的兴奋的特异性；尽管其中的每一种本能都可能引起非常高强度的兴奋。

原始情绪

显然，这个情绪属性的清单并没有囊括为人熟知的所有情绪特性，现在我们必须对那些其他的情绪属性以及体验到它们时的情景进行讨论。我们可以将上述清单所列举的属性简称为"原始情绪属性"，或者，如果我们允许自己将"情绪"看作实体，那么，我们可以说它们就是原始情绪。

这些原始情绪的属性与各种本能冲动之间的关系我已经在《社会心理学》一书中做了清晰明确的阐述，但是，许多心理学家对原始"情绪"本质上是本能冲动的标志这一观点提出了异议。这些反对意见似乎没有一个真正涉及问题的关键，而且这一表达对于任何没有成见的头脑来说是如此显而易见地正确，以至于它得到了非常广泛的认同。①

于是原始"情绪"就成为正在起作用的原始冲动的一个标志；

---

① 就像其他那么多对心理学原理的确定性阐明一样，这一表达可以说已经将心理学家分成了两派，一派完全否定它，另一派则如此熟悉而明显地将它看作是陈词滥调或老生常谈。前一类作者试图将其反对意见的理由建立在情绪与本能的关系观上，他们主要强调我们不能对伴随着动物本能活动而出现的情绪兴奋的性质进行充分猜想这一明显事实。但是，我们对于这样的情绪兴奋没有能力进行猜想或适当的命名并不足以怀疑或否定动物体验到了它们。这个我们应该能做到的要求，其实质是荒谬可笑的，而且当这一要求在关于昆虫的本能行为中被提出来时，这一谬论达到了其顶峰，生物在身体构造、生活方式和种族史上与我们是如此相异。

它的身体表达使得我们的伙伴能够识别这种冲动的性质,并能够激发起他们的相同的本能冲动、态度和情绪兴奋;并且,情绪属性会同样作用于情绪主体自身,向他指示兴奋的性质和被驱动的活动类型。最后,我们还可以公正地假设这些情绪属性是我们的精神生活的基本功能。情绪属性令我们能识别自己的状态,并通过感动我们自己来让我们调节、指导以及在一定程度上控制驱力。在我们的伙伴身上出现的类似情绪表达,让我们能够推论或预知他们可能的行动步骤,由此我们可以做好准备,用恰当的协作或反对去迎接他们的行动。如果伴随所有的本能行为出现的情绪兴奋在性质上是相似的,我们就不能做出有效的自我控制。一个人可能会注意到另一个人正以威胁的方式靠近他,他可能也会感受到一种强烈的冲动和极度的兴奋,但是他并不知道他被驱使将要采取哪一类行动,除非他发现了自己正要冲过去攻击对方,或是抱头逃窜:也就是说,他不能有预见性地控制和调整自己的行动,而这些特征正是所有更高形式的行为所具有的本质特征,具有了这样的特征才能够被恰当地称为"行为"(conduct)。另一方面,如果所有的原始情绪属性都具有更多的独特性,有更广泛的区别,以及在表达方式上更为显著,如果它们之间的区别就如同恐惧和愤怒之间的区别那么大的话,我们在判断行为动机的时候应该很少出现不确定或犯错的情况了。

于是,情绪属性也就具有了认知的功能,它们首先向我们表示的不是事物的本质属性,而是我们对该事物的冲动反应的属性,它们就是自我认识和自我控制的认知基础。从这个意义上看,它们是主观的而不是客观的,它们首先提升的是关于主体的认知,而不是关于客体的认知,是关于主体的状态或活动的认知。

兰格—詹姆斯情绪理论

现在我们准备考察著名的兰格—詹姆斯情绪理论,并了解该理论在何种意义上是正确的,以及在哪些方面是错误的。该理论的实质就在于主张"情绪"在本质上具有与"感觉"相同的性质,即,"情绪"作为被感觉到的或一种情绪性质,是一组或一套混乱无序的感觉经验,它由各种身体器官的加工处理所形成的感觉印象引起,而且每个可辨识的情绪性质,无论其在性质上是否是特异性的,都归因于由身体活动的特殊联结所导致的感觉印象的特定联结,内脏器官在这一感觉刺激中起了主要作用。如果对这个理论陈述加以补充或修正,即认为特定感官所形成的感觉性质是对表象的复制,同时内脏或身体感觉的感觉性质同样也是对表象的复制,那么在我看来,我们应该认为这一理论陈述基本上是正确的。

但詹姆斯在对其理论的陈述中比这走得更远,并在某种意义上夸大了它,给了它一个多余的自相矛盾的外表;它在吸引许多人关注的同时也招来很多批评。他对大众语言文学表达中关于情绪的陈述感到困惑,这些观点断言我们的情绪引起了、决定着并驱动了我们的行为,他将这个为大多数人所接受的观点颠倒过来,声称是我们的身体活动引起并决定着我们的情绪。他写道:"情绪是身体表现的一个结果,而不是原因,""常识认为,我们失去财富时会感到难过并哭泣,我们遇到一只熊时会感到害怕并逃跑,我们被对手侮辱时会愤怒并斗争。我要为之辩护的假说会说这样的顺序是不对的,一种心理状态不会立即被其他心理状态所引发,身体的表现必须首先介入它们之间,更合理的说法是,我们感到难过是因为我们在哭,感到愤怒是因为我们在战斗,感到害怕是因为我们在颤抖,而不是像看起来的那样,我们哭、战斗或颤抖是因为我们感到了难过、愤怒或害怕。如果认知没有伴随对身体状态的知觉,那么认知将只会是纯粹形式,苍白,无生气,缺乏情绪的激动"①……"将情绪从所有身体感觉中分隔开来是不可思议的。我越是仔细查看我的陈述,我就越是相信,不管我拥有的是什么样的心境、感情和激情,它们的确是由那些身体改变组成的,即我们通常所说它们是身体的表达或结果。而且如果我肉体是麻醉的,那么我应该就没可能拥有感情生活,诸如严厉和温柔这类感情体验都会被从我的生活中抽掉,而只剩下认知或理智的形式。"②"每个情绪都是一定数量的元素的合成物,并且每一个元素都是由已知的某种生理过程所引起的。这些元素都是有机变化的,而且它们中的每一个都是对令人兴奋的对象的反射效应"③。

从这些摘要中我们可以看到,詹姆斯夸大其理论并犯下三个方面的错误,我已经用三段加着重点的文字将它们标注出来了。让我们先来看看最后一处。这段文字似乎不只暗示了詹姆斯的感觉主义立场,还暗示了感觉主义与最原始的反

---

① 《心理学原理》第二卷,第 450 页。
② 前引书第 452 页。
③ 前引书第 453 页。

射理论的最根本结合。第一段加着重点的文字暗示了作为"情绪表达方式"的各种身体改变,必须在情绪性质能被体验到之前,先在各个具体场合中发生,也就是说,这一声明没有认可我们称为身体感觉的表象的存在。似乎詹姆斯应该主张,我们每次想到橘子的颜色或铃声时,这种思考必须先于作用于视网膜或耳朵的适宜刺激。他忽视了这样一个事实:感觉性质必须以表象的形式被集中唤起,而与作用于感觉器官的刺激无关。

第三,这也是最严重的错误,詹姆斯把所有的意志经验、所有的"成就感"、所有的冲动感、所有的努力经验简化为带有大量机体"感觉"的运动"感觉"。这些运动"感觉"被认为构成了情绪体验。我已经证明了意志经验不能被简化为或等同于感觉经验,而且我还指出,感觉冲动是所有本能反应的基本成分。那么,如果如詹姆斯在第二段加着重号的文字中所称的那样,所有感觉性质都可以通过全身麻醉从情绪体验中切割出去的话,剩余的体验也不会如他所说的那样,在形式上成为纯粹认知的内容;这样说有两个理由:首先,这些剩余体验可以保持自己特有的性质,因为这是可以被集中唤起的;其次,该体验会保留同认知性一样强烈的意志性,也就是说,主体将会继续意识到采取某种行动的强烈冲动。情绪体验中的意志因素也许是它最基本的标志。假设这可以去掉,留下具体的情绪性质,我们也许还能够识别出该情绪来,但是它的全部生命和活力,所有构成它的最关键和最重要的意义都从它那里消失了。①

---

① 对这种事件的近似陈述有可能来自那些处于病态中的人,这些病人常常会抱怨自己发现所有的事物都是虚幻的。

综合以上批评意见，我认为，虽然詹姆斯的理论基本上是正确的，但该理论的错误在于夸大地认为我们的心理过程随身体变化而变化的密切关系。而且，他忽视了意志因素作为情绪冲动的一部分事实，认为意志因素是体验的一个阶段或者行为的一个阶段。他忽视了朝向目标的冲动努力是任何一种情绪反应的本质这一事实。当我们说"我感到愤怒"，或用"我攻击是因为我愤怒了"来解释我们对冒犯者的攻击行为时，我们的意思并不是想说我们体验到的情绪性质是引起攻击的活性剂，恰恰相反，我们真正的意思是生气如同经验事实或体验一样，包含了一种攻击的冲动倾向，而且我们的解释是真实、有依据的，我们含蓄地用识别到的情绪性质来作为唤起我们本能倾向的指示器。因此通常的说法，"我攻击是因为我生气了"，实质上是真话，对我的行为做了一个比詹姆斯的反向陈述方式"我生气是因为我攻击了"更真实的解释。因为前一种说法意味着我攻击的对象做了激起我好斗的本能冲动的事情，并让我对该冲动分配一个行动作为它的结果和表达，这是唯一能有效且接近于我们行为的解释了。

我不会尝试对情绪属性或"情绪"的身体表达做任何描述。如果读者不知道什么是害怕、或生气、或厌恶，如果在他慌忙不迭地安慰一个因难过而哭泣的小孩时没有识别出一种特殊性质的体验，那么即使有再多、再生动的描述也不能启发他的认识。我只会说，在我们对"情绪"的讨论中出现混淆与误解是毫无疑问的，在一定程度上，这应归于先天禀赋的差异。我们被赋予或遗传到了不同强度的各种本能，而且很可能的是，在某些个体的先天禀赋中，

第十一章　情绪

可能会完全缺失一个或多个正常的人类本能，或非常微弱并且通过练习也不能加强它，以至于与这些本能相关的原始情绪属性也不为他们所知。

在对情绪的讨论中有时会突然出现一个古怪的信条，在这里需要顺便评论一下。这一信条声称情绪只有在我们的先天行动倾向受阻或某种程度上受到抑制时才会被体验到。[①]我已经意识到，对愤怒情绪而言这是事实，这样的阻碍确实是刺激好斗本能所需的一个特殊条件，而且这一本能冲动有助于强化其他所有受到阻碍的冲动。但在其他情绪方面，我没发现一丁点有效的证据支持这一信条。它是对这样一个简单事实的歪曲：当我们完全投入到行动中时并不会明确意识到自己的情绪。只有在我们没有完全专心于行动、专心于追求目标、专心于选择实现目标的方法时，我们才能自觉地意识到我们的情绪性质。当然这并不是说情绪属性不会在我们努力的时候规定我们的体验。同样错误的还有：当我们知觉到一个对象时不会体验到关于它的感觉属性，除非我们停止对该对象的思考并内省地关注那些感觉属性。

至今我们只讨论了伴随着我们的本能努力所产生的情绪体验。这种做法或许可以谈论"情绪"而又没有引起误解的风险。就是说，作为可辨认的经验模式，它们可以恰当地被称为"原始情绪"。在此，我们必须认识到其他两个主要的情绪类型，即，混合的

[①] 对此观点的最新解释者就是詹姆斯·德雷弗博士，在他的《人类本能》一书中，我很高兴地发现他和我形成了一般性的共识。

或次级的情绪和派生的情绪。

混合的或派生的情绪

我们已经注意到了这样的事实，两个本能冲动可以被同时唤起，就像一个动物的行为明显表达出厌恶恐惧与吸引好奇之间的冲突和交替一样。草地上的马常常会明白无误地表现出这样的行为来。在人类身上发展出的更为完善的想象力和情感让我们比动物更容易在同一时间被不止一种的冲动所驱使，而且一个有教养的成人的行为在几乎所有时间里都表现出或多或少的复杂冲动的合并。有些本能冲动在倾向上是如此直接对立，以致它们不能在决定行为时产生和谐的协作，占优势的那一个本能冲动必然会抑制住另一个本能冲动。最清楚和最真实的表现也许是厌恶或反感冲动与进食本能冲动之间的冲突。这两个本能指向的是两个相反的目标，而且它们的行为表达方式是完全不相容、不能统一的。因此其中一个冲动不可避免地要抑制住另一个。我们晕船的时候，甚至不能想象自己会渴望食物。我们吃饱的时候，看到一份牛排，闻到厨房的气味，或是看到食物上残留的一丁点污物，都容易引起恶心感，但是当我们饥饿的时候，我们则不能想象自己怎么会如此容易感到恶心。

没有其他任何两个本能冲动像上述两个本能冲动这样完全对立，它们中有一些完全能够和谐协作来决定行为，从而形成一个固定的、由多个冲动共同起作用的混合行为。当两个或多个冲动以这种方式合作时，我们会体验到一种情绪兴奋，其性质在某种意义上是专属于几个相关本能的一种混合的原始情绪。这种情况类似

第十一章 情绪

于复杂的感觉性质。我们可以用一种虽然不正确但方便的方式来说明这样的事实：说紫色是红色和蓝色感觉属性的一种混合物或融合物，或者说音响或和弦是我们可以通过内省分析发现的谐音复合体。更准确的说法是，复杂性是大脑对感官印象复合体的一种反应。按同样的方式可以很方便，尽管在严格意义上并不准确的说法是：当我们发现自己的意图被一个卑鄙肮脏的行为所阻止的时候，我们体验到的情绪就是由原始情绪中的愤怒和厌恶混合而成的。因为在这些情况下，战斗和反感的本能冲动同时被唤起，我们的行为倾向于表达出这两种倾向，而且这两种倾向所固有的情绪表达会在我们面部和所有身体反应上混合出现，与此同时，我们体验到的情绪属性则与愤怒和反感都有关；依据妨碍目的实现的障碍物或对手行为的卑鄙和"肮脏"两者的显著性在我们心中的变化，情绪体验也会随时发生变化，愤怒在此时占优势，而反感则在下一刻占优势。在某一时刻，我们觉得我们应该击倒他或将他撕成碎片，而在下一刻，我们又会在这样一个令人作呕的对象面前退避三舍。

这样一种复合情绪体验不像做加法一样，将各个独立的兴奋简单叠加起来，即，愤怒和厌恶这两种情绪相继出现并混合，相反，它是个体对复合情形的即时反应。但按照这一理解，为了避免累赘的措辞而将这样的复杂情绪反应说成是混合情绪，或说成是由两个或两个以上的原始情绪混合而成的情绪混合物，这似乎是合理的。①

---

① 我曾很郁闷地老是想着这一点，因为对我的《社会心理学》的一些批评指责我对待次级情绪的方式，这对米勒在《心理化学》中所犯的错误是负有责任的。

很显然,如果原始情绪属性可以混合(在前文所界定的意义上)而形成第二级、第三级乃至更复杂的属性,那么我们需要学会识别和命名的情绪体验的数量肯定是非常庞大的。同样很明显的是,因为各种属性可能以多种比例混合,所以这些复杂的情绪属性就不能被罗列为一系列明确加以区分的属性的排列;相反,就像太阳光谱的颜色性质一样,它们形成了一个连续的性质序列,在这个序列上,从一个部分到另一个部分的过渡是平缓的。因此很自然地,我们描述情绪的术语与颜色序列一样是混乱、变动和不确定的。但在这些性质中,有些属性我们对它们的命名已经具备了一定的精确度。我们已发现的与愤怒和厌恶有密切关系的情绪属性可以用"嘲笑"这一术语来向大多数人介绍。其他具有相似复杂性的情绪性质被以轻视、嫌恶、惊骇、敬畏、钦佩、尊敬、感激、耻辱、羡慕、怨恨、复仇情绪、尴尬、羞愧、妒忌等等称谓来表示。试图分析这些复杂情绪的性质也许是一项有启发意义的练习,可以通过观察被如此命名的每种情绪所特有的身体表达和行动来补充我们的内省。但是我必须从早先的著作中举几个例子来做这样的分析。[①]

"嘲笑常常与积极的自我感觉(或得意)并发。我们通过看到别人的道德弱点或渺小来放大地感受自己,就像他人的生理缺陷或不足会唤起这种积极的自我感觉一样,有了它我们会倾向于以轻松的自信抬头、挺胸、阔步前行。'嘲笑'一词常被用在以这种情绪为元素的情感状态中,但如果这一元素是占支配地位的,我们会被说成是鄙视该对象,这一名称在情

[①] 读者可以在我的《社会心理学》第五章中这些段落所摘自的地方找到其他例子。

绪中通常会以"藐视"一词来表示,与动词'鄙视'相应的名词形式,于是嘲笑就成了一个愤怒和厌恶的二元化合物,或者一个三级化合物,如果再加上积极的自我感觉的话。尽管藐视是厌恶和积极自我感觉的一个二元化合物,它与嘲笑的区别在于不存在愤怒元素。"

"近观蛇或鳄鱼的时候,恐惧和厌恶是很容易结合起来的,对某些人而言,很多动物都能唤起这一次级情绪,老鼠、飞蛾、蠕虫、蜘蛛等等,此外,有时仅仅是某些人的出现也能引起他们的这种次级情绪,尽管这种情况多半是由于他们自己的性格导致的。这一情绪我们称为'反感',而它最为强烈的形式就是'极端厌恶'"。

"羡慕当然是一种情绪,而且当然不是原始情绪。它显然是一种复杂的情绪状态,并暗示了大脑相当程度的发展。我们很难假设有什么动物能够在该词原本的意义上具有羡慕情绪,非常年幼的孩子也没有表现出这一情绪。它不仅仅是一种令人愉悦的知觉或注意阶段。某人也许可以从对对象的知觉或注意中获得一定的愉悦感却并没有感觉到任何羡慕之情。例如,手风琴演奏的一支流行曲可以带来愉悦感,哪怕个体既不欣赏这支曲子,也不赞赏它的演奏方式,而且哪怕个体也许还会对自己感到快乐而感到有一点点鄙视自己。它也不只是对对象的伟大或卓越的一种理智和愉悦的欣赏。这种由欣赏令人钦佩的对象所引起的复杂状态实质上似乎包括了两种原始情绪,即惊奇和消极的自我感觉或服从情绪。惊奇通过靠近的冲动和继续注视对方表现出来,因为如我们所看到的，这是好奇本能的特征性冲动，而且惊奇在强烈的赞赏中会在脸上清楚地表现出来。在孩子们身上，你可以观察到惊奇成分被非常清楚地表达出来，而且是显性的。'噢，太美妙了！'或'噢，多么聪明啊！'或'你是怎么做到的？'这些短语都是一个小孩自然地表达他的仰慕之情，而且其中的惊奇成分和好奇冲动被清楚地表现了出来。一旦我们感到我们完全了解我们羡慕的对象并能完全对它做出解释时，我们的惊奇就停止了，而且由惊奇所带来的情绪也不再是羡慕了。"

"但是羡慕的内涵比惊奇更丰富。我们不会像只是被引起好奇或惊奇感那样简单地去检查我们羡慕的对象。我们会带点犹豫地，慢慢接近它，我们会因为它的出现而表现出谦卑，而且如果我们强烈欣赏一个人的话，我们会变得害羞，像个小孩站在一个陌生的成人面前一样。我们有将自己收缩起来、静止不动和避免引起他注意的冲动。也就是说，当我们意识到我们正面对着一个比自己更强大的力量时，伴随着与之相应的消极自我感觉情绪，服从或自卑的本能被激起了。因此，这种本能和情绪实质上是社会性的。引起它们兴奋的初始条件是一个比自己更大、更有力量的个体的存在，而且在我们欣赏的对象是一幅画或一台机器或其他艺术作品这样的物体时，这种情绪依然具有社会性特征和个人评价，艺术作品的创作者像会跟着进入我们的情绪中一样，或多或少清楚地出现在我们的头脑中，而且通常我们会说：'他是个多么伟大的人啊！'"

"那么，是不是只有其他人或他们的作品才能唤起我们身

第十一章 情绪

上的羡慕情绪呢？显然，我们确实会欣赏那些自然事物，如美丽的花朵、景色或贝壳，或动物的完美结构和它良好的适应自己生活方式的能力。在这些情况下，没有人类作为羡慕的对象进入我们的意识，但就是因为羡慕所暗示和指向的另一个人，其实质涉及消极的自我感觉，是一种指向他人的态度，它让我们假定一个人或个人力量是那些对象的创造者。因此，无论哪个时代，人类对自然界事物的羡慕都令他们将创造这一切的某种力量或所有力量拟人化，比如将他看作是一个至高无上的创造者，他作为一个超人的存在创造了所有物种；如果理智拒绝承认从远古时代流传下来的神人同形同性论观念，那么对自然界事物的钦佩仍然让人类将创造这一切的功绩记在自然的名下，将自然拟人化了。我认为确实是这样，如果这种对个人力量的感受不是来自于我们深思的任何一个对象，那么，我们体验到的情绪就只会是惊奇，或者至少不是崇拜羡慕。因为消极的自我体验才是羡慕的基本成分，极其自信、自我满足和十分自负的人是不会产生羡慕之情的，而且真正的羡慕、欣赏意味着某种谦卑和慷慨。可能还要补充的是，大量的欣赏——事实上，所有的审美欣赏——也包含了愉悦成分在其中，实际情况可能是非常复杂的。"

"作为更复杂的一种情绪例子，让我们看看如果某物体引起了我们的崇拜之情时，我们的情绪本质上还具有某种威胁感或神秘感，因此，它——一个拥有巨大力量的事物——能够带来恐惧感，就如维多利亚瀑布，或北极光的显现，或一场巨大的雷暴雨等。退缩的冲动、逃跑的冲动——恐惧的冲动或多或少中和了由崇拜带来的谦恭地靠近对象并注视它的冲动。我们与物体保持着适当的距离,既不非常靠近,也不离得很远,崇拜中混合了恐惧,我们把我们所体验到的这种情绪称为敬畏。"

"敬畏有许多种基调,从带有轻微恐惧色彩的敬佩到带有轻微敬佩色彩的恐惧,在这样一个范围内变化。于是敬佩本身就是一种二元化合物,敬畏则是一种三元化合物。而且敬畏可以更进一步地混合形成一种更为复杂的情绪。假如引起敬畏的力量也被认为是慈善的力量,尽管它强大到能在转瞬间消灭我们,却在支持和保护着我们,这种力量就能唤起我们对它的感激之情。由此,敬畏混合了感激之情并使我们体验到崇敬这一更复杂的情绪。崇敬是最突出的虔诚情绪,只有极少的人类力量能引起崇敬之情,它混合了惊奇、恐惧、感激和消极的自我感觉。那些激发崇敬感的人,或者被文化和习俗认为有资格被崇敬的人,通常是因为他们被认为是神力的掌管者或执行者这样的身份而值得崇敬的。"

"那么,作为对神力的崇敬情绪的一部分,什么是感激之情呢?感激本身就是复杂的。它是温存情绪和消极的自我感觉构成的一种二元化合物。这种观点可能会遭到反对——如果温存情绪是一种抚养本能的情绪,其引起的是保护性冲动,那么,这种情绪又是如何被神力所唤起的呢?对此问题的回答是——它与儿童对父母的温存情绪被唤起,即共情(Sympathy),采用的是同样的方式。温存情绪在原始情绪中占据着一个特殊位置,在这一点上,它直接指向其他人并且其引起的冲动是直接帮助他人,它尤其容易被共情反应唤起,我们在第四章已

第十一章 情绪

经考察过与它具有相同对象的情绪类型。而且这种由共情产生的温存情绪最容易在引起它的人身上发现温存对象。但是，感激并不是简单的由共情引起的温存情绪，孩子，甚至动物都可以以这种方式引起我们的温存情绪；比如：如我们所说，如果我们收到的礼物对我们而言毫无用处，甚至令人尴尬，这样做了会让我们有所触动；但是我并不认为我们会因此而感到感激，哪怕这个礼物中包含了给予者部分的自我牺牲。尚德先生主张，感激包含了一些对引起它的某人的同情性悲痛，因为他为我们做出了令我们感激的牺牲或付出。就此而言，尚德先生应该对感激中的温存成分做出解释，因为按照他的观点，所有柔情都是快乐与悲痛的混合物，在他看来，这两者都是原始情绪。但我们无疑也可以从那些对我们友好的行为中体验到感激之情，但并不需要给予者做出任何付出或牺牲，对给予者来说这种友好行为，是能带给他纯粹愉悦感的善行。因此，我主张感激中的其他成分，即令它与单纯的温存不同而且更为复杂的成分，是由感觉到他人所具有的超级力量所唤起的消极的自我体验。产生感激之情的行为不只是必须让我们意识到别人对我们的一种亲切感和温存情绪，还必须让我们意识到对方的力量，让我们看到他为我们做了某些我们自己做不到的事情。于是，消极的自我体验成分就与温存性一起混合在真正的感激之中，而且其避免引起注意或在感激对象面前表现得谦恭的冲动或多或少会抵消温存情绪所带来的靠近感激对象的冲动。感激之情典型的和象征的态度是跪着亲吻赐予者的手。消极的自我体验这一成分让感激成为一种不是单纯愉悦的情绪，它让感激成为骄傲的人轻易体验不到的一种情绪，是在乐善好施者身上更容易发展出来的一种情感。如果一个表面上的善行并不是出于真正的善意和温情，而是体现出盛气凌人的施与态度，在行为动机中包含了自我优越感和力量感的展示，那么，这种行为只能够激发起受施者没有柔情的消极自我体验，消极自我体验的痛苦属性只会导致讨厌感而不是喜爱感。"

"我们已经认识到，消极的自我情绪通过两个渠道进入崇敬情绪中，作为崇拜的一个成分和作为感激的一个成分。但是还有一种敬畏，柔情可以直接进入其中，而不只是作为感激的一个成分进入其中。让我们想象一下自己正在一座宏伟的哥特式大教堂前，它精美的石雕已经化为乌有。我们应该会对它产生钦佩之情，而且它衰败的景象，或者它精美脆弱的属性直接唤起了我们的温情和保护冲动。换言之，我们体验到了一种温柔的钦佩，一种我们无可名状的复杂情绪。现在我们继续想象自己进入教堂中，通过巨大的石塔，在这里暗淡的神奇光芒消失在黑暗的凹穴里，像大森林一般被寂静和黑暗统治着，此时我们温柔的钦佩中被添加了恐惧的成分，并被转化为崇敬情绪（或者，如果我们的柔情不够持久，就变成了敬畏）。这种崇敬具有更少的人格意味，因为它具有比感激更少的消极自我感觉成分。"①

---

① 有人要问了，是不是因为哥特式教堂的外观难以唤起崇敬情绪所必不可少的恐惧成分，而中世纪很多艺术家会用奇形异状的可怕的塑像来装饰建筑物外表，就像巴黎圣母院那样？

第十一章　情绪

在这个组群中最重要的一个情绪就是"同情"。我们对那些遭受着痛苦或不幸的人产生同情，而且我们关注的对象越娇嫩、越纤弱、越无助，我们就越容易产生同情。所有人群中最容易产生同情感的就是心肠软的女性，而能让她们最快速、最强烈地产生同情感的就是母亲照顾子女时受苦或辛劳的景象。她们是如此富于同情心，她们的想象是如此纤细，就像"一个父亲精心地呵护他的子女"，所以，她们甚至会同情一个快乐而专注地照顾婴儿的年轻母亲。因为她们充分了解其中的痛苦和焦虑，她们已经经历过，而且在进入坟墓才会完成任务之前还要经历，虽然这项任务也许给她带来了许多欢笑，但也是一连串的自我牺牲和通常是充满痛苦的努力。看看这样女性吧，当她看到鸟妈妈在陌生人偷窥它的雏鸟时焦急地在鸟巢附近盘旋，或是看到小牛犊被带走的一头母牛时。"可怜的东西！"她必然会大声地这么说，而且她是如此敏感地体验和理解它们的痛苦，以至于她会想法阻止这种无尽头的痛苦或缩短受苦时间，对那些造成这种痛苦的人及其行为爆发出强烈愤怒。但是在所有的对象中，遭受任何类型的痛苦或恐惧或不幸的小孩，肯定是最普遍的引起同情的对象。这些事实给了我们一个关于同情性质的线索。同情是养育本能或保护本能的温存情绪，带有共情性痛苦或悲痛的色彩。如果同情的对象是我们所爱的，而且他的痛苦由我们迅速解除，那么，同情就是一种甜蜜而快乐的情绪，在这种情绪中，我们的共情痛苦被吞没了，或者被成功帮助所产生的满足感所战胜。但是，如果遭受的痛苦是很严重的，而且我们也无能为力去消除这种痛苦，那么，同情就是一种非常疼痛的情绪，因为我们的共情痛苦会因保护性冲动受阻所带来的痛苦而增强。

因此会发生心肠软却又无力减轻痛苦的人会遭受到比被同情对象更尖锐的痛苦的情况。①

除非涉及我们已经对之产生情感或持有情感意志性态度的事物，有些派生的情绪是很难被体验到的。责备可能就是此类情绪的典型。本质上它似乎是一种柔情与生气的混合（基于前文所界定的意义）。与它相关的两种本能冲动在倾向上是如此相反，以至于它们之间必然会发生冲突，每一种本能冲动都有排除对方的倾向。因此，我们很难感受到对一个陌生人的责备情绪。如果一个陌生的小孩把墨水打翻在我们的手稿上，或是不断发出噪音打断我们的工作，我们往往会体会到纯粹的愤怒情绪并要采取相应的行动。但是，如果这个孩子是我们所喜爱的，是我们会用激起了抚养冲动的柔情去看待的人时，我们的愤怒冲动就会受到这一完全不同的冲动的审核，其表达形式也会被缓和，并且我们的情绪性质也成了我们称为责备的一种复杂情绪。这个由愤怒和柔情混合而成的情绪属性，因为来自于冲动之间的冲突所产生的痛苦而变得更加复杂。②嫉妒、羞耻和报复情绪也属于这一类难以体验到的派生情绪，我必须再次让学生去做同样的工作去分析它们。

---

① sympathy［同情］一词比与之同义的 pity［同情］一词更为常用，但是，就心理意图而言，将 sympathy 限制用于原始的被动同情似乎更好一些，主动的同情我已在其他章节讨论过了。

② "更为复杂的形式（责备的）发生在情感是回报性的或本应得到回报的，而对方却似乎表现出对我们漠不关心的样子时。在这样的情况下，对我们的自尊心造成的伤害和审视我们的柔情时所感受到的痛就成了情感状态的突出特征，并使愤怒情绪为之失色，也许'责备'一词是对这种更复杂状态的最恰当描述"（《社会心理学》，第137页）。

第十二章 派生性情绪

就如我们在前文中所界定的那样,在文学语言和大众用语中,许多既不能归于原始情绪也不能归于混合情绪的心理状态或体验模式被识别并命名为各种情绪。主要有快乐、悲伤、懊悔、失望、惊喜、后悔、悔恨、信心、希望、焦虑、沮丧和绝望。它们中没有一个可以用分析内省的方法显示出它们是由任何两个或两个以上原始情绪构成的混合情绪。它们也不符合原始情绪的类型。正因为它没有与任何一种本能冲动有恒定连接的"情绪"属性,就像总是与攻击冲动相连接的愤怒情绪、与逃跑冲动相连接的恐惧情绪、与靠近察看冲动相连接的好奇情绪那样。我认为,在很大程度上,这是因为这种类型的情绪不能用很多心理学家都不愿接受的原始情绪与本能间的关系式来加以描述。关于此类情绪不应被称作"情绪"(emotions)而应称作各种感情(feeling)的提议也是无用的,因为这些用法已经非常牢固地树立在大众用语中了。为了避免混淆并指出二者之间的区别,一方面是真正的情绪,即原始的和混合的情绪,另一方面是各种各样我们现在考察的感情,我们能够选择的最佳方式是,将后者定义为情绪的第三种类型,即派生性情绪。派生性一词在此处是用来表示此类情绪与任何一种冲动或倾向之间都没有恒定的关系,而是有可能产生于任何一种强烈的冲动或驱力的活动过程;这种情绪在特定条件下依赖于或源自于某种驱力的活动,我们现在需要对这些条件做详细说明。

愿望的前瞻性情绪

我们先来看看以下五种情绪:信心(*confidence*)、希望(*hope*)、焦虑(*anxiety*)、失望(*despondency*)和绝望(*despair*)。所有这些都预示了某个强烈的动机或愿望的运作,并且还预示了智力已经发展到了一定水平,就是说,在这个水平上,驱力的目标或多或少可以被清楚地想象出来,而同时驱力则表现为愿望的形式,因此,我们可以说它们正预示了愿望,并且它们只是在由愿望激发和维持的行动过程中才产生的。愿望本身独立于这些情绪,并一定在这些情绪产生之前就已经出现。而且在任何一种强烈愿望活动的时候,(不管正起作用的本能冲动可能具有什么性质,也不管它所指向的对象或目标具有什么性质)所有这五种情绪都很容易被体验到。事实上,它们不过是感情或情绪量表上的若干被命名了的点,信心和绝望正是这个量表上的两个端点。在这个量表上,从一点到另一点的转变和过渡完全是连续的,尽管可能会受到环境的影响,或迅速或缓慢地发生转变。

作为举例说明愿望的运作形式,我在以前的章节中曾引用了普里斯特利少校对于一群极地探险家被美食愿望所折磨的描写。让我们再来看看这种天然的、未加工但强烈的愿望,它直接来自于本能并在想象上发展出了像这伙人所具有的那种情绪体验。我们可以猜想食物供给已经被用尽,此时他们正从极地步行返回,在冰雪覆盖的荒原上五十英里外的地方存放着大量的食物。这伙人中的所有成员都强烈地渴望到达这个存放点。这一强烈愿望首先来自于进食本能;同时这个愿望又因为队员们的理智认识所加强,这就是他们的生存取决于能否到达目的地。因为这一认识让他们做出更多有助于解决原始的饥饿冲动而不是应对更遥远的愿望的行为,那些遥远的愿望诸如想要再次见到妻子儿女、报告考察的科学成果、向世界宣告他们值得钦佩的成就等等。事实上,所有那些愿望组合起来就构成了题为"对生命的爱"或"对死亡的恐惧"这样的通俗表达。他们每个成员都是强壮的,天气很好,脚下的雪很硬,食物存储的位置和距离大家都清楚。受强烈愿望的驱使,他们充满信心地徒步前行。也就是说,他们认为没理由怀疑他们达到短期目标——食物存储地点的能力,这个目标不只意味着一顿美餐,也意味着安全。

　　他们走到半路,刮起了逆风,乌云密布,风雪交加。每个人都知道,如果风吹得更大些,雪下得更厚些,他们就必须用尽全力才能到达目的地。成功看上去不再是一件满有把握的事情。他们原本确定的信心也遭遇到了困扰。但是,他们依然希望最好的结果。也就是说,对可能失败的预期将信心转变成了希望。

　　他们充满希望地前进,风刮得更大了,地上的雪也更厚了。每个人都暗暗地成了焦虑的猎物。他们仍然在尽力前进并表现出很有信心的样子。但是他们现在的愿望不仅指向了一顿想象中的美餐和完满地发布他们的所有成果,还指向了对每一个可能导致成功或失败的机会的细心权衡。在信心和希望阶段,他们努力维持和加强对成功的乐观预期,也许他们会拿不远的未来将要得到的一顿大餐来开玩笑作为娱乐。但是他们现在的交谈只会涉及对风雪天气变缓和的企望;以及关于可能失败的可怕预期会削减他们的力量。但是从信心到希望以及到焦虑的转变是平缓的,每一次风向的顺转和每一阵雪都会带来希望和焦虑的交替,在这两种状态之间并不存在一条清晰的分界线。用焦虑的希望和有希望的焦虑这样的说法,也许可以让我们更好地识别出情绪量表上的分别。

天气仍然在恶化,人们感觉到他们的力量在衰竭,每一步前进都是痛苦的努力。终于其中一人脱口说出:"我们不会到达大本营了!"每个人心里都明白他的话是很有道理的。"噢!闭嘴!"他们说:"我们必须成功。"然后,他们迈着沉重的步伐继续步履维艰地前进。但现在焦虑逐渐变成了失望。不久他们就同意坐在雪橇上休息片刻,失望的态度清楚地表现在每一个放松的身体上,弯曲的背部,下垂的头部,两眼茫然的凝视。他们现在的想象中充满了对不可改变的失败的痛苦而令人沮丧的预感。他们用最大的意志力才能站起来并挣扎着前行。

现在他们来到一片平坦广阔的冰面上,四周茫茫一片,他们失去了前进的方向。他们现在知道他们不能到达目的地了。此刻,失望逐渐变成了绝望,他们倒在雪地里,以长眠于此的方式来结束他们的全部努力。

我们在上文中所描述的五种派生性情绪已在 A. F. 尚德先生的《愿望的前瞻性情绪》一文中得到了很好的描述,[①]这五种派生性情绪都暗示了愿望是对目标的期待。在上述例子中我们已经能

[①]《性格的基础》,第二版,伦敦,1921。

够想象，这些"情绪"一旦发生就会非常强烈；因为我们推测，引起这些情绪的愿望是极度强烈和紧迫的。类似的全域"情绪"在任何持久的愿望活动过程中都可能体验到。比如，你步行去火车站赶上一趟即将出发的火车，也许你就会经历这种在"情绪"量表上的忐忑起伏，这取决于你对于赶上火车的预期，它在必定成功到必定失败之间发生着变化。这些"情绪"会与你的愿望强度成比例地增强。如果你想赶上火车的愿望来自于去兑现一个不重要的约定或完成一件不重要的差事，那么愿望引起的前瞻性情绪会是微弱且难以察觉的。但是，如果你以你的名誉做担保，要守约或如期完成那件差事，或者如果你要去会见一个很久未见且深爱着的朋友，而且只有赶上火车这唯一途径才可以达到你的目的，你赶上火车的愿望会非常强烈，而且你的愿望引发的前瞻性情绪相应地也会很强烈。

愿望的回顾性情绪

尽管最初的愿望看上去只是指向某个存在于想象中的未来目标，但是，在成熟的心智中，愿望也有可能会指向过去。因此，我们同样需要对愿望的回顾性情绪加以辨识。后悔（regret）、懊悔（remorse）和悲哀（sorrow）是这组派生性情绪中最重要的成员。当达到愿望的目标不再可能的时候，当现在已完全没有达到目标的可能性时，后悔自然会在绝望之后出现。那时，愿望依然在驱使着对目标的想象，但此时的愿望已经完全是回顾性的、徒劳的，并必然是挫败的，它的痛苦程度与强烈程度成比例。这种痛苦的回顾性愿望就是后悔。

后悔让我们热切地想象事件可能会发生变化。我们的极地考察者会在绝望之后接着产生后悔，如果他们躺着等死的时候还保留有足够的精力进行心理活动的话。他们会后悔他们没做这或没做那，没有将食物储存在更近的地方，没有在天气还不错的时候行动更快些；如我们所说的那样，无数的后悔或者一个接一个的痛苦的回顾性愿望占据了他们的心智。而这时，如果他们的首领或某一个成员清楚地意识到灾难是由于他的某个错误导致的，一个错误的判断，或者某种心理的或身体的能力欠缺而带来了这场灾难性的后果，自我谴责、耻辱的气愤或者羞愧，会让他的后悔变得更加复杂，并因而产生出一种最痛苦并且非常复杂的情感状态，我们称为懊悔。

悲哀是一种愿望的回顾性情绪，因为它实质上是绵绵的后悔。在不那么严谨的用法上，该词的使用范围有时可以延伸到包含我们称为悲痛（distress）的原始情绪（见本书第163页）。但是就悲哀的本意而言，能够体验到它的只有那些足够成熟、已经具备了爱与虔诚情操的主体。我们在以后的章节中还要对这类感情的性质和结构加以讨论。此处完全可以说，对一个对象具有爱的情怀本质上是由指向该对象抚养冲动的习惯性倾向构成的；每种爱的情怀往往因为在它的系统中掺入了其他冲动而变得复杂。

最纯粹的爱是母爱；同时最典型的悲哀也是母亲失去她所深爱的子女时的那种情绪。让我们来想象一下一个母亲被致命的疾病夺去子女时的情绪吧。在孩子生病的过程中，母亲会经历所有愿望的预期性情绪，出于爱的愿望而去照顾、护理和陪伴其所爱的对象。在孩子生命垂危时，悲痛也许就成了主导性的情绪，母亲徒劳地耗尽了她所有的力量,终日以泪洗面,向上帝或他人寻求帮助。这一阶段很快就让位给纯粹的悲哀或绵绵的后悔,这种柔情和爱的冲动让她爱的对象频繁地、几乎是持续不断地浮现在她的脑海中,在想象中她会细想,如果爱的对象还和她在一起,所有她应该做的,她会在失去他之前做一切该做的事。所有这些回顾性愿望都是令人痛苦的,因为它们必然会遭受挫折,但随着时光的流逝,这种绵绵的冲动会学着在回忆过去的快乐中得到一定程度的满足,得到温柔的对待和回报,并可以通过谈话等类似的活动表达出这一情绪,以让失去的孩子继续荣耀地活在记忆之中。由此,通过部分满足爱的愿望和发现获得这种满足的新方法使悲哀变得甜蜜。

将"悲哀"一词的意义任意延伸到所有痛苦的回顾性愿望中,这是一种令人不快的不严谨用法,因为悲哀在本质上包含了柔情的成分。因此含有憎恨成分的痛苦的回顾性愿望不能被称作悲哀,更合适的叫法是懊恼(chagrin)。它是我们对所恨之人获得成功或自己没能挫败他而产生的后悔。悲伤(grief)一词适合于用来表示与悲哀有紧密关系的情绪,但与悲哀的区别在于,它源于不同的感情,在悲伤中,温柔的保护冲动隶属于广义的自我关注(参见第十七章)。

愉快是一种派生情绪

愉快也是派生性情绪之一,因为与其他派生情绪一样,它暗示或预示了某些在我们身上起作用的强烈愿望,而且,像悲哀一样,就该词的全部含义来说,愉快源自于某种强烈而持久的情感愿望。

我们有时可以说宣布晚餐是一个饥饿之人的愉快,或得到新玩具是一个孩子的愉快。但这又是一个不严谨的用法,它降低了该词的等级。因为"快乐"(pleasure)才是对这种情形的恰当描述,而愉快比快乐更丰富的地方在于,它伴随着对我们无条理的愿望和零星冲动或预期的满足而发生。就发生条件而言,来自于爱的愉快才是悲哀的真正对立面,因为,当悲哀来自于爱的温柔愿望受挫时,愉快则出现在为我们爱的人所做的努力取得成功之际,它在本质上是爱的愿望的累积性满足。但是,愉快与悲哀所不同的地方不只在于它伴随着爱的愿望的成功实现而发生,而悲哀则伴随着爱的愿望受挫而发生,二者的区别还存在于其他两个方面。悲哀本质上是一种回顾性愿望的情绪,而愉快则既来自于回顾性愿望,也来自于前瞻性愿望。更深一层,当悲哀只来自于爱的愿望时,与快乐出现于爱的愿望取得成功时一样,快乐还出现在憎恨的愿望取得成功(或回忆或预期取得成功)之时,尤其是那种被称作复仇的复杂形式的憎恨愿望。

有一种在某些性质上容易变得特别强的愉快来自于一种通常所说的"自恋",但更恰当的说法应该是"自我关注"的感情愿望。对这一类愉快可能更合适的称呼是"得意"。它的主要条件是其他那些羡慕(或我们想象中是羡慕的)我们的成就或优点的人对我们的尊重。这种情绪本质上是在自我关注情怀中结构化的自尊冲动得到满足时的体验。

惊讶

我必须承认,惊讶是一种有些令人困惑的情绪体验。自从笛卡尔区分出原始情绪和次级或混合情绪以来,像愉快和悲哀一样,惊讶也常被归类于原始情绪。但是,很显然,惊讶或多或少地预示了对某个事件发展进程的明确预期,只有在我们突然知道事态与我们的预期相悖时才会体验到惊讶。就如我们所看到的那样,现在这个预期或期待暗示着某个冲动、某个愿望或某个让我们产生期望的讨厌的人/事所起的作用。因此,惊讶取决于或源自于预期性愿望,它也因而成为一种派生情绪。在几乎所有非常惊讶的情况中,派生的情绪会因恐惧或好奇,或二者皆有而更为复杂,而且它很容易被忽略而进入这些原始情绪中的这个或那个情绪状态。正是惊讶的这种复杂性让我们容易忽略它属于派生情绪这一事实。①

原始情绪与派生情绪的区分

我们现在已经讨论了最重要的几类派生情绪。学生应该清楚地理解它们与原始情绪之间的区别。最重要的几点区别如下:(1)原始情绪是作为想到某个对象或情况的直接结果而出现的;只要这个对象或情况被领会,(原始情绪就会出现,)它不预示其他冲动的活动,也不以其他正在活动的冲动为条件。②另一方面,所有情况下的派生情绪都假定并以某个已经起作用的冲动、愿望或厌恶的对象为条件,并且是关于冲动所指向的对象的一个新认知的产物。(2)其次,每个原始情绪都来自于并象征着一个相应的本能

---

① 我怀疑最熟练的画家能否在某种程度上描绘出"惊讶"与恐惧和好奇的明确区别。

② 除了愤怒以外。

倾向的兴奋，而每个派生情绪与任何一个本能倾向之间并没有这样的稳定关系，反而可能在处理任何一个本能冲动的过程中产生于成熟的心智中。(3)原始情绪也许会被说成是一种动力(多少有点轻率却没有严重错误的说法)，因为它总是伴随着指向某个特定目标的冲动，这个冲动，就如我们所看到的那样，正是我们通常所说的情绪的重要特征。许多心理学家和大众语言以及文学传统一样，使用同样的描述方式，认可了将原始情绪视作动力或能量的合理性。另一方面，却不能将派生情绪当作一种动力。它们只是本能冲动活动过程中的伴随事件，本能冲动才是真正唯一的激发和维持思维与行动的力量。①

在文学传统或大众语言中还有一类动力或能量，它们被归结为诸如希望、焦虑或愉快等这类情绪，它们实际上是愿望的能量，正是从愿望中衍生出了这一系列派生情绪。这一能量通过令人愉快的成功预期在希望和愉快情绪中得以增强，通过失败的预期在焦虑和失望中被削减或抑制，以及通过所有的行动挫败而在悲哀

---

① 确实，在大众语言以及很多文学作品中，派生情绪被当作是一种动力。诗人们尤其容易将希望、失望、愉快、悲哀和惊讶等情绪拟人化，作为管理我们的思维和行动的代理人，就如他们将原始情绪拟人化一样。但是，尽管心理学家应该留心这些诗人，他不应该盲从这些诗歌的惯例。现在很可能没有什么性格或行为的性质没有被某些诗人、画家或雕刻家所拟人化了。我们可以钦佩雪莱华丽的赞美诗，《主》，通过他，每一个不被承认是独立力量或人格要素的人物被描写得如此美丽。在这几页讨论中，我们可以看到在原始情绪和派生情绪之间存在区别的证据，虽然艺术家们并不难于使用面部表情来表现重要的原始情绪，事实上，他们常借助于派生情绪这一间接方式来表现重要的原始情绪。因此，在像 G. F. 沃兹这样伟大的艺术家描绘希望时，他画了一个蒙着面纱的少女，而画的意义则是象征性地通过少女所站的位置和姿态以及她破碎的七弦竖琴来表达。

中染上痛苦的色彩。①

(4) 由于每个原始情绪都来自于一种倾向，这种倾向是有机体构造的一种持久特征，因此，如果说这些情绪是在感情中变得结构化了，不会引起严重的误解；尽管在更严格的意义上，它们是相关本能的情感意志倾向的组织和结合的结果（参见第十七章）。另一方面，假定任何派生情绪（或与任何派生情绪相关的任何倾向）能因此在心理结构中变得有组织，这可能会犯一个严重错误，因为没有派生情绪来自于任何一个持久的倾向，而如我们所看到的那样，所有派生情绪都是从一个或所有意志倾向的活动过程中产生出来的伴生性事件。②

"感情"一词的用法

大家都公认快乐和痛苦是感情的典型类型。"感情"（feeling）一词被某些心理学家以一种非常宽泛的方式来加以使用。像赫伯特·斯宾塞这样的许多原子论者或马赛克主义心理学家通过并置、黏合、联系、融合、合成等方式，把"感情"一词当作他们所设想的"意识"的虚构的组成成分的通用名称使用。另一些原子论者认

---

① 那么，读者也许会问：什么是"绝望的力量"呢？我回答，这是一个令人误解的短语，绝望是没有力量的。如果在绝望中存在着任何愿望的力量，那它会转变为后悔。所谓"绝望的力量"是当一个人所处的情景变得"令人绝望"，把所有的防范、自我控制和预先构想的行动计划都抛到一边，并且任由自己原始的本能冲动和原始情绪起作用时所产生的那种力量。

② 那么，什么是"乐观倾向"呢？我们又必须小心被这种不严谨且不做区分的用法误导了。对于通用这一术语来表示的人格品质更恰当的说法应该是"乐观的脾气"（temper）。关于"脾气"的介绍见接下来的章节。

为感情本身不是"意识"或者心智实体的构成元素,而把它们当作构成元素的属性,他们把这些构成元素称为"感觉"(sensation)。按照这一学派的说法,感情因而归属于"感觉"的范畴,并且每种"感觉"都被说成是带有感情属性或带有感情调子,如同它被认为具有强度属性一样。这是个笨拙而无益的描述感情真相的方式。就如我们已看到的那样,感情只能是一个主体的体验,是你、我、他、她或它感受到或体验到的快乐或痛苦、愉快或难受;而原子论观点却把感觉当作一个粒子,并认为这个感觉粒子上附着了更小的快乐和痛苦粒子,或携带着快乐或痛苦的属性,这种观点是多么荒谬;尽管像冯特、闵斯特伯格和铁钦纳这样卓越的心理学家都赞同这样的描述方式。正是在关于感情事实的研究领域中,马赛克心理学的无能和无法逾越的困难就一览无余了。

感情的多样性

有些权威人士只看到感情的两种属性,即快乐和痛苦。然而在严格意义上使用"感情"一词的其他人会看到更多种类的感情属性。例如,冯特建议除了快乐和痛苦之外,还要对紧张与轻松、兴奋与抑郁进行区分。在我看来,他对这个词条的使用制造了一个令人困惑的认识,即将现实的意志体验当作是一种不可还原的模式。

我们已经看到快乐和痛苦受制于认知与意志的相互作用,对意志取得的进步或成功的认知决定着快乐,对意志受阻或失败的认知决定着痛苦。现在派生情绪以相似的方式受到制约,在所有情况中,它们是意志、愿望获得成功或遭到失败的可能性的想象性认知的结果，它们来源于意志和愿望。而且，像快乐和痛苦一样，它们绝不是感官的感受（也就是，它们不像原始情绪那样，具有特有的感觉印象、本能、动觉或其他性质）而是真正主观上的，它们不能通过任何想象的延伸而划归为我们思维对象的一部分。我可以怀有希望地看着一个绝望或沮丧的学生，或者失望地看着一个有希望的学生，或怀有希望地看着一个有希望的学生，而且，虽然大众语言含糊不清地使用这些词语，很明显，即使是在最后一种情况下，我的希望是如此明显地属于我，而学生的希望是如此明显地属于他自己，即使是最倔强的哲学家也很难成功地迷惑我们。

因此，派生情绪在严格意义上来讲就是感情或性感。它们也许可以具有一定合理性地被认为是由基本形式的感情、快乐和痛苦的分化所造成的。这一分化伴随着想象力的发展，以及随着心理发展而逐渐增强地将快乐与痛苦结合起来的能力。

愉快和痛苦的混合

刚才的最后一句话需要进一步的解释。一个已经得到广泛认可的观点认为快乐和痛苦是两个不能同时存在的对立面，因为每一个都会抵消或中和另一个，就像在溶液中的酸和碱一样；类似的观点也认为它们是进行代数计算中加减号所以主体的感性调子通常要么是快乐的要么是痛苦的，或者，如果快乐或痛苦的影响是相应平衡的，那么主体的感性调子就是中性的（即，没有感性体验）。在对由快乐和痛苦结合而成的感性状态进行识别时，我毫不犹豫地拒绝这一学说而跟随了斯托特教授。通过对诸如遗憾和悲哀之类情绪例子的分析，最清楚地说明了这一点。在这两种情绪中，快乐和痛苦似乎按各种比例混合,从慈悲心肠的人在目击和共情到他无力减轻的痛苦时体验到的非常痛苦的遗憾,到一个救死扶伤的天使从帮助减轻痛苦中获得最大满足,只要不是完全地消除痛苦,她在一定程度上所分享到的甜蜜的遗憾。或者,再比如母亲亲吻小家伙的伤痕以缓解他的疼痛时的感性。"离别是一种甜蜜的忧愁。"深谙人类心灵秘密的大师这样描写道,恋人分离时的痛苦因为重聚的期待而变得甜蜜。①

感情与情绪的分离

我们现在能够理解为什么在涉及"感情"和"情绪"这些术语时会有如此多的困惑和不确定性;而我们现在能够解开这一困惑了。我们已经看到原始情绪的特别属性在很大程度上源自于由伴随着本能活动而产生的身体调节所带来的内脏感觉印象。我们已经在

---

① 通过一个设计非常精巧的关于情感的实验研究(《快乐与不快乐》,《英国心理学期刊(单篇论文增刊)》,第 VI 卷),A. 沃尔格穆特博士得出结论,快乐和痛苦不只可以以情感的混合状态方式共存,而且不同起源的快乐(或痛苦)也可以在没有混合的情况下共存,而且快乐和痛苦也可以在没有混合的情况下共存。这些后来的报告也许还有值得讨论的地方,但我认为,没有理由去怀疑快乐和痛苦可以共存并以一定的程度混合。就像一个反应机敏的男孩反驳我的问题时所说的那样,也许可以用三个词来描述这一事实,"吃柠檬"(eating a lemon)。以及另一个人所建议的"期待甜点的快乐和等待它的痛苦"。我们对一处美景的情绪反应印证了不比遗憾和悲哀更差的事实。我们中有许多人都会在身临美景时发现一种奇特的痛苦,与此同时,我们也为身临其中而感到快乐。诗人们反复表达了这一事实,例如丁尼生的诗句:

眼泪,徒劳的眼泪,我不知道它们的含义,
来自某个神圣的绝望深渊的泪滴,
上升到心中,聚集在凝视秋天幸福田野的双眸里,
聚集在想到那些日子已不再存在的心底。

很大程度上承认了詹姆斯-兰格理论的合理性。但是,在成熟的心智中,原始情绪(或者原始情绪的任何一种结合)的每一次兴奋都涉及意志以及对于意志取得成功或遭到失败的程度和可能性的认知。因此,在我们对原始和混合情绪的实际体验中,它们被派生情绪或感情弄得复杂了;它们被染上了希望、焦虑、愉快、悲哀、惊讶或单一的快乐或痛苦的色彩。也就是说,这样的体验和情绪一样也是感性,因此大众语言几乎是互换地使用这两个词语。

第十三章 脾气、性情、气质和心境

这四个词都是常用词,而且跟所有类似的词一样,如果被用于科学叙述的话,就需要做某种界定和限制。我们先对前三个词进行界定,以区别出三个不同的方面。不管个体继承了多少相同的本能倾向和相同程度及类型的智力,也不管个体受到多少相同的环境和教育影响,在这三个方面,人与人之间还是可能存在着广泛的差异。

脾气

一个人的"脾气"是他的本能倾向的总和。有可能在某些个体身上一个或多个本能是完全缺乏的,就像我们在某些驯养的动物身上所看到的那样。[①]且不说那样的可能性有多大,显而易见的是,个体继承的本能冲动在强度上是存在很大差异的。因此,有些人或某些民族的好奇本能似乎天生要弱一些,而其他一些人或民族在这方面天生就更强烈。在其他本能冲动上似乎也存在这种相同的事实,尤其是性、恐惧、愤怒、自我肯定和服从以及社交的冲

---

① 我提醒读者,本能极有可能是以孟德尔单位(遗传的)。

第十三章 脾气、性情、气质和心境

动。①当某种本能倾向非常突出地强烈时,它就成了个体"脾气"的特征。因此,当一个人生性极其好斗时,我们就说他具有好斗的脾气。我们有一个很简便的方法来演示这一事实,先列出一个本能清单,然后写出一些我们常用的形容词来表示相对应的脾气过度强烈或极端倾向地表现出来的特征,如下表:

本能冲动	脾气
愤怒的冲动	易怒的或好斗的
好奇的冲动	好奇的、好问的、或爱追究的
恐惧的冲动	胆小的、谨慎的、或害怕的
生殖的冲动	好色的或多情的
觅食的冲动	贪吃的或贪婪的
自我肯定的冲动	虚荣的、自豪的、自负的、炫耀的、或有野心的
服从的冲动	谦卑的、谦恭的、服从的、或温顺的
群居的冲动	合群的、好交际的
排斥的冲动	苛刻的或挑剔的
可得性冲动	贪得的、吝啬的、或节约的
笑的冲动	愉快的、快乐的
悲痛的冲动	抱怨的、悲哀的、或依赖的

那些候选的形容词不是作为严格的同义词来使用,而是暗示

---

① 在一本名为《美国的民主是安全的吗?》的小书中,我汇集了关于这类种族差异的一些证据。

主导性冲动不同的习惯性表现形式。本能冲动和我们机体的其他所有秉性一样，服从用则进废则退的规律，很显然，如果一个人的某一种本能倾向被自然赋予了过度强大的力量，为了保持各种本能倾向的平衡发展，有效的训练和理智的自我控制的监控和约束是必须的，如果这个过于强大的本能没有受到这些限制，那么，相对于其他倾向而言，它就会越加趋于增强。这是不和谐与不平衡个性最常见的来源之一，在这种情况下，个性也许看上去仅仅是一个贪食或好色、虚荣心或兴奋性的集合。学生应该注意到在这一用法中，此处"脾气"一词与先前章节中所用到的"脾气"一词虽然有关，却有非常不同的含义。这两个含义应该不会导致混淆不清。

性情

在说到一个人的性情时，我们的意思是某些与脾气和气质虽然不同却相关的东西。我们可以说一个人性情是暴躁的、坚定的、易变的、冲动的、乐观的、悲观的。用类似的短语描述的人格特质不能用某些本能倾向的相对强度来解释。浮躁、坚定不移、满怀希望、冲动和悲观，这些都是其拥有者在所有情况下都倾向于表现出来的品质，而不论是哪种动机、哪种冲动或愿望在对他起作用。一个人的性情似乎是在内部对他起作用的意志冲动的一种表达方式。我认为有三种主要方法能让冲动在不同人身上起到不同的作用，即涉及(1)力量，强度，或紧急性；(2)持续性；(3)易感性。我用"易感性"这个词来指冲动受快乐和痛苦影响的程度。很明显，有些人比其他人更易于受困难和阻挠之苦的影响，而反复检查自己的做法甚至发生转变，他们也不愿意重新采取其他相类似的行动策略；他们也更易于受进步和成功之喜的影响维持其更强烈的努力行为，并被激发用相似的行动方式进一步投入努力，这类人的性情就是高易感性的。

人的冲动在强度或紧急性方面存在显著差别，这一点似乎是很明确的。一旦被冲动或愿望激发起来，一个暴躁、没耐心且精力充沛的人在达到他的目标之前是不会停下来的，他与那些沉着或迟钝的人之间的区别不仅仅在于缺少自我控制。耐心是一个可以培养的优点；在那些其身上的冲动和愿望的紧急性比别人要低的人身上，耐心也更容易得到体现。

同样清楚的是，人们在冲动和愿望的持久性方面也存在着广泛的差异；而持久性与强度或紧急性之间并没有紧密关系，也不会随之而变。尽管有些人的冲动看上去非常紧急，却只表现出极低的持久性。这种人积极着手去实现愿望或者不耐烦于等待机会到来；但是，如果情况妨碍了他的愿望立即实现，冲动也没有得到更新而是逐渐减弱，那么，留给他的只有对目标的漠不关心和遗忘；他已经转而寻求某个新目标了，而对原来目标的强烈渴望在转瞬之间就消失了。另一方面，有些人的冲动看上去不是非常紧急，他们不容易被激发出行动的愿望，然而一旦他们设定了目标，就会执着地坚持他们的行动方针，或者在每次转移之后一次又一次地回到他们原来的行动方向上。这种持久性在一定程度上是可以培养的，但很明显的是，与紧急性和易感性一样，持久性作为一种先天赋予，在某些人身上多一些，而在另一些人身上少一些。

毫无疑问，一般人先天地在平均水平上拥有了性情的这三个因素，而且大多数人所具有的性情在这三个方面具有相同的、平均的或普通的特征。当其中一个、两个或所有这三个因素天生就存在异常过高或过低的程度差异时，一个人的性情才在他的个性中成为突出的且可觉察的特征。读者会很容易看到这三个因素如何以不同的程度结合起来，构成多种多样的性情，我们用像暴躁、沉着、迟钝、悲观、乐观、焦虑、顽强、固执、坚定不变或多变这样的形容词来表示多种多样的性情。

性情的这三个因素的表现是否是相当普遍的呢？这是一个很重要的问题。也就是说，在人的所有冲动中，这三个因素是否会显示出一致性的程度；或者，在同一个人身上，这些因素可能在某些冲动中以较高的程度表现出来，而在另一些冲动中则表现为较低的程度。我认为可以相信这些因素是普遍的，例如，一个在某些驱力方面具有坚定而固执特性的人，在任何动机中都会表现出同样的特征。然而，我们应该找出性情在易感性程度上存在差异的一个更深层原因来，快乐和痛苦各自对易感性程度的影响并不是完全协调的，它们之间没有密切关系。有些人似乎多受到快乐的影响而极少受痛苦的影响，另一些人则多受到痛苦的影响而极少受快乐的影响。只有辨别出这种可能性差异，我们才能解释清楚乐观与悲观两种性情之间的差别。

气质

一个人的气质可以暂时定义为是在个体所有身体组织中持续进行的新陈代谢或化学变化对他的心理生活所产生的效应的总和。这些效应中有一些是由身体组织中的化学物质通过血液被运输到大脑所产生的，在那里，这些化学物质对神经组织起作用，调

第十三章 脾气、性情、气质和心境

节其神经活动过程。这些化学物质中有一些似乎能影响到神经系统的所有部分,而其他一些则似乎具有高选择性,只影响某些特殊部分或中枢部分,或者比其他化学物质更有影响力。

诸如酒精和氯仿这样的麻醉剂最能够说明极少量的化学物质进入血液就可能对心理生活产生深刻影响。当氯仿蒸汽混在空气中被我们呼吸到,药物会非常迅速地进入血液并由此进入大脑组织,经过几次呼吸后,我们开始意识到心理过程的深层次失调,这一失调变得越来越明显地降低我们的心理活动,直到它完全控制了我们。① 如果人有一个能够通过新陈代谢产生酒精的器官,那么,只要这个器官被激活运行起来,这个人的气质就会发生变化,表现出酒精中毒的特征;因为轻微的醉酒其实就是因为酒精对大脑过程的影响而造成的暂时性气质改变。

可能身体的每一个组织都以这种化学方式来促进气质形成。但是某些组织比其他组织拥有更大更深远的影响。其中最重要的就是几个开放性无管内分泌腺,在相当长的时期内,它们一直看作是相对无用的,或者是退化器官的残余。然而近期的研究显示,分泌物(被称为荷尔蒙或激素)通过某些内分泌腺进入血液,对其他身体组织的生长和新陈代谢,尤其对神经系统的过程产生了深远影响。

这一事实在甲状腺中或许得到了最充分的确定,甲状腺是大量集聚在脖子底部气管附近的软组织。当激素从这一腺体中被大量分泌出来时,神经系统和很多其他组织的进程都被加速了,病人

---

① 关于这方面效应的更详细研究参见第二部分有关酒精章节。

变得过度兴奋,并且除非他能被尽可能地与各种影响和接触隔离开来,他会持续焦躁和激动,而且很快让自己进入消瘦状态。另一方面,如果甲状腺激素分泌量不足,病人会变得懒惰和过度安静,他的心理过程会放慢,在极端情况下他几乎麻木不动。如果甲状腺激素分泌不足的情况出现在一个幼儿身上,身体和心理的发展会过度缓慢,在极端情况下,病人会因此而成为一个呆小的白痴。分泌物的过量或不足是完全可以被中和的,这个事实显示了内分泌所造成的深刻影响;分泌过度通过切除部分腺体来解决,而分泌不足则通过在病人食物中掺入激素(从羊的甲状腺中获得)来解决。

产生了与此几乎相同深远影响的其他腺体有脑垂体(位于大脑底部,其分泌物对于调节整个身体的生长起了重要作用)和覆盖在肾脏上的肾上腺。肾上腺的分泌物,即使非常少量,也会影响小动脉的肌肉,进而对调节血液循环起着重要作用;此外,它还有其他效应,主要是让身体器官做好准备以迎接剧烈而持久的活动。

男性的睾丸和女性的卵巢,这些性腺产生的激素的效应更为特殊。在年轻的有机体中,它们决定着第二性征的发展,如男性的胡须、低沉的嗓音和骨骼突出的骨架。然而,从心理学立场看,性腺激素最重要的作用是作为生殖本能的催化剂,并因而在决定个体的性欲程度时起最重要的作用,虽然在某种程度上我们对这一切还不是非常了解。

对某些人来说,了解到这样一些原理和事实会让他深感不安。而另一些人则满怀欣喜地期待有一天,他们所掌握的这方面知识

第十三章 脾气、性情、气质和心境

能够让我们有效地干预个体发展过程，提升造化的创造。①这些事实至关重要，并且必须得到正视，也要求心理学家对它们进行充分的考察。

身体的各种器官以另外一种方式影响着我们的心理生活，即，在机体健康期间通过提供几乎不断的微弱感觉印象来让它们自己隐约感觉到一个模糊的背景，在这个背景中，我们的思维会或多或少地染上令人愉快或不快的色调或音调。因此，一个完美运转的消化系统常常会给心理一个快乐和满足的调子，而一个运转缓慢、不完美的消化系统可能令其人的气质暴躁、过分担心自己健康，或者忧郁。同样，一个灵活又敏锐的肌肉系统常常会给心理生活带来敏捷灵活的气质特征。

气质的这些因素基本上在每个人的先天体质上就已经确定了。但是它们还是能通过像饮食、气候和药物这样的影响在一定程度上进行调节，而且，这种调节可以通过心理态度和心理体验而体现出来。因此，重复出现的恐惧可以导致慢性的甲状腺化学活性过度。正是在这里心理影响在对健康和疾病的干预中发挥了主要作用，也是在这里发现了健康建议和各种其他形式的心理治疗可能存在的局限，这是我们很不了解的地方。

将神经系统的某些一般体质特性归属到气质的因素中，这似乎是恰当的。它们之中，易疲劳的程度，消除疲劳的容易度和速

---

① 例如，L.伯曼博士（在他的《腺体调节个性》中）巧妙地描绘了一幅色彩非常丰富的画面来表达内分泌所起的作用，而且他几乎假定心理学即将被内分泌学取代。

度,以及可能的、产生抗疲劳素的能力,①对于决定个性的一般效率是很重要的。

最近,C. G. 荣格博士把决定心理发展的过程中同样非常重要的一个因素,即内向性程度提到一个突出位置上。荣格博士区分出内向性和外向性,将它们视作是在一个连续的内向性程度量表上的两个极端情况。所不确定的是内向性或外向性是否可以看作一正值,而另一个端仅仅是这一正值的最低值。然而,一个人的气质在这个量表上所处的位置似乎可能是一种先天的性质,尽管气质的其他因素一样,也易受环境和训练的影响,尤其是在幼年时期。这一问题在本书第二部分中会做更详细的讨论。因此,这样的说法是有充分依据的,即典型的外倾者倾向于将情绪和冲动在行动、语言、手势和所有情绪表达的自然渠道中快速而直接地表现出来。另一方面,内向者则是一个冲动和情绪性激起常常克制在心中,决定沉思和反省而不是表达和行动的人。

已经有够多的证据表明,气质是一种由许多因素共同形成的复杂结果,每一种因素都主要由先天决定,并且在不同程度上接受了环境和心理调控的影响而发生改变。个体的心理发展会因为其气质特性而时常发生这个或那个方向的偏移。在个体心理的所有同化、分化、统觉和习惯形成过程中,心理的选择性活动趋势很大程度上是由气质决定的,因此,两个被赋予了同样性情和智力能力的个体,如果他们具有不同的气质,那么,他们将会以非常不同的

---

① 参见《在正常和疲劳状态期间酒精和其他药物的效应》,梅·史密斯与 W. 麦独孤。皇家印务局,伦敦,1920。

方式发展。气质大大影响着智力和性格的发展。

气质作为如此多不同因素作用的结果,其种类也必然是数不清的,而且任何人的气质都不能通过一个或几个形容词而得到充分的描述。事实上,我们用来描述气质的术语是非常有限的。我们只有很少的几个恰当术语,部分地描述了部分气质类型的特征,这样的形容词包括:活泼、敏捷、迟缓、神经质、积极、易兴奋、迟钝、抑郁和稳定,又尤其是内向的和外向的。

性情、脾气和气质都是由遗传而来的个性的原始材料。在它们的基础上,通过经验和增长的知识与智力的指导而形成性格。

它们贯穿于整个心理发展的过程,事实上,贯穿于整个生命过程,它们彼此影响。尽管它们存在于先天体质中,但也可以通过审慎的指导和自我训练来改变。明智的教育主要在于持续地影响这三个复杂的体质因素,对于纠正任何先天缺陷或三者之间的失衡也许是极有用的。

心境

在结束这一章之前,我必须说说心境这个词。心境在某些方面是明显与情绪相关的。我们的描述中会说到愤怒、谨慎、社交、感激、助人、失望、有礼貌、对立、服从以及许多其他心境。

也就是说,在谈及心境时我们会用那些我们用来区分情绪和冲动的名称。心境显然是一个直接经验的感情—意志事实。我们不只通过我们的态度和行为来表现心境,我们还常常直接意识到心境的存在。我们知道,即使是在某些性质完全不同的情绪和倾向占主导地位的时候,心境也可以持续存在。因此,当我处于愤怒的心境中时,我也许会发出笑声或感到遗憾,愤怒的心境被完全驱除了。一旦在这个过程中情绪耗尽了,心境也许会重新表现出来。心境通常由某种强烈情绪所唤起,但是这种情绪却因为种种原因没有得到表现。①当我们不再思索那些激起情绪的对象或情境,也没有情绪的自由表达时,心境依然持续,仿佛它是情绪共鸣的回声。

从根本上说,心境在一定程度上意味着意志和情绪的潜意识的遗存,是感情-意志倾向的亚兴奋状态。无疑,这个亚兴奋常常受到情绪组织的共鸣残留物的推动,有时候可能是受化学残留物的推动。事实上,我们不能在情绪和相应的心境之间画出一条清晰的界线,我们只能用这种办法对情绪和心境进行区分,如果我们还继续想唤起它的对象,我们就把感情-意志性兴奋称为"情绪";如果我们已经停止了关于这个对象的思维,感情—意志性兴奋仍然存留着,我们就可以称之为心境。为了这样的区分,我们必须承认,情绪通常会在兴奋完全消失之前下降为一种心境。

心境让我们特别容易受到相关情绪再次兴奋的影响。因此,如果你最近受过惊吓或体验到强烈的恐惧,那么,你会更容易再次受到惊吓。因为比起完全静止不动的状态,恐惧倾向存留下来的亚兴奋会很容易受一个新兴奋的影响。或者,如果你最近很生气,并且没让你的愤怒情绪通过行动得到充分宣泄,那么我们可以预见,你会在一段时间里持续感到烦躁不安,或处于一种烦躁不安的心境中。只要心境还存在着,冲动似乎就在寻找一个对象,并倾向

---

① 因此,内向型比外向型更容易受到心境的影响。

于紧抓住这个对象,从中获得新的刺激,而这些对象在其他时候是不能唤起情绪的。就像处于愤怒的心境时,你的怒火会在任何行动遭遇最轻微的阻碍时重新爆发出来,一个卡住的门把手,一支洒出墨水的笔,一只在你鼻子上挠痒或在窗户玻璃上发出嗡嗡声害你不能专心阅读的苍蝇,这些微不足道的事情都可能让你愤然发怒。

由未化解的情绪倾向的冲突而导致的心境最持久,最近似于病态。因此,如果你被某个亲近的人伤害过或冒犯过,只要你还没有化解你对他的愤怒与你对他的习惯性亲爱倾向之间的冲突,那你会体验到一种模糊的不适感。更进一步,如果因为缺乏自我控制,你不公平地指责或责怪或责骂你所爱的那个人,那你会让自己陷于不安的心境,也许会让你整天都焦虑不已,并妨碍你的所有行动,直到你采取措施,通过坦诚的道歉或以某种方式向那人表达你的悔意,从而"让自己恢复平静"。

某些心境可能主要来源于机体条件,这些机体条件通过我们在气质部分考察过的化学方式或其他方式,使得主体强烈地倾向于某种情绪兴奋。因此,众所周知,消化不良、痛风和糖尿病带来了易怒的心境,而甲状腺活性过度带来了担心或胆怯的心境。在其他长期存在的病态心境中,我们自然会猜想机体因素的存在,如同兴致勃勃是躁郁症在抑郁阶段的一个主要症状那样。如果没有越过正常的界线,这种病态心境往往会去寻找一个合适的对象,而不是以妄想和幻觉的方式创造出虚幻的对象。这就是所谓的"合理化"过程。①

---

① 参见第二部分。

第十四章 信念与怀疑

我们已经看到复杂感情是由认知与意志的相互作用而产生的,鉴于已确定的用法,我们把这种复杂感情称为"派生情绪"。信念与怀疑是基于同样条件的两种感性状态。它们同样也是派生的"情绪",但由于信念和怀疑在心理学中特别重要和具有难度,我把它们单独放在一章来讨论。在过去,由于知性论者的传统在心理学界的统治地位,它们常常被当作是心智在纯粹的智力活动或认知过程中产生出来的纯粹的智力成果或状态。

信念不是"不可分割的联想"

联想心理学把信念描述和解释为"不可分割的联想"的持续状态。据说,如果两个"观念"一个接一个地在"意识"中反复出现,它们会越来越紧密相连,直到最后,它们中的一个出现在"意识"中,而另一个就不可能不随即出现。例如,在某种场合中我无数次用右手抓住我的左手腕,同样,每次在这样的场合中,我都感受到手腕是固体并且是稳固的;于是,我的左手腕的"观念"与固体的"观念"形成了"不可分割的联想",并且,一旦我的左手腕的"观念"进入"意识",固体的"观念"就会随即跟进;也就是说,我相信我的手腕代表了固体。这种解释的荒谬是显而易见的,我们仔细想想,根据这一理论,无论固体的"观念"何时进入"意识",它都应该是紧随在我左手的观念之后的;这显然是无稽之谈。

再者,任何出现在我们眼前的有颜色和不透明的物体都会在某种程度上让我们的触摸遇到阻力,于是,不透明的颜色与固体就形成了不可分的联合,无论何时我看到一个不透明有颜色的表面,我会相信它在某种程度上是坚实并厚重的,而且还占有一定的空间。或者,每次当我接触到坚实固体的表面时,我发现它的周围还存在更多的空间并有移动的余地,因此,更多空间的"观念"就不可分地与对固体表面的每一次体验联合起来,我必然相信,在各种情况下它周围都存在更多的空间,而不能设想有任何空间限制。反之,如果我一直住在一个完全封闭的房间里,我会必然相信(即使它的墙壁是透明的)我的牢房墙壁限制住了空间。

另一方面,詹姆斯和其他一些心理学家则声称,信念是一种情绪。但是詹姆斯明智地没有试图将这应用于他著名的理论中,没有试图将信念放入任何一个机体感觉的复合体中,这是一个不可能完成的任务,因为信念和怀疑与那些感情模式(信心、希望、焦虑等)是紧密相连的,我们在前面的章节已经把它们列为"派生情绪",必须承认,把它们叫做情绪是恰当的,但这是有所保留的说法,我们对于固有情绪(原始和次级情绪)与派生"情绪"之间的区别和性质差异的认识暗示了这一点。

那么,信念和怀疑是如何与派生"情绪"相关的呢?首先我们必须注意到,"观念"和"怀疑"这两个术语只能正确地应用于成熟心理的体验中。我们不能在儿童或动物身上谈论信念。对于认出主人的狗或一见就认出父亲并立即迎接他的小孩,不能被说成相信靠近的身影是它的主人(或他的父亲)的。然而,可以说成他/它自信地去迎接或靠近父亲/主人。所有的原始知觉,作为识别本身就涉及了信心问题,就如古语说的"眼见为实"。按同样的方式,狗(或小孩)表现出犹豫要不要靠近熟悉的人,在迎接和撤退或敌对的态度之间摇摆不定,这也不能说成是怀疑,但可以说它正处于焦虑或希望的状态。①

于是,信念就是一个在智力水平上的信心,而怀疑是在同样水平上对明确提出的观点的犹豫或焦虑。信念会随着智力的发展而逐渐长成为信心,信念和观念之间并没有清晰的界线。信念,按这个词的最充分意义来看,肯定先于怀疑,也先于判断中的质疑态度,信念会让对问题的回答重新回到"是"或"否"上。

想象你自己正出门去会见一个期盼已久的朋友。远处一个身影走近你,但是你不能确切地认出你的朋友。像那条狗或那个孩子一样,你犹豫着,被矛盾的冲动推着继续向前走。但是,与狗不一样的是,你提出了你的问题——是 A,或不是 A? 你暂时停止进行判断,你不只是焦虑,还开始怀疑。当你们离得更近时,你确定认出他来,通过知觉判断,你的怀疑突然转变成了信念。确定的知觉只是怀疑可能被信念所取代的三种方法之一。第二种方法是通过与其他人的交流来确定你的判断,并使信念取代怀疑。如果对

---

① 我曾多次被我的狗以这样的方式来迎接。当我走近花园的大门时,它也许正躺在我房子的门前,我离它大概有 70 码远。它会吠叫并威胁地接近我。如果我没有反应,在某个距离处时它会在威胁和欢迎的迹象之间摇摆不定,此时我的声音一下子解决了它的犹豫。这种伴有对立冲动的冲突的犹豫,就是在动物或儿童身上出现的与成熟心理的怀疑相一致的状态。

第十四章 信念与怀疑

识别感到疑惑,一个视力比你好的朋友站在你身边对你说"是的,那是 A"或"不,那不是 A",或者给你一个望远镜,你暂时停止做的判断可能会因为朋友的信息(或来自望远镜的信息)而确定下来,并且你的怀疑也转换成为信念。

第三,怀疑可以通过推理而转换为信念。情况可能是这样的,远处的身影在你心里暗示那是你的朋友 A,但你还不能肯定。然后你记起一个小时前 A 站在轮船上,你跟他道别,那艘轮船离开码头开往一个遥远的国度。马上你的怀疑就转变为否定的信念——这不是 A。而且如果离得更近,这个身影看上去与 A 一模一样,你断定那一定是一个"复制品"或 A 的孪生兄弟。这一信念通常是通过一个内隐的推理过程来决定的。但是,如果你身边的朋友对你的新信念表示质疑,并说:"那肯定是 A,"你会用一些像"我相信 A 在船上而且已经驶向越来越远的海域了。我相信一个人不能同时在两个地方。因此我相信这不是 A"这样的方式来解释你的推理。

意动与信念

不管信念是通过这三种方式中的哪一种建立起来的,所有的判断都是从先前的信念中通过知觉、交流和推理建立起来的。所有这些都是外显的认知过程,因此,对信念的理智解释得到了普遍认同。但现在要注意到,如同在所有的思维中一样,意志因素在这些过程中都起着主要作用。如果你对 A 及其行踪或对正在靠近的身影的身份不感兴趣,那么,你既不会产生相信,也不会产生怀疑的信念。但是,如果你对正靠近的这个身影的身份具有越强烈的兴趣,你怀疑或相信的程度就会越强烈。假定它对你是一个关乎生死的问题,假定你正在敌方国家进行侦察,那么你的问题会是:这个靠近的身影是朋友还是敌人?然后你的怀疑可能会令人烦恼地强烈,而当你的怀疑被消除后,你的信念也会具有与之前的怀疑相一致的强度。

  让我们回去想象那伙极地考察者。我们想象他们几近精疲力竭而且他们的食物供给也已用完,但是他们到达了一个首领承诺会在那里迎接他们并给他们带来新供给的地点。约定的时间已经过去了,时间一点一点地过去,他们焦急地扫视雪地,想要找到一些首领到来的迹象。终于,他们看到远处有几个模糊的影子在冰面上慢慢移动。乐观的 A 站起来喊道:"他们来了!"而悲观的 B 则说:"不是,那是企鹅,你这个傻瓜!"[①]第三个人,脾气温和的 C 则焦急地仔细观察着远处的黑影。他暂时停止了判断,处于怀疑状态,既不肯定,也不否定。这三个人以非常不同的方式做出反应,但都不是漠不关心的,因为他们都强烈渴望那些远处的黑影可以被证明是他们的首领,因此,他们心理上都是主动的。他们都被迫对目标进行判断以及回答问题:"那些是我们的首领吗?"A 肯定,B 否定,C 则延迟判断。A 的肯定判断带来了信念。B 的否定判断带来了不相信。C 的持续的延迟判断就是怀疑的状态。远处物体所呈现的感觉模式不足以决定我们的认识。但是 A 的愿望,由于受到令人愉快的预期的加强,而使用想象去填涂模糊的图案,所以,他清晰地看到了人的轮廓,甚至用名字来确定那些人的身

---

① 这是一个常犯的错误,由普里斯特利少校告诉我们。(引证)。

份,想象影响并补充着最微小的感觉线索。

A 和 B 开始争论起来,两人都坚决主张和维护自己的观点,在他们身上,自我肯定的冲动开始起作用并加强他们信或不信的态度。另一方面,C 依然拿不定主意。他权衡 A 与 B 的论点,但没一个说服了他。B 停止了争吵并感到失望或绝望地坐了下来。A 继续肯定他的信念并信心十足地说:"快点,C,让我们去迎接他们!" A 的信心巧妙地影响了 C,引起了 C 的服从冲动,对 C 站到肯定的那一边起了作用,也就是说,A 通过暗示影响了 C。C 半信半疑,当 A 满怀信心地阔步前进时,C 跟随着他向前走,希望和焦虑在他心中交替出现,他的怀疑并没有完全消除。

此处我们已经举例说明了决定信念的三种心境,以及信念是在智力水平上对明确提出的观点的一种信心感或"情绪",而怀疑则是在同样水平上的焦虑情绪。在信念和信心中,愿望被令人愉快的对渴望目标的预期所强化,并简单地通过身体或心理的活动来影响朝向目标的活动。在怀疑和焦虑中,冲动或愿望因为对失败的痛苦预期而被审视,并且想象除了描述目标和实现它的途径之外,还描述了各种替代选择。

由此,信念是对一个命题或观点的信心。怀疑是对一个命题或观点的焦虑或担心。它们都不是只由认知所决定的,它们产生于认知和意志冲动的相互作用——两者都是必要的。而且冲动或愿望越强,信念或怀疑的情绪就越强烈。

判断让怀疑皈依信念

那么,怀疑是如何转变的呢?它是如何被信念所取代的?回答是:通过正向或负向的判断,通过肯定或否定。

暗示①也许会在肯定的那边唤起服从的冲动。在催眠状态下,易受暗示性会大大增长,重复的声明可能导致主体接受和支持最不可信的命题,并做出非常错误的识别,甚至是幻觉的识别,正像任何强烈愿望都能够决定预期那样,愿望还可以决定错误的识别、错觉,甚至是某些人身上的幻觉。

第二,愿望可以维持在行动和知觉水平上的调查研究的进程。我们通过试误法来连续检验对象,就是说,我们寻找至今未被认识的符号,想象性地假设它们的含义并力图在知觉上证实它们。第三,我们可以通过试误法在想象水平上引导调查研究的进程,这就是推理。在这两种情况下我们形成了假设,即一个试验性的行动计划。在一种情况下,我们通过身体运动和知觉来成功或失败地验证了假设。在另一种情况下,我们在纯粹的想象中成功或失败地完成了计划。这两种情况中所用的方法本质上是相似的,而且我们的程序常常部分是知觉的,部分是想象的。我们说"如果这是X,它将会显示出 Y 来",然后我们继续去发现它是否显示出 Y来。例如,在极地考察者的例子中,这个程序也许是如此进行的:"人们朝着目标稳步前进,而这些黑影没有迎着过来,所以那不是人,而是企鹅。"

注意,在所有情况下,信念一词在更大范围的意义上包含了记忆的意思。它通常含有关于过去经验的意思。很明显的是,信念产生于知觉判断或知觉识别。让我认出一个人,说出并相信"这是

---

① 暗示将会在第二部分做更详细的讨论。它为意志因素在判断中所起的主导作用提供了最突出的证据。

X",只有我以前见过或想到过 X 才让 X 这个词具有意义。虽然我的信念是由暗示所决定的,但它仍然会用到先前关于 X 的想法。同样,如果我的判断和随之产生的信念是由推理所决定的,它仍然会参考之前的想法。

由判断所建立的某些信念完全存在于记忆之中,就如当我被问道:"你上次是什么时候见到 X 的?"沉思一会儿后,我回道:"昨天早上。"如果这个信念受到挑战,或者我的断言遭到否定,我也许会屈服于暗示,做出一个新的判断,并相信"不,我昨天没有见到他",或者我可能会陷入怀疑中。然后我也许会设法通过回忆各种伴随的情况来消除疑虑。如果所有这些情况都是一致的,我会不再怀疑,我的第一判断重新出现并且建立起信念来。①

---

① 有关意志因素在信念建立中的重要性的更进一步证据是由"合理化"过程来提供的。这个合理化过程,即使是它的温和形式也在日常生活中起着重要作用,而在它的极端形式下,则会带来严重的心理障碍,尤其是妄想症的症状增加。因此我们会在第二部分对它进行讨论。但这里可以用一个简单的例子来阐释这个原理。一个进入催眠状态并在之后完全回忆不起催眠期间发生的事件的人,也许会得到一些简单的"后催眠暗示",例如,他可能被告知,在他醒来出现一定的信号后,他将执行某个简单的系列动作,比如从椅子上站起来,打开窗户并上下看看街道。当规定的信号出现时,这个被催眠的人以最自然的方式起身完成这些动作并回到他的座位上。然后你问他——为什么你要看窗外? 多半他会为他的行为给出一个完美的"合理"解释。例如,他也许会说:"我突然想起某某人可能在这里叫我,也许找不到这座房子。"也就是说,他并不知道驱使他的冲动的性质和来源(服从冲动通过催眠师的"暗示"指导了这一系列动作),他以完美的诚意编造了一个解释并提出一个看似合理的动机来取代真正的动机。这样的例子生动阐明了我们的行为动机和信念容易在我们面前显得模糊不清,所以不论我们有多真诚,在试图表达我们的动机或信念依据时还是很容易犯错误。在这种情况下,我们自然会寻找对于我们的行为或信念的一个"合理的"解释,即,一个看上去似乎合理或可理性辩解的解释,我们常常出于我们尚未了解的动机来采取行动或产生信任,但是,我们一直在力求按照"充分理由"原理来解释我们的行动或信念。事实是,我们的动机对我们而言通常是如此模糊不清,以致心理学用唤起"潜意识"的方式给了一切事物一个看似合理的解释。

注意，即使在这些由记忆所决定的信念中，两个印象或观念之间的连接多次重复所决定的不可分割的联想与这种情况毫无关系。问题也许是——昨天中午你见到 X 了吗？如果我清晰地记得昨天中午钟敲响十二点时见到了 X，我会确信地回答"是的。"此处我的信念是由自然情况下事件不会重复发生这一知觉经验所决定的。

对事物真实性的信念

还有一个更深层次的问题。当我们做一个判断，用一个命题来表达这个判断并相信该命题是正确的时候，我们常常暗示了命题主体的真实性，在这个意义上，我们设想这个主体是某种具有一定连续性的实体，即使发生着变化却仍然能保留自我同一性。

我们是如何对那些在不同场合表现出不同的性质，即使经受了某些方面的变化也还持续存在的事物和实体形成这个信念的呢？

如果人的物质世界在发生永久的变化，变化是如此迅速，以致没有事物能够在我们的知觉中固定不变（类似于一系列"重叠画面"或在疾驰的列车上看窗外的风景），那么，我们是否应该建立这个将事物看作持续存在的实体的信念呢？

答案似乎是，我们至少应该能够构想它们的性质并对它们的相似性和差异性做出判断，尽管我们不会从事物中建立信念。

但这只有凭借经验主体本身的连续性才能成为可能。经验主体自身属于在变化中持续存在的实体类型，我们对其他那些我们设想的事物和人的持续性与自我同一性的信念是建立在我们自身

第十四章　信念与怀疑

的连续性和自我同一性基础上的。

那么,这一信念是如何建立的呢？感觉主义者对这一信念的解释是笼统的,如下所述:经验是一种永恒的感觉,但不管我们从外部世界所获得的感觉有多么不稳定,多么波动,我们体验到的大量感觉尽管会有较小的变化,但仍然具有相当的稳定性。这就是大多数身体感觉,存在感,包括来自于我们所有身体器官的感觉,特别是来自于我们内脏器官的感觉。这组相对稳定的感觉是我们人格的核心,是我们对自己的个人同一性和持续性信念的基础。而且感觉主义者认为,如果这组感觉,即存在感也发生了彻底的、快速的变化,我们将会失去我们对自身同一性的信念。我们可以用这样的例子来支持这一观点:病人拒绝承认自己的身份,说以前的自己已经死了或在远方,并给自己取了一个新名字。[①]这样的一些例子中,确实有证据说明存在感发生了深刻改变,例如身体器官可能存在大面积的感觉缺失。但是,该学说并没有因此而得到证实。有其他许多例子说明了存在感的巨大改变并没有干扰对个人同一性的信念。比如在晕船和其他机体疾病中以及每一次强烈的情绪兴奋时,存在感都会发生深刻改变。但是,尽管我们也许会说"我几乎察觉不到我是同一个人了",这只是一种生动的表达,我们相信自己是同一个人,尽管发生了变化。

显然,记忆在这里是基础性的。我们只能通过记忆将现在与过去联系起来。没有记忆的话,我们不能意识到变化,不管这种变化是多么剧烈和彻底或是多么轻微和局部。而且记忆不只是再次

[①] 参见第二部分中对本类例子的解释。

获得相同的"感觉"。

再补充一点，是记忆给予了关于"感觉"流的经验以力量，也是记忆确保了存在感作为一种相对稳定的核心而进入所有的经验。那是否就解释了我们首先对自己、其次对其他人和事的同一性和真实性的信念呢？

这就是触及感觉主义者和策动心理学家们最基础问题的地方。感觉主义者的心理学回答"是"。策动心理学则说"不是"。它维护着个人同一性的核心，我们对自己的真实性和持续性的基础，这是关于有目的的努力、活动、使出的劲或力量、分析与行动和追求一个目标的经验，这种经验是基础性的、唯一的，并且不能被分解为或认为等同于任何一种感觉性质。这种对于机体中涌动的生命潮汐的直接意识，与我们过去努力的记忆一起，是我们对于自己作为持续性实体的信念的基础。

这个观点的依据是什么呢？首先，和感觉主义者的学说一样，但是更进一步，我们可以援引病理学的证据。在完全发展为双重或多重人格身上，我们常常发现两个改变：第一个是记忆的不连续性，第二个是意志倾向的彻底变化。改变了的人格或第二人格可能具有关于正常人格的某些过去经验的知识，但是不能回忆起来作为他自己的经验，他知道它们仅仅就像他知道你的或我的过去那样。而且他的冲动和愿望体系是完全不同的。他有一套独立的情感或意志倾向体系。他渴望并努力去达到其他目标。事实上，产生某个愿望体系与构成正常人格的核心与实质体系是不相容

第十四章　信念与怀疑

的,正是这种不相容导致了双重人格身上出现的冲突。①

我们对此可以想象性地认识到某些事来。假设你在某个清晨醒来,伴随着你的所有意志性倾向和环境都彻底改变或重新定向,你厌恶所有那些你曾深爱的人,不喜欢所有你曾喜欢的东西,对钱和名誉满不在乎,把你的另一边脸转向打击你的人,爱上那些你过去常看不起的人或事,在你曾表现出温柔、慈悲和同情的地方发火和嘲笑。于是,甚至在你依然拥有连续记忆的情况下,你的确会感到你自己是另外一个人,如果在那种情况下这种连续性还有可能存在的话。类似的还有突然由罪人向圣人转变过程中所发生的事情。圣人极端厌恶地回顾所有让他成为罪人的态度和倾向,并把这个罪人视为一个陌生人。

病理学以另一种方式说明了我们的观点。有一些病人开始受到一种"不真实感"的折磨。这种病人感觉没有什么是真实的,甚至他自己也不真实。这似乎不是由于存在感的任何变化,也不是由于感觉生动性的任何缺乏,而是由于愿望、冲动、意志力量的缺乏。由于衰竭(可能由于内心冲突),病人的意志力被耗费了,他不再对强烈的冲动或愿望做出回应,所有事物都变得不真实了。

我们可以通过不同的推理线索得出同样的结论。假设你只需要期盼就能立即满足每一个愿望、每一个冲动。一旦你的愿望被明确表达出来,你周围的世界中每一个想要的变化都能立即自己实现。无疑,你会相信你自己的真实性,但是不会相信你周围世界的真实性:它应该是一个幻想的世界,就像儿童倾向于创造和居住

---

① 参见第二部分。

的地方那样,或者像成人在真实世界对他们而言太难的时候也会创造的那样。你将不可避免地成为一个唯我论者。① 这是由我们想要的事物和我们的努力带来的阻力,这一阻力正是我们相信其真实性的基础。

感觉主义者说所有对事物真实性的信念都是建立在感觉经验的生动性基础上的,这种生动性是想象或想象的事物所缺乏的,而且,当我们声称我们相信所想象的事物是真实存在的时候,我们的意思是在合适的条件下我们能够知觉到它并保留它的感觉生动性。

但是,当我们声称一个事物的真实性时,我们真正的意思是该事物具有它自己的性质,当我们试图改变它时,它所产生的阻力揭示了这一点,这促使我们想出一个计划并运用自己的力量以实现我们的愿望。

这就是幻想与梦想的区别。在幻想中,我们的对象是由我们的愿望塑造并按我们的意愿更改的。在梦想中,我们的对象对抗着我们的努力行为,我们常常徒劳地与之斗争,因此,我们相信它们的真实性。

产生幻觉的病人在他患病初期也许会努力驱赶那些威胁和迫害性的低语的幻觉。只要他能做到,他也不会相信它们是真实的,尽管这些影子或声音生动地存在于感觉中。但是,当他的病情发展到一个更严重的阶段时,他没法驱赶那些幻觉,幻影或声音仍然存在着,抵抗着他驱赶它们的最大努力,他开始相信它们的真实

---

① 一个形而上学者声称他的经验是单独的现实并因此构成整个真实性。

性。任何物体证明其真实性的最充分证据就是我们试图移动或改变它时所受到的来自该物体的阻力。固体性是最确凿的真实性证据。还有一个证据也很有说服力，那就是对象对我们的努力所施加的主动压力。重量或重力就是这种情况的最简单形式。更有说服力的仍然是其他人或动物对我们的控制所做出的各种主动抵抗。没人能怀疑一个在做生死搏斗的对手的真实性，或怀疑一个扼住他的脖子逼迫他跪下的敌人的真实性。其他人对我们实现愿望所起的物质或纯精神上的反作用，给了我们有关其真实性的最完整信念。

对其他事物真实性的信念是由其自身真实性的投射所决定的，这种真实性实质上是个体在斗争、努力和坚持目标时的力量。

动物会承认任何引起其本能冲动的物体的真实性。原始人也是这样。这是一种原始信念。我们还部分保留有这种原始信念。我们容易相信任何引起本能冲动的事物的真实性。夜里的声音唤起恐惧的本能冲动并被看作是猛兽移动所发出的，由于唤起了强烈的冲动，野兽被想象成并承认是真实的。

野蛮人的原始信念导致他将任何对他有不可抗拒的强烈影响的事物看作是真实的，在最充分的意义上，他承认这样的事物是实在的东西，也就是说，他将它们视作是与自己、与目的性努力的活动主体在同样意义上的实际存在物。因此，他将太阳、风、河流、暴风雨、洪水、火山、瘟疫和所有强大的野兽人性化。这就是"原始的万物有灵论"的根源。

在更高的想象水平上，我们容易相信我们强烈渴望的任何事物的真实性。"愿望是思想之父"，即愿望容易让我们相信我们所希望得到的，无论它是在知觉、记忆中，还是预期中。厌恶也许具有同样的效果，我们倾向于相信那些我们极其害怕的事物。对过去的清教徒而言，地狱之火、恶魔和女巫都是真实的，因为他们害怕这些想象中的生物。

在再造思维的水平上，我们的信念遵循着同样的法则。在再造想象或回忆中，如果我们对所记住和所回忆起的事物的真实性问题感兴趣的话，那么，只要我们对过去的想象是坚定的，而且改变它的尝试遭到了阻力，在这个程度上，我们会相信它是真实存在的。想想你对自己过去某些行为真实性的信念是如何建立起来的，如果在法庭上，你的证词的真实性遭到质疑和挑战。问题被提出来——在你离开你的公寓时，你有没有锁上房门？你对自己锁上房门的信念的依据不是你可以描绘出你正做它的那种生动性，相反，事实是当你描绘你正处于那种情况时，对行为的想象与你所描绘的其他行为的结果顽固地缠绕在一起。如果你试图从序列中删除它，你仍然会意识到你已经弄出来的那个缺口。再次，这不是不可分割的联想所导致的结果，也不是多次重复建立起的习惯的结果。相反，这是因为我们的记忆按照它自己的法则运作，在过去事件的发生顺序中再造了事实，我们只能部分控制这一法则或倾向，这就是我们努力改变它时遭遇的阻力。

在最高的精神活动，即推理层面上，同样的信念法则仍然有效。当我们根据所相信的前提得出结论时，我们对结论的信念也从对前提的信念中获得，前一个信念的产生是因为在推理过程中，心理会根据它自己的法则运作，并在一定程度上对抗我们得出其他结论的努力。

第十四章 信念与怀疑

个体会相信他自己是真实的,因为我们渴望这个结果,我们的努力可能如愿以偿,也可能未能如愿,任何其他事物只有在我们看来与我们相像的意义上才会被相信是真实的。即,只有在它具有一个自己的固定属性并对抗我们时,它才会被我们相信是真实的,而且我们的所有信念都依赖于这种对真实性的信念。信念的通用公式是——这是 X。这一个"是"字意味着真实的存在和一些独立于我们的愿望和意志的固定属性,因为它拒绝服从我们的愿望和意志。笛卡尔著名的格言于是需要加以修正,不是"我思,故我在",而是"我奋力,故我在",这就是所有信念的基础。我们对力量的知觉来自于我们运用力量和对抗阻力的体验。那个抵抗我们的事物被认为具有与斗争相似的力量或能力,而且任何真实事物都是具有这种力量的。由此我们可以说,一个有说服力的论据的力量、太阳的力量、重力的力量、惯性的力量或者冲击的力量和人格的力量。于是我们看到斯托特教授关于信念以活动限制为条件的主张的正确性。"无论信念或判断存在于何处,它都涉及作为有思想的生命根据条件对自身活动的控制,这些条件是早已为我们准备好了的,而不是由我们来创造的。在这个范围内,我们被允许自由地思考而不是我们自主地思考,信念是不存在的;在它存在的范围内,可供选择的形容词被限制在一定的范围内……我们没有能力达到目的,而不是通过一定的途径在确定的渠道中形成一个对心理活动的限制。如果希望等同于拥有,我们的自由将会是绝对的,而且将不会有所谓的信念了。"①

---

① 《分析心理学》,第二卷,第 239 页。

没有信念的简单理解

一些作者,尤其是布伦塔诺,主张简单理解和判断是认知的两个具有同等基础性的初始模式。现在我们可以看到这是不正确的。判断不只是认知。它是认知和意志的相互作用。没有兴趣(即,没有冲动、意志或愿望,因为我们已经看到,所有兴趣在根本上都是意志的)我们不会去怀疑、判断或相信什么。一开始,内隐判断和信念的低水平形式被更准确地称为伴随着所有认知的"信心"。当我们逐渐学会了延迟判断,学会了怀疑,探究,然后,我们才具有了判断、肯定或否定的能力,信念于是变得清晰明确了。

审美态度的本质是:我们不需要去探究我们仔细考虑过的事物的真实性。我们不需要思考信念或怀疑的问题,我们欣然接受并欣赏事物的外表,却不用探究其表现出的真实性,这只因为外表带来了一种即时的满足,并由于它如此流于表面的呈现而不会激起我们的真实愿望和行动。这是如何实现的呢——是通过平衡冲动间的冲突、约束、保持心理距离、脱离现实来实现的吗?——这是艺术家的秘密。在审美感知中,我们全神贯注于纯粹的理解,至少相对地使得意志处于暂时中止的状态,由此判断和信念也中止了。①这个态度是不容易达到的,那些达到的人也不能长久保持这种状态。因此,简单理解是一种晚期获得的态度,它是我们难以保

---

① J. A. 斯图尔特教授在他的书中对"柏拉图的神话"辩论道,在审美思考中,个体逐渐进入了一种实际分离的状态。这一观点是建立在对聚精会神思考这一更为极端情况的考虑上的。某些这样的假设似乎被要求对在审美理解中认知从意志中分离出来这一现象做出解释。

第十四章 信念与怀疑

持并且只能短暂保持的态度。肯定或否定，接受或拒绝，渴望或厌恶，通常来自于并伴随着认知。

信念

在这章我们已经讨论了作为经验模式的信念和怀疑，并且我们已经发现它们属于某种情感，并且我们已同意将它们归属于"派生情绪"一类。但是，按照已得到确认的用法，"信念"一词也许传达了一个非常不同的意义。我们提到"信念"或信念体系时，或者当我们说一个人持有相互矛盾的信念时，或者说他的生活由某些信念所支配时，在所有这些例子中，显然，我们不只是把信念当作出现在我们所提出或接受的命题中的情感或派生情绪。按照这个词的含义，持有一定信念的人在思考一些与他完全无关的议题时，是不会妨碍他对这些信念的掌握的。我相信地球是"一个扁球面"，这个信念很少进入脑海中，尽管我已经持有它超过四十年的时间，但是，一旦时机出现，它会适时地在决定我的思维过程中起作用。信念，就其字面意义而言，是我的心理结构的持久特征；我的心智由于经验而发展则主要通过信念的获得，以及这些信念在系统和系统的系统中不同程度的逻辑性组织。因此，在两个词的许多意义之最模糊的一个意义上，信念相当于"观念"。正确的信念是知识，而错误的信念是错误的知识或错觉，两者同样都是心理结构的持久特征，我们需要对其发展做更详细的思考。

第十五章　心理结构的成长：认知结构或智力结构的发展

在上一页中我们已经指出，必须把任何成熟的心智设想为一个高度复杂的有组织的系统，而不是一束"观念"松散的堆砌。我说过我们可以用"观念"这一旧词来表示这一结构中可区分的部分，比之"观念"被用于心理学的其他任何情况中，这也许是最好的用法了。但我说过，鉴于"观念"一词被用于许多不同的意义中，我们最好避免使用它，而换用一个中立的、无偏向性的术语——"倾向"，"倾向"可以意指心智结构中任何一种稳定的部分呈现为某种特定心理活动模式的可能性。

更进一步地，我已经指出我们可以适当地，不，是我们必须区分出两种最重要的倾向类型：认知的和意志的。心理或主体具有三种基本能力——认知的、意志的和情感的——认识能力、努力能力和情感能力。认识能力和努力能力的运行方式是由倾向所决定的，认知倾向决定了我们的认识内容，意志倾向决定我们的努力形式。

我们必须尝试按照这两种倾向以及它们之间的关系或功能联结的线索为心智结构及其发展方式做出可能完备的解释。这需要有建设性想象的持续努力。

第十五章 心理结构的成长：认知结构或智力结构的发展

惯用语用中的"智力"和"性格"两个词准确区分了心智结构的两个方面。日常经验显示，这两方面，认知和意志，尽管紧密相联，但仍然是两个相对不同的结构。例如，我们知道，一个人身上智力也许是高度发展并具有良好结构的，尽管他的性格也许是贫乏、结构不良和不稳定的。而另一个人的性格也许具有牢固的组织，但是他的智力却很不发达。[①]进一步而言，我们看到在老年期或疾病中，智力和性格可以变得不对等地失调或衰退。在像诗人柯勒律治这样的人身上，性格似乎在药物的作用下衰退了，而智力仍然丰产而耀眼地发挥效力，而在一些老人身上，智力似乎衰退了，而性格依然稳固而组织严密。

因此，我们可以分别考察智力和性格的发展。我们在第八章谈论过在成熟的人类心智中，智力或认知结构包括了大量的倾向，

---

① 学生应该注意到智力（intellect）和智能（intelligence）之间的区别。智能本质上是做出新适应的能力，它不能用结构的措辞来描述。智力包括除智能之外的更多内容，因为"一个好智力"意味着好的智能通过丰富而良好组织的认知结构来运作。一个人可以具有良好智能，即，做出新适应的能力强，尽管他的智力是贫乏的，因为他没有通过获得大量知识的方式来充实智力，或者他没有像信念系统那样合乎逻辑地组织他所拥有的知识。另一方面，一个人可以非常博学，可以掌握大量的知识却仍然相当缺乏智能，因为在先天智能上的缺乏，尽管有好记性，他依然相当缺乏做出新适应的能力，这首先是因为他先天缺乏智能，其次是因为他的知识缺乏系统性，而这种系统性的组织活动是智力的工作。因此，高的先天智能可以说能够自我增长或提高自己的功效，因为它练习得越多，就越能完善它起作用的工具，即心理的认知结构。因此，智能的培养是所有练习最有利可图的地方，因为，不像对机器的使用，不会对它所使用的工具产生磨损，而更类似使用我们的肌肉反而会加强肌肉一样。进一步而言，它不只是增强其工具，就如我们通过使用来增强和增加我们的大多数肌肉那样，而且，它还永久地区分、专门化和组织整个工具系统，即认知结构，从而让它的运作越来越高效。这解释了儿童所表现出的先天智能差异相对较小的重要性。更聪明的儿童具有的微弱优势可以通过培养和智力发展而变成高智力成人，比起普通人所具有的巨大优势。

这些倾向使得我们的心智能够加工（即，想起）每一个独特的对象和每一类对象（具体的、抽象的或一般性的），加工方式可以是知觉，以及回忆、预期，还有单纯的想象等；接下来，我曾经说过，我们必须将这些认知倾向视作是联结在一起的系统，并且这些系统在更大的系统中再次发生联结，所以整个组织是一个树状的系统结构。

我们还必须拒绝一种错误的描述心智成长的古老方式，它假定心智开始于通过知觉来获得的各种个别对象的"观念"，然后将这些个别对象的"观念"联合起来，以形成更复杂的"观念"。这就是联想主义者的学说。这一学说假设我们开始于从感觉印象中获得对各种感觉性质的不同"观念"，然后这些观念开始相互连接或联合，成为不同的组群，最终组成对复杂事物的"观念"或"复合观念"。例如，儿童通过感觉印象获得关于红色、圆形、重量和固体的"观念"，然后将它们放到一起形成一个苹果的"观念"，以类似的方法形成关于橙子、梨子和李子的"观念"，稍后所有这些特定的"观念"开始联合，形成可食用水果的一般性"观念"，通过各种观念的中和，它们的差异变得模糊了，共同的特点凭借它们之间的相似性和相似印象的多次重复而变得更加突出。这就是作为"一般观念"形成过程中的一个阶段的"类属想象"学说。

"类属想象"可以通过类似的过程，在更高水平上将其他种类的可食用事物的"观念"或"类属想象"融合或合并起来；直到最后我们得出对可食用事物的"一般观念"为止，在这个"一般观念"中，所有特性都被消除或模糊了，只有可食用性这一共性在意识中突显出来。这个过程可以比作是合成摄影。假设你做了一个有许多

第十五章 心理结构的成长:认知结构或智力结构的发展

马的合成照片,其结果会清晰地显示出所有马匹的共同特征来,而任何一匹马的特性则是模糊的或完全没有的。按照联想主义者这种纯粹想象出来的解释,这张合成照片犹如对马的类属想象,当我们一般性地谈到或想到马,或者提出或理解关于马的任何一般性命题时,这个类属想象就占据了我们的意识,而且当用这个词来一般性地谈及马时,在意识中构成了"马"这个词的"含义"。①

你可能以一种将在各种场合下感觉到的特征联合起来或组合到一幅图画中的方式将一个物体图像化或形象化,即,一匹马的特征是从许多匹马身上感知到的,在这个意义上,确实发生了"类属想象"。但这并不是我们得出"一般观念"的方法——用这一理论来暗示心智成长是荒谬的,如果我们试着进一步去看看这个解释,其荒谬性就变得清晰起来。因此,这一理论应该对"四足动物的观念"的起源做出解释,通过假设,对马、狗、牛、猫和骆驼的类属想象开始叠加起来形成一个复合体,在这一复合体中,唯一清晰的特征就是有四条腿。而其他细节,牛的角、骆驼的驼峰和狗的尾巴都变得模糊不清、难以察觉地微弱了。按照同样的方式我们还可以假设,在我们能够笼统地思考动物以后,这一模糊不清的过程依然会继续深入下去,直到我们有了一个高度概括的"观念",也就是一幅画面,在这幅画面中,关于四足动物和鸟类、鱼与爬行动物、蟹类与昆虫类以及海胆类与海绵动物和蠕虫的类属想象叠加并混合起来,所形成的只不过是一块杂色污迹。这就是对两个理论的"反证

---

① 最近T.H.赫胥黎教授和Th.里博特教授正积极倡导这一学说。里博特在他的《一般观念的演变》一文中,以比赫胥黎在其关于大卫·休谟的随笔中的解释更为成熟的形式对这一理论做了详细阐述。

法",一个理论用表象来确定"含义",另一个关于心智成长的理论则按照联想原则,用添加实体、感觉、印象或表象的方式来形成"观念"。

用联想和添加的方式解释心智成长的理论是马赛克心理学或原子心理学不可避免的推论,它实际上颠倒了事件的真实顺序。它将心智发展描述为始于对细节的认知,然后发展为更一般的认知,事实上,我们的心智发展始于高度概括性的认知,然后逐步发展为对细节的认知。

智力的发展是从具有对少数事物的高概括性知识到获得对多数具体的个别对象及其特性和关系的知识。

动物可以知觉、认识或识别到的个别事物很少,更确切地说,它只能知觉到某些特定种类的对象并做出反应,那些特定的对象具有供知觉的先天构造,这样的对象对动物而言,每一个都仅仅是其所属种类的代表,而且通过某个相对简单的特征或感觉模式被打上这样的标记,从而与动物所具有的少数认知倾向中的某一个相一致。另一方面,被赋予了最充分能力并有完美组织的心智才会忠实反映宏观世界的微观细节,这个宏观世界正是它居住并关注了解的世界。这样的心智将包含大量的认知倾向,一对一地与它的世界中的每一个物体,每一个性质和每一个关系形式相一致。而且,这些倾向不只能共存,它们还能形成一个合逻辑的有序系统,世界上所有事物间的关系都反映在这个系统中。这样的心智的认知倾向将形成一个连贯的系统,因为基本上它们是从一些原始系统中分化和演变出来的,就像一棵树通过树干的生长和分化而逐渐发展出树枝、小枝和树叶。就是说,成熟心智的每一个认知倾向不是放置在感觉印象中的独立的新构造，而是从先前存在的倾向中逐步发展和分化而形成的。

成长的过程有三个主要类型，即：辨别、统觉和联想。让我们依次考察它们。

辨别

儿童在很小的时候就学会辨别可食用和不可食用的食物。让我们先看看这种辨别是如何学会的。儿童先天的觅食本能会对所有出现在眼前的小物体做出反应，伴随一个要抓住物体、送到嘴边然后咬它的冲动。我们可以很有把握地说，最初儿童并不能辨别一个红色的苹果和一个熟西红柿。当他咬到苹果的时候，味觉印象刺激他继续并完成这个摄食过程。当他咬到西红柿的时候，味觉印象唤起了一个新的冲动，那就是反感的冲动，他吐出来并扔掉西红柿。在有了一次或多次这样的经验后，他会一见到西红柿就拒绝，但是会乐意抓住并吃掉一个苹果。通过最初的对两种水果的感知方式，他的认知倾向开始分化为两个，其中一个与苹果对应的认知倾向继续与驱动进食的意志倾向有关，而另一个与西红柿相应的认知倾向则与反感的意志倾向有关。因此，儿童从他失误的辨别导致的坏结果中学会了辨别，他的这种进步就是所有辨别发展的典型，就如我们所说的，我们通过犯错来学习。

再来看看儿童学习辨别生物的方式。首先，他对所有大型移动物体都做出同样的反应，这些反应带着我们不能肯定地解释的模糊兴趣的迹象；然后他学会了辨别人类和动物，稍后他学会了辨别不同的个体：母亲、护士、父亲与哥哥，以及狗、猫与鸟儿。做出这些辨别的前提是每个个体和各类对象都表现出不同的感觉模式，但仅有感觉印象本身的差异还是不够的，对各种复杂感觉印象的被动感受是不会产生辨别的。儿童只有在努力达到与对象有关的某个目标时，才会学会辨别它们。就像在苹果和西红柿、狗与猫，或者在母亲与姐姐之间进行分辨的例子，各个对象之间的区别虽然还是模糊的，却是不同的，他们按照各自的性质对儿童的努力做出不同的响应，如激怒他、与他亲近、熟悉等等，由此，在儿童身上引起的不同反应成为他随后产生辨别的基础。未充分发育的心智也许需要很少或很多次的重复，这根据对象所呈现的感觉模式差异的显著性及其引起的不同反应的强度或紧急性而定。因此，儿童也许很慢才学会了辨别青涩的苹果与成熟的苹果，但会很快学会将西红柿与苹果区分开来，因为西红柿唤起了一种强烈的反感冲动。

被隔离开来的单个儿童，不论他的天赋有多好，也不会在这种辨别上取得较大的进步。正常的儿童通过事例、工具和名称的应用而得到大大的促进。人类世世代代以来已经做出了越来越好的辨别，而且通过加标签或命名的方法让对类和对象的区别具有了惯例性或传统性的恒定关系。儿童被指导和辅助去重复这种辨别，被指导着去分离世界展示在他的感官中的感觉印象流，沿着传统的线路，儿童被指导着辨别各种类别，这是人类经验中发现的最有实践价值的部分。因此，通过连续的辨别行为，儿童被引导着在自己的头脑中进行区分，先天赋予的认知倾向进入与这些实际重要的物体类别相对应的倾向系统。

儿童后来发展出了特殊兴趣，引导他在特别的物体种类中做出更好的辨别，这依然主要是依靠语言和其他专家的指引。例如，他也许会成为一个美食家或品酒师，也许会在一个或多个这样的环境中大大提高他的辨别力。然后，在常人很难将一种酒和另一种酒分辨开来，不知道一杯特定的酒究竟是波尔图红葡萄酒还是波尔多红葡萄酒时，专家可以区分并识别出来，并精确到叫出每杯酒的名字，哪怕波尔多红葡萄酒和波尔图红葡萄酒也许各自都有五十种以上的类型。

在这一过程中，名称的作用不只通过强调物体间的区别来辅助和指引辨别，在我们学会辨别类别和认识它的子类别及个别对象后，名称还让我们能够继续想起这类事物。在通过辨别来实现的倾向分化过程中，名称可作为一个系统来保存内部发生了分化的原始倾向。因为听见对象的名称就实现了与从对象身上获得特殊感觉印象相同的功能，即，名称让相应的倾向进入活跃状态，并因而让我们在已经区分出的子类别或个体类别中，继续将其作为一个整体来感受；然而，在没有类别名称的情况下，一旦学会了对物体或类别内的各种物体做出不同的反应，我们就会停止想起这个类别。因此，儿童已经学会通过与各种狗的接触来从总体上认识狗，接着转入辨别柯利牧羊犬与猥类犬。而且我们可以假设他会对这两个品种采取非常不同的态度。因为牧羊犬友好和猥类犬凶恶。如果一个儿童完全丧失了运用语言的能力，他会将这两类狗看作完全不同的动物，而不能对狗进行一般性的思考。但一个首先学会了用"狗"来指称这两种狗的儿童，在他已经能够辨别牧羊犬和猥类犬之后，依然会在听到"狗"这个词的时候，概括性地想起这两种狗。

在这一点上我们可以发现一个有趣的现象,许多原始语言非常缺乏对更为概括性的物体的命名,尽管它们也许有许多针对具有实用重要性的特殊事物类别的命名。例如,据说美国印第安人的一个部落有许多名称来表示白橡、黑橡、红橡和栗橡,却没有一个概括性的名称来表示橡树。另一个部落则用了三十个不同的词来表示不同种类的清洗——洗自己的脸、洗别人的脸、洗手、洗衣服等等,但没有一个概括性的词表示清洗。澳大利亚原住民据说没有名称表示概括性的或抽象的事物,他们对多种树木中的每一种都有一个单独的名称来表示,却没有一个总称来表示树,对像坚硬、柔软、温暖、寒冷、短小或圆度这样的抽象事物,也没有相应的名称。这种状况的事实已经被错误地援引来支持"类属观念"通过添加"个别观念"来形成的理论。

在原始人类的语言中缺乏对概括性和抽象性事物的命名更确切地表明,它们所缺乏的是第二类主要的加工能力,这种能力让我们的心智结构成长并成为有逻辑性的组织。* 这一能力是高智能

---

* 这个论断以及前一段落中所引证的语言例证都被证明是错误的偏见。类似地,我们也可以评论英语缺少对"类"的表达,因为英语有 cock、chicken、hen 等专门的名称,却没有把它们表述为一个一般性的"鸡"的类别(比如汉语的:公鸡、小鸡、母鸡)。

研究者在收集此类证据时缺少对当地文化、语言的认识和了解,并且带有先入为主的文化优越感和文化偏见,从而导致对异族文化的误读与偏见;一些研究者在此基础上所进行的推演由于受到偏见的影响而失去了必要的逻辑规范,这些都是导致最终形成荒谬结论的原因。关于这类问题的讨论,读者可以参考涂尔干和莫斯的《原始分类》(上海人民出版社,2000)中罗德尼·尼达姆为原著撰写的"《原始分类》英译本导言"。——译者

第十五章 心理结构的成长：认知结构或智力结构的发展

中最重要的因素，我们现在必须考虑到它。

比较两个事物的功能，或做出比较性判断的功能就是外显的辨别。辨别是先于判断的悬而未决、怀疑和外显的探究。已经学会了辨别苹果和西红柿的幼儿，即已经学会一见之下就对苹果和西红柿做出不同反应的幼儿，之后也许有机会通过外显的比较来辨别这样的两类事物。直到他学会命名这两类事物，才能够完全达到充分的辨别，并学会以疑问的方式明确表达他的怀疑和以命题的方式表达他的判断结果。总之，发现差异的比较是在外显判断水平上的辨别，而发现相似性的比较则是外显识别上的辨别。

统觉或统觉综合

一个人的心智如果在完美的语言指导下，通过一系列完美的辨别获得发展的话，将会建立一个结构，这个结构会是一个完美的微观世界或世界的镜像。但这实际上是永远不会发生的。通过辨别来进行的发展过程会从这样一个完美的过程开始出现广泛的分叉，因为人类心智并不是单独或支配性地由对完整和正确知识的冲动或愿望来管理的，而是由适于在敌对世界中保护机体的生存和确保满足其实际需要的各种本能冲动来管理的。

因此，如果这个心智想要建立一个高效的组织结构的话，通过连续辨别来进行的心智结构的分化过程，就需要借由其他过程来加以纠正，而这一其他过程就是统觉。

统觉包括在我们已经学会做出辨别和区分的物体与物体的类

别之间识别基本相似性。作为这一过程的例子,我们来看看一个已经长大成人的儿童却没学会把植物认作生物的例子,虽然如此,他还是学会了将它们当作一种不同的类别。突然,他意识到植物像动物一样,也是活着的。在那一刻,两个心理系统(认知倾向系统)开始在他的心里联合起来,并在之后形成一个单个的大系统,一个曾经只根据对动物的经验建立起来的生物系统,现在则包含了植物系统。根据对心理结构和增长的族谱的类比,我们可以说,通过联姻,系统的两个不同类别或分支变得混杂了。①

我们可以以一个学物理学的年轻学生为例,来说明这个过程的一个稍稍不同的模式。这个学生学会了将气体和液体当作两种非常不同的物质状态,突然,因为它们都被划分到流体这一类中,他开始意识到它们之间的相似点。根据他分别对气体和液体的观察而建立起来的两个系统,开始联合在一个新系统中,对这一新系统的拥有随后让他能够将流体视作一种具有液体与气体的共同性质的物质,并让他能够忽略气体和液体的区别,或从这些区别中抽离出来。

再或者,儿童对动物的卵和植物的种子是熟悉的,但他从没有想到过它们的相似性,直到通过听到"卵"这个词被应用于植物的种子,或者"胚芽"一词被应用于卵和种子,他才被指引着去想二者之间的相似性。从此以后,"胚芽"一词将会被他用来表示卵与种子之间的共同性质。

---

① 一些作者(比如斯托特教授,在他的《分析心理学》中)会说一个心理系统统觉另一个心理系统。但是那种说法看上去不合我意。把事实描述成是主体统觉了客体,以及将统觉理解为包含了系统之间的联合似乎更好一些。

第十五章 心理结构的成长:认知结构或智力结构的发展

从这些例子我们明显地看到,语言在此处就像在辨别中一样,扮演了非常重要的角色,那就是语言引导发展中的心智去完成统觉综合的过程。语言以一种传统方式体现了我们前辈的心理成就。引导我们产生这种综合体的词汇体现了上一代人的原初思想的成就,上一代人在不同情况下通过一些独立行为或原初统觉实现了这种综合。这种原初统觉的一个经典例子就是牛顿发现月亮围绕地球运转与自由落体运动之间的本质相似性。他将"万有引力"一词运用于这两种表面上不同类的现象,让我们这些跟随他的人可以重复他独创的方法并在我们的心理结构中产生相似的综合。

因此,统觉综合的过程导致了心理结构和反映它的语言的简约化,通过这个简化,心理结构和作为其反映的语言成为了更高效的思维工具。不是让本质上相似的(或在关系到我们的实际需要方面相同)每一类物体都有一个单独的名称和单独的倾向,而是我们有与更大的类别相应的名称和心理系统,这个更大类别的成员彼此间具有更少的相似性,或者在重要方面具有更少的直接性和实用性。通过这个方式,原始人对动物世界的粗糙分类已经被连续的统觉加以精炼,包括对大量同源性的发现,到现在为止,科学的分类已经逐步形成了。①

统觉综合因此对更高的智力发展而言是一个最为重要的过程。它可以说改正了通过连续辨别来进行心理结构分化的过程中

---

① 这类例子包括:发现脊椎动物头骨与脊椎的同源性,以及耳道或耳洞与鳃裂的同源性,还有前肢、手臂与翅膀的同源性等。将头骨统合到脊椎结构中的做法似乎可以追溯到诗人歌德的创见。

所存在的失误和不足。辨别是对差异的发现，统觉则是对相似性的发现。

在传统的联想心理学中，统觉过程通过非常不充分的方式被识别出来，并命名为"类似联想"。斯托特教授①已经清楚地指出，在这一术语下，本质上不同的两个不等的智力价值过程被混淆在一起。他建议用"由相似再现或恢复"和"相似再现"两个术语来区分它们。前者是一个非常普通的功能；后者本质上是我们正在讨论的统觉综合的过程，它是进行科学发现的主要工具，是所有可以被称为机智和推理以及诗歌灵魂的本质。通过这一操作发现了所有更细微的相似处、所有同型性、同源性、明喻和隐喻。事实上，它是所有更高的心理操作的一个基本部分。②

我们来注意一个非常简单的关于它们实际运作的例子。斯托特教授用这个例子来说明他所谓"相似再现"的确切含义。你遇见一个陌生人A，而你马上就想起一个很像他的朋友B。那就是"相似再现"。你没有将A错看成B。这就是"由相似而引起的再现"。相似之处也许是明显、肉眼可见的。它也许是A和B都缺一只眼睛，或都是在黑发的脑袋上有一撮显眼的白色额发。这时想要让你一见到A就想起B，就不

---

① 《心理学基础》，第123页。
② 运用这一功能的能力或技能是一种个体差异很大的先天禀赋。在相当大程度上的缺乏会使一个人不能完成原始的智力活动。他也许会成为一个学习的模范，但不会是一个智者、发现者、诗人或任何一个领域的创造者。麦克斯韦·加尼特博士为所有这种操作取决于我们构造中的一个单一因素或特性这一观点提出了一个有独创性的数学证据（《教育与世界公民》，伦敦，1920）。

第十五章 心理结构的成长：认知结构或智力结构的发展

需要高度的统觉精密性了。但是相似之处也许是非常微妙的，它也许只是一个轻微的声调、某些面部肌肉的活动、一次转头的动作，或者某些你不能指出并明确的东西，但它还是足以让你想起 B 来。

另一方面，如果一见到 A 你就将他误认为 B，并用 B 来称呼他，那只是辨别的一次失误，这种失误导致你在见到 A 时的所作所为和你见到 B 时的作为一样。在某种程度上所有基于知觉的联想都是由相似再现的个案，因为即使是你在连续的场合看到相同的人（或事）并认出和叫出他来，在连续场合中的感觉印象也绝不是完全相同的。由相似而引起的再现只能连续回想起两个在头脑中已经联系起来的事物；相似再现则将先前没有联系起来的事物联系起来。

现在让我们注意统觉过程是以两种方式起作用的：一种是相似再现——就像对 A 的知觉让你清楚地想起 B，或想起一类跟 A 在某些禀性、身体或精神状态上一样的人，或当一个女孩的举止和外表让你想起一朵百合花或玫瑰花蕾或一只孔雀时那样，或一个戴着膨大羽冠的驯兽师让你想起一匹疾驰的白马，或当诗人无所事事地漫步在乡村，将他自己比作一片云，一幅完美而悠闲的孤独图像。①成千上万的这种相似之处以我们都已经熟悉的语言的方式得以具体化，并引导我们去发现它们。但以任何一种明喻或隐喻或比喻的方式来具体化的所有这种相似之处，最初都是由一些原始心理通过相似再现的过程来发现的——就这个过程对心理结

---

① "我独自漫步，犹如一朵飘浮在溪谷和小山高处的云。"

构的影响而言，它是系统的一个统觉综合过程。

同样的过程也涉及被称为"形成抽象观念"的东西。一个事物的某个属性让人想起了另一个非常不同但具有相同或相似属性的事物。于是我们辨别这一属性并给它命名，并因此而能够从所有个别事物中脱离出来，想到这个属性，例如一棵桦树、一个女人、一只天鹅、一头鹿、一处优美的风景。如同对一个对象的思维那样，借由名称的辅助，对许多不同事物的共同属性的抽取和固定，就是统觉综合过程的完结和完善。整个过程包括了所有三个成长过程，即：辨别、统觉和联想。当我们用如"优美"或"优美的"这样的抽象词语时，在我们的经验中具有这一属性的所有事物，所有凭借这一属性来影响我们的事物都有效地决定了该词的含义。也就是说，各种心理系统通过对展现出这一属性的事物的经验建立起来，并通过统觉综合联合起来，形成一个单一的功能系统，现在功能就如同一个系统。

对词的使用，或在听到或读到它时对它的理解，让这个系统开始运行，而且这一运行与活动的结果就是在你说出或听到它时领会了它的"意义"。如果我们细想这个词并解释它的含义的话，会发现表象不是必需的，尽管任何一个已发现具有该属性的物体的（或依次对数个对象的）表象可能会闯入意识中。但是就语言的绝大部分常规用法而言，我们理解这种词汇的含义并在明白其含义的情况下恰当地使用它们，而没有具体物体的表象。也就是说，大量的心理结构在想到这些抽象性质时变得活跃起来，却没有任何一个作为这些属性的抽取来源的具体物体进入到意识中。当你读到"温柔美好的日子死了"时，你或多或少充分了解到诗人的意思，

第十五章 心理结构的成长:认知结构或智力结构的发展

尽管不可能把美好的一天形象化,或,实际上不可能把任何类型的一天形象化,而且尽管你事实上并没有如同你意识到的含义那样,把任何类型的一个优美物体形象化。

此处我们瞥见的事实是,在大部分以抽象术语进行的谈话中,心理结构很大程度上变得活跃并参与到决定我们思维的过程中,如果我们细想这些抽象词汇以说明它们的含义,那么,它们在没有进入意识的情况下会产生表象。

这些就是外显统觉的性质和结果。但是统觉同样也会以一种内隐的方式工作,在一个较低的智力水平上。这种类型的统觉同样是非常重要且微妙的。让我们回去看看遇见陌生人 A 的例子。他不会让你想起任何认识的人,但是,看到他时,你产生了一种难以表达的印象。也许你会说:"我不相信那个人,"或者,甚至没有这么多的话,你以那些话语所暗含的意思对他作出反应。在这个例子中,某些属性,某些感觉印象的微妙联系对你起了作用,导致你如同认识他那样对他作出反应,通过对其他人行为的体验,你学会了如何对那些表现出相似的感觉线索联系的人作出反应。即使你想要挑战这种困惑,努力地分析,你也许完全不能指出带来这一效果的那些特征、举止或音调的细节,或者完全不能用语言来对你作出反应的性质加以界定。这种效果是一个综合产物,你不能分析它,也不能陈述其条件,但它却可能是强烈而确切的,并且可以决定你心存疑虑地与他交往。与其他人或事物的相似性或相似之处对于你的分析或外显提取能力而言太细微了,但它却作用于你,决定你的意志性情绪反应。

我认为这种内隐统觉更应该被叫作"直觉"。某些心智,甚至人类的心智，只有极低的抽象思维能力和抽象术语运用能力，却以惊人的敏锐如此工作，他们可以说具有直觉的天赋。我知道这个术语是不能恰当地用来表达其他心理功能的。而且我认为，就这个词的普通用法而言，它确实意味着这一类型的心理操作。有些女性拥有很高的直觉能力，幼儿掌握的语言非常少，也会显示出直觉能力；在一些高等动物身上，尤其是狗，也不会直觉。当直觉在他们身上发生时，也许可以视作是抽象思维能力发展的萌芽。

学生应该注意到，在几乎所有例子中，决定直觉理解（内隐统觉）或通过外显统觉（相似再现）发现的相似性是一种组合形式的相似性，而不是简单的感觉性质的相似性。在知觉一章中，我已经指出整体对象的形式是如何被知觉到的，以及可以决定各部分的含义，就像对复杂空间关系的所有知觉一样。整体的含义或形式对部分的含义的影响被称为"高级秩序的物体"或"形质"。① 它是这种基本上决定了统觉的形式或"高级秩序的物体"的相似性。因此韵文或诗歌可以凭借韵律形式的相似性，让你想起其他用词和含义都非常不同的诗歌，甚至在更高程度的音乐作曲中也同样如此。还有，一部戏（或一部小说或传记）可以让人想起另一部戏，不是凭借两部戏的人物或场地的相似性，而是因为它们在一般形式或情节上是相似的，两部戏中的关系系统是相似的，尽管所有细节和实际关系并不同。一个最初的寓言或格言的结构明显应归于相关暗示与统觉的配合。因此，在约翰·班扬的著名寓言中，统觉

---

① 德国作者写的"格式塔属性"（Gestalt-qualität）。

向班扬显示了基督徒的生活与在一个陌生的国家陷入危险和被保卫的一次旅行之间的相似性,于是按照两个整体共有的结构,相关的暗示填满了故事的细节内容。

我们已经讨论了心智成长的两个过程,即辨别和统觉,产生了心智的逻辑结构,也就是说,心智结构至少反映了世界上的事物及其属性,它们之间的差别和相似之处。通过这两个过程发展起来的心智,只有具备了有关事物属性及其相互之间的相似与差异的知识,才能够合乎逻辑地推论事物之间的关系。但是它还没有有关具体事物之间时间和空间关系的知识,也就是说,它将没有有关历史事件发生顺序的知识。这种历史知识是通过联想来建立的。联想通过一个反映历史关系的交叉连接系统将逻辑结构的诸多倾向联结起来,如同被我们所知觉到的那样。

由联想导致的心智结构的发展

传统的联想心理学倾向于通过时间上的连续性或"暂时联结"将所谓各种各样的联想简化为联想的形式,这就是联想的基本公式。他们还主张,这是所有心智发展的唯一模式。心智成长的普遍公式是——意识中接二连三出现的"观念"或印象相互联系起来,而且联系得越紧密,这一演替就重复得越频繁。联想心理学还试图将所有联想描绘成通过重复运动训练来形成身体习惯的过程。我在第十章已经指出,我们必须怀疑地看待这一企图,它是对联想问题的过分简化。我阐明过习惯形成与联想之间的差别,一方面,联想是通过意义来形成的;另一方面,联想具有无比优越的效率;即使在我们称为通过联想来进行的学习中,如对一篇韵文的学习，所有因素都在不同程度上运作着，思想因素或意义联想，还有习惯因素。

读出一个词是在运用一个由重复所获得的发音器官的习惯。言语能力意味着一系列这类习惯的形成。但智能化言语不只是这些发动机制的表演。它们进入表演的顺序是由意义的表演所决定的，就像我们在诗歌背诵中所看到的那样；"意义的表演"意思是由目的或意志所维持的心理倾向的表演。因此，在背诵一首熟悉的诗时，有两种联合进入到表演中，一个是言语发动机制间的联合（如同我在背诵"Eeny, meeny, miny, mo"时那样），一个心理倾向间的联合。这些心理倾向是与如下诗句所涉及的物体相应的：

"Among the ungathered rice he lay, his sickle in his hand,
His breast was bare, his matted hair was buried in the sand."*

不同人在背诵这样一首诗时，两种因素也许会以非常不同的比例起作用。一个只比白痴聪明一点的迟钝的幼儿，可以通过多次重复的方式学会这首诗，并带着对诗的意义最少的欣赏漫不经心地背诵出来。那不过是对一系列机动言语习惯的运用。②一个有能力欣赏诗的意义的人，无论有没有视觉表象的帮助，都可以在只读过一次后在心里重复它，各种词汇的意义通过相互作用产生了一个总体意义，将各种意义联合在一起并控制着连续的局部意义和表达它们的词汇的再现活动。

---

* 此处考虑到作者要表达读音对阅读和意义理解的影响，如译成汉语将失去它的例证价值，故保留原文。——译者

② 一些智力很低的儿童在形成这种"准机械式"联想或习惯联想方面具有不寻常的能力。

第十五章 心理结构的成长：认知结构或智力结构的发展

前面的背诵者也许会在没有意识到错误的情况下用同音字来代替诗中的原话，如下：

"Beside the ungathered rice he lay, his sickle in his sand
His crest was care, his hatted hair was buried in the band."

这一例子可用于显示在诗中所存在的操作性联想不止有一个水平或一种类型，而至少有三个水平，就像在较低程度上的所有言语再现一样。因为，除开将词汇联合为机动机制的联想的简单链接和意义联想外，还有一个中间水平的联想，它将部分连接为一个意义独立的正式整体或结构，而且当再现过程不受词汇意义的影响时，任何可以满足或充实这一结构的词汇将是易于取代的。这样一首荒谬而拙劣的改编诗的产生就是一个相应的例子，暗示了韵文、韵律和节奏是起主导作用的因素。因此，即使是在相对简单的例子中，联想和联系再现也远远不是一个可以轻易用联合阻抗的降低这一术语来描述的简单过程。

也许真正的心理联想与习惯形成之间的差别只是一个在神经系统水平上的差异，而且取决于本质上相似类型的神经结构的变化。然而，那是一个非常具有猜测性的问题。无论对那个问题的正确答案可能是什么，我们必须承认，心理倾向与系统间的联想是心智结构成长真正存在的重要过程。

当然，每个人间接地通过他人的描述获得了关于历史顺序的大量知识，但我们可以忽略那种知识，它只包含了一些与个人自己过去经验顺序的知识有关的原则的复合物。然后把联想的活动看作是对某一系列事件的简单背诵来展现的，如同法庭上的目击证人所做的那样。"我看见犯人走到路上并举起他的手来止住一辆正驶过来的汽车。车子停住了，开车的人走了出来，犯人开枪击倒他，坐进汽车，然后开走了。"

背诵取决于联想对所感知到的连续事件的忠实性，也取决于联想再现的活动，按照事件的认知顺序在想象中还原它们，也就是说，背诵取决于单纯的记忆复原。我可以想起或想象各种物体，因为我有必需的认知倾向，但是，通过再现事件顺序，可以让我们以再现所得到的顺序想起它们，这是由于暂时的邻近性所产生的联想的缘故，除此以外，同样还有因为意志连续性的缘故。我注意到这些事件，部分是因为我感兴趣，也许是犯人不寻常的行为引起了我的好奇，我盯着想看看将会发生什么。换言之，我将这些事件知觉为一系列事件中值得注意的部分，它因此具有了特别的意义并能够引起我的持续的兴趣。意志的连续性是联想形成的必要条件；我的注意越敏锐，当下联想的联结就越强，它们在想象或回顾中重现原来序列的作用就越明显。

心智结构中充满了这种认知倾向之间的联想链接，这些链接反映了其过去经验的暂时顺序。但是这种联想只在一个相对较晚的发展阶段开始起作用。如果用"观念"这个词，我们可以说联想只能在"观念"已经建立的情况下运作，即，当许多心理倾向已经开始在系统中分化并组织起来时。联想心理学的错误在于将制造"观念"的工作分配给了联想。

联想不会制造新的事物，它只是将先前已经形成、已经通过辨别分化以及通过统觉在逻辑上排好序的"观念"或倾向连接在一起。它在众多倾向间建立起交叉连接的网络，一个通过时间穿梭

第十五章　心理结构的成长：认知结构或智力结构的发展

机来形成连接经线和纬线的网络结构，这个时间穿梭机在由增生的倾向系统所构成的心理结构的经纬间急速地来回穿梭，将它们编织成一个相互联系的织物。

这一连接线也许可以被某个感觉印象或知觉激发而活跃起来，只要这些感觉或知觉在某一点上与过去某个时刻有关联；然后它在最简单的情况下，即单纯的复原性记忆中，像导火线一样起作用，在任何一个时候点燃，产生只在一个方向上的令人兴奋的火花，即在从过去到现在的方向上，一个接一个的点燃倾向，并因此按照对物体的知觉顺序想起相应的物体，这个顺序就是穿梭机到达它们的顺序。

但是，这个记忆复原的过程不会永远不被中断地长期持续下去，有两个原因。首先，在组合联想模式时，经验穿梭机再三回到相同的倾向上，一次又一次地穿过老路，也就是说，感觉印象让我们在连续场合的不同时空连接中想起同样的物体，所以连接线的织物或联想变得非常复杂，每个倾向都开始与其他很多倾向联结起来，以便传播火花，在到达任何一个倾向的路途中，也许有许多可供选择的路线。因此，如果它沿着任何一条其他的路线而不是穿梭机的原始路线，我们会得到不同的复制品。例如，如果同样一个人 X，在我的经验中两次被包括进 A 和 B 两个不同的连接中，然后，当记忆复原的火花到达这一倾向时，要么 X 会沿着我的思维或知觉的原始顺序所呈现的路线到达场合 a 处的倾向，要么他会偏离，沿着我想的路线到达场合 b 处的倾向。主体的经验越多样化，联想的这些可供选择的路线就越多，与倾向背道而驰。

因此，心智结构的真相需要一个三维的图表来表示。像这样的一个图表我们可以拿一株灌木，用大量蜘蛛线在上面结网，在树叶间拉线，通过这些线，每一片叶子与其他许多叶子直接联结起来。这是一幅粗糙的画面，我们可以将心智结构和逻辑知识以这种树的分枝、小枝和树叶的方式组织成这样，通过历史联想的线将这些心智结构和逻辑知识编织在一起。

其次，在系统的工作中，联想线的准机械式趋势不会不受限制地出发。在单纯的回忆中，无疑，近似地存在这种联想的自由发挥。但是，与我们的思维具有目的性相对应的是，我们的联想也是一种指向某个目标的努力，在解决某个问题的过程中，意志作为一个选择性因素妨碍并很大程度上压制了联想，任何事物的复活机会都与支配性目的有关。因此，在对一系列事件的复述中，如果我们的目的是还原真实事件，并且是尽可能完整和纯粹的真实，那么，这一目的可以强化纯粹的联想再现的记忆复原倾向。但在几乎所有情况中还有其他一些动机在起作用。我们希望说出我们正描述其行为的个体的有罪或无罪意图，或者我们的目的在于让这个故事对我们的听众而言是戏剧性的、有趣的，或者我们希望将我们自己在事件中的分享展示出来。而且，根据这些也许我们并没有明显意识到的动机的强度，我们选择、强调和省略，以某种方式塑造再现的过程，以服务于我们内隐的目的。而且，如果我们没有意识到这些动机的操作和我们内隐目的的性质，我们也许会以全部诚意去复述一个荒谬的事件真实顺序被扭曲了的故事，而这些事件是我们发誓要真实描述的。

同化

一些追随洛克的"观念"观的心理学家已经看到"观念"不能只通过联想来产生,即我们不是以大量离散的感觉或简单"观念"来开始我们的精神生活并将它们联合起来形成复杂的"观念",同化构成了成长的基本模式。当我们知觉到一个与我们所熟悉的某个对象相像的物体时,一个"观念"或"概念"可以说会同化新成分,但在某些方面还是存在差异的。在对相似对象的简单识别中,可以说不含心智结构的成长或分化的,其结果大概只是一个已经成形的结构的合并,就像在所有纯粹的重复过程中,在行动的简单重复和在简单的再现或重整作用中那样。另一方面,如果一个物体被认为像某个熟悉的对象,但在某些方面还有差别的话,这一过程,就其在心理成长中的结果而言,可以看作在本质上是一种辨别。因此,我看不出有合理的理由将同化看作是心理结构发展的基本模式之一。

第十六章　推理和信念系统

　　我们已经看到由信念而产生的(积极或消极的)的情感或情绪来自于判断。我们现在需要对信念本身加以讨论,而不仅仅是讨论作为单一经验模式的信念。信念是心理结构中的一种持久的(尽管未必是永恒不变的)特征,在我们停止思考那些议题以及关于信念的情感消失之后,判断引起了结构性变化,而这种结构性变化则以信念的形式存留下来。我们已经看到,知觉通常包含了判断和已经建立的信念。在原始知觉中,判断仅仅是内隐的,就如同狗在一见之下便认出其主人来那样。而通过原始知觉建立起来的信念则只不过是一种确定的预期,就如狗在听到其主人的口哨声时确定地预期主人即将出现。

　　如果基于确定的信念,那么外显在怀疑和质疑的态度上都要比悬而未决的判断更低一些。它只发生在精神生活的水平上,在这一水平上,信念被表达成命题的形式。尽管完全外显的判断和确定的信念可以从内隐判断和纯粹确定的预期中清楚地区分出来,但二者之间仍然没有一条清晰的分界线。在自己的经验中,我们可以识别出许多中间水平。当我听到一个长期未谋面的朋友的声音时,我可能会迅速跳起来跑到窗边,就像狗在听到其主人的声音时所做的那样。或者我会大声说出"那是 A",就像我所做的那

第十六章 推理和信念系统

样。或者我会在跳起前不能确定地听一会儿,声音的熟悉性只不过引起了我的注意并让我陷入"那是什么?"这一态度中。或者我会以提问方式明确表达我的怀疑:"那是 A 吗?"然后在再听一会儿后,确定"是的,那是 A"。

大多数对于特定事物的信念直接来自于知觉。其他一些信念则通过联想再现或知觉记忆得来,就像你被问到一个过去事件时那样,"过去他有没有大声说话?"或"他过去唱歌走调吗?"如果你确信地回答道"是"或"不是",那你要么是在听见声音时想起了一个由外显判断建立起来的信念,要么是你想起那声音是你听到过的并在这一回忆的基础上作出你的外显判断,即让曾内隐地保存于你的知觉中的音响或音高的正确性外显出来。

同样,我们还看到判断和作为其结果的信念都可能受到交流的影响。这样的最简单例子就是,其他人的主张决定了我的判断,要么是知觉上的,要么是回忆上的,而这仅仅因为他的威望与我的顺从,也就是说,我对他的态度是服从性的,当他表达出一个信念时,我的服从冲动作为一个因素决定了我的判断要与他的主张相一致。这就是"暗示"的技术性含义。比起对知觉判断的作用来,它对回忆判断的作用更为有效。因此,比起问题是"他过去唱歌走调?"如果问题是"他现在唱歌走调么?"你的判断将不那么容易被暗示所决定。但是,所有的交流都是通过感性知觉来进行的,①因此,暗示对判断的影响是许多信念的来源,这种信念,像那些由回忆判断所建立的信念一样,都直接来自于感性知觉,而且不涉及

---

① 在注意到心灵感应术之前可能有例外情况。

与那些感知觉完全不同的心理活动的原则。

一个头脑简单的人的信念,几乎都来自于感性知觉,并采用以下三种方式中的一种来实现——知觉判断、回忆判断和建议判断。此外,还有一个重要的建立信念的过程,即推理过程。

成熟心智的大多数一般性信念都是建议与推理过程共同作用的产物。因此,我关于"这个橙子是圆的"的信念是知觉判断的产物,但"地球是圆的"这一信念则主要是由交流而产生的;而且,尽管那些交流最初是通过建议来影响我们的,但是通过推理过程它们得到了支持和加强,因此我的信念,就像现在我所持有的那些一样,至少部分是理性的,或者部分是推理的产物。当建议与推理一起工作的时候,我们可以称其为说服。说服中的理性因素可以仍然是内隐的,就像我相信另一个人的主张是因为我相信他是一个可信任的目击者和叙述者,而且我能够理性地证明这一信念,尽管我并没有停止去证明它的尝试。说服也可以是外显的,就像他有力地推理或证明以支持他的主张那样。

推理在每一代人身上都不断地激起对它的赞叹和敬仰,因为正是通过推理,我们可以不依赖于新的知觉、再造想象或特定的回忆而获得正确的信念。这一过程是如此不可思议,以致每个年代的哲学家都想要使"理性"远离其他所有心理功能,由它自己坐在宝座上。亚里士多德用他的"创造性理性"学说开创了这一新风尚,在他看来,创造性理性必须被视作是一个来自于某些高级领域的汇集,而其他所有心理过程都是身体组织的基本功能。关于这一话题的讨论贯穿了整个中世纪并在19世纪达到争论的顶点,尽管人们开始普遍认同动物与人类都具有除推理之外的其他心理能力，但还是有一些思想家继续否认动物能够"推理"，并将推理视作人类和所有其他物种的根本区别。

哲学家和心理学家之间不可能达成关于推理本质意义的一致意见；他们之间的分歧延续了柏拉图与早期希腊唯物主义者之间的理论鸿沟。其中一方面的人认为理性是一种准天赐的和完全精神性的功能，另一方面，即朴素的唯物主义者和现代准唯物主义者，比如 C. A. 斯特朗、G. 桑塔亚纳、伯特兰·罗素以及其他新实在论者，在他们中的大部分人看来，推理只是一个复杂的联想再造过程，本质上是由大脑中的物理化学过程的活动所决定的，并纯粹按照习惯的机械法则运行。

从心理学的立场出发，我们可以像下面这样给推理作一个宽泛的定义。

所有推理，其本质都是依据心智中已有的信念形成判断或新信念的过程。如果这些既有信念是真实的并且推理过程是正确的，那么，新信念也将是真实的，并将成为一个有效的行动指南。在最典型的情况下，新信念是通过一系列复杂的过程从大量先前已建立的信念中产生的；就像天文学家亚当斯坚持这样一个信念：如果有一台功能足够强大的望远镜指向天空中某个方位，一定会在那里发现一颗迄今尚未被发现的行星。

但是有些推理是非常简单的。我们可以区分出三种基本类型的推理：首先是从两个特殊信念到第三个特殊信念的推理。其次是从几个或多个特殊信念到一个一般信念的推理。再次是从一个一般信念和一个特殊信念到另一个特殊信念的推理。第一种并不被普遍认同为可以加上推理的高贵头衔。第二种被称为归纳推理,同样被某些逻辑学家认为几乎配不上推理这一名称。第三种被称为演绎推理,被普遍认为是最充分和最完美意义上的推理,在这个过程中,心理的奥秘达到了顶点。

尽管这三种推理模式在一些简单而典型的例子中有非常清晰的区分,还是有许多推理具有所有这三类的性质。但我们将只考察这三种典型的推理模式。每种模式的推理可以既用作发现新真理的一个过程,也可以用作建立或证明真理的一个过程,以及证明我们对已经想要接受的一个命题的信念是正确的这样一个过程。前一个是推理更为重要的用法,它可以被称作科学推理。后者是一个更简单的过程,可以被叫作论辩推理,但是它们之间并没有明显的分界线。

让我们马上来处理关于推理只不过是联想再造的争论。这是传统的联想主义者的观点,与信念是不可分割的联想的观点是一致的。我们已经看到,联想不是信念——不管多么地不可分割,现在我必须再次强调联想再造不是判断,尽管它可能决定判断并因此决定信念。联想的公式是"这个和那个",信念的公式是"这个是那个"。从心理结构的观点出发,联想是不同倾向间的联结,而判断在另一方面,要么制造了倾向的分化(辨别判断,在它外显时引起消极的信念——"这个不是那个"),要么制造了倾向的综合(统觉判断)。按照联想心理学,对黑色的"观念"在我们心中与对白色的"观念"有着非常强烈的联系;但我并没有黑色就是白色的信念,而且也没有因为这两个"观念"之间的联结强度增加而产生或组成那一信念。因此同样的,我已经看到无数的马匹,它们都有四条腿和一条尾巴，而且我从没见过一匹马有其他装备，然而我并不相信每一匹马都有四条腿和一条尾巴。而且如果我相信每一匹发育完全的马都有一张嘴，那也不是因为联想，而是从推理得来。

个别推理

当我们从两个特殊的信念推理出第三个信念时，我们的心理过程本质上是一种想象性操作或实验。例如，我相信城市 B 在城市 A 的北边，城市 C 同样在城市 B 的北边。也许会产生的问题是——C 是在 A 的北边吗？通过想象 B 与 A 以及 C 与 B 在地图或图示上的相对位置，无论它是如何模糊（正像我也许会将它们画到一张纸上那样），我还是立刻产生了 C 在 A 的北边的信念。这是一个简单的推理模式，几乎适用于所有的时间、空间或质量的序列顺序。实际上，我们常常将它用于决定过去事件的相对时间顺序的问题。

注意，如果我心智中的两个母信念仅仅是共存关系，还不足以产生第三个信念。直到问题产生并且我想要得到答案的时候，才会做出判断并建立新的信念。但新信念一旦建立起来，其强烈程度将与母信念相当。

与这些序列顺序的判断紧密相联的是来自于两个先前信念的身份判断。例如，我的朋友，医师 A，有一天说到他的第一个病人是一个间发性酒狂患者。另一天我非常信任的律师 B，随意地说道他是 A 的第一个病人。我完全相信这两个人的话（他们都有效地说服了我）。这两个信念存在于我的头脑中却没有相互作用，直到在晚些时候某个事件或第三人的某些话，引起了我对自己可信赖的律师的怀疑。也许是当时，也许是晚些时候，我突然意识到——B曾是一个间发性酒狂患者。我从两个先前已经存在的信念中推断出一个重要的新信念。这就是通常所说的"根据事实推断"。这一类过程在侦探工作中起了重要作用。

可以这样说，这只不过是一个间接联想的例子。我对于律师的"观念"和我对于间发性酒狂患者的"观念"都与我对医师A的第一个病人的"观念"有关，通过这一共同联想，它们以直接的序列进入意识并因而联结起来。但这一推理过程在两个方面不同于并超越了联想：第一个方面，联想不是判断。在我心中，律师也许最紧密地与间发性酒狂患者联系在一起（也许是因为他的儿子或妻子是一个间发性酒狂患者），却没有任何与他遭受了那种苦难相关的信念。第二个方面，这一过程是高度选择性的。两个潜在的信念在合取中被提出来，因为我被唤起想要知道问题——他值得信赖吗？——的答案。在这一方面，"实验性的"心理过程本质上与实验观察没有区别。我也许已经开始通过密切地观察律师来寻找问题的答案。在两个例子中，我的心理过程会受我的愿望的指引，会根据我的目的来选择。二者都会是"试误法"的过程，但都不会是完全随机的，就如同一个试图逃出笼子的动物，其活动不完全是随机的，而是有目的的选择。它们的有效性将会与目的性选择指引我看待相关事实的有效性成比例，在一种情况下，事实是已经知道或信任的，或者，在其他情况下，有新的观

第十六章 推理和信念系统

察事实。就像里尼亚诺[①]博士说的那样："观念的简单机械联想……不足以给予那种联想最基本的解释，并指引与导入它形成结构性的推理。为了让混乱的联想变得秩序井然，还需要更多的东西，由于观念自发和固有的无条理性，必须有一个代替的顺序、连接和一致性。而这一个更多的东西正好就是感情。詹姆斯·密尔……发现，为了对一个思维过程的一致性做出解释，他不得不在所有过程中，依靠目标观念的优势地位和控制性……这事实上就是对目标的感情。这一点导致了在一个长序列的推理过程中保持一致性的能力以及抵抗感情倾向影响的能力都极其重要，它使得在所有后继的情景中，推理只追求那些当时进入思维的最恰当的目标。"

里尼亚诺此处所说的"感情倾向"就是贯穿于这几页中被称为意志倾向、冲动或指向目标的愿望努力的东西。维持和指引推理过程的愿望就是想知道我们正怀疑的问题的答案的愿望，这种愿望可以直接来自于好奇本能，或者来自于另外的为了达到在推理过程中寻找特殊知识的目标，对于这一目标而言，推理是一个必需的手段。这种愿望的选择性就是詹姆斯已经做了精确界定的洞察力，这一因素将好的推理者与差的推理者区分了开来。两个人可以存有等量的知识或正确信念，但在更有洞察力的人身上，支配性目的在其库存中选择相关的事实，他是"根据事实推断"的，而另一个洞察力较低的人

[①] "什么是推理？"，《科学》，第 XIII 卷。里尼亚诺主张所有的推理都是这种类型，即，想象性实验。他写道："整个推理，它出现的任何形式，与'想象实验'没什么本质区别，这就是说……一种想象的心理经验联合。"

则得不出这样的结论,因为相关的事实没有被用到问题的解决中去。

这种选择性或洞察力,是这种类型的推理中非常重要的因素,因此,它不是一个新的因素。它与实践水平上的试误法是同样一类因素,让无论是人类还是动物的推理过程不同于一个纯粹的随机过程。它是在任何水平上的动物,从变形虫到人类,都具有的智能适应的本质因素。

归纳推理

现在来看看第二种类型的推理,归纳推理。比如,从多方面的观察和交流中,我已经认识到这种、那种以及其他种类的有蹄类哺乳动物都是食草的。然后,我无意中发现或捕捉到一只我从未见过或听过的有蹄类哺乳动物,比如霍加狓*。问题出来了,"它吃什么?"我在心智中搜查我所知道的各种类似的哺乳动物事例。它们都是食草动物,然后我推断这一种动物也是食草动物。这个例子是有启发作用的,因为事实上,和我们的许多实际推理一样,(1)它既包含了归纳推理,也包含了演绎推理;(2)它产生的不是一个肯定的信念,而是一个尝试性的信念,是一个假设,但是可以用来作为行动的指南,这个推理的结论应该是"它很可能是食草的,拿草喂它试试";(3)这个推理过程的若干阶段或多或少是内隐的,而不是外显的。

---

* 霍加狓:非洲刚果河盆地的一种反刍类森林哺乳动物,与长颈鹿为同一科属,但更小一些,颈短,有红褐色躯体,奶白色的面颊,腿部有略带白色的条纹。——译者

推理的归纳部分是对我的心智中其他有蹄类动物事例的彻底考察,其过程是,如果所有事例都是一致的,那么我做出判断"所有有蹄类动物都是(可能是)食草的"。而演绎部分则是"因为这是一只有蹄类动物,所以它是食草的"。归纳过程可以是对一个单个事例的知觉或回忆,也可以是对数量非常巨大的事例的知觉或回忆。本地的猎人也许会说:"它更像一头骡子,给它些草试试。"而我的科学家朋友则会列举所有为科学界所知的有蹄类动物的物种。

归纳过程的最简单形式,或其完全以渐进方式发展的萌芽就是从单个经验中建立起来的确定性预期。就像被烧伤过的孩子怕见火,或被某个人伤害或惊吓过的动物会害怕地从其他任何人的面前逃走一样。如果一个逻辑学家将一只奇怪的动物抓在手上,被动物咬了一口并且非常痛苦,那么在遇见同一物种的另一个样本时,他也会害怕地退缩,他也许还会详细说明自己的心理过程,并展示成一个归纳并紧随着演绎的过程,如此这般地为自己的退缩行为辩护。他也许会做如下分析:"这个动物看上去很像另外那一个,它们看上去很像属于同一个物种,所有同物种的动物在相似情形下都有可能做出同样的表现,那一只咬了我,所以这一只也会咬我,所以避开它是明智的。"

我们的推理很多都是这样试图为自己的预期或行动进行辩护,通过这样的方式解释行为的依据。①对一个事物的一次经验足以决定我们的预期,只要那个事物唤起了一种强烈的意志反应。

---

① 就像最有理性的逻辑学者之一的阿尔弗雷德·西奇威克所说:"在日常生活和科学中我们常常在证明一个真理之前怀疑它,我们的推理落后于我们的猜测,并且试图对已经开始成形的信念的依据做出评论。"——"推理中语词的应用"。

假如这一反应不够强,也许就需要重复经验,而且重复的次数越多,我们的预期就变得越强烈。因此,在每次吃过奶酪后我都感到不舒服,最后我得出结论:一吃奶酪就会不舒服。然后,一旦给我一道菜并告诉我菜里含有奶酪,我会拒绝吃它,也就是说,我从我的一般规则中演绎得出结论,即吃完这道菜我将会感到不舒服。我的拒绝是合理的,也是理性的。几乎不能否认导致拒绝的这一心理过程是推理。因为它包含了外显的判断以及从先前已有的信念中得出的新信念。而让我得出一般性结论的归纳部分是一个简单枚举的过程。它是对我心智中过去经历事例的一次彻底检查,想象性地对一些或很多个特殊事例进行比较。这就是纯粹归纳的本质所在。①

作为推理的第一种形式,归纳推理的效能取决于从心智的相关事例中有效选择特定对象进行再造想象,也就是说,同样是取决于洞察力这一因素。于是,纯粹的归纳推理实际上是通过语言将确定性预期(由过去经验所决定)提升到明确表达信念水平的过程。它包含了在较低水平心理活动中的所有法则。

当一个序列的最初成员曾经出现过,尤其是在它们唤起

---

① 在科学归纳中,由于对同一性或相同性和因果关系的形而上学的假设,这一过程被复杂化了,这种假设在物理科学中被发现是良好的优质假设。我们容易假定同样的假设可以安全地运用于生物科学中,而那正是机械论教条的实质。事实上,有些被最为普遍接受的生物学概括正是建立在简单的列举上的,例如,对所有动物都终有一死或必定死亡的概括。这一纯粹的归纳概括似乎得到了充分的确定,直到魏斯曼指出,有些动物(某些原生动物)不会死亡或并非终有一死。我相信,一切身体在没有支撑的情况下都会落到地面上的规则,或者所有物质的粒子都会吸引其他粒子的规则,是而且仍然是一个建立在列举许多实例基础上的纯粹的归纳推理。

第十六章 推理和信念系统

了我们的某种强烈冲动时，我们是如此容易被引导着去期望同样的印象顺序将会再次发生，它既是我们心理的一个优点，也是一个缺点。这个冲动引导我们在获得一个或少数经验后，避开会造成伤害的事物而追求让人高兴的事物。但同样的倾向让我们做出了那些轻率而不完善的概括，这是我们的推理中最常见的缺陷并常常导致我们做出错误的结论。在这两个方面，语言的运用大大增强了我们这种自然天性。使用任何通用名词或通用名称就是在进行概括，就是主张被命名的事物与其他被同样命名的事物本质上有相同的性质，我们可以、而且应该、并且确实对它形成了与对其他那些事物相同的预期。因此，在上文所用的例子中，一旦我接受了"这是奶酪"，我对这道菜中的期望就是从已经观察到的我吃完其他品种的奶酪后所得到的相同结果。而且对名词的使用在促进我做出"奶酪不适合我"这一概括（内隐或外显地）中起了重要作用。因此，运用通用名称本质上是一个归纳概括的过程。在我们处理纯化学物质的时候，通用名称发挥出色，而且在对于像泥土、空气、火与水这样的标准共同"元素"的处理中，通用名称的作用也是相当出色的。在动物和植物身上同样表现出色。这仅仅是因为自然界已经将这些事物集合成物种，并通过使用易于被我们识别的标记来区分每一物种的成员。但在我们处理这些根据人类惯例所构成的事物类别时，这是非常低效的，通用名称容易暗示那些非常有误导性的概括，就像我们叫一个特别的人、一个理性的动物、一个社会学家、一个慈善家、一个流氓或是一个保守派那样。像对我们已学会的其他成员那样对该类物体的新成员做出同样的反应(就像被烧伤过的孩子怕见火,或小狗从汤姆面前逃走因为它曾被比尔踢过)就是在最低水平上使用归纳概括。将一个通用名称应用于一个物体(就像说"这是火"或"这是一个男孩")就是在一个较高水平上使用相同的通用名称的功能。考察了大量例子(要么知觉地,要么想象地),并注意到每一个例子都表现出了我们感兴趣的属性(发热的或残忍的),然后说"所有火都是会发热的"或"所有男孩都是残忍的",这就是在更高水平上使用通用名称的功能。我们在科学归纳中所做的不是试图去检验和列举某个类别的所有成员,而是试图去发现足以指出该类别所有成员的本质相似性的标记,然后上升为因果关系原则——相似的原因产生相似的效果——然后将这作为演绎推理的大前提。

于是,这个做出归纳概括的倾向就是基础性的,而且表现在精神生活的所有水平中。在较低水平上,它仅仅是对相似事物或表现出相似感觉线索的事物做出相似反应的倾向,仿佛它们是本质上相同事物的再次出现;因为世界上充满了大量不能归入自然类别的事物,每个自然类别的成员都表现出相似的感觉线索,而且对我们的目的而言,它们本质上都是相似的,对相似事物做出反应的倾向基本上能够很好地服务于我们,尽管它可能带来了一些错误,却仍然是我们最高的科学概括或规律的来源。

演绎推理

如果有一种因素使得推理超越其他所有心理功能,和它们存

第十六章　推理和信念系统

在本质的区别,并且注定不会从它们中任何一种进化而来,同时,它还使得人拥有了不同于其他生命的得天独厚的能力,那么,这种特别的因素就是推理过程的演绎阶段。

假定我们遇到一种奇怪的生物体,例如一个海参,然后开始我们争论它是动物还是植物。进而言之,假定我们相信所有呼吸空气的生物都是动物。我们察看这个生物体,然后我指出,它具有无疑是用来呼吸空气的鳃属性器官。我说道:"因此这是一个动物。"我的话引起你的推理过程,这个过程就是从两个母信念中简单而纯粹地演绎出一个新信念的过程,两个母信念即:(1)所有呼吸空气的生物都是动物。(2)这是一个呼吸空气的生物。重要的不是你是如何得到这些信念的,也不是前提不完全正确。① 如果它们已

---

① 除了数学信念外,我们的一般信念没有一个是绝对正确的。它们最多是运作良好的假设。在对抽象数和抽象空间的推理中,我们可以得出那是绝对正确的结论,因为我们推理所用的术语得到了极其充分的界定。确实没有其他推理包含了一般性的断言。在物理学中我们能够做出一般性的断言,因此推理是非常接近于绝对正确的,就像我们关心在不同的压力和温度条件下的气体体积,或者像我们说十夸脱的水的重量等于一夸脱水重量的十倍一样。只有最后一个陈述是正确的,如果所有水都是纯净的,而且如果温度条件、距离地球中心的距离等等都严格相同的话。但是像这样的条件绝对不会得到严格的实现,我们的推理也绝对不会是严格正确的。

在生物学、心理学和所有人文科学中,又尤其是在形而上学中,我们处于更糟的情况。哲学家们徒劳地试图制定某些不加限定的绝对正确的一般性断言,并且,这些一般性断言像几何学公式一样可以作为三段论的大前提,从而产生绝对正确的新断言。在这些领域,我们的知识是不可救药的经验主义的,而我们的通用术语或"一般概念"又不幸地缺乏定义。因此,我们的推理充其量产生了一些难以确定可能性的断言,也就是说,产生了一些作为行动指南的假设,工作假设的正确性依它们的运作状况而定。科学人早就承认这是他们的普遍真理、规律或原理的属性。威廉·詹姆斯最近指出,其他学科,比如历史、伦理学和形而上学的一般性断言都有相似的性质,而且事实上,"正确的"这一形容词用于一般性断言只能意味着这样的断言是运作良好的假设,科学洞见的这个简单延伸在被冠以实用主义的名义,视作是一个哲学异端而被普遍批判和抨击。

经在你心里建立起来,而且如果你想要知道我们问题的答案,我能够示范结论的产生过程;这是你不得不认同的结论;而这个认同就是建立新信念的判断。①

你的母信念(1)即你的推理中的首要前提,在你的心智是心理系统中的实际存在(一个"观念"),通过其他两个系统("观念")的统觉综合而形成,并分别与"所有呼吸空气的生物"和"动物"相对应。让我们把这两个系统称为 a 和 b,并把它们的联合系统称为 ab。(2)在推理中表现为小前提的母信念同样是你心智中的一个系统("观念")的实际存在,通过两个系统("观念")的综合而形成,即系统 c,对应于"这个生物体",和另一个系统 a,对应于"呼吸空气的生物。"也就是说,系统 a("呼吸空气的生物")一方面与系统 b("动物")融合,另一方面与系统 c("这个生物体")融合,然后将这三个系统放到一起,结果就是在 c 与 b 之间产生了一个新的统觉综合。从心理结构观点的角度来看,演绎推理因而成为一个间接的统觉过程。因为都已与 a 融合,所以 c 与 b 发生了统觉综合。

于是,可以说这个演绎过程终究不过是联想。我们有三个"观念",a、b 和 c:a 与 b 和 c 都发生了联合,当 a 首先与 b 然后与 c 一起再现时,b 和 c 开始发生联合了。但是,我强调,联想不是信念,联想再造也不是判断。注意两个系统的综合并不是失去它们之间所有区别的融合。事实上,在统觉综合后,我们仍然可以思考或言说将两个物体之间的差异,尽管在

---

① 如果你为了某个与结论不一致的事态而被一个强烈的愿望所左右,而且如果这个事态阻止你想要知道真相,那么这一论据对你是没有强制力的。

我们说"这个是那个"("呼吸空气的生物都是动物")时,我们部分地将它们看成是一样的,这一事实显示了统觉过程不是完全的系统融合,而是部分的系统融合。然而,我们可以设想联想以及多个系统(或多个"观念")综合体,我们必须承认,它们是非常不同的两个过程,而且它们在相关系统间产生了非常不同的关系,用公式来分别表达这两种关系就是"c 和 b"(联想)和"c 是 b"(统觉综合)。

现在请注意"所有"一词在推理中的重要性,以及这一意义在推理过程的意义中所起的重要作用。"所有"一词也许在口头陈述中被省略了,于是推理过程变成了:

$$a 是 b$$
$$c 是一个 a$$
$$因此 c 是 b$$

这个口语化公式令人困惑的是,是否意味着所有的 a,或者只是某些 a。在后一种情况中,我们有一个"不周延的中项",这个争论是没有结果的。只有通过将"所有"一词引入到大前提中(通过形成一般性断言的方法),这个推理才具有强制力。

在日常推理中,我们常常省略"所有"一词,尽管我们也许意指"所有"。通过将推理的解释放进一个三段论的推理中,就可以将"所有"的意思提到一个更显著的位置。"所有"一词所表达的普遍性有时创造了许多像是推理的本质属性和特殊属性的东西,而且基于人能思考"共性",动物却只想到具体事物,把人与动物区分开来。这包含了一个我们已经讨论过的错误理论,[1]这个错误的理

---

① 参见第 380 页。

论假定原始心智也像动物一般,只能知觉到的个别事物,该理论还假定,心理结构的发展是通过具体"观念"的联合而形成一般"观念"。如同我们已经注意到的那样,普遍性已经内隐地存在于因烧伤而怕火的孩子的思维中,也内隐地存在于那些被某一个人虐待后从所有人面前逃开的动物的思维中。

当推理以假设这一演绎推理过程要求的最高形式进行时,它正是从所有具体内容中分离出来并优于这些具体内容的特征,正是这一特征,让推理成为某个特殊的心理功能,从而与其他所有的心理功能区别开来。我们说——如果所有 x 的都是 y 的,并且如果 z 是一个 x,那么 z 就是一个 y,无论 x、y 和 z 所代表的是什么。此处可以说我们有一个强迫同意的推理过程,但是结论不能说成是从已有的信念出发的。推理不受所有内容的影响,也不受所有与事实有关的信念的影响,然后达到纯粹思维的最高境界;它不与信念,而与抽象思维一起运作。这正是心智有能力使用抽象符号来思考的证据;但它本质上仍然没有显示出任何新类型的功能或法则,所有内容在较低形式的推理都有发现。①

现在来看看将演绎过程用于发现真理,而不是用于证明的情

---

① 这些高度抽象的推理有力说明了将推理表现为仅仅是联想再造的活动的企图是徒劳无用的,同样徒劳的是,那一学说在更近些的时候用反证法声称推理仅仅是语言机制的活动。比较一下这两个推论:
　　所有 x 的都是 y 的,z 是 x,所以 z 是 y
　　所有 x 的都是 y 的,z 是 y,所以 z 是 x
任何正常的成熟的人类心智都能看到前者是一个有说服力的推论,而后者不是。但是没有一个人能够在尚未熟悉这种抽象的口头公式情况下,不利用词汇含义,尤其是"所有"和"是"的含义,就做出这种辨别。但是这样一个对这些词汇和字母(仅仅作为声音和活动机制)没有任何联想或口语习惯的人,通过先前的听说逐步获得了这些词汇和字母,这可以对他所作的辨别做出解释。

况吧。当我向你指出——这种生物体是呼吸空气的生物,因此它是一个动物,我所做的不只是陈述我的观点。面对问题"这是一个动物吗?",在寻求其答案的冲动下,我在知觉或想象上选择了生物体的相关属性,即它呼吸空气这一性质。这再次使用了选择性功能,按照詹姆斯的说法,我们将这称为洞察力。就像我们已经看到的那样,这本质上是在所有水平上都相同的一个功能,它是目的性行为的特征并让推理过程变成一个试误的过程,而不是一个纯粹的随机过程。因而在我们所有三大推理类型中,对相关信念的洞察性选择成为发现性推理的本质特征。

而且,尽管这种选择性是所有水平上的心理活动或目的性活动的特征,当它在发现性推理这一最高水平上表现最为明显时,我们最好希望对这一功能的本质属性有更深的认识。我们回过头看看我们"根据事实推理"的例子,医师 A 和间发性酒狂患者律师 B。我心理结构中的两个母信念至今尚未有相互联系。然后我开始怀疑 B 的可信度,并且想要知道和发现这一问题的答案,无论何时我想到 B,这一愿望就会冒出来并影响我。这一冲动努力想要获得满足,让我不停进行心理活动,让我一个接一个地回忆起与 B 有关的记忆,但又不完全是随机的,被我所知的各种不可信表现和证据都是我思考的对象。这些倾向与所有这些已经在一个单一系统中通过统觉过程组织起来的倾向相一致,在这个系统中,语言起了领导作用。我想要知道答案的冲动被带进这一系统并在其中搜索,让整个系统保持潜意识兴奋的状态,引导我或多或少外显地依次想起各种不可信的表现。当我想起偷偷饮酒和饮酒狂时，这个冲动就会想起医师 A 的第一个病人，然后，因为活动的整个系统是与 B 相联系的，"B 曾是 A 的第一个病人"这一信念就叫醒，判断发生了，而我想要知道答案的愿望在新信念中达到了它的目标。

于是，所有类型的推理都成了间接统觉的过程，它们都使用了一个"中间项"，中间项被认为是与其他两个事物部分相同的事物，它可以产生关于它们之间某个本质相似性的统觉。使用"中间项"是推理的唯一本质属性，让推理与其他心理过程区别开来。但是推理过程的这一标志并不能让我们在推理与简单的判断过程之间划上明确的分界线，因为中间项或间接信念可以在各种外显程度的水平上使用。当鲁滨逊·克鲁索在沙滩上看到足印时，他在一种高度复杂和混乱的情绪状态中跑回去了。我们自然会说，他从足印中推测最近有人类造访者从附近路过。他的情绪可能只是他的视觉印象的一个瞬间反应，却是他对于有人踏上沙滩这一信念的结果。而且这一信念只能通过一系列关键的推理来得以形成。如果第二天一个相似的足印在一个鲕粒岩的采石场被发现，这个世界将充满了各种各样的关于那个足印含义的争论声音。我认为我们一定会赞同，在克鲁索的头脑中，有一个推理过程在他的情绪之前开始，并决定了他的情绪。这不仅仅是看到一个陌生的印记的问题。数月来他也许已经每天数次看到自己在沙滩上的足印。他能证明自己情绪的推理一定是多少按以下程序进行的："所有的这种足印都是人制造的，因此这一个足印也是由人制造的。之前我没到过这里，因此它不是我制造的，它是由其他某人制造的。而且它是最近才被制造的，因为昨晚潮水冲刷过这片沙滩。因此这个其他人就在附近。"但是这样的一系列推理并没有先于他的情绪反应，也没有决定他的情绪反应。这是一个很常见的例子，它似乎证明了推理，哪怕是一种复杂的推理，也可以在不使用语言的情况下发生得非常迅速而有效。

推理的外显性的多水平特征可以通过另一个传说中的历史事件来加以证明。当鸽子带着一根橄榄枝回到方舟时，我们可以假定它的出现引起了以下反应：牛怀着对青饲料的不明确预期发出叫声，大象举起象鼻向四面八方嗅着，猩猩兴奋地吱吱叫着并敏锐地搜索着地平线。汉姆说道："哇，我从没有见过，它到底是在哪里找到的？"闪说道："我猜它在什么地方找到了一棵树。"雅弗说道："我们不会等很久了。"挪亚说道："要感谢上天！那都是新叶，刚发芽的。我承认现在我对这艘又脏又旧的方舟已经十分厌倦了。"挪亚还说："我的孩子们，主已经完成了他的工作，邪恶已被毁灭。让我们赞美主，然后准备好让动物上岸。"谁可以说出在这个外显性增长的范围中，从哪一点开始可以被认为是推理？

信念系统

每一个成熟的心智结构都包含了大量的信念。许多信念是关于具体事物和事件的，这些信念要么是单独的，要么以暂时的序列在空间系统中结合在一起。当我们谈到一个人的信念时，我们通常或多或少地意指信念的一般属性，在每个正常的人类心智中，这些信念都处于有一定组织性的系统中。在我们称为科学智慧的这种高度有组织的心智中，这一组织让大多数的一般信念紧密结合并相互支持,①就像石砌建筑圆顶上的每一块石头一样。对科学信念的这一结构和圆顶的发展模式做出正确描述是逻辑学家的任务,他们还远没有达成一致。经验主义者们声称,圆顶是建立在一个广泛的、基于大量观察事实或信念的基础之上,然后逐渐聚焦而形成顶点的一般原理。另一些人则主张,相反,圆顶是建立在一个或少数几个基石上,他们将这块基石描述成因果关系的原则,或者是对因果关系的一种本能信念、理解的类别,或关于时间、空间、因果、同一性、差异等的天赋观念。

没有比关于自然或遗传所提供的智力装置的性质和内容更难的问题了。迄今为止,尽管进行了数世纪的争辩,我们依然无法设计出恰当的语言来描述有关争论。我自己的观点是争论双方的极端派都是错的,真相应该介于两者之间。如果是那样的话,那我刚才用圆顶来做比喻就是一种误导,因为这一结构的建立和发展的基础,既不是具体事实,也不是少数一般原理的基石。相反,这一结构像海洋生物似地朝着四面八方发展和扩散,不断与其所处的环境接触,通过从环境中吸收来获得成长,并部分地通过环境中的意外事件来得以成形;但是,该结构始终根据自身的自然法则,比如适应以有效应对环境的法则来塑造和组织着自己的构造。这样一些观点已经在我之前所写的关于心理发展和空间思维得到了部分体现。

这一深奥的问题留下了这样的提示,我们可以注意到极少有

---

① 这种一般信念的相互依存和亲密关系常常被过分夸大。例如,已故的闵斯特伯格教授曾不厌其烦地声称,一个关于发生心理感应的证据将会动摇他的整个科学信念系统。

第十六章 推理和信念系统

心智拥有这样一个完全连贯一致的一般性信念系统。回到这个有缺点的比喻上来,将完全一致的科学智慧系统比作装有单个圆顶的古典建筑,我们可以将另一个人的智慧比作装有双尖顶、不需要相互支持就能独立站立的哥特式教堂。这就是一个建立了宗教和科学这两个彼此几乎完全独立的信念系统的人。按照同样的比喻,普通人的信念可以比作一个非常不规则的哥特式建筑,缺乏计划的整体性和一致性,而且覆盖着奇怪的山墙和塔楼,每一个都可能被拆掉或改造,而对其他建筑没有严重影响。

这种或多或少彼此不兼容、相互分离的信念系统,都是通过不同的意志倾向的运作而形成,并被组织在诸如宗教、爱国主义这样的伟大情操以及家庭情感中。这些我们只好在下一章来讨论了。现在应该说的是,在一个单一的一致的系统中,信念间的和谐只是——正如我们所说的——被"对真理的无私的爱"所感动的那些人近似地达到。这句话当然是自相矛盾的,正如我们看到,如果我们将它转换成与之等值的"对真理的无私的兴趣"的话。其中所暗含的意思是针对正确的信念或真理的情感是可培养的,它应该拥有足够强大的力量以抵消或纠正顽固的偏见,这些指向某一种具体信念系统的偏见也来自于其他类型的情感。

第十七章　心理结构的成长(续)：情感与性格结构的发展

性格是什么

我们已经人为地将智力结构的过程从性格中分离出来加以讨论，并认识到智力或认知结构本质上是我们意志的工具，服务于愿望这个机体驱动力。

我们已经看到愿望与冲动是一致的，是在想象层面上的本能意志倾向，而不仅仅是感性知觉。这些倾向的组织化系统，由对象引导而指向实现多种目标与对象的联结，这就构成了我们所说的性格。性格是具有指向性的意志倾向系统，它可能相对简单或相对复杂；其结构可能和谐也可能混乱，可能稳固也可能松散；可能指向更低或更高的目标。复杂、结构稳固、和谐并向着更高目标或理想的性格是最好的性格类型。这种性格通常属于智力相对平庸的普通个体。而智力越发达且结构越完善的个体，其性格也越能更高效地实现其目标。

情感的性质

性格的基本单位是情感或情结。目前心理学家对这两个词语的用法依然缺乏共识。一些作者将它们视为同义词，都用来表示

第十七章 心理结构的成长（续）：情感与性格结构的发展

通过个体经验获得的后天倾向或意志倾向的固着。我认为最好的用法是将"情结"这个术语限定为后天获得的，一定程度上的病态意志固着，因为它们与性格的其他部分之间缺乏和谐。采用这种用法，我们应当将"情感"作为表示所有后天性意志倾向的一般性术语，而"情结"将被用来表示在一定形式和程度上是病态或病理性的情感，而"本能"依然表示先天体质中存在的指向性意志倾向。

"情感"一词被提倡的用法包含了对它的某种专门化限定，这对于将大众语言或文学传统中的心理学术语适用于科学论述是必须的。在大众语言和很多心理学著作中，"情感"与"情绪"并未加以清晰区分。然而，大众语言依然模糊地识别了两者间的一个重要区别。我们会说愤怒的情绪，而用憎恨来表达对应的情感；会用爱国情绪高涨或爱国行动的爆发来表达一种情绪，而用爱国主义或对祖国的热爱来表达对应的情感；会用荣耀的或正义的来表达一种情绪，而用荣誉感或正义感来表达对应的情感；会用柔情来表达对某个人的爱意，而用爱、喜欢或倾慕来表达对应的情感。在这些例子中，通用语都正确地识别了我想阐明的首要区别，而这也是心理学家还未识别或观察到的。这种区别正是我在本书中要强调的观点之一，区别在于：有关心理结构的事实与有关心理功能或活动的事实间的区别；稳定的倾向性结构与倾向性系统之间的区别；以及稳定的倾向性结构与结构所决定的经验或活动之间的区别。情绪是一种体验方式，一种运作方式，一种活动；情感是一种结构，一种有组织的倾向系统，这一性质让情感能在那些会让它采取行动的情境下不为所动，依然或多或少地保持静止状态。

从以下事例中我们也发现了这种区别：本能活动的系列与具

有稳定结构的本能之间的区别；对某个对象的思考与稳定的认知倾向之间的区别，这种认知倾向通过对对象的每一次连续思考发展而来并让我们去思考该对象；作为一种感性或"派生情绪"的信念与"信条"之间的区别，"信条"是认知倾向的一部分，而认知倾向则由外显的判断和推理发展而来。

情感包含了个体去体验与特定对象相关的某些情绪和愿望的一种倾向。它是一种指向某个对象的持久性的意志态度，由对该对象的体验诱发而来。我们已经知道高级动物能获得非常简单的这类态度。来看看这个例子：曾被反复戏弄和虐待的幼犬，一见到或听到在远处曾虐待过它的男孩后，在恐惧中很快便产生了逃跑的倾向。如果我们将这种现象说成是幼犬对男孩的恐惧情感，那就是对语言的蛮横使用。这不过是一种情绪习惯，但也是一种基本情感。这条狗没有连续不断地表现出恐惧的行为和症状，但每当察觉到那个男孩时都会表现出来。类似地，小孩也能习得对别人的恐惧性习惯或恐惧性情感，比如体弱的小孩对恶霸大孩子的恐惧。而狗和小孩在这方面的区别在于：由于小孩有更强大的想象力，在恶霸大孩子不在的时候，他也容易通过交谈或其他途径想起那个大恶霸，因为他已经获得了对大恶霸的恐惧情感，易于在想象中遭遇那个大恶霸。当他想象那个大恶霸时，就会多多少少体验到恐惧情绪，而恐惧的冲动也将促使他去策划躲避大恶霸的计划。这种最简单的情感是由某个对象对某个本能反应的重复唤起而形成的。它可以被视作单个的认知倾向与单个的情感—意志倾向的联合或功能性联结——那就是逃避本能。

第十七章　心理结构的成长（续）：情感与性格结构的发展

憎恨的情感

如果那个小男孩没有完全失去好斗的精神，那么他对大恶霸的情感必然会变得更加复杂。有时，他会用行动来表达对大恶霸的骚扰的极端愤恨，也许是用愤怒的撞击和言语来宣泄，或许是只在大恶霸离他很远时才表达出来。当想到大恶霸时，他会在心里发怒，并密谋着报复的计划。这样，好斗本能的情感意志倾向就开始指向大恶霸，更严格地说，这种倾向与想起大恶霸时的认知倾向功能性地联结或联合了起来。如果用"观念"这个更简短的词来代替认知倾向或认知系统，那么就可以说：对大恶霸的观念已经与两种本能的情感意志倾向关联了起来，即逃跑和斗争两种本能。

这两种本能的意志倾向彼此之间并不是直接联系的，仅当两者都与同样的认知倾向联系起来时，才会成为同一系统的组成部分。这个由重复的恐惧和愤怒体验建立起来的，被同一对象唤醒的整体系统，构成了对大恶霸的憎恨情感。这种情感不能被视为与任一种情绪是等同的，因为一旦形成，它就是相当大的范围内体现为情绪和愿望的持久状态。也就是说，恐惧和愤怒在不同的场合下以各种不同的比例被不完全地混合在一起，常常让人很痛苦，因为它们的倾向或愿望总是或多或少地存在矛盾，两个基本愿望的全系列派生情绪也是如此，信心、希望、焦虑、失望、绝望、后悔和懊恼等之间也或多或少地存在矛盾。在任何情境中，感知或想象对象时所体验到的某种特定复杂情绪的混合体，取决于与主体相关的对象（感知或想象到的）所处的特定情境。① 在我描述自然人的生活时，已经提及了这一切。我之所以花大量篇幅赘述这个话题，是因为经验告诉我：很难让学生甚至许多自称是心理学家的学者清楚地领会这些情感的性质和构成模式的简单的、基本的事实。厌恶或讨厌是情感的主要类型之一。

爱的情感

现在我们开始讨论另一个重要的情感类型——爱的情感。假设你是一位孤独的学生，离群索居，专注于学习，缺少人际交往，生活有条理却多少有些冷清。某个冬日你回到自己孤独的住所时，你看到了一条蜷缩在墙角的又脏又冷、瘦弱而痛苦的狗。你停下来看着它，可能仅仅是出于好奇，想知道它从哪儿来。它也望着你，胆怯地退缩着，你便被称之为同情的情绪感动了。你凑近它发现它的脚被压伤了，轻声地说道"可怜的家伙"，你的声音和动作表达了你的情绪和倾向。狗也用尾巴和眼睛微弱的活动来回应你，

---

① 大众语言似乎认识到了憎恨的情绪与恐惧和愤怒这两种情绪都是不同的，例如，用愤怒、恐惧和憎恨来分别描述一个人的不同情绪。但这是多余的。如果"憎恨"能用来恰当地表示任何一种情绪体验，那这种情绪体验中必然混合了恐惧和愤怒。这条能帮助我们清晰思考的简单真理，其重要性在战争期间就得到了充分说明。对"我们是否憎恨或应该憎恨敌人"这个问题，我们进行了无尽的讨论。伦理学家承认：对敌人发怒或许是恰当的，因为敌人在比利时和法国肆意破坏，当敌人向我们不设防的城市投放炸弹和炮弹杀害我们的妇女和孩子，当告诫我们憎恨他们是错误的时候，谁也不能否认我们害怕敌人，通过德国民众态度的改变能很好地说明这个真相。在战争早期，德国民众憎恨英国人，而不是法国人，因为它们害怕英国武器的威力而又愤恨英国人的干预，因为他们觉得英国的干预阻碍了他们迅速占领法国的图谋。他们并不憎恨法国人，因为它们觉得自己能压倒法国人，因而对法国人既不恐惧也不愤怒。然而，他们从1918年开始憎恨法国人，因为法国具备了挫败他们和处罚他们的能力与意志。

你觉得自己不能眼看着它这样悲惨而痛苦。于是你温柔地将它哄回家，然后给它布置了一张温暖的床，给它肉和饮料，并给它包扎受伤的脚。狗顺从地接受了你所有的帮助，它舔你的手，眼神跟随着你，当你靠近时无力地摇摆着它的尾巴。你在自己善良的行为里获得了一种奇妙的满足感。为了让它觉得舒服你愿意承担各种麻烦，尽管它会妨碍你的工作，打扰你的睡眠，扰乱了你平静的日常生活，你依然乐此不疲。渐渐地，小狗越来越有响应能力，胆怯的退缩变成了欢快的迎接，回应你的每一个行动、情绪和心境。当你沮丧地坐着的时候，它把头放在你的膝盖上，专心地凝视着你的眼睛，世界因而显得不那么黑暗了。当你拿起帽子准备出门时，它便冲到门口目送你离去。当邻居家的大狗攻击它时，你迅速跑去保护它。当邻居抱怨它制造的噪音时，你会认为邻居是诽谤，厌恶邻居的抱怨并为它辩护。你俨然成了它的上帝，而它是你的朋友。有一天，你和它在街上散步，为了庆祝与你一起散步的愿望得以实现，它便欢快地跳动起来，却忽略了安全，这时一辆卡车碾过了它幼小的身躯。你抱起它并轻柔地将它带回家，当它最后一次舔你的手时，愤怒和痛苦之情顿时充满了你的内心，甚至比它自己还要痛苦。当它冰冷僵硬地躺在那儿再也不动时，你体会到了一种强烈的悲伤，不忍心将它扔到垃圾桶里。你为自己的粗心感到愧疚，你满怀柔情地将它埋葬在花园里，并在它的坟墓上种上灌木，而它的照片始终放在壁炉架上，直到褪色，磨坏，以提醒自己爱和忠诚是真实存在的，世界也并非是完全邪恶的。

这就是最简单形式的爱的情感。① 在这个例子中，保护或抚养本能的温柔冲动最初是以同情帮助的形式指向对象，并反复被同一对象唤起。因此，产生的情感意志倾向与发展中的认知系统稳固地联系了起来，这个认知系统与你对小狗的了解和信念相关。因此每次对它的想象都会带有那种情绪，即使它激怒了你，你也只会有责备的情绪，而不是愤怒。然而这个系统会随着与它或其他意志倾向的连接而变得更加复杂。尤其是对狗的责任心要求你对它施加权威，而它对你施加的命令的服从满足了你的自我肯定冲动，因此这种倾向通常都能成功地进入你的情感。② 此外，狗的陪伴激发和满足了你的陪伴需求，也就是社交的冲动。而它对你的情绪和心境无尽的响应能力在你们之间建立起了主动的同理心关系。③

这样，爱的情感便由最初的同情，通过反复的唤醒过程而染上了习惯的色彩，并慢慢变得复杂起来，成为各种情绪体验的源头。在这些情绪体验里，主要及次要的情绪性质与派生情绪以大量不同的组合混合在了一起。

请注意：任何一种意志倾向在成为某种情感的组成部分之后，并不会被那种情感独占，而依然像从前那样偶尔被任何合适的对象激发出来，也不妨碍它习惯性地指向别的对象，即进入别的情

---

① 我之所以选择描述对狗的爱，部分是因为这个例子可以用来驳斥弗洛伊德的教条。弗洛伊德认为所有的爱本质上都包含了性本能。

② 从某些人对待狗的态度中，我们可以看到这是非常重要的因素。他们对狗只有很少的柔情甚至没有柔情，也只有最少的同情。当你看到一个人挥舞着长长的犬鞭，而几条巨大而名贵的狗跟在他的身边时，你就能推断出这种原始情感的存在了。

③ 参见第424页和第432页。

感。一个人可能爱他的狗,也持续地爱他的妻子和孩子,而他对每一个对象的爱是独特而独立的情感,在构成以及意志倾向的相对显著性上各不相同。但我们必须承认,对不同对象的相似情感在一定程度上是彼此竞争的,因为它们所利用的能量来自相同的源头。因此,具有单一的爱或恨的情感的人同爱恨情感丰富的人相比,前者倾向于显示出更热烈的情绪,并能够对他专一情感下的愿望投入更大的能量。

轻蔑和尊重的情感

除了爱与恨,我们还应注意其他两种重要的个人情感,即轻蔑和尊重。

轻蔑,较温和的说法是傲慢,是对情感对象的一种自我肯定和自我炫耀的习惯性态度。它可能仅仅只包含了自我肯定的意志倾向,但与所谓"自豪"的自尊形式的情感联系起来甚至部分地混合在一起,形成一种两极的情感,即对自己引以为傲,对他人则轻蔑或傲慢。①

尊重是跟轻蔑相反的情绪。请想象有一位穿着朴素,缺少朋友,没有特点的同学,一开始你对他很冷漠,甚至有微弱的轻蔑倾向。后来,你发现他是一位才智过人的同学,他在巨大的困难面前,如学习的同时还得照顾母亲这样的困难面前依然顺利地完成了大学学业。在进入大学之前,他曾在4分32秒的时间内跑完了一英里。你的态度开始转变为长久的尊重,甚至仰慕。尊

---

① 参见第426页和第437页。

重是这样一种情感：其本质的态度是敬仰其对象，其冲动是服从的本能，因为对象在某些方面显示出了比自己更强的能力。你便习惯性地顺从或服从他的观点，羡慕他的成就并尊重他的整个人格。

友谊的情感

如果现在你和你的同学都需要在短时间内完成学习任务，你们便开始相互依赖，互相交流，彼此互助，你开始在他身上找到了社交或交际冲动的满足感。当你有好消息或坏消息的时候、想到一条有趣的笑话的时候、见到一件激动人心的事件或一场不错的比赛时，你觉得有必要与别人分享，如果你的同学在某种程度上与你有相同的情绪反应，你就会觉得满足，欢乐增加了或痛苦减少了。通过这种方式你逐渐与他建立起了主动的同理心关系。你与他的关系不再仅仅是尊重他以及在某种程度上随便地与他交流情绪反应，而是积极设法与他分享你的经历。进一步地，当他遇到烦恼时你同情他，你常常能感受到他对你的感恩回报。这样，温柔的冲动也许能在你的情感里找到从属的位置。这就是友谊的情感，你们拥有的共同记忆，尤其是有关你们同情性合作的记忆越多，友谊的情感自然就容易变得更加坚强而持久，很难定论所有的这些记忆是否应当被看作情感的一部分。但是，到目前为止，你已经做出了一定的判断并建立了对他的信念；他是世界上最好的伙伴，这种信念当然就是情感系统的一部分。

第十七章　心理结构的成长（续）：情感与性格结构的发展

爱情[*]

如果你的这个同学是异性，这种情感往往就变得更加复杂，主要是在原来的情感系统里结合了另外两种冲动，并包含了它们的情感意志倾向，正常的年轻女性或女孩在身体上的缺陷和娇弱（也可能是道德上的）使她像孩子一样。这种通过我们直觉或内隐统觉[②]的方式运作的相似点，将男孩抛入到保护她的习惯中，并唤起了男孩抚养本能的冲动和情绪。他感觉到自己想要在各方面保护和帮助弱小的她。

最后[③]，性冲动可能会给这个情感系统注入巨大的能量。然后，尽管它被柔情和尊重抑制了，但它依然倾向于控制整个交往过程，至少在一段时期内，它成为愿望首要的来源，正是通过这种方式，派生情绪在全域音阶内反复吟唱同一个声音，它还掌控了判断和信念，就像广为人知的那条至理名言："爱情是盲目的。"

自尊的情感

直到考察了自尊的情感，我们才能完整地描述各种复杂条件下最成熟的爱的情感。在所有情感中，自尊的情感是最重要的，这不仅是因为它强大的影响力，还因为它的活动更频繁以及它更加

---

[*] 原文委婉地表达为"温柔的激情"（tender passion），此处还其本意，译为"爱情"。——译者

[②] 参见第 391 页。

[③] 可能是在最后，也可能是在最初。性冲动开始活跃时的依恋往往出现在后期而不是早期，毫无疑问因为这样更安全，更有可能维持繁荣而持久的关系。但否认这样的事实是愚蠢的，即在某些情况下，最好类型的情感是从以性为主的吸引开始的。

深远的意义。

有必要概要地讲一下"自我意识"这个术语。一些心理学家给"自我意识"染上了浓厚的神秘色彩。但是无论自我的想象里包含的是什么样的奥秘，都属于思维的一般奥秘。自我意识的奥秘并不是一种新的或额外的奥秘。我们已经知道：对各种事物的信念连续地存在于自我同一性的真实性中，它是建立在我们的奋斗、努力以及奋力追求自己的目标等经历的基础之上的。一个人想到自己就如同看到自己所了解的和奋斗的、享受的和遭受的、回忆的和期待的一样。

毫无疑问，幼儿能够想到的自己是非常模糊的，但是很快就有了语言的辅助，特有的名字成了他把握自己的把手，也因此获得了将自己看作及说成为一个有能力的行动者、奋斗者、愿望者或拒绝者。他学会了想象自己的四肢及其他器官，如同他学会了想象他的玩具和工具一样；这些都是他的最密切联系的对象。相对于其他事物，他更容易控制这些感觉，而它们也总是伴随着他，他的伤痛似乎也包含在了其中。但这些感觉依然是他的，而不是他，是我的感觉，而不是我，就像婴儿的手指或者脚不代表婴儿自己。首先，其他人引起了他的注意，因为满足了他的需求，减轻了他的悲痛或恐惧，答应或拒绝了他的要求或者迫使他违背自己的意愿和努力。因而他们对他而言显得非常真实，随着他学会了更加充分地思考他们，他学会了期待和回忆，学会了让步或更有效地维护自身权利，他对自己的认识变得更加丰富。

现在，周围的人开始给他奖励或惩罚，赞扬或责备，认可或不赞同，欣赏或轻视，指责或嘲笑。他恰当地回应这些影响，在能够

第十七章 心理结构的成长(续):情感与性格结构的发展

坚持的地方就坚决维护自己的权利,在必须屈服的地方就顺从地让步,因为他有自我肯定和服从的本能。由于他认识到了伴随自己行动倾向的情绪兴奋的含义,因此他也学会了怎样去理解别人的情绪表达,并给他们及自己的情绪赋予几乎恰当的名字。渐渐地,他认识到了自己在涉及事物、动物和人方面的能力优势和缺陷,认识到了自己喜欢和不喜欢的事物,主要的倾向以及长处和短处。

渐渐地,他对别人针对自己的表述变得极其敏感,因为这些表述既是未来的重要的满足感或痛苦的来源,还带来了即时的满足或痛苦体验。赞扬和羡慕带来的快乐增加了他的成功满足感;受挫的自我肯定和自我炫耀感带来的痛苦又加剧了失败的痛苦。当他长大一些后便意识到,精神上的赞同或责备不仅代表了赞同或责备他的人的态度,还代表了整个世界的态度,有组织的社会的态度,这个社会有固定而传统的是非准则和奖惩制度。这是一种模糊而巨大的力量,当它用"你不能"以及模糊的威胁和巨大奖励的承诺等"武器"出现在他面前时,很少不能成功地唤起他服从的冲动。在这些让他服从的引导、暗示和说服下,他最终学会了判断自己和别人,并大体上建立起了涉及自己和行为及性格的信念系统。这样,"我"这个词的意义就变得更加丰富了,因为他建立起了涉及自己的信念系统,而这个系统基本起源于并植根于自我肯定和服从这两大意志倾向。①

---

① 这种对自我的认识,具有如此丰富的含义,植根于如此广博的倾向系统,建立在大量的经验之上。这种关于自我的"观念"自然会给那些认为"观念"只是一串感觉和表象的心理学家带来特别的麻烦。当我们被告知"我的母亲"或"我的妻子"的"含义"只是一串意志的时候,这种老套的学说似乎陈腐到了荒谬的程度,当应用到最复杂的"我自己"全部含义时,这种教条自然就崩溃了。

"我"这个对象因此代表了心理结构中具有不寻常范围和复杂性的倾向系统,这个系统也与大量有确定的时间地点的过去事件有关。这一系统的意志倾向频繁地被每一个真实的或想象的社会接触调动起来,通过大量练习变得极其灵敏和强烈。这就是自我肯定的情感,这种情感包含两种倾向:自我肯定和服从,对于正常人,这两种倾向处于适当的平衡状态中。这种情感也被恰当地称作"自尊"。当自我肯定的倾向过度突出并以相对消极的方式,如仅仅通过想象自己的优越感,或别人的顺从和尊敬(真实的或空想的)来获得满足感时,我们就将这种情感称作"骄傲"。如果产生满足感的优越性无足轻重或只与身体相关,我们就称之为"虚荣心"。如果这种冲动呈现为更活跃的角色并逐渐不知足地强求更多人的羡慕、顺从、尊敬和服从,我们就称这种情感为"野心"或"权力意志",在个别情况下也可称作"夸大狂"。

自尊的外延

现在开始关注自我肯定的冲动和愿望是如何延伸到真实的肉体和精神自我之外的。衣着在很大程度上决定一个人在他人眼中的形象,通常也在一定程度上体现了性格,而衣着本身又受他人看法的影响,如赞扬、羡慕、赞同以及嘲笑、指责和反对。大多数人对这些看法都非常敏感,对它们作出的反应犹如对现实自我做出的类似反应——对羡慕和赞同反应出欢欣鼓舞,对轻视和反对则反应出愿望被挫败般的痛苦,或因不和谐而引发的常被称作尴尬的那种不愉快的自尊和服从混合而来的痛苦。在这种环境下,个人意识到应该遵从大众的意见,所以,与流行时尚保持一致成了大多数人获得内心宁静的基本要素。

我们双手和大脑的作品,不论它是一栋房子、一幅画、一本书还是一间有家具的房间,都会受到某些评价,而这些评价的影响力等同于评价我们本人。我们全部的所有物,无论是我们选择了它们或创造了它们,或以任何一种方式声称我们拥有对它们的所有权,所有这些内容都具有被评价的效能。因此,自尊的情感对他人的这种评价和态度变得敏感了。这一事实有时被表达为所有这样的事物都是"更大的自我"的一部分,或者等同于自我。

一个人自尊延伸的最重要对象通常是他的家人(尤其是他的孩子)和他所属的其他社会团体,如他的学校、学院、城市、行业和民族。对于这种个人或团体的对象,他都可能形成某种特殊的情感。然而,这些例子中的个人或团体都是他更大的自我的一部分,几乎等同于他自己,这个观点既被他自己认同,也被世人所接受,因此这些个人或团体也是他自尊情感的对象。然后,他可能对这些对象产生一种混合的情感。① 在对孩子的情感上最能体现这一点,最纯净的爱的情感是完全"无私的",也就是利他的。它主要的冲动,即保护和珍爱其对象的冲动被自尊的延伸变得复杂化。由于孩子被世人认为确实能体现其父母,因此父母会为孩子的优点得到别人认可而欢欣鼓舞,也会为孩子缺点的暴露而感到悲痛和羞愧。在父母对孩子的爱里,这些无私的和自私的成分会不同程度地存在。

---

① 自我利他性情感既是一种自尊,又是给对象的爱。这种自尊的延伸是所有社会生活和社会心理学中最重要的事实。我的《群体心理》(纽约,1920)一书中对此有阐述。

接着,我们来看正常的爱能变得多么复杂:即使已经很复杂的恋情也有经历这种复杂化的倾向,尤其当爱人成为了他的妻子也是他理想的化身,如同习语中说的那样,成了他荣誉的守护者。在有的国家,男人将爱给情妇而将自尊的延伸给予妻子这样的现象并不罕见,追随这种模式的人有引发令人烦恼的内心冲突的风险,这很容易带来灾难。

在大众语言中,"爱"这个词的使用极不严谨,两种模棱两可的情况值得首先被注意到。第一,通用语没有清晰地区分爱的情感和各种被称作"爱"的情绪兴奋。我认为,很明显,人们往往将"柔情"比较显著的情绪兴奋都赋予"爱"的名字。①

第二,由于大众语言和常规思维有这样深蕴的倾向,认为任何名称相同的事物在本质上都是相似的,因而不能辨认被称作"爱"

---

① 通过那句古老而美丽的句子能很好地阐明这里提出的不明确性及事实,那句话是这样说的"父亲怎样怜恤他的儿女,耶和华也怎样怜恤敬畏他的人"。这种柔情有珍爱、援助和保护的冲动,是同情、感激、尊敬、悲伤的一部分,常被称作"同情",也是这些品质如慈善、仁慈、仁爱、宽容和博爱的活跃的根。这种柔情成分被叔本华称作"慈爱"并被正确地指定为所有的利他行为和真实道德的本质基础,因为它是人性中唯一的利他精神的成分。如果没有它,人们可能学会遵奉"绝对命令"的信条,甚至变成责任的奴隶,可能只会对他认识的集体公正、正直和忠诚,但他的公正没有受到"慈爱"的锻炼,他的正直也只是对"上策"的诚实,他的忠诚也绝不会激励他延长自己对同事的善行。值得注意的是,叔本华在出色地维护了人性中这种利他成分的真实性从而反对犬儒主义者和空谈家的观点后,却因为为事实寻找一个过度形而上学的解释而毁灭了他自己正确的心理学观点。叔本华没有将人的利他精神的成分与抚养冲动等同起来,抚养冲动在高等动物中是如此强大,我将它称作大自然最耀眼的发明,因为只有它使人类的高等进化成为可能(参见第 130 页)。叔本华却通过形而上学的解释方法撤回了他对利他精神真实性的维护。他说,我们为同伴寻求利益,不是利他精神的驱动,而是因为我们在无意识中认为所有生物都是同类,同伴的利益就是自己的利益(参见"论道德的基础")。

第十七章 心理结构的成长(续):情感与性格结构的发展

的不同类型的情感。我们谈到"母亲对孩子的爱"时,仿佛这句话暗指着一种完全明确的情感,在所有情况下都一样。这句话也有一些道理,因为它暗示了这种爱里温柔的保护冲动大大超过所有其他因素而占据了主导地位。然而,我们必须认识到,对每个对象的情感都是独特的,甚至连拥有多个孩子的母亲也是以不同的方式来爱每个孩子的,对每个孩子的情感都有不同的构成和独特的倾向平衡。若将她对杰出、能干和成功的儿子的爱,与她对残疾或存在智力缺陷的小女儿的更加纯粹而无私的爱作比较,我们就能清楚地看清上述观点了。①

在涉及自我本身以及"包含在更大自我"中的所有对象

---

① 在这里我要详细地批判大众接受的弗洛伊德教条:所有的爱都与性有关。我反对这个教条,不是因为它违背了我的"道德感",而是因为它显然不正确,且基于明显荒谬的内隐推理。其主要的谬论就是"任何名称相同的事物在本质上都是相似的"。另一个谬论是:由于孩子都是通过性本能而产生的,因此所有孩子的兴趣都与性相关。这些谬论被一些错误的断言支撑着,例如父母与其异性孩子之间的爱总是或通常是比父母与其同性孩子之间的爱强一些;之外还例如,所有的人际关系要么是异性之间的、要么是同性之间的,换言之,所有人际关系要么是异性恋、要么是同性恋,因此所有人际关系都是性关系而表面上却故作正经(由于乱伦的欲望被压抑)以掩饰他(或她)对父亲、祖母、小女儿或外孙的喜爱是性方面的。这些"推理"被接受和重复的方式(大多数是内隐的)证明了令人悲伤的人类理智的软弱。基于这些腐化的基础的感觉心理学是为推销其中含有此内容的书而服务的,我不清楚大众对这种心理学的兴趣是否仅仅为了图得一乐。试图与相信弗洛伊德学说的人争论是没有意义的,因为他只是一位宗教信徒,而不是科学家,像所有的宗教狂热者一样,他对别人理性的劝说无动于衷。如果他是一位思想开明的人,你也许能成功地说服他承认自己性方面的教条是错误的。然而,在最后他总是反驳说自己并没有用一般意义上的"性"这个词,来逃避你的劝说。他和弗洛伊德教授本人都不会告诉你他们会在什么意义上用那个词。弗洛伊德式推理基本上是一种奇特的过程,只能使用"通过映射来说服"来描绘其特征。同时,我也坦率地承认,弗洛伊德教授为心理学作出了很多伟大的贡献,我会设法在第二部分介绍这些贡献。

（更准确的说法应该是自尊情感延伸到的所有对象）时，我们往往对社会、团体或公众舆论的声音非常敏感。无论这种情感会采取何种特别方式，不论是骄傲、虚荣、野心、过度的谦卑还是平衡的自尊，上面的说法依然成立。任何形式的情感本身都会对舆论敏感，因为这种情感的两种基本冲动不仅是被自我的沉思唤起的，还有他人对自己的态度的作用，最初，在最简单和原始的运作下，它们是对他人的反应，在本质上是社会性的。然后，如同一些作者写的那样，它成为了一个严重的错误，假装区分了我们的自尊的倾向和我们对舆论（或社会评价）的尊重。A. G. 斯坦利教授①详细阐述了这种常见的错误，他的著作里的"情结"就是我们常说的"情感"。他说：我们必须识别所有正常人都存在的三种主要的基本情结，以及各种或多或少为个人所特有的次要情结。这三种基本情结是"自我情结"、"群居情结"和"性情结"，他详细论述前两者，仿佛它们是两个完全独立的形态，各自有不同的运作和影响范围。斯坦利先生似乎也受了 W. 特洛特先生的杰出著作《群居本能》的影响而陷入了这个错误。在《群居本能》一书中，所有的社会现象，尤其是社会对个人的所有影响，都用"群居本能"这个词来解释。我也认识到（在第五章）人类有群居本能，自我肯定和服从的冲动可能是从人种中获得或进化而成为从属于群居倾向的两种冲动。我也认可群居本能参与到了社会对我们巨大的控制作用中，即其冲动在人类层面上便成为了

---

① 参见他所著的佳作《新心理学》。

第十七章　心理结构的成长（续）：情感与性格结构的发展

愿望，不仅渴望接近其他人并和他们交往，还渴望与他人分享情感，直到那时群居冲动才获得了满足。在比较原始的水平上，这种满足是通过身体融入人群中获得的，原始的共鸣倾向在人群中确立了统一的情感。在高一点的想象层面上，这种分享情感的愿望成为了我所提到的"主动同理心原理"，也就是说，它促使我们渴望与周围的人保持情感上的协调，而当我们感到自己的情感态度与社交圈里的朋友大不相同时，它就会让我们感到不安和不满。如果整个社会以及我们所在的较小的集体或圈子明确地传达了一种普遍的情感态度，如同道德一样，这时与这种情感态度保持一致的愿望是最强大的，而如果发现自己与这种普遍的情感态度不协调，我们就会不可避免地经受一些持久的不安。① 在这种随波逐流的风气中，群居本能的冲动是在自我肯定的系统中运作的，其意志倾向也并入到了自我肯定的情感中，于是，自我肯定的情感就显现出了"社会环境下的自我"，而不是孤立的自我的特征，甚至连未能获得任何团体忠诚度或集体依附感的人也同样如此。对于生长在和谐家庭中的正常孩子来说，挚爱家庭组织的情感基本上都能发展起来，这也为孩子长大成人后对更大的组织形成类似的情感铺平了道路。对于一个具有光荣历史和重大世界地位的国家的公民而言，基本上都会对祖国形成某种奉献的情感，爱国的情感。在爱国情感里，保护冲动和柔情的成分

---

① 高尚的人对婚姻方面传统的社会风俗和道德准则的挑战的实例，也许就是上述论点最好的说明。

非常小，因此不能称作"爱"。然而即使是那样，爱国情感仍然是一种强有力的要素，因为它是一种延伸的自尊，在某种意义上也是一个人对较小组织的所有忠诚的综合体——这是集体主义情感系统中的"国王"，所有这些都促进了爱国情感，这种情感具有守护和保护其主要对象——国家的意志倾向。①

于是，集体主义情感本质上就包含了对集体的自我肯定的延伸，与集体进一步发展心理上的亲密关系，这也使得撇开社会环境来考虑自己变得不可能。这是一个极其重要的事实，却被斯坦利先生和特洛特先生等学者忽略并含蓄地否认，他们错误地将"自我情结"和"群居情结"当成了两种不同的事物。

对自尊情感及其许多分支的概述将有助于显示，在正常成年人中这种情感的基本冲动——即自我肯定和服从的冲动，怎样从本能层面上相对微弱且不频繁的活动，变到极其敏感，强大且无所不在。因为它们通过许多途径被调动和发挥出来，通过这些几乎重复不断的练习得到了加强。这样，我们就理解了这些冲动为什么成为了决定我们个性的主导因素，为什么是我们最剧烈的痛苦和最强烈、持久的满足的来源；也明白了为什么耻辱和社会排斥是最严厉的处罚，而社会尊重是最有价值的奖励和我们追求的最宝贵、最持久的目标。据说，一些野蛮人也惧怕耻辱胜于死亡；我们也知道，许多拥有较高文化的人宁死也不愿蒙羞，许多人为了挽回自己在同伴眼中的地位宁愿牺牲其他所有的美

---

① 在我的《群体心理》一书中，我更详细地讨论过集体主义情感的角色。

好事物。① 我们还理解了报复的愿望为何在各层次的文化中都是如此强烈而持久的人类行为动机。因为这种愿望伴随了痛苦的情绪兴奋,有时也被称作"报复的情绪"(不仅是愤怒,而且是染上了痛苦色彩的愤怒,这种痛苦来自被挫败的自我感觉,也可能有恐惧),在本质上是找敌人"算账"的愿望。报复的愿望起源于自尊的情感,并被结合着侮辱的伤害唤起,这种伤害不单纯是侵犯或妨碍,而是贬低了我们在自己和世人眼中的位置。

道德情操

伦理学家用大量篇幅著述过道德情操,但由于他们缺乏心理学知识并使用了大量令人困惑的流行术语,因而未能成功阐释清楚这种情感。道德情操是构成性格的真实而重要的成分,当然不是所有性格的组成部分,而是道德品性的重要组成部分。我们常

---

① 我们或许也能理解,为什么文学家和艺术家普遍对所有赞同与反对的标志是如此极端地"过敏"或敏感,因反对而深感不安,因赞美或欣赏而欢欣鼓舞至荒唐的程度。因为这类职业的人将最好的精力投入到工作中,只为赢得同伴的赞同,其价值只能由公众的评价来决定。木匠、工程师或化学家可能在得知由自己的双手或大脑创造出的作品,正被朋友使用着并有助于他们的幸福的时候会获得满足感。但是,如果公众对作家或艺术家的作品依然不感兴趣,那他就只能安慰自己说子孙后代会欣赏那些作品的。哪个作家不会为一个陌生批评家贬低的评论而睡不着?不会为独自陶醉于自己的作品中而感到羞愧?我们也明白了野心为什么是"高贵心理的最大缺点"。这种动机,即自我肯定冲动的巨大力量和影响范围,能在大量在乎死后名声的人身上得以阐明。若有读者认为我过高评价了这种冲动在人类生活中的作用,我建议他读一读利顿·斯特莱切先生的《维多利亚名人传》,也许就能认识到在最虔诚及最博爱的个性中,这种千变万化的冲动如何在激励行动、支撑宏大事业以及合并最值得赞扬的利他动机上起到其微妙作用。另外,我还建议他思考一下这句格言"地狱的烈火抵不上受到愚弄的女人的怒火"。

谈到对正义或真理的热爱、对残忍或欺诈的憎恨、对邋遢的厌恶等等。这些并不是空洞之说，它们代表了对抽象对象的真实而具体的情感。我们对任何可以想象的对象产生一种情感是有可能的，不管是特定情感还是一般，具体情感还是抽象情感。不论哪类对象，只要我们有机会在相似的情绪兴奋下反复地想到它，它必然就会成为某种情感的未分化对象。即使是我们的情感也可能成为其他情感的对象，这是"多愁善感者"的特征，这种人为自己培养并珍惜他的情感、爱国主义、宗教情感、"荣誉"以及对事物的爱或恨，因为他有理由认为这是一件美好的事，是他引以为豪的与他人区别开来的标志。

那么，对道德品质、性格品质与行为品质的喜欢与讨厌的情感，我们是怎样获得的呢？为了理解这个过程，我们必须认识到这种道德情操大多是国家流传下来的道德传统，而世代相传下来的每个社会组织也都有自己独特的道德传统，构成了整个国家普遍的道德情操，并通过对某些情感的强调和对另一些品性的淡化在一定程度上改进了这些普遍的道德情操。因此，每一个伟大的行业都有自己对普遍道德传统的独特改良形式，拥有悠久历史的团体如宗教教派，知名的学校或大学，在一定程度上也同样如此。

被隔离的人除了最基本的道德情操外始终不能获得更多的道德情操。首先，他需要语言来帮助他思考各种道德属性，然后他在情感的辅助下学会思考这些抽象的对象，这样才可以开始建立对那些对象的接近道德的情感；因为这些对象无论何时被提到，对它们的传统情绪态度一般会通过伙伴的言语、语调、姿势或其他更有效的方式传达出来。更进一步讲，当儿童与能够明显表现出各种道德品性的人进入到实际关系后,就会有愉快与不快的经验,这种经验赋予了那些表示道德品性的词汇更丰富的含义和情绪真实性。

然而,儿童的道德情操基本上是通过同情性感染以及他所羡慕的人的暗示而成形的。羡慕一个人本身就是一种情感,这种情感容易发展为爱或崇敬,尽管它并不一定会这样。① 它是在面对所羡慕的人时的一种服从和惊讶的习惯性态度,若孩子对一位长辈产生了羡慕的情感,他通常会感染性地分享这位长辈对行为和性格品性的情绪反应,并认同长辈做出的判断,也很可能希望成为像长辈那样的人,因而或多或少有意地学习长辈在精神和身体方面的态度。随着孩子开始了解文学和艺术,他所钦佩的榜样在选择范围上就大大增加了,可能从传说或历史人物中找到自己的道德模范,如苏格拉底、耶稣、圣方济各、布鲁斯·罗伯特一世、华盛顿、林肯、弗洛伦斯·南丁格尔、巴夫勒、比尔或杰克·凯利。在短时间内这些人物的影响可能大大超过他在现实中接触到的任何人。但最终他大部分人生所在的群体的道德情感,容易让他形成与群体一致的道德情感。因为他所在的群体会根据他在语言与行动上与组织一致还是脱离组织来给予奖励或惩罚、赞美或责备、羡慕或轻视嘲笑,以此加强其传统规矩。如果一个人同时属于几个群体,而每个群体有不同的法规,他就容易发展为许多个不同的自我;更准确的说法是:在这种道德氛围中,他倾向于通过强调群体成员的道德情操来顺应集体的道德氛围。

---

① 参见第 333 页和第 424 页。

我们的道德情操有一个特性：每个人都有两极化的倾向。我们认识和命名的每一种道德品质都有它的对立面，我们在学习爱的时候往往也会在某种程度上学会恨。公正与不公正、善良与残忍、诚实与欺诈、真理与谎言、忠诚与背叛都是相对的组合。根据一个人的先天倾向和后天经验，其道德情操可能倾向于积极性的爱更多一些，也可能倾向于消极性的恨占主导，却几乎不会只爱正义而不伴随一定程度上对不公正的憎恨。两极化的道德情操倾向于在消极的一端表现得更强有力，如同愤怒、厌恶和轻视的冲动的影响效应，要比在受人尊重的品质方面的积极努力更显著一样。

让我们看一个对残忍的憎恨与对善良的爱的两极的情感的例子：有一个孩子在他已经熟悉各种形式的善良时遭遇了残忍的行为，这种残忍行为可能是直接指向他的，也可能是指向一些动物，如他珍爱的小猫。在任何一种情况下，他都会愤恨残忍。这是因为：在前一种情况中，残忍以某种方式打击了他（在这种情况下愤怒中可能还混合了恐惧）；而在第二种情况中，则是由于残忍打击了他温柔的保护冲动。反复经验巩固并习惯化了他对残忍施加者的情绪态度。他很快便学会了使用"残忍"这个形容词。这只是一小步，在语言、规范和例子的指引下，他开始抽象地将残忍想作可恶的东西，一想到它就足以激起他情绪上的愤恨，这样，他开始能说"我不能忍受残忍的人"或"我憎恨残忍"这样的话了。类似，他很快学会了说"那是一位善良的人；我喜欢善良的人"。于是，当他认识到残忍和善良是对立且不相容的品性后，两种情感逐渐协作起来，并在协作中融为一体。

道德情操能提高人的行为一致性。例如,好心肠的孩子通常会比较善良,但在好奇心的作用下也会撕碎活的飞虫,或在青蛙、虫子甚至自己的宠物猫身上做一些可怕的实验。当他被告知"那是残忍的"或"那些行为是残忍的行为"时,如果他能理解那些话的意思并在一定程度上憎恨残忍,他就会认识到自己的行为本质上是残忍的行为,并不再轻易草率地重复那些行为了。

道德情操的这些稳定影响已经通过一些实验得到了展示。这些实验富有启发性地揭示了:道德习惯在正确的行为一致性中的作用是多么重要;"习惯理论"是多么不充分。但是习惯理论却被那么多实践伦理学家过度强调,被那么多心理学家错误地视为解决所有人类和动物行为方面难题的钥匙。一种纯粹的行为习惯是诱发它的特定环境所特有的。对特定行为或性格的情感,其应用和影响是完全一般性的,没有特定的针对性。因为语言、诱导以及抽象概念对道德本性产生了与对智力相似的作用。

前面我提到过的实验是这样的:该实验是在一个班级里,让孩子们在一项特定任务中培养爱干净与整洁的习惯。实验结果表明:所有孩子没什么困难地在不同程度上养成了这种习惯。但同时也发现,这种习惯并没有"传播"开来,爱干净与整洁的品质没有转移到其他任务和日常行为中。在这些实验未涉及的方面,孩子们依然像以前一样不爱整洁。接下来,实验者开始将爱干净的情感作为一般的品质来培养他们,很快便在广泛的行为活动中见到了明显效果;一般说来,孩子们都能轻松而独立地将这种抽象术语应用到各种陌生的行为和情境中,这样就能使他成长中的情感发挥作用。①

每个人都会不可避免地获得一些道德情感,道德文化主要也包含在这些情感的升华与协调中,而这种升华与协调是通过对不同性格与行为的内省和推理得到的。因为通过这些内省和推理,我们才能更清晰地思考这些品质,从而形成与相关价值及重要性有关的坚实信念。

道德品质

与自尊、爱、恨这些强烈的情感以及愤怒、恐惧、饥饿、性欲这些强烈的本能刺激相比,道德情感不过是行为的微弱动力。我们不禁会问:"一个好人应如何不调整他的行为才能与他的道德情感保持一致?道德情感的相对微弱的倾向是用什么魔法控制住了那些无比强大的冲动呢?在某些情况下,我们能做到:当自己快要饿死或渴死的时候,却将面包或水递给他人,并说"他比我更需要";或者宽恕了一次严重而故意的伤害;在被可怕的恐惧吓得发抖时却毫不退缩;抵制住了一次强烈的性诱惑等等,对这些现象我们该如何解释?

这是道德行为问题的关键。② 我们是否应该满足于像柏拉图和一些现代伦理学家③那样的说法:神的理性驻扎在心里并控制

---

① 参见 W.C.鲁迪格的著作《教育评论》第 34 卷。
② 威廉·詹姆斯很好地定义了这个问题:理想冲动<本能的性格倾向;理想的冲动+X>本能的性格倾向。那么问题就是——将道德冲突的局面扭转为有利于理想冲动并激励道德情感,且使理想冲动能击败远强于它的本能倾向的 X 是什么?
③ 参见迪安·黑斯廷斯·拉什达尔的"良心是一种情绪吗?"以及我在《希伯特期刊》(1920)中的回答。

第十七章 心理结构的成长(续):情感与性格结构的发展

着胸中的强烈激情,就像驾驭战车的人用鞭子和缰绳控制一队未驯化的战马一样?不!是推理在升华和协调道德情感的过程中的确起到了重要作用。推理也可能帮助我们获得道德信条——可能被遵守信条的人表达为道德努力的终极目标的一种信念,如"最大多数人的最大幸福"、"自我发展"、"促进美德"、"实现美好生活"、"振兴高层次的文化"、"实现完美的国家"等。推理还帮助我们确定何种形式的行为以及何种性质的性格最有益于实现至善,不论我们是怎样界定至善的。但是,"理性"并不是一种可以被置于道德冲突某一端的意志能量。① 理性并不是我们正在探寻的X,尽管它对X有重要影响。

我们是否可以像18世纪功利的神学家们那样说:害怕死后会受到惩罚或希望死后能得到好报就是我们寻找的X?这种教义被完全驳倒了,尽管能用来解释某些特例。

那我们是否可以像沙夫茨伯里那样认为X就是"高品位"?或像巴特勒主教那样认为X就是"良心?"或像亚当·斯密那样认为X就是"心中存在的公正的观察者?"抑或像詹姆斯及许多人那样认为X是"意志的命令"?这些说法都不能说完全错误。然而承认它们在一定程度上是正确的同时,我们依然会问:什么是"高品位?"什么是"良心"? 什么是"心中存在的公正的观察者"? 什么

---

① 同样可以说福煦元帅的理性是第一次世界大战最后阶段给盟军带来胜利的力量。有关的力量是指军队的重要力量和战争机制的物理力量。福煦的理性或才智是通过指挥那些力量并用最有效的方式组合、运用它们,从而在战局上赢得了可观的转机,而他的理性或才智本身并不是能引起这种变化的力量。这是对才智的一种悖论,即才智指挥了武装力量而其本身并不是一种力量。这个观点将在第Ⅱ部分"身体与心理"那部分章节中详细阐述。

是"意志"？什么是"命令"？它们是怎么产生这些道德生活的奇迹的？

我相信在我的《社会心理学》一书中已经对这些问题给出了大概正确的答案，在这里我再简要地重述一遍。我们正在探寻的未知量 X 是在自尊情感里的一种觉醒冲动，是一种愿望，希望宝贵的自我应该在活动中实现自己所构想和接受的完美行为。这个"宝贵的自我"是自己构想的，根据自身力量的发展程度，它可能骄傲，也可能谦逊，但多多少少有几分恰当、真实和清晰。

道德情感建立的方法在前面已经被充分阐明了，理想的性格是综合的或协调的道德情感系统。我们也理解了一个人为什么如此强烈地受到伙伴对其看法的影响，并努力使自己与社会群体要求的标准保持一致或显得一致。余留下来的唯一的严肃问题是：在道德努力的最大迸发中，一个人可能脱离他所属的群体和组织化的整个社会，公然挑战舆论观点和强有力的公众情感，还说"你们都错了，像我这样做才是对的，即使你们让我坐牢、蒙羞甚至让我下地狱，我依然会这样做！"——这种情况为什么可能发生？[①]

我认为即使在这些最极端的事例中，任何解释都不是本质上的，除非找到更为普通的道德挣扎。在这种道德挣扎中，一个人的自尊被抛在了得到普遍认可的道德情感的天平的另一边，并使它战胜了一些原本更强大的本能倾向。区别就在于社会群体、观察

---

① 不管我们多么强烈地反对极端和平主义者，我依然认为我们必须承认，第一次世界大战中的那些"基于道德或宗教信仰而不肯服兵役者"相对他们的大部分同伴而言，他们几乎对大众的观点取得了这种崇高的优势。当然，他们中的每一个人都知道自己并不是完全孤立的，也有像他一样并赞同他的行为准则的人。

者主体和"法庭"的性质,道德主体会想象他是在这些"监督者"面前展示自己,并希望自己的形象在他们眼中是正面的。站起来反对主流公众舆论的人,是因为他发现了某个更高级的"法庭"可以上诉,与对公众舆论的重视程度相比,他更尊重这个高级"法庭"的裁决,并更积极敏感地回避它所反对的事物,更强烈地渴望它的肯定。

这个"法庭"可能是他敬仰的道德英雄或道德英雄群体,可能是他已故的母亲或最亲密的朋友,可能是他心中所有优秀的人构成的群体,也可能是基督教圣徒或上帝。当他抵挡住诱惑的时候,尽管他选择的行为准则可能永远不会被他的"法庭"知道,但他相信"法庭"一旦得知就一定会赞同他的行为,他还相信,若采取相反的行为准则,"法庭"就会谴责他并为他感到惋惜。总之,他学会了评价自己的行为,仿佛这些行为会呈现在一位完美的观察者面前,而这位观察者会批准他并支持他的行为。这样,通过在心中建立具有综合协调的道德情感的理想人物,一个人可能变成"道德自律的人"。在这里我们并非要讨论这种行为的道德状况、优势以及存在的危险,我们只是关心这种道德自律的行为中包含的心理学原理。

意志

我们在前面已经讨论过一类行为,它被公认为在最广泛的意义上包含了意志成分。它就是在经历道德冲突和慎重考虑后,在最大的阻力下所做的决策和行动。学生们可能会问"那么,什么是意志?什么是良心?"回答就是"意志"和"良心"都不是一种能力,也不是任何一类与人格的其余部分不同的性质。"意志"是在活动的性格,而"良心"是道德品行——在道德指引下发展起来的性格,在道德情感中借助自我肯定的情感,被正式纳入情感体系中的性格,在所有道德问题中被给予了应得的重要性的性格;通过习惯来巩固,并依照道德情感和不屈的自尊的提示做出一致决策和行为的性格。

考虑到性格的某些缺点与意志的一些特有和低级的形式,值得支持一下对良心和意志的这个简洁解释。首先要注意,如果自尊被破坏的话,性格将会分崩离析,而意志也会遭到破坏。这就是在那些受害于酒精或类似药物的人身上常发生的情况。在过去的好时光里,每个绅士都有一周五天喝醉,当他穿着靴子被人抬上床睡觉的时候,酩酊大醉的他也可以不损失一丁点自尊,他不必受偷偷喝酒的诱惑,而且仍然可以是一个相当有能力的社会成员,只要他的肝脏和脑细胞能够经受住慢性酒精中毒的残害。现代社会已经很少有能继续允许或容忍酒徒的社会圈子了,因此他的自尊比他的肝脏所受到的威胁更大。随着个人自尊受到严重打击,必然会发生意志力的丧失,这是在一战中常见的被称为"炮弹休克症"的一个显著特征。在所有这种情况下,恢复性格和意志力的唯一方法就是重建自尊,一切有助于自尊重建的事物都是好的,一切从另一个方向来做的都可以巩固这一情况。太平洋荒芜小岛上的放逐者就是一个极其典型的失去自尊并由此丧失"意志"的人的例子。失去别人的尊重只是性格解体之路上的第一步。只要一个人仍然相信自己并且还有羞耻和厌恶侮辱的能力,他的情况就并非毫无希望。但是,只要他能说出"我是一个无赖"这样的话,并且毫

第十七章 心理结构的成长（续）：情感与性格结构的发展

不在乎谁知道这个判断，那么他就不是人类力量所能救助的了。

在纯粹的意志力天平的另一端，是狂热于自我控制的人，是习惯和夸耀地否认自己有任何放纵行为的人，是冬季每天破开公共池塘的冰面晨浴的人，是常常受到信赖、能够处理别人避之唯恐不及的讨厌任务的人，是将向自己和世界证明他处理棘手事务作为其首要满足的人。这种道德健儿是令人钦佩的理想性格的受害者，往往会形成一种狭隘、冷酷和不明智的人格。这样的一些理想似乎在北美印第安人部落中成了一种传统，年轻人公开让自己遭受身体上的折磨。在同一地理区域中，现在似乎仍然在制造着类似的典范，即"攻击性"的典范，"活跃分子"的典范，这些人都不知道自己究竟想要什么，却决心不惜一切代价要得到它。

坚强意志力的另一种类型是那种自然的自我肯定的人，他们很少自我反省，也没有明确制定的理想。他可能会慢于接受任务，但是一旦确定下来，他会以最大的韧性追求其目标，不只是因为他天生的坚定气质，①那种在所有意志中都坚持不懈的气质，还因为他的自我肯定倾向是由困难所唤起的。对这种人而言，每一次检查，不论是来自于他人还是来自于其他渠道，都是一个紧迫的挑战和增加努力的刺激。最近，在一个雨天后，我与一个方下巴的性格外向的人一起晚间散步。我们的目的只是得到一点锻炼和呼吸新鲜空气。我们见到一个废弃的农场房子，就在一座离马路不远的小山上，只因为一点非常微弱的好奇心，我们转身朝向它走去。很快地我们在树林中迷失了方向。蚊子蜂拥而至，脚底下是令人不

---

① 参见第 352 页。

快的潮湿地面,而且灌木丛生。我建议返回马路上,但是没用。我的同伴不停地要去尝试一个又一个新的方向。最后我向他提出"为什么你如此决心要去一探那座房子?"他马上回答道:"噢!我讨厌被打败。"跟随相信弗洛伊德学说的朋友们的步调,我相信他的回答中所表达的全部真相。固执的攀岩爱好者就是这种类型的人,他们对风景毫不关心,在山顶上行走让他们觉得无聊透顶,将每个假期都花费在攀上"烟囱"和悬崖,以及制定一条更困难的通向山顶的登山新路上。与此有点相似的是,意图发财并达到目的的金融家和商人的动机,他们不能休息或获得任何合理的生活方式,而只能持续不断地去寻求征服新的世界。沿着某条行动路线,达到其自我肯定冲动的一再满足,这种满足感使他坚定地遵循同一条路线,而且使得他预期遵循其他任何路线都不会成功。

然而其他的特殊化和不平衡的性格类型是在对某个对象的主要情感的影响下形成的。这个对象也许是一个人、或一个动物、或一栋房子;它可以是"单一税"或"禁令",可以是旧瓷器、或白镴制品、或初版书、或甲壳虫。在其他所有目标方面,他也许是优柔寡断和软弱的,但在他的爱好方面,他却显示出了最大的持久性。这种积极性,在其更简单的形式上很难被称为意志,但是主要情感使他的行为具有了一致性,也使其性格有了一定的坚定性。

最后一类人与道德健儿的对比说明了一个重要事实,即,自我肯定的冲动是独特的,其独特性在于它是一个具有普遍实用性的动机,而其他所有动机都或多或少受制于可能发挥作用的对象和情况的范围。哪怕对所有人或所有生物的博爱,也可以让一个人在很多情况下变得优柔寡断和软弱。但是自我肯定的冲动通过大

第十七章　心理结构的成长（续）：情感与性格结构的发展

量不同的练习来培养强烈而灵敏的响应性，这可以加强其他所有动机，并可以在任何任务中，无论琐碎还是艰巨，一旦我们着手了，就会支撑我们直到最后。

决心

有些作者声称，意志总是包括了外显的"我会做这个"的判断。这在我看来是过度限制了"意志"这一术语。有许多行为，甚至是那些经过了审慎考虑的行为，在我看来，也可以被称为是意志行为（因为愿望的平衡或冲突问题是由在自我肯定情感中加入的一个冲动所决定的），不过是之前没有外显的判断而已。然而，在发展最充分或最完美的意志中，外显判断确实先于行动。这在对可供选择的目标进行慎重决策或选择中表现得最为明显，当机会出现时以及如果机会将会出现，决策者会下定决心以某种方式实现目标。在这种决策之前先进行理性考虑的情况下，认知过程与意志过程会产生最密切、最微妙的相互作用。

如果没有冲突的动机，我们不会审慎地考虑我们的目标选择，尽管我们也许会对已经采用的目标实现手段进行审慎的考虑。在这种情况下，手段的选择是一个尽可能理智的过程，我们的愿望纯粹是想知道手头现有的方法中哪一个对实现目的而言是最好的。另一方面，对目标的选择常常是一个很大程度上由愿望来决定判断的过程，而且在这种情况下，每一个预期的情况或行为结果都影响着我们，根据它承诺的是促进还是阻碍我们的意向，将会增强或制止我们指向这个或那个目标的倾向。然而，当决策制定后，考虑的过程在一个外显判断中结束了，这个外显判断会用一些像"那就是我的路线"、"那就是我的目标"这样的说法来表示。通过这种判断，一个信念建立了，这个信念与所有信念一样，往往会坚持它自己的正确性。但是，如果采取行动的时机被长期推迟，意志过程可以自我更新，以维持和坚定信念。再次求助于自我肯定的感情，然后我们说："不，我不能改变我的想法，那是软弱的做法。我必须坚定并坚持我的选择，否则我将会像个可怜的反复无常的人。"在某些人身上这种形式的意志会产生不明智的固执行为。

判断和信念在意志中所起的作用也同样可能被证明是消极的。如果在慎重选择目标的过程中，我被以任何方式说服，相信供选择的目标中某一个是不可能实现的，我因而不会做出我能实现它的判断，也不会渴望那个目标，无论它用多么压倒性的动机来驱使我。另一方面，无论是用纯粹的暗示（就像在催眠主题中讲的那样）还是用推理或说服的方式让我相信，在将来的某个特定时刻，我应该为了某个目标而努力或应该表现出某种行为，这一信念在时机成熟时将会大大促进这种行为，让一个对于决定行为而言可能过于微弱的动机变得有力。

自由意志

我希望我已经清楚地表明了，在我看来意志决心不是脱离了机体的低级和原始功能的"海市蜃楼"，正如我刚才所说的，意志是在活动的性格，而且在我们大多数已定的决心中，在慎重的考虑之后，思维能力就与性格开始了充分的合作。意志于是成了整个人格的表现方式。但它仍然是来自于本能倾向的意向冲动的活动，冲动的活动不是偶发的或彼此分离的，而是在一个或多或少和谐

第十七章 心理结构的成长（续）：情感与性格结构的发展

统一、精巧平衡的系统中进行的。接下来我们是否必须接受决定论者的立场，必须完全否认所有的自由意志，否认随意性决策对事件发展所具有的所有影响力，而这种影响力是从世界开始时就已经决定了的？或者，我们是否可以相信事件的发展不是绝对可控制和可预知的？人的决策是否是真正的决定因素？一系列新的决定是否始于新的开端，并将继续下去直至未来？对我而言，我们对自然界和人类心理的所有了解都证明了后一个选择。严格的决定论者所提出的唯一怀疑它的理由，就是他们对"因果关系法则"的普遍信念。但是这一信念，无论它是如何表述的，都无法得到证明。

决定论明确陈述的论证是以下面的方式进行的：类似（或相同）的原因产生相似（或相同）的效果。人的决策是一个类似的效果，因此它一定有一个类似的原因。这显然是一个愚蠢的三段论。它的两个前提都是没有根据的假设，因而我们不可能从这样的前提中得到决定论者所得出的结论。如果说类似"所有事件都是被严格确定或引发的"这样的大前提是思维所必需的，那么，我们可以借各学科的科学家和哲学家告诉我们的事实来作说明，他们指出任何这样的假设都是荒谬的，原因与结果的概念一直含糊和混乱，不能被清晰地思考或表达，而且不管它是多么有用，其用途可能已经并仍然是有限的，一定有一天将会证明它不过是思考过程中的一个障碍。

在面对天才的任何伟大作品时，我们不能否认，人类的心理在其最高水平的迸发时会创造出新的事物，会以之前从未出现过的方式思考。那些告诉我们仅仅在一个骰子盒里移动字母表就能创作出伟大文学作品和最完美的诗篇,可能只是字面真理。因为其前提是我们必须给予他们无限长的时间来完成这一过程。但人类创造的最突出特点就是,在过去的几千年中,它已经一遍又一遍地制造了这样的事物,创造了无数这样的奇迹。

那么,如果说人类心智在其最高形式的迸发中是极富创造性的,那么,我们如何能否认它可以较小规模,在普通人的道德挣扎中发挥创造性呢。通过这种长期的由社会各阶层的人所做出的一系列创造性行为,道德传统这一生物进化的最高产物已经令人痛苦地、缓慢地演变了。为什么我们要怀疑生物进化是一个创造性过程,而心理是一个创造性机构呢?我们关于生物进化的理论还远不足以解决这一问题。但似乎清楚的是,任何忽视心理的理论都趋于浅显。相信原始决心具有确定无疑的创造力,这一信念是我们道德本性的一个必需品。没有它,我们将陷入瘫痪,除非我们能忍受一定程度的分裂,允许我们像精神病人一样持有相互矛盾的信念。对于一个持有"严格决定论的"人而言,他会主动追求自己的目标并做出艰苦的努力,当然,他仅仅表现出轻微的精神障碍症状并且尚有希望康复。

心理进化的主要阶段

我已经试着向我的读者指出,目的性努力的模式形成了一个连续的等级序列,从变形虫追寻其猎物到人类的道德挣扎。并且,区分这一进化等级中的若干阶段是有用的,这些阶段如下:(1)微生物追寻其猎物的不明确的、几乎未分化的努力。(2)本能有明显的分化并指向特定目标,但是对目标达成情况的预期不明确的动物的努力行为。(3)原始人指向有更充分想象和预期的目标的本能努力;本能愿望的努力。(4)由愿望引起的,为了本能目标的人类努力,指向的目标在设想和期望中仍然只是作为实现本能目标的手段而已。(5)较低水平的行为,即通过对奖励和惩罚的预期,由本能愿望对手段的选择进行管理和控制的行为。(6)中等水平的行为,即通过对社会支持和社会反对的预期,由与上一阶段相同的本能冲动来对目标和手段的选择进行管理的行为。(7)较高水平的行为,即由想要实现一种性格和行为上的理想的愿望对目标和手段的选择进行管理的行为。这一愿望是一个本身源自某种本能倾向的愿望,而这种本能倾向的冲动通过有组织的社会的微妙影响而被转向更高水平的应用,体现为某种社会道德传统。

这就是生命进化的七个阶段,我们都必须通过这些阶段,就像我们的祖先在我们之前所经历过的那样。将来是否会进一步发展并达到更高的进化阶段?谁能说得清呢?

一些未尽问题

可能在读者看来,在前面的文字中我显得有些书面化、教条主义和傲慢,仿佛我相信,我对心理过程和心理结构所做的解释是正确的,或比其他任何解释更正确。但我只相信,它是我30年来的艰苦研究所能达到的最好结果。我知道我的结论只是一些工作假设,也许错误远多于正确,而且最多也只是为心理学提供了一个不完善的基础。它可以为学生提供一些帮助,如果我试图在这里弄明白一些亟待解决的问题的话,这些帮助对我自己也是一样的,因为我们仍然是在黑暗之中摸索。因为我首先注重避免给人一个印象,即心理学迄今为止已经建树颇丰了。而在这门学科中,要对问题进行充分陈述比其他大多数学科更为困难,也更为重要。

1.* 心智的先天基础具有哪些性质和内容?这个问题有两个主要的分问题:(a)意志基础的性质和内容是什么?如果我对本能基础所做解释的思路基本上是正确的,那么,本能倾向是作为单纯的单位基因来遗传获得的吗?或者,在某种程度上它们是由遗传所组织或预先处置好,从而在某种程度上人类共有的伟大情感中变得具有组织性?尤其是,道德感情的发展是否存在先天倾向?(b)除了本能、神经系统的可塑性,以及在本书中被称为"智力",或者在其更高表现上被称为"洞察力"的适应新情况的一般能力之外,智力发展是否还有其他任何先天基础?是否存在某种与本能倾向不同的天生冲动,其功能在一般性意义上促进了智力的发展?在我们的先天禀赋中是否有某种东西可以以任何方式或在任何程度上证明"天赋观念"这个古老学说?是否存在任何先天的认知倾向,它超出了那些本能结构所包含的东西?同样的问题可以以一种更具体的方式来陈述,如下:特殊智力倾向的先天基础是什么,这种特殊智力倾向将一个人与别人区分开来,而且似乎常常在家族中世代相传,也常常突然出现在连续世代的不同成员身上?似乎不可能用环境的影响或自发发展过程中的意外来解释这些差别和相似性。

在洛克和休谟之后,"观念"联合的学说已经掩盖和混淆了这些基本问题。这些以及许多其他问题与主要问题联系在了一起,

---

* 原文中只出现了标号1,没有后继标号。——译者

第十七章　心理结构的成长（续）：情感与性格结构的发展

这一主要问题就是我在整本书中一直避免谈及的心与物的关系、灵魂与身体的关系等问题。我的目的只在于引导学生以开放的心态看待这个对心理学和哲学都如此重要的问题，我所坚持的只在于：只要我们目前能看到，目的性行为不能被功利地、看似合理地归结为机械过程的一个特殊情况。心理生活的失调，心理功能的异常和准异常，都与这个主要问题有非常密切的关系。因此，我已经将对这个问题的讨论放到了本书的最后一章，即异常心理过程部分，我希望，它可以遵循和补充本书的内容。

索 引

本索引所标页码为英文版页码,参见中文版边码

Acquisitive instinct 习得性本能 161
Active sympathy 积极同情 424,432
Admiration 羡慕 332,436
Adrenalin 肾上腺素 323
Aesthetic attitude 审美态度 376
Affectability 易感性 353
Affection 感情 266
Alms-giving 施与物 122
Altruistic factor 利他因素 138,430
Ambition 雄心,抱负 428
Ammophila 沙蜂 87,90
Amnesia 健忘症 311
Amoeba 阿米巴,变形虫 64
"An instinct" justified 被证明的"本能" 103,166
Animal and human minds 动物与人类的心灵 57
Anoetic experience 抽象体验 268
Anthropology and psychology 人类学与心理学 12
Anticipation 预期 45,198,291
Anxiety 焦虑 339

Apes 猿 136,138,155,162,200,201
Appeal, instinct of 吸引力,本能 163
Apperception 统觉 386
Appetite 食欲 101
Applications of psychology 应用心理学 9
Arey and Crozier 阿里和克劳泽 85
Aristotle 亚里士多德 269,401
Association 联想 392
Association Psychology 联想心理学;perception 知觉 248
Associative reproduction 联想再现 397
Atomistic psychology 原子论心理学 16,18
Attention 注意 265;是意向的 271;～的水平 278;～的转移 281;～的分配 281
Aversion 厌恶 148
Awe 敬畏 334

Bain, A., A. 培因 20,269

索　引

Beavers　海狸　183
Bee's homing　蜜蜂的返回导向　83
Beggar　乞丐　122
Behaviorists　行为主义者　26,30
Belief　信条　362；～和意向 365,368；现实中的～　369；在事物中的～　369；～和意图 371；～和抵抗　372,374；梦中的～　372；～和欲望　376
Beliefs　信念　376；～和心理结构 377；一般～　400；～系统　414；矛盾　415；情感　425
Bentham,J.　J.边沁　268
Bergson　柏格森　39,87,298；～论本能　70；～论笑　166
Berkeley and ideas　贝克莱与观念　13
Bethe,A.,on homing　A.贝蒂,自导向　81
Bipolar sentiments　情感的两极性　437
Birds,adaptability of　鸟类的适应性　95
Birds' homing　鸟类的返回导向性　86
Bodily adjustments in emotion　情绪的身体调节　321
Bouvier　鲍威尔　84,90
Box experiment　庭箱实验　196
Brown,W.　W.布朗　302
Byron　拜伦　169

Cage experiment　迷笼实验　194
Cannon,W. B.　W. B.坎农　322
Cathedrals　大教堂　335
Cave and Mowgli　洞穴和莫格力人　209
Chagrin　懊恼　343
Chain-instinct　本能链　75
Character　性格　379,417,437
Chimpanzees　黑猩猩　136,138, 153,155,201
Choice of goal　目标选择　446
Claparede　克拉帕里德　165
Coenesthesis　存在感　357
Cognition,pure　认知,纯粹　255； 能力　260,262
Cognitive dispositions　认知倾向　247,259；结构　259,379
Coleridge,S. T.　S. T.柯勒律治　245
Color-vision　颜色视觉　224
Comparison　比较　309,385
Competition　竞争　172
Complexes　情结　417
Conation and feeling　意向与感性　267；持续性认知　282；～与情绪　320
Conative unity　意向联合　277；经验　317
Concentration　集中　278
Conception　概念　254
Condescension　谦虚　424
Conditional reflexes　条件反射

25,55
Confidence 信心 339
Conflict 冲突 330
Conscience 良心 422,440
Conscientious objectors 良心的谴责者 441
Consciousness as a light 意识之光 15,17;～的科学 16;～和经验 16;～作为素材 18;～作为旁观者 21
Consistency 一致性 438
Constructive instinct 结构性本能 162
Contempt 蔑视 423
Courageous action 勇敢的行动 217
Courtship of Mowgli 莫格力人的求偶行为 211
Craig,W., on doves W.克雷格，论鸽子 97;～论战斗 139,141
Cravings 渴望 149
Crayfish 小龙虾 187
Creation and mechanism 创造与机制 447
Creative power 创造力 447
Crusoe,Robinson 鲁滨逊·克鲁索 413
Curiosity 好奇心 142
Curve of obliviscence 遗忘曲线 295
Cycle of mental activity 心理活动周期 265

Darwin,C. C.达尔文 321
Darwinism 达尔文主义 31
Deductive,reasoning 演绎推理 408
Defects of character 性格的缺陷 442
Definition of psychology 心理学的界定 1,37
Delayed reaction 延迟反应 201
Deliberation 冥想 445
Derived emotions 派生的情绪 338
Descartes 笛卡尔 311,344;～与反射活动 5
Desire 愿望 206;～和想象 312
Despair 失望 339; energy of 精力 346
Despondency 失去勇气 447
Dewey,J. J.杜威 176
Direction toward an end 目标导向 45
Discipline by fear 由恐惧而生的约束 183
Discrimination 辨别 148,382;～和语言 384
Disgrace 羞辱 434
Disgust 厌恶 148
Displeasure 不满 267
Disposition 分布 351;～的多样性 352
Dissociated determinist 分离的决定论者 448
Divergent reproduction 差异性复制 346

索　引　　539

Divisions of psychology　心理学的分支　37
Docility　顺从　185,400
Dog and sugar　狗和糖的观察　147;～和盒子　196;～和判断　199
Doubt　怀疑　364
Drever, J., on appetites　J. 德雷夫尔,～论食欲　103,329
Driesch, H.　H. 德里施　32
Drives　驱力　181

Earthworm　蚯蚓　67
Ebbinghaus　艾宾浩斯　294
Elberfeld, horses　艾伯菲尔德,马　199
Economy of imagination　想象的节约　199
Eddington, A. S.　A. S. 艾丁顿　33
Effort, sense of　成效感　318
Ego-complex　自我情结　432
Elation　得意　344
Embarrassment　困窘　429
Emotion and instinct in dogs　狗的情绪与本能　122
Emotion, terminology of　情绪,～的术语　314;～的功能　326;～与妨碍　329
Emotional qualities　情绪的属性　316
Emotion, and instincts　情绪,～和本能　324;混合的～　329;派生的～　338
Endocrines　内分泌　102
Epiphenomenalism　副现象论　32
Escape, instinct of　逃逸,～的本能　149
Evolution, instinct and emotion　进化,本能与情绪　129;智力的～　202
Experiment in psychology　心理学的实验　4
Explanation of conduct　行为的解释　124
Expression of emotions　情绪的表达　322
Extensity　广延性　238
Extroversion　外向性　358

Fabre, H.　H. 法布尔　77,87
Faculty psychology　官能心理学　12
Fashions　式样　429
Feeling　感性　266;～与意向　267
"Feelings of innervation"　"神经支配感"　319
Feelings, terminology of　感性,～术语　347;～的多样性　347;～和派生情绪　348;～和情绪的解扣　349
Fishes' intelligence　鱼的智力　94
Food-seeking instinct　觅食本能　144
Foresight　预见　48

Franz, S. I.　S. I. 弗朗茨　32
Freedom of will　意志的自由　446
Freud, S., on sex　S. 弗洛伊德,
　～论性　160, 431
Freudian reasoning　弗洛伊德式推
　论　432
Friendship　友谊　424

Gall　加尔　20
Gambler　赌徒　162
Games　游戏　172
Garnet, M.　M. 加尼特　388
Generic images　一般表象　380
Gluttony　贪食　270
Goethe　歌德　388
Gratitude　感激的心情　334
Gregarious instinct　社交本能
　153, 432
Grief　悲痛　343
Groos, K.　K. 格鲁斯　170
Group influence　群体影响　432
Group-sentiments　群体情感
　429, 433

Habit, and instinct　习惯, ～和本
　能　112, 154; ～和记忆　298,
　301
Habit, of mind and body　习惯, 心
　灵与身体　179; 知觉～　186;
　～和情感　438
Haggerty, M. E.　M. E. 哈格尔提
　174

Haldane, J. S.　J. S. 霍尔丹　31
Hallucinations　幻觉　373
Hartley　哈特莱　20
Hartmann, von　冯·哈特曼　269
Hasty generalization　非理性一般
　化　407
Hatred　仇恨　209, 419; ～的残酷
　437
Head, H.　H. 海德　52, 264
Hedonism　享乐主义　258, 275
Herd-complex　聚类情结　432
Herd instinct　群居本能　154, 432
Historical knowledge　历史知识
　392
Hobbes on laughter　霍布斯论
　"笑"　165
Hobhouse, L. T.　L. T. 霍布豪斯
　195
Holmes, S. J.　S. J. 霍尔姆斯　67,
　86, 195, 202
Holt, E. B.　E. B. 霍尔特　26
Honor　荣誉　434
Hormic theory　策动理论　71,
　213, 218, 269
Hormones　荷尔蒙　102, 105,
　159, 356
Hornaday, W. T.　W. T. 霍纳德
　143
Hope　希望　339
Human nature and psychology　人
　类的本质与心理学　1; ～和动
　物的本质　130

Hume and ideas 休谟与观念 14
Humor 幽默 168
Hunger 饥饿 146,279
Hunter, W. S. W. S. 亨特 201
"Hunting instinct" "捕猎本能" 146
Huxley, T. H. T. H. 赫胥黎 29,381
Hustler 皮条客 443
Hypotheses, necessary 假设、必然 10

Idea psychology 观念心理学 13,15,18
Idealism 唯心论 18
Ideas 观念 259;单元~ 20;作为结构的~ 380;普遍的与特殊的~ 382
Ideo-motor theory 观念驱动理论 290
Illusion and desire 幻想与愿望 287
Imagery 肖像 249
Imagination, in animals 想象,动物的~ 201;人类的~ 206
Imagining 想象 173
Impulses 驱动力 108
Inductive reasoning 归纳推理 405
Induction in naming 命名归纳 408
Inhibition by drainage 排泄物禁忌 179,280

Innate endowments 天资,天赋 450
Insect behavior 昆虫行为 69
Inseparable association 不可分联想 362
Instinct, defined 本能,定义 71,110,118;~和智能协作 81,89,93;~和情感 110,127,142,324;战斗的~ 139;~的生活史 111;~的暂时性 111;~与习惯 112,154;~与进化 113
Instinctive response extended 本能反应的延伸 137
Instincts, and faculties 本能,能力 103,109;活力的~ 105;~的结构 106;~和生理结构 112;~的特殊性 113;~和动机机制 117,186;~的成熟 133
Intellect 智力 378;~和智能 379;科学的~ 414;穹顶 414
Intelligence, defined 智能,定义 71;食肉动物的~ 132,135;~的本质 405
Intensity of sense-impressions 感觉印象的强度 272
Interest 兴趣 273;~和知识 276
Interests extended 兴趣延伸 276
Interference between processes 程序冲突 289
Introspection 内省 3;~与意义 253
Introversion 内向性 357
Intuition 直觉 70,391

James,W. W.詹姆斯 111,180,
238,251,259,296,318,327,363,
409,439
Jennings,H. S. H. S.詹宁斯
64,66,67
Joy 喜悦 343
Judgment 判断 367;暗示 375;
～和意志 445
Jung,C. G. C. G.荣格 113,176,
357

Kafka,G. G.卡夫卡 69
Keys of instincts 本能的启动机制
98
Köhler,W. W.苛勒 136,138,153,201

Lange-James theory 兰格－詹姆
斯理论 310,326
Language,inadequate 语言,不充
分 4;～与模仿 174;～与想
象 237;原始的～ 385;机制
和推理 411
Laughter 笑 165
Learning,primitive 学习,原始的～
187
Limpet's homing 帽贝的返回导
向 85
Literary psychology 文艺心理学 7
Lloyd Morgan 劳埃德·摩根
74,116
Local signs 位置标记 240
Localization in brain 大脑定位 20

Locke and ideas 洛克和观念 13
Loeb,J. J.罗布 60,62
Logical entities 逻辑实体 309
Lotze,R. H. R. H.洛策 240
Love 爱 421
Ludicrous,nature of 笨拙的,～性
167

Martyrs 殉教者 268
Master sentiment 征服感 444
Maternal adoption 母性收养 137
Mating instinct 求偶本能 159
Maze,learning 迷宫,学习 189
Meaning in perception 知觉中的
意义 246;～与表象 250,256,
381,428;～理论 252;～与记忆
302
Mechanical conduct 机械行为
27;本能类比 189
Mechanism and purpose 机制和目
的 203
Mechanistic psychologies 机械主
义心理学 30
Mediate apperception 中介统觉 413
Megalomania 夸大狂 428
Mental structure 心理结构 41;
化学 237;进化 309;～的成
长 378
Memory,and the reflex 记忆,反
射 24;实验 293;～和习惯
298;抽象 299;～和意志 303;
310;时间标记 308

Meumann 缪曼 296
Microcosm 微观世界 263
Mind, and brain 心灵,与脑 36;尘 17;假说 35;～是创造性的 448
Minor instincts 次要本能 163
Moods 心境 359
Moore, T. V. T. V. 摩尔 255
Moral autonomy 自律道德 442;信条 439;赞成 427;情感 435;传统 435;文化 439;性格 439, 442;成就 441;运动员 443
Mosaic psychology 马赛克心理学 16
Mother-love 母爱 421
Motives and intention 动机和意图 121, 217;～与常识 125
Motor habits 动机性习惯 182;机制 114, 175, 180
Movement and thinking 动作与思维 289
Mowgli 莫格力人 205
Müller, G. E. G. E. 缪勒 294
Münsterberg 闵斯特伯格 28, 244
Musician's imagining 音乐家的想象 290

Names 命名 284, 384
Narcotics 麻醉剂 355
Nativistic theories 先天论 236
Natural man 原始人 204
Nausea 反胃,恶心 128

Neo-realism 新实在论 26
Nervous systems 神经系统 58
Nietzsche 尼采 169
Nightingale 南丁格尔 95
Noah, Mr. and Mrs. 诺亚夫妇 414
Nonsense-syllables 无意义音节 296
Nunn, T. P. T. P. 努恩 72

Objects, present and remote 对象,近端与远端的～ 207, 221;～和感觉的属性 225;高级～ 231, 392;～的稳定和知觉 248
Observation, of three kinds in psychology 观察,心理学的三种～ 3;经验条件的～ 6;行为的～ 6
Obstinacy 固执 446
Onchidium, homing 石鳖,返回导向 85
Orange, perception of 橙色,知觉 254
Overlap of sciences 交叉的科学 1

Pain, bodily and mental 痛苦,身体的和精神的 267
Paramoecium 草履虫 65
Parental, indifference 亲代忽视 139;本能 130, 135
Patriotism 爱国主义 433
Peacock's tail 孔雀的尾巴 97
Peckham, Mr. and Mrs. 佩克姆夫妇 77, 87

Penguins 企鹅 367
Perception 知觉 221
Perceptual response of instinct 本能的知觉反应 77,99
Personification of emotions 情绪的化身 346
Persuasion 说服 401
Perversion of appetite 食欲颠倒 149
Phototropism 趋光性 61
Phrenology 颅相学 20
Physiology, influence of 生理学,～的影响 19,23,34；～与心理学 38
Pictorial thinking 图像思维 284
Piéron, H. H. 皮隆 85
Pigeon's reproductive cycle 鸽子的繁殖周期 100
Pity 同情 335；～和爱 421
Planning 计划 208
Play 戏剧 170
Pleasure and desire 快乐和愿望 271
Pleasure and pain blend 快乐与痛苦的混合 348
Pleasure-pain theory 乐－苦论 193,219
Pleasure-seekers 快乐追求者 270
Polar explorers 极地探险者 279,330,365
Popular psychology 通俗心理学 7
Pragmatism 实用主义 409
Pride 骄傲 428

Priestly, R. E. R. E. 普利斯特利 279,339
Primary emotions 原始情绪 128,325；～和派生情绪 345
Primary memory image 原始记忆形象 292
Primitive credulity 基本信任 373
Primordial thingking 原始思维 261
Problems of future 未来的问题 449
Profiting by experience 从经验中获得利益 46
Prospective emotions 预期情绪 339
Protozoa, behavior of 原生动物,～的行为 64
Psychic stimulus theory 精神刺激理论 236,287
Psychology, as science of mind 心理学,～作为心灵的科学 3；～作为一种规则 9
Public opinion 公众意见 431
Pure instinct 纯粹本能 74
Purposive and reflex action 有目的的和反射性的活动 51
Purposiveness 目的 48,195,198

Qualitative patterns 质性模式 228；～的复杂性 230
Qualities of conduct 行为的属性 215

Random movement　随机运动　182
Rashdall, H.　H. 拉什多尔　439
Rationalization　合理化　361, 368
Reason, of animals　推理, 动物的～　200；～的理论　401；～与行为　439
Reasoning　推理　400；～的本质　410；抽象～　411
Recognition　再认　227, 306, 308；标记　95, 96
Recollection　回忆　311
Redintegration　复原　396
Reflex action　反射活动　23, 52；～的理论　21, 26, 28, 30；～和本能　75, 119, 142
Regret　悔恨　342
Related words　陈述词汇　303
Relative suggestion　相关的假设　244, 392
Remembering　记忆　305, 309
Remorse　自责　342
Remote objects　久远对象　207
Reproach　责备　337
Reproduction of similars　相似复制　389
Reproductive imagination　再造想象　291, 294
Repulsion, instinct of　拒斥, ～的本能　147
Resolve　解决　445
Respect　注意, 尊重　423
Response to stimulus　对刺激的反应　24
Retentiveness　保持　296, 297
Retrospective emotion　怀旧的情感　341
Revenge　报复　434
Reverence　尊敬　334
Reversion of attention　注意的转移　281
Ribot, Th.　Th. 里博　381
Rignano, E.　E. 里尼亚诺　404
Rivers, W. H. R.　W. H. R. 瑞维斯　108, 142, 150
Rudimentary mind　初始心智　260
Ruedinger　懊丧　438

Sagacity　睿智　405
Schematic apprehension　图示理解　259
Schopenhauer　叔本华　431
Scorn　嘲笑　332
Scottish school　苏格兰学校　269
Scratch reflex　抓挠反射　56
Selectivity of purpose　选择性意图　412
Self-consciousness　自我意识　426
Self-display　自我展示　160
Self-regard　自我认识　426；延展的～　428
Self-respect　自尊　428；～的失落　442
Sensationism　感觉主义　21
Sensations as elements　感觉元素　17

Sense-organs, selective　感觉的组织,选择的～　223
Sensory patterns　感觉模式　227;～的性质和多样　233;信号的质量　225
Sentiment and emotion　情感和情绪　418
Sentimentality　情绪化　435
Sentiments　情感　209,428;～的构成　420
Seven ages of man　七龄童　449
Sex characters　性别特征　159
Sexual impulse　性冲动　425
Shand, A. F.　A. F. 尚德　116,334,341
Sherrington, Sir C.　C. 谢林顿爵士　52
Sidgwick, A.　A. 西奇威克　406
Sidis, B.　B. 斯迪斯　319
Simple apprehension　简单理解　375
Simple enumeration　简单枚举　407
Simplified world　单一化世界　227
Sledge-party　雪橇党　279
Stentor　传令官　66
Smiles and laughter　微笑和大笑　167
Smith, Adam　亚当·斯密　440
Smith, M.　M. 史密斯　297,301,357
Sorrow　悲痛　342
Soul hypothesis　灵魂假说　12
Space a meaning　意义空间化　243

Spatial perception　空间知觉　235;～的模式　231
Spearman　斯皮尔曼　301
Specific nervous energies　特殊神经能量　224
Speech and thinking　言语和思维　290
Speech-habits　言语习惯　394
Spencer, H.　H. 斯宾塞　29,165
Spontaneity　自发性　44
Sport　运动　219
Stages of evolution　进化的阶段　448
Stewart, J. A.　J. A. 斯图尔特　376
Stimulus-response formula　刺激—反应法则　69,77,97
Stout, G. F.　G. F. 斯托特　245,254,375,386,388
Strachey, Lytton　利顿·斯特拉奇　434
Stratton, G. M.　G. M. 斯特拉顿　244
Strong, C. A.　C. A. 斯特朗　32
Structure and function　结构和功能　418
Subject indispensable　不可或缺的主题　39
Submission, instinct of　服从,～的本能　157
Suckling　乳孩　130
Sudden sense impressions　突然的感觉印象　273

索　引

Suggestion　假设　暗示 366　436
Surprise　惊讶　344
Sympathetic interpretation　心灵感应　136；感染　436
Sympathy　共情　336；原始的～　155
Synthetic activity in perception　知觉的整合加工　76，96，99，263
System of sentiments　情绪系统　441

Tansley,A. G.　A. G. 斯坦利　432
Temper　脾气　352
Temperament　气质　354
Tenacity　坚韧　444
Tender passion　柔情　425
Theories, influence of　理论，～的影响　8；行动的～　126
Thinker, who is the?　谁是思想者？　21
Thirst　渴　146
Thorndike, E. L.　E. L. 桑戴克　142，193
Threshold of consciousness　意识的阈限　15
Thyroid gland　甲状腺　355
Tics　下意识的习惯性小动作　182
Tidiness　整齐　438
Titchener, E. B.　E. B. 铁欣纳　28，252
Tolman, E. C.　E. C. 托尔曼　255
Total reaction　整体反应　56，109

Touchiness　触　434
Traditions　惯例，传统　204
Tree of knowledge　知识树　261
Trial and error　试误　193
Tribunals　法官席　441
Tropism　向性论　59；～的不充分　63；～与返回定向　81
Trotter, W.　W. 乔特尔　154，432
"Two and two together"　两两相连　405
Types of psychology　心理学的类型　12

Unreality, sense of　非现实，～感　371
Utilitarianism　功利主义　268

Van Buttel Reepen　范・巴特尔・里朋　83
Vanity　空虚　428
Variation of behavior　行为的变化　45
Vaughan, E. K.　E. K. 沃恩　83
Victims of drugs　药物依赖者　442
Vision of instinct　视本能　84
Visual perception　视知觉　223
Volition　意志　442；～和信念　446

Ward, J.　J. 沃德　245
Wasps　黄蜂　77
Wasp's tool　黄蜂的工具　91；判断　90；返回定向　81；位置学

习　80；地形学　79；生殖周期　77
Watson, J. B.　J. B. 华生　26, 173, 190
Wertheimer, M.　M. 韦特海默　240
Wheeler, R. M.　R. M. 惠勒　252
Wild duck　野鸭子　112
Will　意志　442
Will-power　意志力　443
Will-to-power　野心，权力欲　428

Wohlgemuth, A.　A. 沃尔格穆特　349
Woodworth, R.　R. 伍德沃思　180, 275
Words, primitive　词，原始～　288
Wundt, W.　W. 冯特　180, 348

Yerkes, R. M.　R. M. 耶基斯　187
Young, Thomas　托马斯·扬　224
Youth　青少年　111, 132, 134
Yucca moth　丝兰蛾　74, 76

译 后 记

威廉·麦独孤(William McDougall,1871—1938)出生于英国兰开斯特的一个富裕家庭,早年曾经跟随缪勒学习实验心理学,而真正让他对心理学产生兴趣的却是威廉·詹姆斯的著作。他一直自认为是詹姆斯的追随者。1920年,麦独孤应哈佛大学的邀请,继詹姆斯和闵斯特伯格之后成为该校心理学系主任。麦独孤一生著作24部,发表论文160多篇。《心理学大纲》初版于1923年。1928年该书第四版发行时,麦独孤已移居北卡罗来纳的杜克大学。

有的心理学史教科书把麦独孤划归为行为主义的一员,因为他明确提出了心理学应当研究行为。实际上,麦独孤在心理学界成名较行为主义的代表华生更早;麦独孤还公开批评华生的行为主义是机械化的心理学。准确地说,麦独孤倡导的是"意动心理学"(hormic psychology)。他主张,人和动物的行为都受某种目的的驱动,而不是巴甫洛夫研究的条件反射的结果;而行为的目的服从于进化的适应性需求;由进化而来的适应性倾向即是本能;本能的实现不是依靠反射或若干反射的组合,而是需要有目的的行为;目的性行为的特征是,在趋向于目标的过程中,如果一种行为模式受到阻碍,那么就会有新的行为模式来取代它,直到目标的实现为止。概括起来，麦独孤的意动心理学可以被表述为这样几个命题：（一）心理是一个整体，而不是简单元素的组合；（二）进化而来的适应性反应倾向——即本能——是行为的基本驱力；（三）由本能驱动的行为可能因为经验而发生改变。

《心理学大纲》的第一版出版于1923年。该书是麦独孤对意动心理学的总结。在修订1928年的《心理学大纲》第四版时，麦独孤压缩了有关"个性的结构"的讨论，引导对这个话题感兴趣的读者去查阅他的另一本书《社会心理学》（第21版）。此外，在第四版中，麦独孤还增加了对格式塔心理学的最新研究成果的介绍。在心理机能的整体性方面，麦独孤对格式塔学派的观点赞赏有加。

20世纪30年代以前，麦独孤著作颇丰，其中多数一版再版。他在当时的影响力由此可见一斑。但是1938年麦独孤去世以后，他的理论渐渐被人淡忘。译者以为有两个重要的原因导致了这样的结果：第一，麦独孤没有为自己的理论设计一个简单明了的识别标志，诸如精神分析的"俄狄浦斯情结"、行为主义的"条件反射"、格式塔学派的"格式塔"等。第二，麦独孤的理论特征不鲜明。读者难以将他的理论明确地划分到当时有影响的任何一个学派之列。进入21世纪以后，随着进化心理学、现象学心理学等思潮的兴起，人们重新发现了麦独孤意动心理学的现代价值。在现代视野中，我们不妨把麦独孤的意动心理学看作是进化心理学的鼻祖。

本书的翻译工作终于得以完成，是因为得到了前辈、老师的关注和支持。在本书的翻译过程中，南京师范大学郭本禹教授给予了关注和支持。没有郭老师的鼓励和敦促，本书的翻译工作实难完成。翻译工作还得到教育部人文社科研究一般项目（11YJA190009）

的支持。

本书的翻译者有：蒋柯、查抒佚、张海兰。其中，蒋柯翻译了第一至六章；张海兰翻译了第七章、第八章；查抒佚翻译了第九至十七章；蒋柯负责全文校对和统筹。由于译者的经验和能力所限，如有疏漏错误之处，敬请批评指导。

译　者

2013 年 6 月 25 日于成都

图书在版编目(CIP)数据

心理学大纲/(美)麦独孤著;查抒佚,蒋柯译.—北京:商务印书馆,2015(2020.5重印)
(心理学名著译丛)
ISBN 978-7-100-10875-1

Ⅰ.①心… Ⅱ.①麦… ②查… ③蒋… Ⅲ.①心理学—研究 Ⅳ.①B84

中国版本图书馆CIP数据核字(2014)第269579号

权利保留,侵权必究。

心理学名著译丛
心理学大纲
〔美〕威廉·麦独孤 著
查抒佚 蒋柯 等译

商 务 印 书 馆 出 版
(北京王府井大街36号 邮政编码100710)
商 务 印 书 馆 发 行
北京艺辉伊航图文有限公司印刷
ISBN 978-7-100-10875-1

2015年7月第1版 开本 880×1230 1/32
2020年5月北京第2次印刷 印张 18
定价:52.00元